约翰迪尔于1976年开始服务中国市场。20世纪90年代，约翰迪尔公司在北京设立了中国总部，于1997年在黑龙江省佳木斯市设立了在华第一家工厂。目前，约翰迪尔在国内有近3000名员工，共建有5个工厂，近200家经销商，拥有先进的产品研发中心、优质的国内采购网络、完善的销售和售后服务网络以及便捷的零件支持及设备融资服务。约翰迪尔的产品涵盖大、中、小功率拖拉机，各种作物收获机械、挖掘机、装载机及柴油发动机。

40余年来，约翰迪尔秉承“诚实、优质、守信、创新”的核心价值观，服务于与土地息息相关的人们。继往开来，约翰迪尔将继续植根中国，立足于中国国情，不断推陈出新，通过整合约翰迪尔全球资源，将用户的需求与创新技术相融合，为中国用户量身定制产品解决方案。

约翰迪尔中国销售市场部　客户关怀热线：400 6576 555　电子信箱：400@JohnDeere.com

广告

制肥机

收割机100

收割机118

半喂入4LBZ-145

半喂入4LBZ-17-五行

采棉机4MZ-3

自走式花生捡拾联合收获机4HJD-2100

液压旋耕机1GZL-230

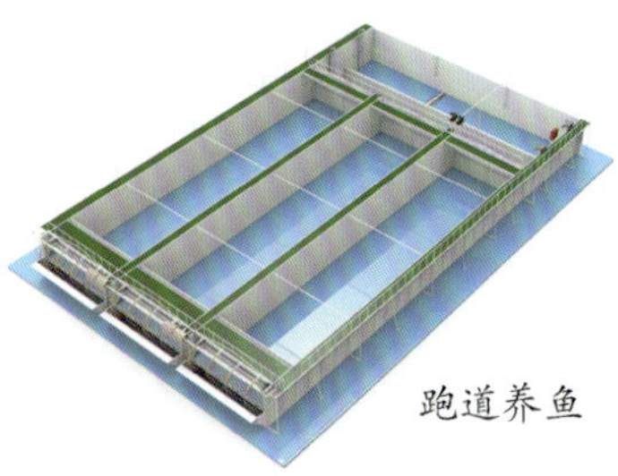

跑道养鱼

拖拉机XG1204

烘干机30T

烘干机20T

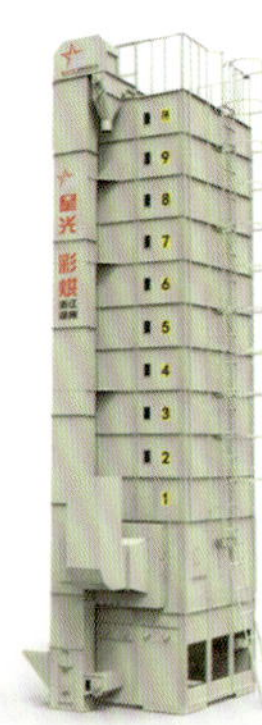

烘干机16T

收割机128

收割打捆一体机4LZ-5.0FZ

打捆机9YFL-1.9机

拖拉机1504

拖拉机1304

星光农机股份有限公司成立于2004年，是一家集研发、制造、销售、服务于一体的农机装备上市企业（股票代码：603789），国家重点支持的高新技术企业，二级安全质量标准化企业，市工业行业龙头骨干企业，荣获“浙江省著名商标”“市政府质量奖”等荣誉，是业内公认的具有潜力的农机企业之一。

公司注册资金2.6亿元，占地面积超26.7万m^2（400余亩），建有企业研究院、产业技术联盟、院士专家工作站、博士后工作站等7个科研平台；参与起草了多项国家标准与行业标准；储备了包括58项发明专利的182项国家专利；参与了包括2项“十三五”国家重点研发计划项目在内的多项省部级重大攻关项目；荣获中国机械工业科学技术奖一等奖、全国农牧渔业丰收奖一等奖、浙江省装备制造业重点领域首台（套）等多项科技方面的荣誉，引领现代农业装备行业的技术升级。

公司通过了ISO9001质量管理体系、ISO14000环境管理体系、OHSAS18000企业健康安全管理体系三个体系的认证；拥有国际先进、国内领先的数字化制造加工设备，主要生产收获机械、耕整机械、牧草机械和渔业机械，产品畅销全国及出口海外，其优越的作业性能，可靠的售后服务保障，得到了国内外客户的一致信赖。

星光农机
THINKER AGRICULTURAL MACHINERY

星光农机股份有限公司

地　址：浙江省湖州市和孚镇星光大街1699号
电话：0572-3966618　传真：0572-2178795　邮箱：xgnjscb2014@163.com

QUANCHAI®
全柴
中国内燃机行业中
全柴
全国统一24小时客服电话：0550-2301666　销售电话：0550-5012699

广告
东方红 柴油机
东方红® 柴油机
YTO® POWER
服务热线：400-659-1869

广告
常发农装
CHANGFA AGRICULTURAL EQUIPMENT
品质超越
从常发农装开始
CF904C
CF 4550
CF865
常发农装APP
常发农装公众号
江苏常发农业装备股份有限公司
JIANGSU CHANGFA AGRICULTURAL EQUIPMENT CO.,LTD
地址：江苏省常州市武进区常发工业园
网址：www.changfanz.com
服务热线：400-8878228

中国机械工业年鉴系列

中国农业机械工业年鉴

2019

中国机械工业年鉴编辑委员会
中国农业机械工业协会 编

机械工业出版社
China Machine Press

《中国农业机械工业年鉴》2019年刊设置综述、大事记、行业概况、农业机械化概况、项目与产品、统计资料、政策法规与标准、展会与交流和附录9个栏目，全面系统地记述了我国农业机械工业和机械化方面的发展情况，为读者提供了较为完整、准确的统计数据。

《中国农业机械工业年鉴》主要发行对象为政府决策机构、农业机械相关企业决策者和从事市场分析、企业规划的中层管理人员以及国外投资机构、贸易公司、银行、证券、咨询服务部门和科研单位的农业机械项目管理人员。

中国农业机械工业年鉴

（1987年创刊·年刊）

2019

（总第29期）

主管：中国机械工业联合会

主办：机械工业信息研究院　中国农业机械工业协会

编辑出版：中国农业机械工业年鉴编辑部（北京市西城区百万庄大街22号 100037）

http://www.cmiy.com

http://weibo.com/cmp1952

责任编辑：任智惠

责任校对：李　伟

责任印制：徐志敏

印刷：北京宝昌彩色印刷有限公司

发行：北京报刊发行局 中国机械工业年鉴社

发行范围：国内外公开发行

邮发代号：80-633

本刊电子版出版发行合作伙伴：中邮阅读网 www.183read.com

2020年2月出版

210mm×285mm · 17 印张 · 36 插页 · 750 千字

定价：360.00元

国际标准连续出版物号：ISSN 1673-4920

国内统一连续出版物号：CN 11-5406/TH

广告经营许可证：京西工商广字第0022号

中国机械工业年鉴系列

作为『工业发展报告』

记录企业成长的每一阶段

中国机械工业年鉴

编辑委员会

中国农业机械工业年鉴

走自强之路
创自主品牌

中国农业机械工业年鉴
执行编辑委员会

中国农业机械工业年鉴

走自强之路
创自主品牌

中国农业机械工业年鉴
执行编辑委员会

中国农业机械工业年鉴
编辑出版工作人员

总　编　辑　石　勇
主　　　编　李卫玲
副　主　编　刘世博
编　　　辑　任智惠　徐艳艳
地　　　址　北京市西城区百万庄大街 22 号（邮编 100037）
编　辑　部　电话（010）68997962　传真（010）68997966
发　行　部　电话（010）68326643　传真（010）88379821
E-mail:cmiy@vip.163.com
http://www.cmiy.com

中国农业机械工业年鉴

走自强之路

创自主品牌

中国农业机械工业年鉴 特约顾问单位特约顾问

特约顾问单位	特约顾问
中国一拖集团有限公司	黎晓煜
雷沃重工股份有限公司雷沃阿波斯潍坊农业装备分公司	王桂民
约翰迪尔（中国）投资有限公司	刘镜辉
中联重机股份有限公司	熊焰明
江苏沃得农业机械有限公司	朱林军
山东时风（集团）有限责任公司	刘成强
山东五征集团有限公司	姜卫东
江苏常发农业装备股份有限公司	黄小平
采埃孚（中国）投资有限公司	黄礼恩
星光农机股份有限公司	钱菊平
爱科（中国）投资有限公司	方文荣
常柴股份有限公司	张　新
安徽全柴动力股份有限公司	於中义
一拖（洛阳）柴油机有限公司	游　海
久保田农业机械（苏州）有限公司	李竹林
洋马农机（中国）有限公司	马　恒
吉林省四平东风联合收割机有限公司	曲永华
石家庄中兴机械制造股份有限公司	崔　平
上海都市绿色工程有限公司	丁国祥
威马农机股份有限公司	严　华
重庆鑫源农机股份有限公司	丁河明
山东力佳动力股份有限公司	陈煜林
青岛洪珠农业机械有限公司	刘先香
苏州久富农业机械有限公司	徐正华
河北中农博远农业装备有限公司	张国彬
江西红星机械有限责任公司	华青地
勇猛机械股份有限公司	王　勇
常州东风农机集团有限公司	宣碧华
洛阳辰汉农业装备科技有限公司	张长献
江苏悦达智能农业装备有限公司	夏建林
力源液压（苏州）有限公司	冯世波
中机美诺科技股份有限公司	崔　刚
广西钦州力顺机械有限公司	曾志满

中国农业机械工业年鉴

走自强之路
创自主品牌

中国农业机械工业年鉴
特约顾问单位特约编辑

特约顾问单位	特约编辑
中国一拖集团有限公司	薛文璞
雷沃重工股份有限公司雷沃阿波斯潍坊农业装备分公司	李金良
约翰迪尔（中国）投资有限公司	秦　俭
中联重机股份有限公司	高一平
江苏沃得农业机械有限公司	朱智勇
山东时风（集团）有限责任公司	杜银时
山东五征集团有限公司	郑庆则
江苏常发农业装备股份有限公司	杨　峰
采埃孚（中国）投资有限公司	柯丛彬
星光农机股份有限公司	徐佳芬
爱科（中国）投资有限公司	何　叶
常柴股份有限公司	严思懿
安徽全柴动力股份有限公司	桂　阳
一拖（洛阳）柴油机有限公司	李建峰
久保田农业机械（苏州）有限公司	周长生
洋马农机（中国）有限公司	华立平
吉林省四平东风联合收割机有限公司	周传宝
石家庄中兴机械制造股份有限公司	张　硕
上海都市绿色工程有限公司	杨　贵
威马农机股份有限公司	詹英士
重庆鑫源农机股份有限公司	黄德军
山东力佳动力股份有限公司	柳荣新
青岛洪珠农业机械有限公司	吴洪珠
苏州久富农业机械有限公司	何学扣
河北中农博远农业装备有限公司	郭泗常
江西红星机械有限责任公司	汤　健
勇猛机械股份有限公司	裴丽琴
常州东风农机集团有限公司	白安黎
洛阳辰汉农业装备科技有限公司	周云峰
江苏悦达智能农业装备有限公司	张振宇
力源液压（苏州）有限公司	熊　江
中机美诺科技股份有限公司	蒲连影
广西钦州力顺机械有限公司	黎积生

前言

2018年，对农机工业来说，可谓是一个“寒冬”。据国家统计局数据，2018年农机行业2 236家规模以上企业主营业务收入为2 601.32亿元，同比增长1.67%，利润总额为103.44亿元，同比下降15.76%。这也是农机行业利润历年来首次出现负增长，原因是多方面的，但主要是受到产能过剩、购买力不强、原材料价格上涨，以及劳动力成本、环保成本和财务费用增加等因素影响。

2018年，虽然农机工业总体上在低位运行，但部分子行业表现可圈可点，有的呈现上行趋势，有些产品市场出现反弹。喂入量为6～7kg/s的纵轴流及逐镐器轮式收获机产量同比增长245.90%，喂入量为8kg/s的横轴流轮式收获机市场占比已达65.6%，喂入量为5kg/s的履带式水稻收获机市场占比为70%；此外，畜牧机械产量同比增长14.89%，排灌机械产量同比增长70.67%，打捆机产量同比增长31.60%；采棉机、马铃薯生产机械、果园机械、残膜回收机、花生收获机等均有较好的增长。农机零部件行业一直保持较好的运行态势，出口能力逐步增强，主要是得益于整机企业产品结构调整升级和外资企业加大本地化采购对供应链的拉动。

2018年12月29日，国务院发布了《关于加快推进农业机械化和农机装备产业转型升级的指导意见》(国发［2018］42号)，明确提出2020年和2025年农机装备产业发展目标，充分体现了“全程全面、高质高效”的工作导向，为今后一个时期农机装备的发展指明了方向。

农机工业必须紧紧抓住产业转型升级的契机，在利好政策的引导和支持下，以质量提升为基础，加快产品结构调整，补短板、强弱项，着力提升我国农机工业的核心竞争能力，为我国农业生产提供技术先进、品质优良和服务一流的农机装备。相信农机工业在经过一个时期的深度调整后，必将迎来高质量发展的“黄金十年”。

中国农业机械工业协会会长：

2020年2月11日

索 引

序号	企业名称	页码
1	中国一拖集团有限公司	封面
2	雷沃重工股份有限公司雷沃阿波斯潍坊农业装备分公司	封二联版
3	约翰迪尔（中国）投资有限公司	前特联版
4	星光农机股份有限公司	前特联版
5	安徽全柴动力股份有限公司	前特联版
6	一拖（洛阳）柴油机有限公司	前特页
7	江苏常发农业装备股份有限公司	前特页
8	山东时风（集团）有限责任公司	前特页
9	采埃孚（中国）投资有限公司	目录页
10	机械传媒公益广告	单页
11	红十字与“一带一路”同行	单页
12	机械传媒公益广告	后特页
13	《中国战略性新兴产业研究与发展》图书项目介绍	封三联版
14	江苏沃得农业机械股份有限公司	封底

企业风采展播

序号	企业名称	页码
15	《农机市场》	A2
16	中联重机股份有限公司	A3
17	久保田农业机械（苏州）有限公司	A4～A5
18	洋马农机（中国）有限公司	A6～A7
19	上海都市绿色工程有限公司	A8～A9
20	石家庄中兴机械制造股份有限公司	A10～A11
21	青岛洪珠农业机械有限公司	A12
22	重庆鑫源农机股份有限公司	A13
23	威马农机股份有限公司	A14
24	山东永佳动力股份有限公司	A15
25	《农业机械》	A16
26	《农业工程》	A17
27	bauma CHINA 2020 亚洲工程机械盛会	A18

特载——辉煌70载 · 农机记忆1949—2019

序号	企业名称	页码
28	新中国农机工业的发展历程	B2～B5
29	中国一拖集团有限公司	B6～B9
30	雷沃重工股份有限公司雷沃阿波斯潍坊农业装备分公司	B10～B13
31	吉林省四平东风联合收割机有限公司	B14～B15
32	采埃孚（中国）投资有限公司	B16～B17
33	山东时风（集团）有限责任公司	B18～B19

目　次

综　述

2018年农业机械行业发展综述……………………3

2018年农业机械行业科技发展综述………………5

2018年农业机械进出口概况………………………8

2018年农业机械产品质量概况……………………14

2018年农业机械购置补贴政策实施情况…………20

2018年农业机械流通行业概况……………………21

大 事 记

2018年农业机械行业大事记………………………25

2018年农业机械企业大事记………………………33

行 业 概 况

拖拉机……………………………………………49

收获机械…………………………………………54

植保机械…………………………………………57

温室园艺设施与装备………………………………61

排灌机械…………………………………………64

烘干机械…………………………………………70

草地畜牧机械……………………………………75

农用柴油机………………………………………81

农业机械零部件…………………………………83

农业机械化概况

2018年农业机械化发展概况………………………87

2018年玉米收获机械化发展概况…………………88

2018年农业机械化质量工作概况…………………90

项目与产品

获奖项目…………………………………………97

2018年度国家科学技术进步奖获奖项目（农业机械行业）………………………………97

2018年度中国机械工业科学技术奖获奖项目（农业机械行业）……………………………97

2018年中国农业机械科学技术奖获奖项目…………………………………………98

2018年中国农业机械行业年度大奖获奖名单…………………………………………99

第十届全国农机用户满意品牌获奖名单………………………………………102

优质产品………………………………………104

2018年稻麦联合收割机产品质量国家监督抽查合格产品及其企业名单………………104

2018年玉米联合收割机产品质量国家监督抽查合格产品及其企业名单………………104

2018年棉花加工机械产品质量国家监督抽查合格产品及其企业名单………………105

2018 年旋耕机产品质量国家监督抽查合格产品及其企业名单 ··························105
2018 年播种机产品质量国家监督抽查合格产品及其企业名单 ··························106
2018 年碾米机产品质量国家监督抽查合格产品及其企业名单 ··························107
2018 年植物保护机械产品质量国家监督抽查合格产品及其企业名单 ··················108
2018 年机动脱粒机产品质量国家监督抽查合格产品及其企业名单 ····················111
2018 年饲料加工机械产品质量国家监督抽查合格产品及其企业名单 ··················114
2018 年潜水电泵产品质量国家监督抽查合格产品及其企业名单 ······················116
2018 年通用小型汽油机产品质量国家监督抽查合格产品及其企业名单 ················128
2018 年单缸柴油机产品质量国家监督抽查合格产品及其企业名单 ··················129
2018 年农业农村部大型轮式拖拉机质量调查综合评价满意产品 ····················130

统 计 资 料

农业机械统计资料 ··························133
2018 年农业机械分行业主要经济指标 ·······133
2018 年农业机械主要产品产量 ·············134
2018 年我国农业机械出口情况 ·············134
2018 年我国农业机械进口情况 ·············135
2018 年我国农业机械出口贸易方式 ·········136
2018 年我国农业机械进口贸易方式 ·········137
2018 年我国向各国家（地区）出口农业机械情况 ··························138
2018 年我国从各国家（地区）进口农业机械情况 ··························145
2018 年我国各地区农业机械出口情况 ·······149
2018 年我国各地区农业机械进口情况 ·······150
2018 年我国农业机械商品出口情况 ·········152
2018 年我国农业机械商品进口情况 ·········160
农业机械化统计资料 ························168
2018 年各地区农业机械化服务组织及人员情况 ························168
2018 年各地区农业机械保有量 ·············174
2018 年各地区农业机械化作业情况 ·········194
农田水利化统计资料 ························213
2018 年各地区灌溉面积 ···················213
2018 年各地区耕地灌溉面积变化情况 ·······214
2018 年各地区节水灌溉面积 ···············215
2018 年新增/减少节水灌溉面积 ············217
2018 年各地区除涝面积 ···················218
2018 年各地区水土流失治理面积 ···········219
2018 年各地区已建成水库 ················ 221
2018 年各地区 666.7hm^2 以上灌区 ·········222
2018 年各地区累计达标堤防长度 ···········223
2018 年各地区水闸情况 ···················225

政策法规与标准

政策法规……………………………229
农业部关于印发《农业技术试验示范与服务支持项目资金管理办法》的通知……………229
国务院关于加快推进农业机械化和农机装备产业转型升级的指导意见……………231
农业机械试验鉴定办法……………234
农业农村部办公厅关于进一步做好农机购置补贴机具投档与核验等工作的通知……………236
农业农村部农机化司关于修订《2018—2020年全国农机购置补贴机具种类范围》的函……240
标准……………………………243
2018年发布的农业机械国家标准……………243
2018年发布的农业机械行业标准……………243
2018年发布的拖拉机行业标准……………244
2018年发布的低速汽车行业标准……………244
2018年发布的农业机械化行业标准……………245
2018年ISO/TC23发布的农林机械国际标准……………245
中国农业机械工业协会2019年发布的团体标准……………246
中国农业机械化协会2019年发布的团体标准……………248
中国农业机械流通协会2019年发布的团体标准……………256

展会与交流

2018全国农业机械及零部件展览会……………261
2018新疆农业机械博览会……………261
2018中国国际农业机械展览会……………262
2018中国甘蔗机械化博览会……………264
2018年中国农业机械工业协会推进两岸产业合作和国际考察交流工作……………265

附　录

政府部门管理农业机械的司局及相关单位……269
农业农村部农业机械化管理司……………269
工业和信息化部装备工业司……………269
工业和信息化部产业政策司……………269
中国农业机械工业协会……………269
中国农业机械化协会……………270
中国农业机械流通协会……………270
中国农业机械学会……………271

Contents

Overview

Overview of development of agricultural machinery manufacturing Industry in 2018 …… 3
Overview of development of agricultural machinery science and technology progress in 2018 …… 5
Overview of the import and export of agricultural machinery in 2018 …… 8
Overview of the quality of agricultural machinery products in 2018 …… 13
Implementation situation of agricultural machinery purchase subsidy policy in 2018 …… 19
Overview of the circulation of agricultural machinery in 2018 …… 20

Chronicle of Events

Chronicle of events in agricultural machinery industry in 2018 …… 25
Chronicle of events in agricultural machinery enterprises in 2018 …… 33

Overview of the trades

Tractors …… 49
Harvesters …… 54
Plant protection machinery …… 57
Greenhouse gardening facilities and equipment …… 61
Irrigation and drainage machinery …… 64
Drying machinery …… 70
Grassland livestock raising machinery …… 75
Agricultural diesel engines …… 81
Agricultural machinery component and parts …… 83

Overview of agricultural mechanization

Overview of the development of agricultural mechanization in 2018 …… 87
Overview of the development of corn harvesting mechanization in 2018 …… 88
Overview of the Quality work of agricultural mechanization in 2018 …… 90

Projects and products

Prize-winning projects …… 97
High-quality products …… 104

Statistical data

Statistical data of agricultural machinery …… 139
Statistical data of agricultural mechanization …… 168
Statistical data of farmland under irrigation …… 213

Policies, Laws & Regulations and Standards

Policies, Laws and Regulations 229
Standards 243

Exhibition and exchange

China agricultural machinery and parts exhibition 2018 261
Xinjiang agricultural machinery expo 2018 261
China international Agricultural machinery exhibition 2018 262
China sugarcane mechanization expo 2018 264
Promoting the cooperation with Taiwan and international exchange of CAAMM in 2018 265

Appendix

Departments and bureaus in government departments of administration of agricultural machinery and related units 269

广告
中联重科—农业生产机械化整体解决方案服务商
ZOOMLION - AGRICULTURAL MECHANIZATION FULL SOLUTION SERVICE PROVIDER
ZOOMLION
中联重科旗下企业：
中联重机股份有限公司 官网：www.zoomlion-hm.com 电话：400-601-6688
ZOOMLION 直通到田间
400-6016688

动力升级 绿
NSPV-6CMD
21.9马力 亮剑登场
久保田农业机械（苏州）有限公司
Kubota Agricultural Machinery(Suzhou)Co.,Ltd.
地址：中国江苏省苏州工业园区苏虹东路77号 邮编：215026
电话：(0512) 6716-3907/3122 传真：(0512) 6716-8082
HTTP://www.kubota.com.cn/kams/

广告
色节本
For Earth, For Life
Kubota
NSPV-6CMD

中山站温室
都市绿色
专业温室制造企业

石家庄中兴机械制造股份有限公司是一家专注于农机车轮产研和经营的专业工厂，历经30多年的奋斗，农机车轮品种多、市场覆盖率大、产品质量优已逐渐成为企业近年来始终走在市场前列的优势所在。

公司主营业务为农林机械和特种机械用车轮的研发、制造和销售。主要产品有拖拉机车轮、收获机车轮、喷灌机车轮、农业运输车车轮、工程车车轮和特种机械车轮。公司现有车轮轮辋生产线8条，大型阴极电泳线2条，辐板生产线5条，覆盖了W、DW、LB、CB等系列农机车轮的大部分产品，年生产能力100多万套，生产品种达1 600多种。主要客户有中国一拖集团有限公司、北汽福田、雷沃重工、中联重机、天津拖拉机厂等多家国内知名企业，以及日本久保田、美国艾科、维蒙特公司等多家国际知名企业。此外，中兴产品还远销美国、俄罗斯、南非等全球20多个国家和地区。

作为中国农机零部件龙头企业，中兴品牌在农机行业中具有很高的知名度和认可度，公司在技术创新上追求精、专、尖、独，将核心资源用于关键产品的研制开发上，使产品的技术创新始终走在同行业的前列。2017年通过中国农机零部件龙头企业、AAA级信用企业、高新技术企业复审工作；成功申请企业研发机构。2018年公司获得创新型企业称号，公司产品获得省知名品牌称号，公司还多次获得合作主机厂商授予的“优秀供应商”“优秀合作伙伴”等荣誉称号。同年公司组建了大型车轮检测试验中心，可对最高54in以下的超大车轮进行检测试验，填补了我国在超大型车轮试验上的空白。

公司将始终秉承“客户的持续满意是我们不懈的追求”的理念，以高质量、低成本、全球化为目标，领跑我国农机车轮发展，为我国农机装备现代化做出更大的贡献。

石家庄中兴机械制造股份有限公司

地址：河北省石家庄市赵县新寨店工业区 邮编：051530

电话：0311-84752297 0311-84752298 传真：0311-84752288

E-mail: zxmmxsb@126.com http: //www.sjzzxmm.cn

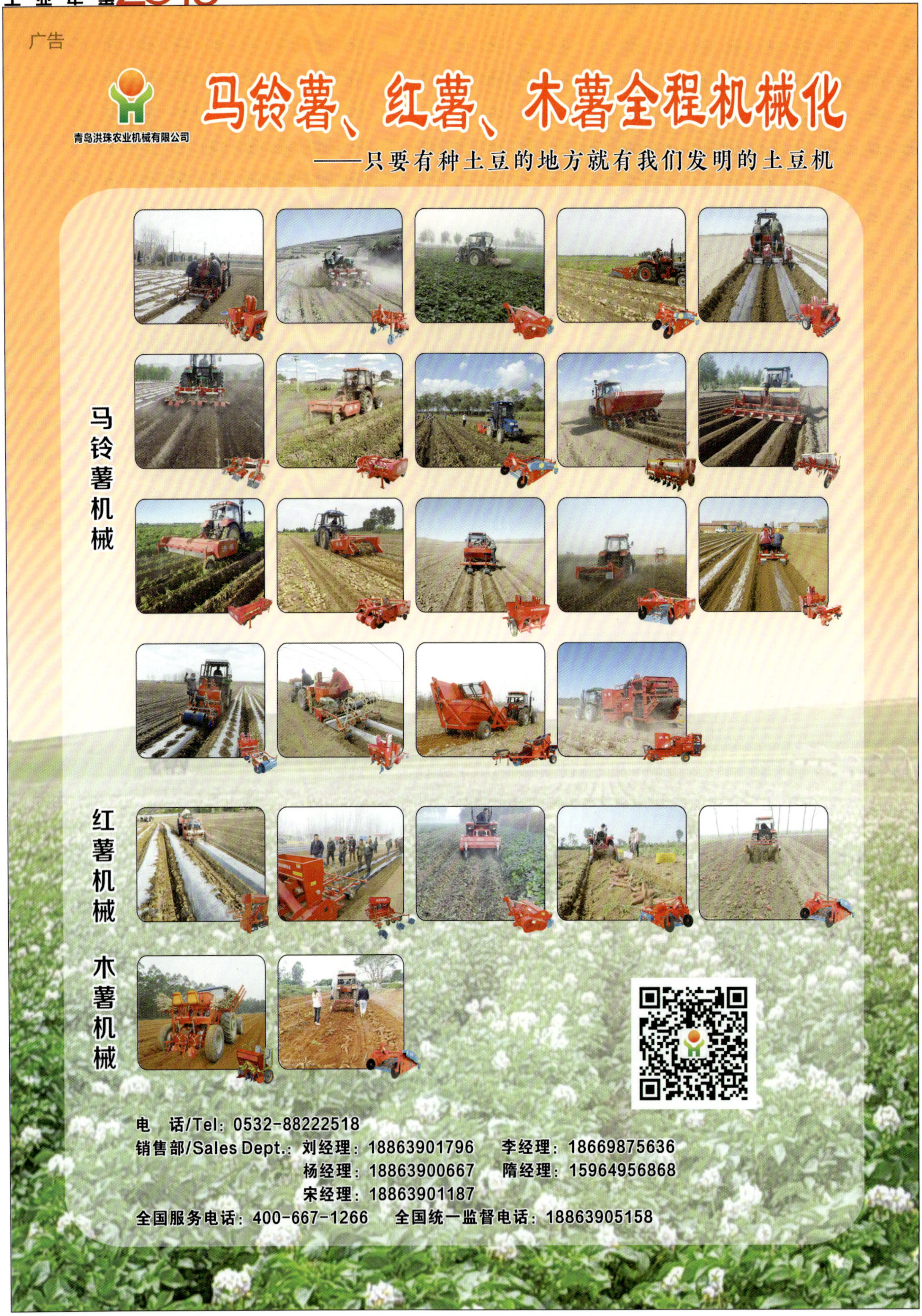
广告
青岛洪珠农业机械有限公司
马铃薯、红薯、木薯全程机械化
——只要有种土豆的地方就有我们发明的土豆机
马铃薯机械
红薯机械
木薯机械
电　话/Tel：0532-88222518
销售部/Sales Dept.：刘经理：18863901796　李经理：18669875636
杨经理：18863900667　隋经理：15964956868
宋经理：18863901187
全国服务电话：400-667-1266　全国统一监督电话：18863905158

SHINERAY 鑫源农机

重庆鑫源农机股份有限公司

CHONGQING SHINERAYAGRICULTURAL MACHINERY CO.,LTD

重庆鑫源农机股份有限公司始创于2005年，总部位于重庆市九龙坡区鑫源工业园，并在意大利建立了研发中心。总部园区占地面积12万㎡，整体投资2.5亿元，是国家高新技术企业、重庆市特有工种职业鉴定培训基地。

鑫源农机拥有多项自主知识产权，产品已通过欧盟CE、GS、美国EPA等国际认证。主要产品包括微耕机、收获机械、拖拉机、通用机组、通用动力等系列。公司秉承“用心，让生活更美好”的企业愿景，致力于为广大丘陵山区农业、农村、农民以及通用机械领域提供先进技术、适用产品和优质服务。

Chongqing Shineray Agricultural Machinery Co.,Ltd, founded in 2005 and its headquarters located in Shineray industrial park,JiuLongpo district, Chongqing. Shineray also established R&D center in Italy. The headquarters covered 120000 ㎡with 250 million investment. Shineray is a new high-tech enterprise in China and occupational skill evaluation and training base of special work type in Chongqing.

Shineray owns lots of independent intellectual properties and its products have passed CE,GS and EPA etc. international certificates, Shineray specializes in tiller, harvester, tractor, general machinery, etc. Shineray aims to be agricultural machinery " expert" and provide advanced technology, suitable product and good service for agriculture, countryside and peasantinhillyarda.Adhering to the corporate vision of "heart, better life", the company is committed to providing advanced technology, applicable products and high-quality services for the fields of agriculture, rural areas, farmers and general machinery in the hilly and mountainous areas.

微耕机
Cultivator

田园管理机
Management machine

收割机
Harvester

拖拉机
Tractor

SHINERAY 鑫源农机

重庆鑫源农机股份有限公司
CHONGQING SHINERAY AGRICULTURAL MACHINERY CO.,LTD.
Add：重庆市九龙坡区含谷镇鑫源路8号
Add：8 Shineray Road,Hangu Town,Jiulongpo District,Chongqing,China
Http：www.shineraypower.com.cn
Tel：023-65733788

永佳动力成立于2002年，位于临沂经济技术开发区，是专业从事植保机械、园林机械产品研发生产的高新技术企业，年产园林机械300万台、大型自走式植保机械15 000台。

永佳动力是国家农业自走式植保机械科技创新联盟理事长单位、中国农业机械工业协会副会长单位、中国农业机械工业协会植保与清洗机械分会会长单位。公司建有省级企业技术中心及山东省精准施药工程技术研究中心，自主研发的自走式水旱两用喷杆喷雾机填补了国内无大型植保机械下水田作业的空白。公司荣获“改革开放四十年中国农机工业杰出贡献奖”。

3WPZ-500自走式喷杆喷雾机

自走式智能风送喷雾机

山东永佳动力股份有限公司

地址：山东省临沂经济技术开发区昆明路南段

电话：0539-8531949　传真：0539-8531948

E-mail:office@yongjiapower.com

http://www.yongjiapower.com

广告
农业工程
AGRICULTURAL ENGINEERING
中国科技核心期刊
跟踪前沿研究 关注行业发展
报道创新成果 促进推广应用
在线投稿:www.d1ae.com
农业工程
AGRICULTURAL ENGINEERING
NONGYE GONGCHENG
10
2019
服务农机精英
农机精英俱乐部
农业机械杂志社
2020
2020年月刊 全年定价600元
农业工程杂志社
地址：北京德胜门外北沙滩1号16信箱 邮编：100083
电话：010-64883625/2380
邮箱：nygc_2011@163.com d1ae2011@126.com
扫码购买

特载
辉煌70载
农机记忆 1949—2019

新中国农机工业的发展历程

新中国成立之前，我国几乎没有任何工业体系和技术，农机工业更是无从谈起，虽然也制造了一些零星的农机具，但多为机械类工厂兼做，无专门的农机制造企业，农机制造能力非常薄弱。可以说，新中国成立之初，我国农机工业处在近乎于零的状态。

我国现代农机工业作为我国机械工业体系中的重要组成部分，几乎与我国现代工业同时起步。如果将 1949 年作为我国现代农机工业肇启元年的话，我国农机工业从零基础起步，历经建国初期现代农机工业体系构建阶段、体制转换阶段、市场导向阶段和高速发展阶段，在党和国家的高度重视以及各项政策的支持下，经过几代农机人艰苦奋斗，我国农机工业从无到有，由小到大，从弱到强，不断发展壮大。2018 年农机工业 2 236 家规模以上企业主营业务收入为 2 601.32 亿元，成为全球第一农机制造大国。我国农机工业已经成为支撑农业机械化、现代化发展的强大物质基础，为把我国建成世界农机制造强国奠定了基础。

新中国农机工业艰难曲折的发展历程、辉煌的发展成就及 70 年发展历程非常值得回望和总结。

一、现代农机工业体系构建阶段（1949—1979 年）

新中国成立时，我国农机工业几乎是一片空白，一切从零开始。由于缺乏专业人才、行业技术、设施和技术装备等基础条件，只能生产一些结构简单的旧式畜力农机具。当时，国家一方面抓旧式农机具改造和新式农具研发，一方面积极为建立我国现代农机工业体系创造条件，包括筹建生产企业、农机院校、科研和质检机构，规划构建产品结构体系等。至 20 世纪 70 年代末，基本建成了包括农机教学、科研、制造、标准检测等在内的初具规模、较为健全的现代农机工业体系，形成了从零部件到整机制造的较为完善的产业链。

1949—1957 年，国家向农机工业投资 3.24 亿元，建立了一批农机制造厂，从生产旧式农具、仿制国外新式农具起步，到 1957 年全国农机修造厂发展到 276 家，有职工 12.3 万人，工业总产值达到 3.84 亿元，已经能够生产机引铧式犁、圆盘耙、播种机、谷物联合收割机等 15 种农业机械，并开始筹划生产拖拉机，农机工业产值快速增长。

从 1950 年开始，为解决农业生产急需，从苏联和东欧国家引进包括拖拉机、机引农具等在内的农机产品，同时重点引进成套的拖拉机制造技术、生产设备、检测仪器等，为我国农机工业初期的建设奠定了基础，创造了条件。当时我国农业生产急需农机产品的研制也在稳步有序推进。

1950 年，大连习艺机械厂和山西机器公司分别仿制的我国第一台农用轮式和履带式拖拉机相继问世，揭开了我国拖拉机研发生产的序幕。1959 年，作为我国首个现代化拖拉机企业——中国洛阳拖拉机厂建成投产，结束了我国不能批量生产拖拉机的历史，将我国农机工业推向了一个新的发展阶段。 第一台东方红牌履带式拖拉机见图 1。

图 1 第一台东方红牌履带式拖拉机

1959 年，毛泽东主席发表了“农业的根本出路在于机械化”的论断，在全国掀起了一股农业机械化的热潮，农业机械化步伐加快，农机工业出现良好的发展势头。截至 1960 年年底，全国农机制造企业增至 2 624 家，固定资产原值由 1957 年的 2.8 亿元上升到 21 亿元，农机工业占全国机械工业的比例由 3.8% 上升为 11.8%。

1960 年，农业机械部制定农机工业发展规划，目标是在 3 ~ 5 年内基本建成我国比较完整的具有现代化技术的农机工业体系。此时，我国国民经济进入调整期。为适应国民经济调整形势，我国农机工业在发展战略上也做了相应的调整，将原定的“以拖拉机为纲”调整为“三个第一”（即小农具和半机械化农机第一、配套和维修第一、质量第一）的方针，将农机工业建设由追求高速度转为讲究实际效益。调整期间，我国的拖拉机、内燃机、机引农具等几个重点行业得到快速发展，生产能力有了较大幅度提升，基本形成了与当时农业发展水平和农村购买力相适应的产品体系，为农业生产的恢复和后续发展提供了有力保障。

1977 年 12 月召开的第三次全国农业机械化会议向全国发出了“全党动员，决战 3 年，为 1980 年基本上实现农业机械化而奋斗”的号召，为实现这一目标，在当时财力物力仍然困难的情况下，国家加大对农机工业的投资、贷款，钢材和燃料优先供应等，农机工业得以较快发展。1979 年，我国的农机产量、产值都创造了新中国成立以来的最高水平。但是，由于当时过高估计了我国农业发展进程和农机工业实力，加之对当时我国基础工业薄弱等认识不足，1980 年实现全国农业机械化的目标未能实现。

农机教育体系基本形成。1952 年，我国首所农机高等院校——北京农业机械化学院成立，三年后，长春汽车拖拉机学院成立。20 世纪从 50 年代到 60 年代陆续建成了设有农机设计和制造学科的镇江农业机械学院、安徽工学院、洛阳农业机械学院等 5 所高等院校，形成了较为完善的农机教育体系。到 1982 年，全国农机高等院校和设有农机专业的高校共有 60 余所，在校学生 2.7 万多人，每年毕业生达 7 000 多人。这些院校为农机教学、科研、生产和农机管理领域输送了发展急需的各类高级专业技术和管理人才，为我国农机工业的建设和发展提供了人才保障。

科研体系基本形成。为解决农机工业初创阶段对相关技术的急需以及适应和满足农机工业持续发展的需要，1956—1959 年先后建立了按产品分类的部属研究院所，如拖拉机、内燃机以及农机具研究所等。这些科研机构承担完成了行业绝大部分的关键共性技术、机器功能、结构原理实验研究任务，承接了国家和地方的重大科研项目和产业发展急需的研发项目，并取得一大批优秀的科研成果，大部分科研成果成功实现了转化，有力地支撑了农机新产品的研发和行业技术进步。

二、体制转换阶段（1980—1995 年）

1980—1995 年是我国农业工业的体制转换阶段。随着改革的不断深入，市场机制在农业机械发展中的作用逐渐增强，国家对农机工业的计划管理逐步放开，由国家单纯投资改变为多元投入，社会和民间资本开始进入农机工业，允许农民自主购买和使用农业机械，农机装备多种经营形式并存的格局初现，农机产品结构也相应发生变化。

20 世纪 80 年代初，我国农村实行家庭联产承包责任制，经营规模由大变小，大农机与小规模经营的矛盾凸现，原有产品已经不适应市场需求，农机工业产值连续 2 年下滑。为适应农村经营体制的变化，满足市场实际需要，农机企业以市场需求为导向迅速调整产品结构，一是由以大中型农机为主调整为以中小型农机为主；二是由以种植业产品为主调整为产品覆盖农业各产业，各种中小型拖拉机、中小型联合收获机、中小型农副产品加工机械、饲料机械、畜牧机械和水产饲养设备等产销量快速增长，出现产销两旺局面。具有中国特色的中小型运输机械、低速汽车应运而生并得到了快速发展。

企业数量不断增加，产业规模有了较大增长，产品门类和品种不断扩大，产品结构趋于合理。到 1995 年年底，全国县以上农机制造企业达 2 120 家，职工为 126.5 万人，固定资产原值达 455 亿元，当年完成工业总产值 703.7 亿元，实现利润 23.1 亿元。

三、市场导向阶段（1996—2003 年）

从 20 世纪 90 年代中期开始，我国工业化和城镇化进程加快，随着农村劳动力向非农产业和城市转移，农村劳动力出现了季节性短缺，加快农业机械化进程的呼声日益高涨。在市场需求的强劲拉动下，我国农机工业又出现了新一轮发展高潮。

农机装备技术进步显著，各种新机型不断投放市场，特别是谷物联合收获机，产品投产后迅速打开市场，以新疆 -2 型自走式谷物联合收获机（见图 2）为代表的新一代机型研发成功，掀起了我国自走式谷物联合收获机发展的高潮，促进小麦机收水平大幅上升。

新疆 -2 型自走式谷物联合收获机不但打造了我国民族工业的自有品牌，还为我国大喂入量谷物收获机械的研发奠定了技术基础，同时也推进了具有中国特色的小麦收获跨区作业模式的形成和蓬勃发展。20 世纪 90 年代后期，具有中国特色的自走式玉米联合收获机、自走式全喂入稻麦联合收获机开发取得重大进展，多款产品技术已经成熟，具备量产和投放市场的能力。

图 2 新疆 -2 型自走式谷物联合收获机田间作业

1994 年，党的十四大提出建立中国特色社会主义市场经济体制，企业改制取得较快进展，民营企业数量逐年增加，其资产和销售收入占比逐年提高。国际著名的跨国公司纷纷在我国独资或合资建厂，初步形成了国有或国有控股企业、民营企业、外资企业组成的多元企业结构。国际著名农机企业落地我国实行本土化生产，对促进我国农机装备的技术进步、产品综合水平提高和农机工业实力增强产生积极影响。

四、依法促进阶段（2004—2013 年）

2004 年，国家颁布实施了《中华人民共和国农业机械化促进法》，并出台农机购置补贴政策，自此，我国农业机械化发展进入了依法促进的新时期。2010 年国务院颁布《关于促进农业机械化和农机工业又好又快发展的意见》，到 2013 年，中央财政已累计投入近千亿元资金，用于农民购置先进的农业机械，大大促进了社会农机购置投入，带动了农机工业发展。国家政策支持力度、农机工业产业规模、企业自主创新能力、科研开发和产品质量水平、合资合作以及进出口贸易均达到了历史最高水平，我国农机工业迎来了历史上最好的发展时期，被誉为中国农机工业的“黄金十年”。

2004—2013 年中央财政农机购置补贴资金见图 3。

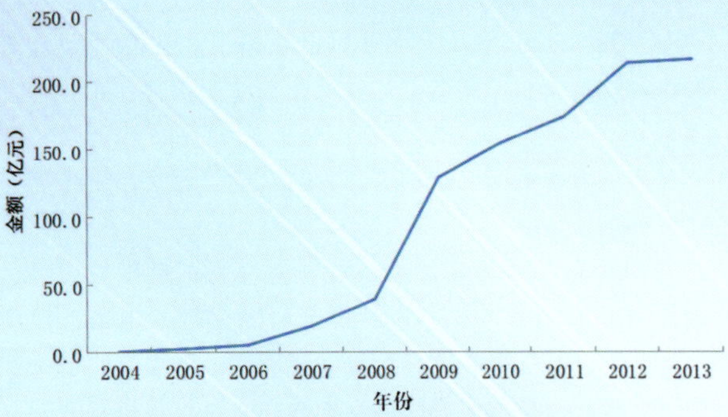

图 3 2004—2013 年中央财政农机购置补贴资金

1. 农机工业快速发展，产品基本满足国内市场需求

我国农机工业各项总量指标均实现了持续快速增长，成为全球第一农机制造大国。农机工业保持快速增长，产品种类逐步完善，对农业机械化的支撑保障能力进一步增强。

2013 年，全国规模以上农机企业主营业务收入为 3 571.58 亿元，同比增长 16.31%，高于全国机械行业 13.84% 的平均增速，实现利润总额 236.92 亿元，同比增长 9.6%。

2004—2013 年我国农机工业主营业务收入、利润及同比增速见图 4。

图 4 2004—2013 年我国农机工业主营业务收入、利润及同比增速

十年间，我国农机工业逐步形成专业化分工、社会化协作、相互促进、协调发展的产业体系，产业结构和产品结构得到了进一步优化。企业通过技术引进和自主开发，大型动力换挡拖拉机、大型自走式喷杆喷雾机、大型免耕播种机等一批科技含量高的农机产品应运而生，我国农机产品与国外先进水平之间的差距进一步缩短，形成了大中小型、高中低技术档次兼顾的产品结构，满足了国内市场 90% 的需求。

2000—2013 年全国农作物耕种收综合机械化水平发展趋势见图 5。

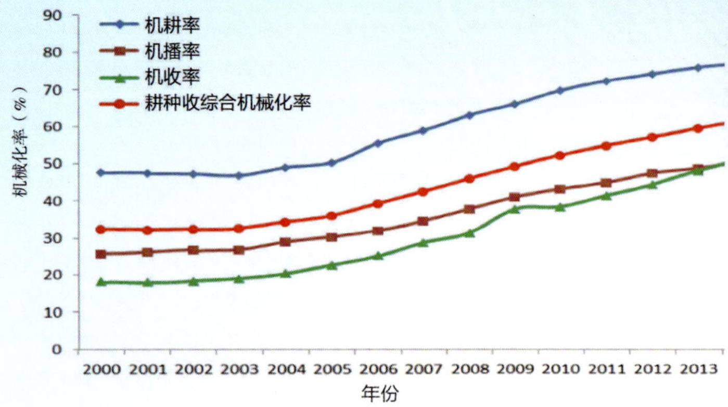

图 5 2000—2013 年全国农作物耕种收综合机械化水平发展趋势

2. 产学研相结合的科研体系初步形成，有效支撑产业发展

十年间，我国农机行业构建起以生产企业为主体、科研机构和大专院校参加的产学研联合研发体系。目前，我国农机企业中，大中型企业多数建立了技术开发中心，为企业产品的研发和持续改进提高提供了技术保障。科研机构、大专院校充分发挥在共性和基础研究方面的优势，大批优秀的科研成果为行业新产品研发提供了有效的技术支持，推动行业技术进步成效显著。

3. 制造能力和制造工艺水平提升，产品质量水平显著提高

十年间，我国农机企业的装备和制造工艺水平明显提高，生产效率和质量得到质的飞跃，农机骨干企业的工艺装备水平快速提升，与国内其他行业的差距大大缩短。工业机器人、激光焊接技术、数控加工技术、电泳涂装技术已经应用于关键零件制造，加工制造工艺向柔性“专机＋加工中心”模式发展，零部件加工和装配工艺技术水平大幅度提高，产品质量明显提升，部分产品的制造质量已接近或达到国际同类产品同期水平。中国一拖自主研制的东方红 -LW4004 重型拖拉机见图 6。

4. “引进来、走出去”战略初见成效，国际化程度提高

国际农机制造巨头品牌企业纷纷进入中国市场，有效带动了我国农机工业水平的提升。我国优秀骨干农机企业采用收购、引进等方式在国际市场上获得新技术和优秀的技术人才，加快了企业国际化进程，提高了我国农机品牌的国际市场竞争能力。

截至 2013 年年底，规模以上外资企业已有 147 家，占行业规模以上企业总数的 7.97%，其工业总产值占全行业的 12.06%。

2009 年中国一拖集团相继在 7 个非洲国家建立装配厂和服务中心，2011 年收购了意大利 Argo 集团旗下法国 McCormick 工厂。雷沃重工收购了“阿波斯”“马特马克”“高

图 6 中国一拖自主研发制造的东方红 —LW4004 重型拖拉机

登尼”三大高端农机品牌，计划将企业打造成我国农机装备制造业的首个世界级品牌。中联重科在进入农机领域之后，在美国设立了农机研究所，随后又在意大利设立了欧洲研发中心。

国际市场竞争力的提升，促进了产品出口贸易额的稳步增长，自2004年起，农机工业出口总额一直大于进口总额。特别是农机工业进出口强劲增长的2008年，更是以51.43亿美元的贸易顺差创造了历史新高。2013年，农机行业累计完成进出口总额119.3亿美元，同比增长6%，高于同期机械工业平均水平2.28个百分点，其中，农机行业出口总额为93.77亿美元，进口总额为25.53亿美元。

五、新常态发展阶段（从2014年至今）

随着农业生产方式转变和农业产业结构调整，农机工业发展速度放缓。2014年，我国农机工业平均两位数的高速增长态势宣告终结，中高速增长、稳步健康发展将是农机工业未来的常态。

目前，我国农机产品同质化严重、低端产品产能过剩与高端装备技术缺乏、产品有效供给不足的结构性矛盾依然突出，突破高端产品及关键核心零部件瓶颈是农机行业今后一段时间内面对的重大课题。加快提升制造装备水平、制造能力和产品质量是农机行业面临的一项长期任务。

农机装备被列入“中国制造2025” 十大重点发展领域，为农机工业发展提供了机遇。工业和信息化部、农业部、发展改革委组织编制了《农机装备发展行动方案（2016—2025年）》，农机工业必须以《方案》规划的任务和目标为依据，以农业部关于主要农作物生产全程机械化推进意见为导向，紧紧围绕科技进步、创新驱动、产品转型升级、提质增效这条主线，以调整优化产品结构、突破瓶颈、主攻短板为重点，进一步深化农机农艺融合、机械化和信息化融合，紧跟智能制造和智能农机装备发展大趋势，不断研发和生产先进适用的农业装备，进一步提升支撑农业机械化发展的保障能力，为推进我国农业生产全程机械化和全面机械化进程做出应有贡献。

2018年12月29日，国务院印发《关于加快推进农业机械化和农机装备产业转型升级的指导意见》（国发〔2018〕42号），围绕装备结构、综合水平、薄弱环节、薄弱区域、相关产业机械化，提出5类16项量化指标，并综合考虑了与《全国农业现代化规划（2016—2020年）》《农机装备发展行动方案（2016—2025年）》《全国农业机械化第十三个五年规划》的衔接，明确提出2020年和2025年农业机械化和农机装备产业发展目标，充分体现了“全程、全面、高质、高效”的工作导向，有利于科学推动农业机械化和农机装备产业转型升级，为今后一个时期农业机械化发展指明了方向。

六、小结

站在新的历史起点，回望新中国农机工业走过的历程和发展成就，深感欣喜，倍受鼓舞，但是，我国农机工业大而不强，结构性矛盾日益突出，特别是低端产能过剩、高端产品不足的问题依然存在，如粮食作物机械、耕种收机械及平原机械相对过剩，经济作物、收获后处理机械及山区丘陵机械不足。农机产品质量还不能满足我国现代农业的需要，高性能的大马力拖拉机、大型谷物收获机、高端农机具、大型采棉机、甘蔗收获机、大型青饲料收获机及精准作业装置等高端产品市场基本被外资品牌占领。关键零部件如采棉头、打结器、轻简化农用柴油发动机、静液压驱动系统、总线及控制系统还主要依赖进口。

我们必须坚定不移地按照党的十九大提出的新时期国家发展的战略目标和任务，树立大农业观，种植业、畜牧业、渔业、农产品初加工等各产业协调发展，北方、南方各地区协调共进。加强农业机械化顶层设计，建立部际协调工作机制，以农机农艺相融合、机械化信息化相促进为路径，推动农机工业向数量质量效益并重转型升级。攻坚克难，砥砺奋进，加快推进向世界农机制造强国迈进的步伐，为我国农村和农业提供技术先进、品质优良和服务一流的农业装备，不断提升推进我国农业全程和全面机械化的支撑和保障能力，为早日实现我国农业现代化做出更大的新贡献。

中国农业机械工业协会

2019年12月20日

辉煌60年，中国农机化的“东方红”赞歌

人类文明的进程中，农业始终是人类发展的根基。然而，华夏农耕，这个中国五千年文明之树上最沉甸甸的果实，却在300年工业化浪潮中，成为中国人难以言说的痛。

历史的车轮滚滚向前。仅仅用了60多年时间，全世界20%以上的粮食和20%以上的工业品都产自中国。

这让我们不禁发问：60年间，是什么改变了历史？60年间，是什么，让中国重新崛起？

越是宏大的问题，越要从细微处着眼。让我们从连接农业和工业的中国第一个农机制造企业说起。

在河南洛阳长安路的最北端，有一栋已经矗立60多年的建筑，它不但见证了中国农机工业从无到有、从小到大的全过程，也见证了中国农业的现代化之路。这是中国一拖集团有限公司（以下简称中国一拖）总部的办公楼。

这个依旧保留苏联风格建筑的大型企业，60多年来始终是中国规模最大的农业机械制造基地，始终是中国先进的农业机械研发基地。作为中国农机工业的诞生地和农业现代化的技术装备的策源地，这里一次又一次引领中国农业装备的发展道路。

创业，日出东方

20世纪50年代初，刚刚成立的新中国百废待兴、百业待举，首先要解决的是四亿人民的吃饭问题。为了在有限的土地上更多更快地生产粮食，中央下决心发展农机工业，用现代化装备武装农业。

第一拖拉机制造厂的选址和建设，受到当时中央最高领导层的高度关注。1953年2月，第一机械工业部汽车工业管理局成立新厂筹备处，开始搜集可能建厂地区的基础资料。

中央举全国之力，从上海、长春等地抽调出专家和技术人员，在苏联专家的指导下开始筹备第一拖拉机制造厂。

081，这个普普通通的数字，是第一拖拉机制造厂当年对外公开的代号。杨立功等一批“老八路”，肩负国家的重任和亿万农民的盼望，带着还没来得及卸掉的“盒子炮”，就进驻洛阳，开始了第一拖拉机制造厂的筹备和建设。

听说要建设中国第一个拖拉机制造厂，西安、石家庄、哈尔滨等城市纷纷要求把工厂建到自己那里，但中央从工业布局和国防安全考虑，确定在中原地区的河南省内选址。

1954年1月，新中国第一个拖拉机制造厂定址洛阳。

1955年的10月1日，在洛阳涧西，这片曾经是隋唐皇帝御花园的土地上，一座现代化重型工厂破土动工。

在苏联专家的帮助下，来自全国各地的第一代创业者们，争分夺秒建设工厂，夜以继日学习文化，攻坚克难掌握技术，完成了新中国农机工业的奠基。

中国自己制造的拖拉机，要有中国人自己的名字。当有人受陕北民歌《东方红》的启发，提出“东方红”这个名字时，获得了所有人的一致赞叹。

从此，中国第一拖拉机制造厂生产的拖拉机上，都有了

醒目的"东方红"三个字。

1958 年 6 月 30 日，第一拖拉机制造厂生产出第一炉铁水。

1958 年 7 月 20 日，悬挂着毛主席画像的第一台东方红拖拉机，身披大红花、在人们敲锣打鼓的护送下，隆隆地驶出了第一拖拉机制造厂的大门。

1959 年 11 月 1 日，第一拖拉机制造厂门前锣鼓震天，洛阳民众纷纷汇集在这里，等待中国历史上的一个重要时刻——新中国第一个拖拉机制造厂将宣告建成。

当一列列满载着东方红拖拉机的列车驶向远方，一片片田野在东方红拖拉机的伴奏下欢声歌唱。西北的雪山下、东北的黑土地上、中原大地、秦川沃土、海南椰林，到处都能看到东方红拖拉机的身影。

新中国集中几亿人民的力量，用 30 年走完了西方国家 100 年才走完的工业化道路。

在这一历史进程中，东方红拖拉机完成了中国 70% 以上机耕地的作业，让越来越多的中国人有条件从土地上解放出来，从自给自足的小农经济中脱离出来，加入工业化的社会分工体系。

东方红拖拉机也由此在许多人的脑海中留下了温暖的记忆。

改革，奔腾不息

30 多年前，中国已拥有工业体系，但集中计划的协作模式不能适应发展需要，一场改革开放大戏徐徐拉开帷幕。

位于洛阳的第一拖拉机制造厂，再次成为历史转折大戏的开场。

改革的第一步，全面施行的农村家庭联产承包制，使农村出现 "老黄牛重返战场，小毛驴趾高气扬，拖拉机离职休养"的景象。

面对当时严峻的形势，中国一拖决策层在认真总结各方意见后，组织了千人调研大军，在 15 个省 47 个地区 106 个县进行了调研。

根据调研反馈的信息，一拖人迅速调整航向，仅用几个月的时间，就研制出符合农民需求的东方红 15 马力（1 马力＝735.499W）拖拉机，并在 1983 年年底形成年产 1 万台的生产能力。

在东方红农耕博物馆一楼，一台满是历史斑驳的东方红小四轮拖拉机静静地停放在那里。它是一拖从计划经济进入市场经济过程中开发的标志性产品，它不仅"托起了中国农民的致富梦想"，也在 20 世纪 80 年代带动中国农机工业走出低谷。

因为适应市场的需要，东方红小四轮拖拉机不但让中国一拖迅速走出改革初期的震荡，而且很快尝到了市场经济的甜头。

但小四轮拖拉机这款产品并不能让一拖人满足，因为中国一拖人普遍认为，小四轮拖拉机并不能代表企业的方向。但什么产品才代表中国一拖发展方向呢？

为解决这个问题，中国一拖像当时很多企业一样，开始探索产品多元化发展道路。

东方 ZA91 型自行车通过生产许可证验收；东方红 665 越野汽车被批准为国家定型产品；东方红 4125A 柴油机被原机械工业部命名为节能产品；试生产的菲亚特 100–90T 拖拉机北京南郊农场进行试耕；建机分厂从德国宝马公司引进先进技术，试制出 BW141AD、BW217D 两种全液压振动压路机，技术达到 20 世纪 80 年代国际先进水平……

在当年这些产品中有部分产品为企业日后发展打下了基础。其中，20 世纪 80 年代初引进的意大利菲亚特大型轮式拖拉机最有代表性。

就当时的中国农机工业体系而言，这完全是一款全新的产品，国内几乎没有配套能力，中国一拖需要独立支撑这款产品的国产化。而改革开放之初，农民购买力不足，更重要的是，分田到户的农村，并没有大功率拖拉机的用武之地。但一拖人肩负着装备中国农业现代化的使命，认准了农业现代化的方向，在短期没有市场回报的情况下，依然坚持对这款产品进行持续投入。

产品多元化战略是把双刃剑。在产品多元化道路上高歌猛进的中国一拖很快就饱尝了市场的冷酷无情。和当时很多企业一样，中国一拖在大公司、大集团战略目标引领下，先后兼并了江苏清江拖拉机厂、信阳柴油机厂、许昌通用机械厂、郑州煤机厂等企业。步入 20 世纪 90 年代，在内外部各种因素的共同影响下，中国一拖经营业绩出现明显下滑。

1994 年，中国一拖出现建厂以来首次亏损。面对困难，一拖人制定了未来七年发展规划，即"73111 工程"，力求通过自身发展摆脱困境，走出泥沼。

在这样的情况下，中国一拖首批东方红 1002、1202 拖拉机发往黑龙江农垦地区，结束了国内不能生产 100 马力以上大功率履带拖拉机的历史；东方红 LT1101 5t 平头柴油载货汽车通过技术鉴定；东方红 802R 橡胶履带式拖拉机研制成功，填补了该机型在国内的空白……

此后几年里，中国一拖几经沉浮，虽然 1997 年以 43.3 亿元的销售收入再次达到高峰，并实现在香港上市，成为当时我国农机企业唯一的上市公司，但这之后多年，中国一拖一直在亏损边缘徘徊。

经过分析，中国一拖领导层认为，企业之所以出现这种情况，除了宏观经济环境，主要还是企业过于短视，不适应激烈的市场竞争。于是，借用"外脑"，寻找一个切实的突破口和切入点，赢得时间少走弯路，就成了大家的共识。

2001 年 2 月 5 日，美国科尔尼管理顾问公司全面入驻中国一拖。根据科尔尼管理顾问公司的建议，中国一拖审时度势

提出了“三分四层”发展战略。

依靠改革的力量，中国一拖 2002 年扭亏，2003 年实现盈利，当年销售收入达到 47 亿元，再次创下一拖历史上的最高纪录。出身计划经济体制的中国一拖，通过实施“三分四层”战略，终于在激烈的市场竞争中，趟出了一条看得见、行得通的道路。

“三分四层”中的“三分”是指“分兵突围，分块搞活，分兵挺进”，通过分治管理，解决体制性矛盾；“四层”是指四个层次，即将农业机械、工程机械、动力机械三大板块做大做强，将零部件专业厂做精做专，把和主业关联度不大的生产单位综合治理，积极探索国际合作和资本运作。四个层次聚合竞争优势，着重解决结构性矛盾。

回顾中国一拖这 20 年间的艰难探索，无论是农村分田到户促使中国一拖研发出新产品一炮走红，还是“三分四层”让中国一拖重新焕发活力，都可以清晰地看到改革的力量。

创新，走向卓越

经历 60 多年跌宕起伏，中国一拖这个老牌国企，不但在激烈的市场竞争中保持领先，还不断带领中国农机行业、走向更广阔的天地。

21 世纪初，“三分四层”战略的实施逐渐让中国一拖由内到外体会到参与市场协作的窍门，也真正尝到了市场的甜头。

2003 年，在对意大利菲亚特大型轮式拖拉机技术进行多年消化吸收后，中国一拖准确把握中国农机市场的需求趋势，推出 80 ~ 100 马力东方红大型轮式拖拉机系列新产品，一举轰动市场。

2004 年，在中央一系列惠农政策的扶持下，农民收入快速增长，从事农业生产的积极性进一步增加，东方红大型轮式拖拉机随即成为市场上的抢手货。当年，东方红大型轮式拖拉机一举实现销售 1.2 万台。

东方红大型轮式拖拉机在国内走红的同时，也迅速打开国际市场。2003 年 4 月，中国一拖一次性出口委内瑞拉的 530 台大型轮式拖拉机，成为当时中国最大一笔出口订单。随后，面向亚洲、非洲、南美洲等区域市场，中国一拖开始不间断地刷新我国大中型轮式拖拉机出口纪录。

20 年的付出终于赢得回报。2006 年，中国一拖实现销售收入 102 亿元，几代一拖人梦寐以求的“百亿梦”终于实现。

2007 年元旦，中国一拖发布《创新宣言》，明确指出：面对企业深层次的问题和矛盾，唯一可以依赖的就是创新。

这一年，以东方红大型轮式拖拉机整机产品技术为平台，以柴油机、变速器、车桥、曲轴、覆盖件等为关键要素的大型轮式拖拉机“黄金供应链”，使中国一拖实现了从整机技术平台到零部件的全面领先，成功搭建起我国第一代大型轮式拖拉机的技术平台。“东方红大型轮式拖拉机”在用户心目中成为“放心拖拉机”的代名词。

市场和用户给予东方红拖拉机最充分的信赖，但中国一拖人并没有骄傲自满。

随着我国农业机械化进程的加快，东北、新疆等地区的大农场对拖拉机功率的要求不断提高，200 马力以上重型拖拉机的需求不断加大。但由于拖拉机动力换挡技术长期被国际农机巨头垄断，致使我国该功率段的拖拉机长期依赖进口。

动力换挡拖拉机是一种全新的产品，从产品设计、试制、试验到批量生产，对企业都有非常高的要求。怎样才能拥有自主的动力换挡技术，是当时整个中国农机行业面临的挑战。

为改变这种状况，自 2007 年开始，中国一拖与国际知名研发机构开展合作，实施“PST 项目”，瞄准欧洲 21 世纪轮式拖拉机先进技术水平，开发具有自主知识产权的动力换挡重型拖拉机，引领中国大功率拖拉机更新换代。

2008 年 2 月，中国一拖重组进入中国机械工业集团。中国一拖开始在更高的平台上参与全球市场大协作。

2010 年 9 月 28 日，在中国一拖建厂 55 周年之际，东方红动力换挡拖拉机在中国一拖刚建成的现代化工业园隆重下线，一举打破国际农机巨头对 200 马力以上拖拉机技术的垄断。

这既是一拖人对共和国几代领导人关怀的回报，也是企业在新的历史时期给全国数百万用户交上的又一份满意答卷。

此时，中国一拖除了在国内市场上高歌猛进外，在国际市场上也形成了完整的营销网络。同时，一拖人清醒地认识到，国际化不是简单地推销产品，而是要以全球视野，在全球市场的价值链中获得企业的综合竞争优势。

2009 年 4 月 15 日，中非发展基金与中国一拖合资成立“中非重工投资有限公司”，搭建中国面向非洲的技术装备输出平台。

在参与市场竞争特别是国际市场竞争中，中国一拖越来越清醒地认识到，传统的低端产品既不能在未来的市场竞争中取胜，也不可能带来较高的利润回报。因此，企业必须顺应当今国际产业结构向知识、技术、服务密集方向调整的要求，大力推进由低端制造向高端制造、由传统制造业向现代制造服务业转型。

“十一五”期间，中国一拖以建设世界一流的农业装备供应商为目标，以创新为动力，以重点技改项目为依托，不断聚集力量、增长实力。五年中，中国一拖建成洛阳新工业园、黑龙江生产基地和新疆生产基地，极大地拓展了企业的发展空间，企业核心竞争力全面提升。

2011 年 3 月，中国一拖成功收购一家位于法国的百年企业——意大利 ARGO 集团旗下的 McCormick 工厂。这是新中国成立后，中国农机企业收购世界级农机企业的第一例。

2012 年，中国一拖旗下的第一拖拉机股份有限公司成功在上海证交所主板上市，中国一拖成为中国农机行业唯一的 H 股和 A 股双上市公司。

借助法国公司成熟的动力换挡传动系技术，中国一拖只用 3 年时间就推出了拥有完全自主知识产权的系列动力换挡拖拉机产品，并在 2014 年顺利实现了商品化。

2014 年中国国际农业机械展览会上，4 台东方红 LF 系列动力换挡拖拉机全部配套中国一拖法国公司生产的动力换挡传动系统，这是中国自主制造的最高端拖拉机首次批量亮相。

技术和服务优势的日益显现，不仅让东方红动力换挡拖拉机赢得越来越多用户的“芳心”，而且使国外同类产品降价幅度达到 30% 以上，有力提升了中国农机产品的国际竞争力。

2015 年，在中国一拖庆祝建厂 60 周年之际，东方红动力换挡拖拉机销量突破 3 000 台，掀起了一场农机升级换代的热潮。

搭建起中国农机行业的大型轮式拖拉机技术平台，中国一拖用了 20 年时间，而搭建与世界发达国家同步的产品技术平台，一拖只用了不到 10 年时间。

在创新的路上，一拖人从未停止脚步。在移动互联网不断发展成熟的今天，中国一拖瞄准世界农机未来趋势不断加快创新步伐。

2016 年 4 月 21 日，中国首家拖拉机动力系统国家重点实验室在中国一拖挂牌成立。6 月，东方红 LW4004 无级变速重型拖拉机在国家“十二五”科技创新成就展上首次公开亮相。10 月，在武汉召开的全国农业机械展览会上，中国一拖发布中国首台无人驾驶拖拉机，引发行业轰动。

2018 年 8 月 11 日，在中央电视台一套的黄金时段，《机智过人》第二季首期节目全景展现东方红拖拉机无人驾驶作业。节目中，东方红无人驾驶拖拉机展示了自动起动、操作农具、动态障碍自动避让等一系列“独门绝技”。

这次登上央视荧屏的东方红无人驾驶拖拉机，是由中国一拖自主研发的第二代无人驾驶拖拉机，整车具有一键起动、一键急停、自动换向、自动制动、发动机转速自动控制、农具自动控制、动静态障碍物主动避让等功能，是中国一拖智能化拖拉机的代表产品之一。

2018 年 10 月，中国一拖自主研发的国内首款无驾驶室的纯电动拖拉机——“超级拖拉机 I 号”亮相，再次引起轰动。

2019 年 4 月 3 日，200 台东方红 LX904 自动驾驶拖拉机交付仪式在内蒙古自治区通辽市科尔沁汇双利农机合作社举行。这是我国自动驾驶拖拉机首次大规模应用。

这 200 台预装北斗农机自动驾驶系统的东方红 LX904 拖拉机，能实现精确到 2.5cm 的精准作业，单台拖拉机即可完成播种、中耕到收获的全过程自动作业，是我国自动驾驶、智能农机管理等先进农机技术的首次大规模应用，也是我国精准农业的又一次突破。

2019 年 6 月，中国一拖牵头组建的农机智能创新中心成功升级为农机行业唯一的国家级制造业创新中心。通过开创自主可控的农机创新体系，中国一拖为毛泽东主席提出的“农业的根本出路在于机械化”再添全新注脚。

2019 年是新中国成立 70 周年，是毛泽东主席提出“农业的根本出路在于机械化”60 周年，也是中国一拖建成投产 60 周年。60 多年来，中国一拖和“东方红”始终是中国农田耕作的主力军，也始终凝聚着一代代一拖人的“初心”。

回顾中国一拖 60 年历程，作为新中国第一个农机制造企业，作为屡次搭建中国农机行业产品技术平台的领军企业，作为受到数百万用户关注和喜爱的企业，一拖人总结企业生存和发展的经验时发现，中国一拖之所以历经 60 年风雨，依然拥有蓬勃的生机和活力，最重要的原因就是，每个一拖人都拥有“走向卓越”的文化基因。

经过 60 多年发展，中国一拖累计生产超过 355 万台拖拉机和 270 万台动力机械，大中型拖拉机市场占有率和社会保有量居我国首位，为中国人把饭碗端在自己手里做出了突出贡献。

从 20 世纪 50 年代的东方红履带式拖拉机，到 20 世纪 80 年代的东方红小四轮拖拉机，到 21 世纪初的东方红大型轮式拖拉机，再到如今的东方红动力换挡拖拉机、无级变速拖拉机、智能拖拉机，东方红拖拉机始终引领着我国农业机械化的技术发展，不断推动我国农机行业的转型升级。

短短 60 多年时间，随着中国一拖的不断转型升级，我国也从一个落后农业国变成世界第二大经济体，成为世界农机制造和农机使用的第一大国。这背后，正是无数一拖人对“初心”的坚守和对“使命”的践行。如今，中国一拖正引导我国的农业从业者，逐步成为真正的高端职业农民。

为决胜全面建成小康社会贡献农机力量

——看农机龙头企业雷沃重工的“三农担当”

“农业强、农村美、农民富”是全面建成小康社会的基本标志。

在服务“三农”的道路上，农机企业如何担当作为？作为国内农业装备制造的领军者，雷沃重工股份有限公司（简称雷沃重工）始终扎根在服务“三农”的第一线，将互联网、物联网、大数据与现代农业紧密结合，不仅助推高端农机装备不断升级，引领传统农业向现代化、智慧化农业转变，更成为农民发家致富的好帮手，让农民成为有吸引力的职业。

始终以创新为驱动，持续加大研发投入，突破关键核心技术，为现代农业提质增效提供智能装备支撑

农业是全面建成小康社会、实现乡村振兴战略的基础，而农业机械化水平高低决定着农业发展进程以及农业竞争力的强弱。

作为行业的龙头骨干企业，雷沃重工在推动我国农业机械化水平提高的过程中扮演了主力军角色。自 1998 年至今，雷沃重工旗下的雷沃阿波斯农业装备分公司已累计向市场投放各类产品 200 余万台。除了旗下雷沃收获机械、拖拉机等业务持续领跑外，雷沃重工是目前国内唯一在农业“耕”“种”“管”“收”“储”“运”全环节提供全程机械化解决方案的自主品牌。

有关数据显示，目前，雷沃产品对我国小麦机收贡献度达到 60% 以上，水稻机收贡献度达到 30% 以上，玉米机收贡献度达到 30%，耕种收综合贡献度达到 40% 以上。可以说，雷沃重工在农业装备产品领域的创新与投放直接影响了国内农业生产方式。

“我国农业装备行业尽管取得了快速发展，但在高端农机装备领域，与国际领先企业相比，依然存在很大瓶颈。”在雷沃重工党委书记梁启荣看来，关键核心技术缺失、科技创新能力薄弱是制约中国农机制造“由大到强”的主要瓶颈。

核心技术要不来、买不来，只能靠自己。为此，雷沃重工把核心技术突破作为企业持续发展的动力，每年都会拿出销售收入的 3%~5% 作为研发创新经费，自 2010 年以来已累计投入研发经费近 40 亿元，构筑起了“中国 + 欧洲 + 日本”同步世界的全球研发创新体系。梁启荣告诉记者，雷沃重工先后开展了“动力换挡拖拉机、高性能大型联合收割机和高端智能农机具”等一批国内空白、国际先进农机装备的研发，并实现了动力换挡等大量关键、瓶颈技术的突破，改变了国内高端农业装备领域核心技术长期被国外垄断的局面。

更高效、更智能是我国农业机械的发展方向。在农业装备智能化方面，雷沃重工也探索出了很多科研成果，雷沃无人驾驶农机的推广应用，带动了我国农机向智能化方向迈进。

2012 年，雷沃无人驾驶拖拉机在新疆石河子完成首次大田测试。2017 年，雷沃无人驾驶拖拉机配备的“农业机械导航及自动作业”系统正式宣告商用，走向市场，从设备市场后装走向工厂前装，实现了科研成果向现实生产力的全方位应用转化。2019 年“三夏”期间，安装自动导航驾驶系统的雷沃收割机首次亮相并进行无人驾驶作业，开启了“三夏”

全程“无人”作业模式。

此外，雷沃自动导航辅助驾驶拖拉机的推广，是“十三五”国家重点研发计划“智能农机装备”的重点专项，“基于北斗的农机定位与导航技术装置研究”项目，对于解决我国农机导航精度不高，产品稳定性差，集成应用水平低等问题意义深远。

目前，这套农机导航及自动作业系统经过多年市场验证已经实现批量应用，自动导航精度为5cm，接近国际先进水平，批量应用的无人驾驶拖拉机，在保证质量和性能的前提下，价格至少比国外便宜1/3，有效扭转了我国高端智能农业装备长期依赖进口的状况。

技术护航，未来可期。在雷沃阿波斯智慧示范农场，记者观摩了雷沃大数据平台以及智慧示范农场全程机械化无人驾驶作业演示。只见雷沃阿波斯无人驾驶自走式喷杆喷雾机进行植保作业，紧接着具有主从导航功能的雷沃欧豹无人驾驶拖拉机牵引旋耕机对地块进行耕整作业，随后雷沃谷神无人驾驶小麦机进行收获卸粮作业演示。从植保到耕整再到收获环节全程无人作业，“无人农场”成为现实。与此同时，农业装备作业的全过程可以通过全国农机大数据中心的显示屏进行实时观看。

牢牢把握创新这个发展的第一动力，雷沃重工围绕智能农机装备产业发展需求、关键共性及前沿技术需求开展科技自主创新，在关键核心共性技术、智能农机装备技术创新模式研究、聚集国内外科技创新资源链合创新、加快技术成果转化应用等方面不断取得突破，为乡村振兴提供有力的科技支撑。

紧盯智慧农业前瞻落子布局，为农业生产提供智慧解决方案，不断描绘农业生产新图景

智慧农业是驱动现代农业发展的重要一环。智能农机的不断突破，为智慧农业的发展提供了必需的装备支撑。早在2012年，雷沃重工开始着手布局智能农机的同时，也同步布局智慧农业，探索“产业＋互联网”，将制造业与信息化深度融合，逐步改变农业生产方式。

2016年，雷沃重工推出了国内农机行业首个智慧农业解决方案——阿波斯智慧农业解决方案iFarming。这一方案由雷沃重工联合意大利博洛尼亚大学、中国农业大学、华南农业大学、IBM、e田科技等共同研发，从耕整、播种、种植、植保、收获到粮食烘干存储，将信息技术与农业生产全面结合，依托互联网、物联网与大数据实现集成与互联。2017年10月，雷沃阿波斯智慧农业2025战略暨百家智能化农机合作社建设正式启动，首批100家农机合作社开始全面推广使用iFarming，意味着农机专业合作组织在信息化、智能化建设方面迈出了实质性的一大步。

以专业农机合作社为依托，iFarming在粮食产量监测、农场车队管理、作业调度、智能服务、作业质量监控及自动驾驶六大系统方面获取了来自田间地头最真实、最贴切的应用结果。

除了管理农机之外，iFarming还可以服务农田。“目前，我们每一台出厂的农业装备产品都配备了智能终端设备，将车联网、大数据、云计算这些技术同农机作业紧密结合在一块，推动农业生产方式变革。”雷沃重工阿波斯网络科技事业部副总经理赵海东告诉记者，以前种植户判断土壤湿度、施肥量、药剂都是凭经验，通过加装测产、含氮量检测等智能化装置，收割机在作业的同时采集作物生长信息情况，实现农业生产的数字化，为农业生产提供智慧农田作业解决方案。

“举个例子来说，根据农机反馈回来的信息进行变量施肥，种植户一年能节约50%的化肥投入量，提高农作物5%的产量。”赵海东说。

推动数字化、智能化技术与农业装备的深度融合，从2017年的三夏、三秋作业开始，雷沃重工推出车联网、智联云服务，构建起了“收割机指数”大数据分析，在农业生产中

实现了“智能夏收”“智能秋收”，引领中国农业进入了“互联网 +”时代。

收割机通过内置“雷沃芯”系统，可以清楚掌握全国各地小麦收割机分布情况、作业进度、粮食产量、机收价格、供求信息、天气交通等重要数据，从而构建起“收割机指数”。同时，联手农机互联网企业 e 田科技，推出全新的智能服务平台，为雷沃用户提供线上线下一体化的农机定制服务，帮助农机手和种植户搭建了一个供需平台。

合力突破，协同创新。几年间，雷沃重工先后与 IBM、拓普康、百度、中化农业等多家行业巨头达成合作，构建起了智慧农业创新共同体，共同推进精准农业和智慧农业在国内的发展。前不久，雷沃重工又领衔成立了国内农业行业首个多产业多主体异业生产联盟，着力推进农机农艺融合发展、农业信息化与大数据综合应用，探索和完善农业服务产业生态圈。

推动数字化、智能化技术与农业装备深度融合，雷沃重工正在规划建设占地 6000 亩（1 亩 ≈ 666.7m^2）的智慧农业示范基地。项目一期占地 2000 亩，规划建设“一心三区”，即全国农机大数据中心、农机展示区、智慧农机试验区、智慧农业示范区，实现产业集群与人工智能深度融合。

通过智能化作业模式、数据采集和管理，为农业生产提供智慧化作业解决方案，雷沃重工不断为现代农业发展实现质量变革、效率变革、动力变革注入农机新动力。

优质服务让农民尽享农机红利，用户每年农机作业总收入超 350 亿元，“新型农民”成职业

小康不小康，关键看老乡。

在雷沃重工，农业机械化助力乡村振兴、帮助农民致富并不只是简单的政策规划，而是实实在在的“致富路”。

2013 年以来，历年“雷沃谷神创富指数”显示，在作业收益方面，一台雷沃谷神小麦机在一个月左右的夏收作业季的收入为 3~8 万元。尽管工作环境是“蓝领环境”，但是因农机而生的新型农民的收入并不比白领逊色。

济宁市汶上县的赵俊杰，从 1999 年到现在已经先后购买了 8 台雷沃谷神小麦机。2018 年参加跨区作业，从 5 月至 11 月，仅其中的两台就收割了 2000 多亩小麦和玉米，扣除机器作业成本和雇佣机手的费用，净收入 20 余万元。自己发家致富后的赵俊杰成立了农机合作社，领着合作社社员到河北，河南、安徽、天津等地作业，一年下来，每个社员能有 3 万多元的收入。

像赵俊杰一样借“机”走上致富道路的农民不计其数，他们不但自己富裕起来，也带领更多的村民踏上致富之路。雷沃谷神收割机已成为万千农民创富的利器，让农民拥有了实实在在的获得感。在农机创富方面，近年来雷沃用户每年农机作业总收入超过 350 亿元，净收益超过 200 亿元。

雷沃重工的农机产品不但有效带动广大农民增收致富，更重要的是让农民成了有吸引力的职业，昔日面朝黄土背朝天的农民，逐渐完成了从“身份”到“职业”的转变。

潍坊的张佃相，有了雷沃谷神收割机和玉米机两台农机后，搞起了“代收、代销一条龙”服务。到了收获小麦、玉米的时候，张佃相会先跟乡亲们谈妥承包价格：“你这块小麦今年长势不错，你只管拿钱回家歇着，收粮、晒粮、运粮、储粮、卖粮全不用你管……”作为年轻一代的农民代表，数年的职业农民角色，尽管让他人黑了不少，汗流了不少，但钱也赚了不少，在市区买了房，有了车。

助力农民增收致富，雷沃重工凭借的不仅仅是农机产品，

更是引领行业标准的优质服务。21年来，雷沃重工从跟随式服务升级到规模化服务、亲情化服务、品牌化服务、智能化服务，始终引领着行业服务标准。

在雷沃重工信息服务中心，记者看到机械运行的状态都在后端的运行中心存储着，哪台机械可能要出问题，比如油温过高等，雷沃后台的系统就能即时发现，可以做到提前通知用户，提醒用户及时进行车辆保养维护。

这种提前预“卜”的能力是怎么来的？答案就在，2017年雷沃重工推出的开放式“农机智联云服务平台”。这一平台主要包含智能物联网平台、农机作业智联管理平台和雷沃农机管家APP智能终端三大模块。

平台通过物联网、大数据、云计算等技术为行业、客户提供农机管理服务。管理者可以在家里喝着茶，只要点开手机或电脑上的车队管理系统软件，就能够清晰地看到作业车队每台机器的作业实况，其中包括作业面积、机器运转时间、燃油使用情况，以及车辆所在位置与作业轨迹等信息。这对于管理几十台甚至上百台机器的农机合作社管理者来说具有重要意义。

雷沃阿波斯技术研究院液压电控中心主任王进告诉记者：“未来农民将成为有吸引力的职业，从事这项职业的人早上到办公室，只需打开监控平台，给农机下发作业任务，农机就会自己从车库里出来，根据程序设定，完成一天的工作。”

以往农忙时节，一边是大批农机手找不到足够的作业目标，盲目流动；而另一边种植户亟待抢农时却又找不到合适的农机。雷沃农机管家APP，让机手与种植户实现了有效对接，实现了“网上约农机”。截至2019年10月底，在这个智能服务平台上，已累计撮合雷沃“谷神”机手和种植户达成近3万笔在线订单，累计完成在线预约作业面积超过800万亩。

在农业机械的轰鸣中，拥有创新基因的雷沃重工在攻关核心技术、融入高端智造、引入共享经济上持续发力，矢志为中国现代农业发展、为决胜全面建成小康社会提供源源不断的农机动力，用实际行动书写一家农机龙头企业的“三农”担当。

一百年农机企业，

——发展中的吉林省四平东风

吉林省四平东风联合收割机有限公司的前身是四平联合收割机总厂，始建于1942年，至今已有77年的发展历史。1964年率先在我国研制成功大型自走式谷物联合收割机，填补了国内空白，被命名为东风牌。公司是中国联合收割机的发祥地和摇篮，是我国联合收割机制造标准的制订者和参与者。企业曾经是我国早期的、亚洲大型的联合收割机制造厂家，中国联合收割机的一面旗帜。

伴随着国企改革的大潮，2005年初，四平海银集团依法整体收购四平联合收割机总厂，改制成立了吉林省东风机械装备公司。在党的大力发展民营经济利好政策的鼓舞下，东风牌联合收割机得到了发扬光大。公司先后获得中国AAA重质量守信用单位，获得“农机研发优秀企业”“农民满意企业”“纳税功臣”等荣誉称号。2011年东风牌收割机荣获“吉林省名牌产品”，2012年东风牌商标被评为“吉林省著名商标”并在阿塞拜疆等国家注册，2013年被吉林省评为“科技创新企业”“省级企业技术中心”；公司以科技兴企为先导，先后荣获国家专利12项，4项吉林省科技成果奖，1项吉林省科技进步奖三等奖；按国家

从播种到收获，我们全程参与，

EAST WIND

东风收割机 百年老字号

1964年率先在我国研制成功大型
自走式谷物联合收割机

五十年卓越品牌

联合收割机有限公司

振兴东北老工业基地的要求和四平市退城进区城市规划的总体部署，“年产3 000台大型联合收割机建设项目”于2014年4月18日开工，于2016年年底在四平红嘴经济技术开发区工业园区完工并运行投产。

吉林省四平东风联合收割机有限公司厂区占地面积15万m^2、单体联合厂房6.7万m^2、科研办公楼8 000m^2、新上1 000余台（套）数控、激光高精生产加工设备、1条全自动烤漆线、1条大型全自动电漆线、2条拖拉机装配线、3条收割机装配生产线、1条免耕播种机装配线。公司具有从各种零部件加工到总装产品下线的机械加工制造和装配的能力，是吉林省机械加工种类齐全、能力强的企业。

公司始终坚持：一百年非凡企业、50年卓越品牌的创新发展，以富民兴农为己任，攻坚克难，求富图强。

请记住：我们为中国农业机械化的发展做出了贡献；

请相信：我们更要为中国农业机械化的发展书写辉煌。

全心全意为您提供解决方案

采埃孚公司

采埃孚是世界领先的传动与底盘技术、主动与被动安全技术的供应商。在全球范围内，采埃孚拥有大约 149 000 名员工，在 40 多个国家和地区设有 230 家生产型企业。2018 年，采埃孚实现销售额 369 亿欧元，位于世界大型的汽车零部件供应商前列。采埃孚集团的工业技术事业部位于德国的帕绍市（Passau），拥有 9 800 名员工，主要从事“非公路车辆”的生产和应用，业务范围包括农业机械、工程机械的变速箱和车桥的研发和生产，以及为物料搬运系统、铁路机车和特种车辆提供传动系统技术。2018 年，工业技术事业部的销售额为 27.82 亿欧元。

采埃孚早在 1980 年就进入了中国市场，并签署了第一份合作协议。采埃孚首先进行了销售和服务中心的本地化，使其得到逐步扩展，之后开始投产并完善了工程设施。在农业机械领域，中国也是采埃孚较大的扩展市场之一。随着 2014 年采埃孚与中国一拖签署合资协议，采埃孚在中国又增设了一家工厂——采埃孚一拖（洛阳）车桥有限公司，这是采埃孚在中国本地生产农业机械部件的第一家工厂。通过该合资公司，采埃孚与一拖双方开始在洛阳进行拖拉机转向桥的联合生产。目前的产品将会与更高功率等级的采埃孚转向桥一起进行市场扩展。借助于该合资企业，采埃孚正进一步扩大其在开发、生产和供应链管理领域的本地能力。

TPT 系列动力换挡变速箱

由于动力换挡变速箱的高效率、高操作舒适性和高性价比，其已成为高性能拖拉机中最重要的部件。在这一领域，采埃孚通过其 T-7000 产品系列已奠定了市场基础，并在其新一代 TERRAPOWER(TPT) 动力换挡传动器扩展了功能和性能。TERRAPOWER(TPT) 动力换挡变速箱驱动桥精细的换挡梯度变化以及在主要操作范围内更多的挡位具有明显的优势，可确保为每项工作提供合适的挡位。此外，TERRAPOWER(TPT) 变速箱驱动桥的亮点还体现在它是配套新的第 4 阶段中国排放标准拖拉机的理想选择。

适配功率为 160 ~ 200 马力拖拉机的 TPT16 型和 TPT20 型动力换挡变速箱与 T–7000 系列相比，动力换挡的挡位从 4 个增加到 6 个，因此在相应的工作范围内可提供更好的换挡体验，并与拖拉机的典型工况完美匹配。在 6 速动力换挡装置中，设定了 18% 的挡位梯度变化，通过与优化的 4 速同步器挡位组合，共有 24 个前进挡和 12 个倒挡可供选用，可选的爬行挡也提供了额外的 24 个前进挡和 12 个倒挡，提供了领先市场的技术。即将在中国生产的 TPT16 和 TPT20 型动力换挡变速箱配备有全新开发的 2 速 PTO 箱、可调轮距终端传动和集成式控制单元，再通过与新型 TSA16 和 TSA20 前桥形成组合，采埃孚将为中国市场提供完整的传动系统解决方案。对于适配功率可达 110 马力的拖拉机 TPT11 动力换挡变速箱，其高低挡动力换挡和可选的动力穿梭换向功能与田间 / 道路模式和 4 速同步器挡位部件相结合，提供了总计 16 个前进挡和 8 个倒挡。此系列中，适用于 260 马力拖拉机的 T–7334 型和 280 马力拖拉机的 T–7338 型动力换挡变速箱，采用经典可靠的 4 速动力换挡和 6 速同步器换挡，提供 24 个前进挡和 24 个倒挡。变速器功能可以通过 CAN 总线集成到传动管理系统中，从而提供全面的诊断功能。自动动力穿梭换向和自动动力换挡功能可同时提供良好性能和出色的操作舒适性。

时风集团聚焦聚力新旧动能转换重大工程以高质量蓬勃发展为中华人民共和国成立70周年献礼

壮丽70年 奋斗新时代

时风集团的发展是改革开放的缩影。时风集团的前身是1963年组建的高唐县城关修配社，至今已有56年的历史，当时员工只有24人，厂房10间，资产1万元。1984年12月开始生产农用车。1993年5月18日成立时风集团，当时员工有1 500名，全部资产为4 200万元，占地80亩（1亩≈666.7m²），是行业名不见经传的小厂。时风集团在改革开放中发展壮大，企业规模、产品品种、品牌形象等发生了巨大变化，带动了高唐工业企业的快速发展。实施深化改革、资产重组战略，通过兼并、租赁、划并和新建产业园区等多种方式，扩大企业生产规模，逐步建成了全国最大的运输机械和农业装备的生产基地。随着时代的发展，2005年投资成立时风商用车有限公司，进军汽车行业；开发中大功率拖拉机，向大型农业装备发展；建设锦纶工业布，向化纤产业发展；开发电动附着式脚手架，拓展产业发展空间。经过20多年的发展，时风集团由小到大、由弱变强，成为一个以汽车、农业装备为主导，适度多元的企业集团。

——形成了六大产业园区和四大产业集群发展格局。按照产业集群优化工艺布局，培植壮大主导产业，积极拓展相关产业。相继建设了农用汽车产业园、农业装备产业园、热电产业园、化纤轮胎产业园、电动车产业园和现代农业装备产业园，构建了六大产业园区发展格局。主导产品由三轮汽车逐步发展为农业装备、轻型载货汽车、电动三轮摩托车、锦纶工业布、脚手架、新型建材等多产品集群。时风集团居2018年中国机械制造企业500强第152位、中国品牌500强第428位、中国机械工业百强第32位。

——塑造了良好的时风品牌形象。时风集团荣获“全国五一劳动奖状”“全国守合同重信用企业”“国家创新型企业”“中国出口质量安全示范企业”“改革开放四十年中国农机工业杰出贡献奖”“2016年全国实施卓越绩效模式先进企业”、2017“质量之光”年度质量标杆企业、“全国节能先进集体”“全国生产力促进企业进步奖”“机械工业现代化管理企业”“全国机械行业企业文化建设先进单位”“山东省省长质量奖”“山东省首届企业管理奖”等荣誉称号。时风商标是“中国驰名商标”。时风单缸发动机、中大型拖拉机曾获“中国名牌产品”，时风三轮汽车、单缸发动机、拖拉机曾获“国家免检产品”等

荣誉称号。时风集团党委书记刘义发是第九届、十届、十一届、十二届全国人大代表和全国劳动模范。时风集团董事长、总经理刘成强是全国劳动模范、中国农业机械化发展60周年杰出人物及山东省政府泰山学者特聘专家，享受国务院政府特殊津贴，兼任中国机械工业联合会副会长。

——搭建了强大的高端智慧制造平台。实施“互联网＋制造”战略，走进高端智慧制造新时代。累计引进1 000台机器人和3 500台数控钻攻中心、数控加工中心、数控磨齿中心等高端智能设备，先后对机加工、焊装、涂装等工艺进行改造，使机械加工、涂装、焊装等逐步实现了机器人化、自动化。建立德国KW自动化造型线和日本东久自动化铸造生产线，配备法国100t/h砂处理系统、美国中频无芯感应电炉，使铸造装备水平大幅提高，搭建了强大的高端智能制造平台。充分发挥铸造、机械加工、冲压、焊装、涂装等高端智慧制造平台优势，与汉德、蓬翔等20多家知名企业合作，使时风制造迈向重型车桥、工程机械、出口外贸等零部件制造的高端领域。

——具备了较强的科研开发实力。以协同创造为发展重点，时风中央研究院是科技部等五部委认定的“国家级企业技术中心”、博士后科研工作站、院士工作站，建立农业部农机动力与收获机械重点实验室。设立三轮汽车、轻型载货汽车、拖拉机、车身、车桥、冲压等15个研究所，拥有专业技术人员2 500余

人，有 1 000 余项科研成果获国家专利。承担了《小型纯电动车新型整车技术研发项目》《时风铸造高密度无箱挤压造型技术引进及产业化研发项目》等科技部“863”高技术产业发展计划项目共 20 多项；2016 年时风集团主持的《智能电动拖拉机》项目列入“十三五”国家重点研发计划；参与承担国家科技支撑计划、国家星火计划、国家重点新产品计划及省重大专项、省科技攻关、资源节约型社会科技支撑重大专项、省技术创新项目等百余项。

——安全环保治理更加科学。积极落实大气污染防治和安全环保的各项措施，严格按照“三同时”（环保设施和主体工程同时设计、同时施工、同时投入运行）的原则，加大安全环保治理力度，使烟尘、粉尘、油烟、挥发性有机物（VOC）实现达标排放，争做负责任的好企业。一是清除烟尘。在每个焊装机器人上安装静电除尘器，采用无镀铜焊丝，完全消除焊装烟尘。二是清除粉尘。时风集团是符合工信部《铸造行业准入条件》公告的企业，实现了废砂再利用，铸造安装布袋除尘器，使铸造实现了绿色制造。三是清除油烟。采用静电除尘器，通过隔栅封窗、滤网、静电及滤网四级过滤处理，将滚齿机（80台）工作时产生的油烟精准收集、精准处理、精准利用，功率小，效率高，回收利用效果好。四是 VOC 近零排放。涂装工艺完成水性漆和喷粉线改造，提升和完善了 6 个污水处理站，对污水进行处理后二次回用，在排水口安置在线检测设备，确保废水达标排放。

■创造了巨大的社会效益。时风集团累计生产整车整机 2 150 万辆，发动机 2 100 万台，创造了巨大的社会效益。时风集团带动了当地工业、物流、金融、服务等各行业的发展。坚持发展成果与员工共享，建设了时风发展小区、创业小区、时风公寓等小区 8 处，修建住宅楼 80 栋，安置员工 5 000 余户，使时风集团的员工安居乐业，构建和谐美丽时风家园。

培育双动能 实现新发展

时风集团由三轮汽车逐步拓展出发动机、拖拉机、轻型载货汽车、化纤轮胎等产业，并在三轮汽车、单缸发动机、拖拉机、低速货车等行业积累了发展优势。由于市场越来越细分，个性化需求增多，致使传统产品的需求不断减少。面对我国经济由高速度增长向高质量发展的要求，时风集团 2011 年提出了“加快传统产业低碳化发展，新兴产业遵循低碳技术、低碳产业战略要求”的发展理念，2015 年将总体思路调整为“传统产业转型升级，战略性新兴产业加快发展，打造高端智慧制造平台”，实现传统旧动能和战略新动能“双驱动”。

■加快三轮汽车、单缸发动机传统旧动能焕发新活力。时风三轮汽车走环卫车、果园车、工程车专用化的路子，开发了“电子转向助力”“气动离合助力”“空气悬架结构”“三轮车空调系统”等新结构，成为城镇环境治理、扶贫攻坚、美丽乡村建设的主力产品，尤其成为青海、甘肃等西北地区政府扶贫采购的重要产品。做好国三发动机与三轮汽车的匹配，加快三轮汽车向国三升级，助力“美丽乡村”“美丽社区”建设。单缸发动机重点推出了电控泵机型，所有机型通过环保部型式认证，适应了非道路移动机械用柴油机国三排放标准。

■加大国三型拖拉机的全面推广。小型拖拉机适应了我国

非道路机械排放的新要求，顺利完成国三升级、动力匹配和优势再造，深受广大用户的欢迎。时风集团中大型拖拉机（TD504、604、TF1504、1604、1804）全部列入补贴目录，并实现了国三升级。在西藏主推的国三拖拉机，自 2018 年以来销量逐步攀升，市场占有率达到 90% 以上。广泛开展“请进来”活动，累计邀请全国各地的经销商和农机手 8 000 余人次参观厂区，增强了广大用户的购机热情。目前，大中型拖拉机向国四智能化农机升级的，产品方案已经确定，正在扎实有序推进。

■聚焦轻型载货汽车，打造市场生力军。时风商用车公司立足时风优势，打造特色产品，形成了中小型工程自卸车、城镇物流车知名品牌，受到市场欢迎。2018 年以来开发了城市高速物流车“风云小卡”，进军物流运输行业。为适应环保要求，与一汽锡柴、云内、潍柴、全柴等发动机厂合作，建立产品创新联盟，加快国六产品开发，目前已有 30 多款产品获国家公告。同时，加快优质轻量化车型的开发，满足市场需求。着眼长远发展，时风集团自 2008 年开始研发小型电动车，积累了一定技术和资源，将其应用于物流车产品，开发了电动厢式物流车，通过了检测，进入了公告，形成新的增长点。

■着力培育附着式电动升降脚手架产业。2018 年 3 月，合资注册成立了时风起发建筑工程有限公司，与中建、中铁、中冶、山东三箭、绿地集团、中农集团等国内知名企业合作，打造建筑行业的名优品牌。时风起发脚手架在建筑工地广泛使用，安全环保、绿色节能、整洁漂亮，成为城市实施绿色施工的重点产品。

■打造锦纶化纤产业新亮点。锦纶化纤是技术密集型、资金密集型产业，按照“大进大出”的指导思想，时风集团锦纶产品形成年产 10 万 t 的产能，成为长江以北最大的锦纶产品生产基地。工业布、切片、工业丝等产品日均产量达到 330t，呈现出强劲的发展势头。

■加快新型建材产业发展。时风集团按照国家乡村振兴战略要求，注册成立了新型节能环保建材有限公司，集新型建筑材料研发、设计、生产、营销于一体，规划建设一条自保温砌块生产线和一条自保温模板生产线，形成年产 20 万 m^3 自保温砌块和 30 万 m^2 自保温模板的生产能力。自保温砌块生产线已全面投产，日产量达到 $300m^3$。自保温模板生产线正在规划建设，计划 2019 年 10 月投产。

在复杂严峻的形势下，时风集团坚持聚焦主业、适度多元的发展理念，聚力聚焦新旧动能转换重大工程，加大产业转型升级，着力培育传统产业和战略性新兴产业的“双驱动”，努力开创高质量发展新局面。

新中国成立70年来，我国农业机械工业从无到有，从小到大，从弱到强，不断发展壮大，取得了辉煌成就，为我国农业发展做出了巨大贡献！回望新中国农机工业走过的历程和发展成就，深感欣喜，倍受鼓舞。同时，应该看到，我国农机工业大而不强，结构性矛盾日益突出，特别是低端产能过剩、高端产品不足的问题依然存在。

站在新的历史起点，我们必须坚定不移地按照党的十九大提出的新时期国家发展的战略目标和任务，攻坚克难，砥砺奋进，加快推进向世界农机制造强国迈进的步伐，为我国农村和农业提供技术先进、品质优良和服务一流的农机装备，不断提升我国农业全程和全面机械化的支撑和保障能力，为早日实现我国农业现代化做出新的更大贡献。

2018年1月17日，巴基斯坦瓜达尔港“中巴博爱医疗急救中心”，中国红十字援外医疗队在为当地的法曲尔小学学生进行体检，巴基斯坦的小姑娘眼眸中映出中国红十字援外医疗队员的身影

摄影/王敬

综合索引

农机年鉴微信

走自强之路
创自主品牌

中国工业年鉴出版基地

综述

概述农业机械工业 2018 年的总体发展情况、农机购置补贴情况、农业机械进出口情况及农业机械流通情况

P3 ～ 22

大事记

记载 2018 年发生的、对农业机械行业产生重要影响的政策法规，研制的新产品，取得突破的新技术以及行业重大事件等

P25 ～ 46

行业概况

从生产发展情况、市场及销售、科技成果及新产品、质量及标准、基本建设及技术改造、企业结构调整等方面反映 2018 年我国农业机械工业各行业的发展情况

P49 ～ 84

农业机械化概况

记述 2018 年我国农业机械化发展概况

P87 ～ 94

项目与产品

公布 2018 年我国农业机械获奖项目及国家支持推广的农业机械产品目录，为行业研制新产品和科技成果转化提供帮助

P97 ～ 130

统计资料

通过数据了解行业和企业，更好地把握今天，规划明天

P133 ～ 225

政策法规与标准

介绍与农业机械有关的政策法规和重要文件；介绍与农业机械有关标准的发布、实施情况，通过不断提高标准水平和采用新标准来推动企业产品的进步

P229 ～ 257

展会与交流

介绍 2018 年农业机械行业展会与交流工作情况

P261 ～ 265

附录

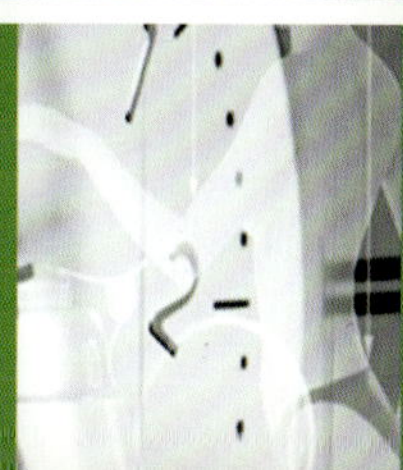

对农业机械管理机构及有关单位进行简单介绍

P269 ～ 271

中国机械工业年鉴系列

《中国机械工业年鉴》

《中国电器工业年鉴》

《中国工程机械工业年鉴》

《中国机床工具工业年鉴》

《中国通用机械工业年鉴》

《中国机械通用零部件工业年鉴》

《中国模具工业年鉴》

《中国液压气动密封工业年鉴》

《中国重型机械工业年鉴》

《中国农业机械工业年鉴》

《中国石油石化设备工业年鉴》

《中国塑料机械工业年鉴》

《中国齿轮工业年鉴》

《中国磨料磨具工业年鉴》

《中国热处理行业年鉴》

《中国机电产品市场年鉴》

《中国电池工业年鉴》

《中国机械工业集团年鉴》

中国工业年鉴出版基地

编辑说明

一、《中国机械工业年鉴》是由中国机械工业联合会主管、机械工业信息研究院主办、机械工业出版社出版的大型资料性、工具性年刊，创刊于 1984 年。

二、根据行业需要，中国机械工业年鉴编辑委员会于 1998 年开始出版分行业年鉴，逐步形成了中国机械工业年鉴系列。该系列现已出版了《中国电器工业年鉴》《中国工程机械工业年鉴》《中国机床工具工业年鉴》《中国通用机械工业年鉴》《中国机械通用零部件工业年鉴》《中国模具工业年鉴》《中国液压气动密封工业年鉴》《中国重型机械工业年鉴》《中国农业机械工业年鉴》《中国石油石化设备工业年鉴》《中国塑料机械工业年鉴》《中国齿轮工业年鉴》《中国磨料磨具工业年鉴》《中国热处理行业年鉴》《中国机电产品市场年鉴》《中国电池工业年鉴》和《中国机械工业集团年鉴》。

三、《中国农业机械工业年鉴》创刊于 1987 年，2019 年刊为总第 29 期。主要记述我国农业机械工业和农业机械化的发展概况及所取得的成绩；全面、系统地提供我国农业机械工业和农业机械化的经济技术资料和统计数据；记载农业机械工业及企业的重大事件；收录了有关农业机械的重要政策法规；介绍了政府主管部门，主要企业及产品情况。

四、《中国农业机械工业年鉴》各部分的统计数据，因来源与统计口径不同，数据不尽一致，请读者使用时注意统计范围。各项全国统计数据均不含中国香港特别行政区、澳门特别行政区以及台湾地区。

五、在编纂过程中得到了有关政府部门、企业、科研院所及大专院校的大力支持和帮助，在此深表感谢。

七、由于水平有限，难免出现错误及疏漏，敬请批评指正。

中国农业机械工业年鉴编辑部

2020 年 2 月

综述

概述农业机械工业2018年的总体发展情况、农机购置补贴情况、农业机械进出口情况及农业机械流通情况

Overview of the overall development of agricultural mechanical industry,the situation of agricultural machinery purchasing subsidies，agricultural machinery import and export situation and ciculation of agricultural machinery in 2018

综述

2018 年农业机械行业发展综述

Overview of development of agricultural machinery manufacturing industry in 2018

2018 年农业机械行业科技发展综述

Overview of development of agricultural machinery science and technology progress in 2018

2018 年农业机械进出口概况

Overview of the import and export of agricultural machinery in 2018

2018 年农业机械产品质量概况

Overview of the quality of agricultural machinery products in 2018

2018 年农业机械购置补贴政策实施情况

Implementation situation of agricultural machinery purchase subsidy policy in 2018

2018 年农业机械流通行业概况

Overview of the circulation of agricultural agricultural machinery in 2018

2018年农业机械行业发展综述

一、行业整体运行情况

2018年全国农业机械行业2 236家规模以上企业主营业务收入为2 601.32亿元，比上年增长1.67%，增幅比上年减少近5个百分点。下跌幅度之大、下跌速度之猛令人始料不及。年初开始行业就一直在低位运行，6月生产旺季时行业的最高增幅为3.29%，只有上年增幅的一半。

2018年农业机械行业规模以上企业利润总额为103.44亿元，比上年下降15.76%，利润增幅低于主营业务收入增幅。利润大幅下降的主要原因为：①环境成本上升。钢材等原材料涨价、国三排放配置升级后生产成本加大，由于市场疲软，农机产品价格不涨反而下降。②环保成本增加。铸件、锻件等采购价格攀升，表面喷涂等污染的控制费用增大。③资金成本增加。行业骨干企业财务费用增长42.60%，其中利息支出增长69.04%。企业主动进行结构调整，提升制造能力，投资加大增加了财务费用。员工社保费由税务部门征收后，农机企业工资增长超过10%。④企业产量锐减影响企业盈利。多数农机产品是微利经营，产量是获得利润的基本保障。土地和厂房闲置推高了财务成本。⑤产能利用率低。全行业拖拉机、收获机等主要产品的制造设备利用率不足50%，电泳生产线等高成本费用运转。⑥行业无序竞争、低价格恶性竞争加剧。拖拉机普遍采用“大马拉小车”影响正常经营。

从2017年下半年开始企业已经感到很大的压力，多数企业采取了比较谨慎的经营策略和经营思路。如，一些大企业主动去产能，淘汰一些利润不好的产品，重点处理库存。很多企业采取了非常谨慎的销售策略，抛弃了零首付、低首付等一些经营方式，不再赊销，只做现款生意，严格控制经营风险，保证行业健康、有质量的增长。

2018年企业竞争压力加大，大部分农机企业感到经营困难。虽然64.7%的企业总资产在增加，但只有35%的企业业务收入实现增长，多数企业的收入和利润都在下滑，洛阳一拖、福田雷沃等骨干企业的增速比全行业更低。骨干企业的主要业务是拖拉机和收获机，近几年这两类产品连续下滑，给骨干企业造成很大的压力。

2018年农机工业大幅下滑有很多原因，其中最主要的原因是种粮收益不高影响了农民的购买意愿和购买能力，这种状况在短期内不会有大的改善。

二、各分行业发展情况

2018年农机零部件、畜牧机械、饲料机械表现较好，畜牧机械、饲料机械连续几年保持增长。主要原因如下：①外资企业为加大国产化力度实行本地采购，使零部件企业受益。②部件出口持续增长，国际竞争能力不断提升。③大企业进行产业结构调整，追求产品质量的高质量整合，主要是对供应链进行优化。大企业升级重点在供应链整合提升上，行业骨干龙头企业由此受益。④后市场也在追求品牌化。以往中国农机后市场的零部件基本是仿品或次品，龙头零部件企业很少进入。现在龙头企业在后市场也很有作为，种种原因使零部件企业这几年经营情况不错。2018年农业机械行业12个子行业经济指标完成情况见表1。

表1　2018年农业机械行业12个子行业经济指标完成情况

子行业名称	企业数（家）	主营业务收入（亿元）	同比增长（%）	利润总额（亿元）	同比增长（%）
合计	**2 236**	**2 601.32**	**1.67**	**103.44**	**-15.76**
农用及园林用金属工具制造	168	154.05	1.25	5.92	-11.23
农副食品加工专用设备制造	388	430.35	5.89	32.66	4.32
饲料生产专用设备制造	55	45.34	6.61	1.88	97.14
拖拉机制造	160	434.71	-3.52	-12.86	-355.65
机械化农业及园艺机具制造	660	842.9	0.07	36.28	-11.66
营林及木竹采伐机械制造	11	8.02	-7.92	0.52	23.34

（续）

子行业名称	企业数（家）	主营业务收入（亿元）	同比增长（%）	利润总额（亿元）	同比增长（%）
畜牧机械制造	126	157.6	12.46	7.07	-2.75
渔业机械制造	20	9.6	0.34	0.77	-19.52
农林牧渔机械配件制造	324	202.68	-5.78	13.42	1.34
棉花加工机械制造	13	11.86	4.63	-0.03	55.86
其他农林牧渔业机械制造	141	141.63	17.09	7.3	6.8
水资源专用机械制造	170	162.58	2.39	10.51	15.25

三、产品产量情况

2018 年我国 160 家拖拉机企业总产量约 57.19 万台，其中，100 马力（1 马力 =735.499W）以上大型拖拉机产量 40 147 台，同比下降 27.14%；中型拖拉机产量 203 341 台，同比下降 6.10%；小型拖拉机产量 328 422 台，同比下降 33.90%。2018 年我国农业机械行业骨干企业拖拉机产量见表 2。

表 2　2018 年我国农业机械行业骨干企业拖拉机产量

产品类别	产量（台）	同比增长（%）	产品类别	产量（台）	同比增长（%）
小四轮拖拉机	37 126	-78.89	110 ～ 120 马力	3 205	-35.21
手扶拖拉机	71 859	-21.48	120 ～ 130 马力	5 884	-32.48
大中型拖拉机	172 021	-23.08	130 ～ 140 马力	4 700	-64.13
其中：25 ～ 30 马力	6 567	-23.12	140 ～ 150 马力	3 412	-58.91
30 ～ 40 马力	11 171	-27.4	150 ～ 160 马力	4 721	-60.86
40 ～ 50 马力	22 506	-50.74	160 ～ 180 马力	5 240	117.88
50 ～ 60 马力	35 343	9.83	180 ～ 200 马力	7 899	
60 ～ 70 马力	10 271	15.83	200 ～ 220 马力	2 652	486.73
70 ～ 80 马力	16 899	-9.71	220 ～ 240 马力	809	-11.2
80 ～ 90 马力	8 747	-23.4	240 ～ 260 马力	17	
90 ～ 100 马力	13 424	-26.4	260 马力及以上	104	215.15
100 ～ 110 马力	8 450	-34.08			

注：数据来源于中国农业机械工业协会。

据中国农业机械工业协会统计，2018 年，收获机骨干企业累计生产谷物联合收获机 106 134 台。其中，自走轮式谷物收获机 15 399 台，同比下降 52.66%；玉米联合收获机 23 651 台，同比增长 32.43%；履带式水稻收获机 67 084 台，同比下降 17.14%。插秧机产量 54 194 台，同比下降 46.12%。2018 年我国农业机械行业骨干企业收获机产量见表 3。

谷物烘干机下滑近 36.32%。粮食烘干企业的收益大幅下滑主要还是因为农民的获益能力不够，水稻生产遇到问题，粮食企业的获利能力不足，所以影响了烘干机企业。

四、市场及销售情况

从整个市场看，78% 的农机产品出现负增长，甚至耕地机械都在下滑。饲料、玉米机械、农副产品加工机械增长。一些农业生产薄弱环节的机具出现很好的增长。2018 年增速最大的是采棉机。新疆新增 600 多台采棉机，增速很大。国产采棉机在市场上逐步得到认可，进口高端采棉机仍然受到青睐。马铃薯、果园机械、残膜回收机、花生收获机、花生种植机等增长较大。这说明在市场整体下滑的情况下，企业只要找准突破口，有自己独特的产品技术，还是会在市场上有所作为的。2018 年收获机械销售情况见表 4。

表 3　2018 年我国农业机械行业骨干企业收获机产量

产品类别	产量（台）	同比增长（%）	产品类别	产量（台）	同比增长（%）
履带式水稻收获机	67 084	-17.14	行数 =6	1 916	119.47
喂入量＜ 2kg/s	148	-83.68	行数 ≥ 8	40	-18.37
2kg/s ≤喂入量＜ 3kg/s	2 230	-72.64	自走轮式谷物收获机	15 399	-52.66
3kg/s ≤喂入量＜ 4kg/s	8 844	96.14	6 ≤喂入量＜ 7kg（横轴流）	548	-22.71
4kg/s ≤喂入量＜ 5kg/s	4 482	-48.93	6 ≤喂入量＜ 7kg（纵轴流及逐稿器）	633	214.93
5kg/s ≤喂入量＜ 6kg/s	48 600	-17.07	7 ≤喂入量＜ 8kg（横轴流）	962	-89.45
喂入量≥ 6kg/s	2 780		8 ≤喂入量＜ 9kg（横轴流）	10 375	72
玉米联合收获机	23 651	32.43	8 ≤喂入量＜ 9kg（纵轴流及逐稿器）	2 468	-18.22
行数 =3	5 406	38.76	9 ≤喂入量＜ 10kg（横轴流）	10	
行数 =4	4 064	41.16	9 ≤喂入量＜ 10kg（纵轴流及逐稿器）	303	27.31
行数 =5	12 225	18.01	喂入量≥ 11kg	100	0

注：数据来源于中国农业机械工业协会。

表 4　2018 年收获机械销售情况

产品类别	销量（台）	同比增长（%）	产品类别	销量（台）	同比增长（%）
收获机总销量	112 266	-18.50	8 ≤喂入量＜ 9kg（横轴流）	13 460	149.54
其中：自走轮式谷物收获机	19 499	-33.48	8 ≤喂入量＜ 9kg（纵轴流及逐稿器）	2 372	
2 ≤喂入量＜ 6kg	356	-47.10	9 ≤喂入量＜ 10kg（横轴流）	4	
6 ≤喂入量＜ 7kg（横轴流）	464	-36.44	9 ≤喂入量＜ 10kg（纵轴流及逐稿器）	269	13.03
6 ≤喂入量＜ 7kg（纵轴流及逐稿器）	577	162.27	10 ≤喂入量＜ 11kg（纵轴流及逐稿器）	2	
7 ≤喂入量＜ 8kg（横轴流）	1 799	-91.42	喂入量≥ 11kg	163	12.41
7 ≤喂入量＜ 8kg（纵轴流及逐稿器）	33	-95.50			

注：数据来源于中国农业机械工业协会。

据国家统计局数据，2018 年，我国农机出口总额 297.66 亿元，同比下降 2.17%。骨干企业出口大中型拖拉机 26 436 台，同比下降 5.67%。大中型拖拉机出口以小于 60 马力的中型拖拉机为主，占 62% 的比例。大于 100 马力的大型拖拉机出口 4 726 台，其中外企出口数量占比为 78.74%。我国农机产品尚缺乏国际竞争能力。

〔撰稿人：中国农业机械工业协会宁学贵〕

2018 年农业机械行业科技发展综述

2018 年是“十三五”国家重点研发计划“智能农机装备”专项启动实施的第三年，经过三年分三批启动实施，全面完成了实施方案确定的全部 49 个科研项目任务启动工作。2018 年也是国家部署“十四五”规划的开局之年，布置了面向 2035 年的国家中长期科技规划农业农村专题智能农机装备方向战略研究工作。

一、智能农机装备专项进展

2018 年，“智能农机装备”专项启动了农产品产后智能化干制与精细选别技术装备研发、畜禽与水产品智能化产地处理技术装备研发与示范、丘陵山区及水田机械化作业技术装备研发与示范 3 个任务方向共 11 个项目、55 个课题、165 个子课题。截至 2018 年年底，专项累计部署 11 个任务方向 49 个项目、244 个课题、276 个子课题；共有 306 家单位参与专项，其中企业 150 家、大专院校 86 家、科研院所 66 家、其他事业单位 4 家；专项总预算 196 828 万元，其中国家重点研发计划专项经费预算 97 688 万元、承担单位自筹配套 99 140 万元。

（一）成果概况

2018 年，专项实施取得各类新原理、新技术、新装置、新产品 521 项，其中新理论、新原理 61 项，新技术、新工艺、新方法 159 项，新产品、新装置 301 项；研制国家标准、行业标准、企业标准等 63 项，其中国家标准 1 项、行业标准 12 项、企业标准 50 项；申请国内发明专利 632 件，申请国外发明专利 4 件，授权 88 件；申请实用新型等其他专利 352 件，授权 275 件；取得软件著作权 141 项；发表论文 671 篇，其中 SCI/EI 收录 407 篇，出版著作 21 部；培养研究生 461 人，其中硕士研究生 402 人、博士研究生（含博士后）59 人；建立示范线（基地、工程）13 条（个），示范推广面积 66 230 亩（1 亩 ≈ 666.7m^2），培训农民 8 226 人、技术人员 2 174 人；获国家科技奖 1 项、省部级奖 8 项。

（二）人员及经费投入使用情况

截至 2018 年年底，专项已累计投入经费超过 11.27 亿元，其中专项经费累计到位超 7.37 亿元。2018 年，经费合计到位 4.53 亿元，其中专项经费合计到位 2.55 亿元。2018 年，共有 5 026 人参加专项实施，总投入 3 927 人年，其中院士 2 人、千人计划专家 4 人、万人计划专家 2 人、百人计划专家 1 人、杰出青年 5 人、优秀青年 1 人、外籍专家 8 人。

（三）取得的重要成果

1. 农机作业信息感知与精细生产管控应用基础技术

围绕农业精细生产要求，重点开展了土壤、动植物、机器作业等信息感知、监测应用基础研究，在植物信息感知与精细生产管控机理研究方面，融合农机、农艺、生物等技术，研究了土壤水分、温度、水势、耕作阻力等土壤环境信息，研制了播种量、施肥量、稻麦长势、作物产量等作物精细生产信息的传感器，研制了基于信息传感控制的仿生耕整、精准播种等作业新机构。在动物信息感知与精细生产管控机理研究方面，以及畜禽动物生理生态监测、数字化表征和分类辨析、生长调控等方面都取得了新进展。开发了畜禽舍温湿度及气体等环境参数监测，鸡猪体表温度、生长监测，猪采食、活动、发情等传感监测技术及装备；研发了基于生理生态、环境、生长信息检测的精细饲喂装置及系统。机器作业状态参数测试方法研究方面，针对动力机械、收获机械、施肥播种机械、植保机械的作业质量智能化测试及监测的需求，研究了田间作业人 / 畜探测、基于一氧化碳探测的隐性火灾探测等作业环境，滑转率、动态载荷等机器物理特性，种子流量、播施深度、谷物水分、谷物收获损失等作业状态等的监测与测试的方法及技术，研制了专用传感装置及系统并实现了应用。

2. 农机装备智能化设计与验证关键技术

围绕拖拉机和联合收割机等典型农机装备，开展了农机装备智能化设计技术、质量检测技术、试验检测方法与技术等研究，在拖拉机和联合收割机等关键部件及整机数字化建模、虚拟设计、动态仿真验证及关键零部件标准化、系列化、通用化技术，制造过程检测、整机检测、电磁兼容试验检测等技术，关键核心零部件及整机的田间载荷、工况环境、失效特征、作业质量等检测、数据分析技术及系统等方面取得阶段进展，形成了一批零部件设计数据库及模型，初步构建农机装备智能化设计平台、拖拉机与联合收割机质量在线检测系统、农机田间试验采集平台等，为构建覆盖采集制造过程、试验验证、田间工况及产品数据的农机公共数据平台奠定基础。

3. 农机智能作业管理关键技术

开展农机定位与导航技术研究，研发复杂工况下的基于北斗系统、自组网络技术、机器视觉技术等定位及导航系统与装置。开展农机变量作业技术研究，突破光机电液多源信息采集、融合控制等技术，面向播种、施肥、灌溉、施药等作业环节，开发智能变量施用执行机构与系统装置。开展农机智能管理技术研究，研发智能调控策略、作业流程检测、故障自动诊断、机群调度与远程运维技术与系统。开展农机作业决策与管理技术研究，面向智慧农场，基于作物生长信息检测与控制技术，开发作业决策、作业质量管理技术及系统。

4. 智能农业动力机械

开展了新型节能环保农用发动机关键技术研究，围绕节能、减排、降噪，瞄准国Ⅳ排放要求，研究了发动机电控高压喷射、废气再循环、尾气后处理等关键技术，以及动力输出智能化控制、整机工作状态监控及故障诊断、智能管理系统等，为下一步的发动机关键零部件及整机开发奠定基础。开展了重型拖拉机关键技术研究，在动力换挡和无级变速器、电液提升器与悬浮式转向驱动桥、智能操控和安全舒适驾驶室等核心技术方面取得了进展，研究了变速器智能制造技术，完成了全动力换挡拖拉机（功率为 147 ～ 191.2kW）、无级变速传动拖拉机（功率为 147 ～ 191.2kW）、动力高低挡拖拉机（功率为 88 ～ 117.6kW）3 种重型拖拉机整机的总体设计。开展了电动拖拉机研究，重点研究了电动拖拉机动力优化分配控制、能量管理策略、智能车载终端等关键技术，以及传动、转向、悬架等关键部件与系统，完成了功率 18.375kW、25.725kW 双电动机耦合驱动式电动拖拉机设计。开展丘陵山地拖拉机、水田拖拉机、园艺拖拉机等研究，在高通过性及高适应性底盘技术、轻量化技术、与作业机具匹配技术、智能化控制技术及关键零部件等方面取得了进展。

5. 高效精准环保多功能农田作业装备

围绕高效、精准、环保作业需求，突出播种、栽植、施药等关键环节，重点开展了精量播种装备、高速移栽装备、多功能田间管理作业装备、农用航空植保作业技术装备、农田提质工程装备及种子繁育技术装备的研发，在规模化制种、土壤改良、耕层保护、精细耕整地、精量播种、高速移栽、多功能田间管理、农用航空植保作业等智能农用装备关键核心技术方面取得了阶段成果。研发了水稻精量直播、大豆与玉米单粒精播、小麦精量条播、马铃薯气吸精播等高速精量播种作业装备，突破高速精量排种、播深调控、种肥同步输送、高效育秧播种等关键技术。研制了超级稻高速插秧、甘蔗种苗及栽种、油菜与蔬菜移栽等作业装备，突破健壮苗识别、精准插秧、覆膜栽植、智能监控等关键技术。研制了高地隙精量施药、中耕培土、除草及精量配混施肥联合作业和机动水田植保等多功能田间管理作业装备，在作业流程监控、苗带识别等关键技术方面取得突破。突破机载信息探测、多源信息融合、能源载荷匹配、操控系统及自主飞行控制系统、施药系统等关键技术，研制了农用航空植保作业装备。突破土壤快速检测、耕层剥离、保护性耕作、土壤残膜治理、土壤生态修复等农田提质关键技术，开发了激光平地、残膜清除、节能深松、暗管改碱、标准筑埂等装备。突破小区精细种床整备、父母本精量播种、去雄授粉、高净度收获等关键技术，集成研发了玉米、小麦、水稻、蔬菜种子繁育播种与收获等装备。

6. 粮食作物高效智能收获技术装备

开展了智能化稻麦联合收获技术与装备研发，在联合收获机智能化控制、高效减损收割、高通量脱粒分离与清选等关键技术方面取得进展，研制出 10kg/s 喂入量、12kg/s 喂入量智能高效稻麦联合收割机样机。开展了玉米联合收获技术与装备研发，在玉米植株切割输送、减损摘穗、高含水率籽粒低损脱粒、智能控制等关键技术方面取得阶段性突破，研制了玉米籽粒收获机、玉米穗茎联合收获机、鲜食玉米联合收获机等第一轮样机，经初步试验，玉米含水率 30% 以下籽粒破损率为 7%。开展了薯类、杂粮、秸秆等高效收获技术与装备研发，融合机电、液压、控制、材料及农艺等技术，在低损挖掘、高效切割、智能控制等方面取得了阶段进展，提升了青饲、小麦、棉花秸秆高效收获水平，开发了一批马铃薯、甘薯、木薯、谷子、荞麦、燕麦、青稞等收获装备，满足高效、低损收获需要。

7. 经济作物高效能收获与智能控制技术装备

开展了自走式智能采棉机研发，在自动对行、在线测产、工况监控等关键技术与智能控制系统方面取得突破，研制出 6 行棉箱式、打包式高效智能采棉机样机并进行试验。甘蔗收割机研究取得阶段性进展，研究了甘蔗切割、输送、茎叶分离、电液智能控制等关键技术，研制出切断式甘蔗联合收割机样机并进行了试验。研究了油菜智能化、低损收获关键技术与装置，研制出自走式油菜联合收获机和油菜割晒、捡拾收获机样机并进行了试验。研制出自走式牧草切割调质收获机及饲用农作物秸秆收获技术与成套装备，并进行了第一轮试验。研究了花生减阻挖掘、果土分离、高效脱果、无阻滞清选等关键技术，研制出高效自走式花生联合收获机和挖掘铺放、捡拾脱果收获机并进行了试验。另外，在甜菜、苎麻、亚麻、大麻、油茶籽、油葵、茶叶、橡胶、大枣等区域优势经济作物高效收获方面，针对不同作业的收获特点，研究了挖掘收获、切割收获、梳刷式收获、振动式收获工艺技术，并通过智能化技术应用，取得了一批收获新技术、新机构、新装置。

8. 设施智能化精细生产技术及装备

围绕蔬菜、果园、食用菌、畜禽、水产精细生产需求，以环境监测与调控、高效种养采收、智能化管理为主线，开展了蔬菜智能化精细生产技术及装备研发，突破叶类、根茎类、茄果类等蔬菜标准化育苗、苗床精整、精量播种、高速定植等关键技术，开发了蔬菜精量播种、高速移栽、水肥管理设备和联合收获装备；研发了果园嫁接、对靶变量植保、深位施肥、水肥一体化灌溉技术装备，以及套袋、采收、剪枝等装备，提升了现代果园智能化精细生产水平；突破高效节能设施、环境精细调控、作业对象目标特性识别、营养耦合供给等关键技术，研制出基于蔬菜生长特性的日光温室和食用菌培植智能化光温湿调控、育苗和接种、苗床空间输送和收获等智能化设备，促进了设施节能和高质高效生产；突破养殖设施环境、工程防疫、生态养殖及智能管理机械化装备关键技术，研制出舍饲环境精确调控、个性化精准饲喂、健康识别和自动挤奶、防疫消毒机器人及饲草料加工、病死畜禽全隔离无害化处理等装备，促进养殖业集约化、绿色化、智能化发展；突破水产养殖设施高效节能、水质与环境在线检控、高效智能管理等关键技术，研发出集约化水产养殖设施及智能化精确投饲、水产品机械化收集等装备，提升了设施水产养殖智能化精细生产水平。

（四）专项配套支撑条件

1. 专项的实施汇集了行业优势科技资源

近年来，围绕农业装备产业链科技创新，构建形成了以企业为主体、产学研深度融合的技术创新体系，形成了以土壤植物机器系统技术国家重点实验室、拖拉机动力系统技术国家重点实验室（筹）、农业生产机械装备国家工程实验室、国家农业机械工程技术研究中心、国家农业信息化工程技术研究中心、国家农业智能装备工程技术研究中心、国家草原畜牧业装备工程技术研究中心等为主，农业农村部、教育部、机械工业等一批省部级及行业重点实验室、工程中心等创新平台为支撑的创新平台布局，探索实践形成了以农业装备产业技术创新战略联盟为核心的产学研协同创新的体制机制，为专项实施提供了实验试验、中试验证、成果转化、示范应用以及资源共享、联合攻关的制度保障等良好的条件。

2. 专项实施充分发挥产学研用多方优势

共有306家单位参与，其中，企业150家、大专院校86家、科研院所66家、其他事业单位4家，组成了49个产学研结合的协同攻关团队，汇集了农机行业及相关领域的骨干和优势产学研单位，既有中国农业机械化科学研究院、中国科学院沈阳自动化研究所、中国农业大学、浙江大学、吉林大学、华南农业大学等国内一流的院所、高校，也有中国一拖集团有限公司和雷沃重工股份有限公司等一批具有先进制造条件的企业，还有农业农村部南京农业机械化研究所等特色优势研究院所，有力地支撑并保障了专项实施。同时，农机装备产业的坚实基础以及稳步发展趋势，农机企业的科研投入能力逐步增强，是专项配套投入主体，为专项实施奠定了良好的基础。

3. 专项实施充分吸纳其他专项及计划的科技成果

充分利用国家自然科学基金在基础研究和科学前沿探索方面取得的新思想、新理念，利用国家科技重大专项在核心电子元件、高端通用芯片及基础软件产品、新一代宽带无线移动通信网、新一代人工智能发展等方面取得的传感网、互联网、大数据、人机协同、机群自主等关键技术，以及利用七大农作物育种、化学肥料和农药减施增效综合技术研发、粮食丰产增效科技创新等重点专项形成的农艺技术，实现专项间成果共享，有力促进了专项取得具有创新性、引领性的重大科技成果，同时，通过各类成果转化平台，积极促进科技成果转移转化和产业化，促进全链条的科技创新。

二、2035年国家中长期科技规划农业农村专题智能农机装备的战略研究工作

2018年5月14日，受国家科技部委托，由中国农业机械化科学研究院牵头组织的面向2035年国家中长期科技发展规划农业农村专题智能农机装备战略研究研讨会在北京召开。

科技部农村司、中国农村技术开发中心有关负责人，中国农机院、中国农业机械工业协会、中国农业大学、农业农村部南京农业机械化研究所、上海交通大学、吉林大学、中国一拖集团有限公司及雷沃重工股份有限公司等农机科研院所、高校及企业单位专家近40人参会。与会专家结合国家战略、产业需求、技术趋势，就我国农业装备未来发展目标、重点方向、关键技术等进行交流座谈，就战略研究目标、任务及工作安排提出了意见建议。

会议认为，要牢牢把握党中央、国务院有关国家中长期科技发展规划编制决策部署精神以及科技部有关工作要求，站在国家战略高度，充分调研、科学研判、系统谋划做好战略研究工作；要围绕创新驱动、乡村振兴、制造强国、科技强国等经济社会和技术发展重大需求，深入分析新一轮科技革命及产业变革为农业装备科技创新带来的重大机遇与挑战，统筹谋划农业装备领域基础研究、应用基础研究和技术创新工程，着力提高农业装备创新供给水平、科技实力、产业竞争力等。会议提出，要充分利用好农业装备产业技术创新战略联盟、学会、协会等平台，发挥行业内外产学研用单位专家的集体智慧，群策群力，高质量高水平完成好战略研究工作，为农业装备创新发展指引方向，加快我国农机化和农机装备转型升级。

〔撰稿人：中国农业机械化科学研究院张丽娜、刘铎、吕黄珍〕

2018年农业机械进出口概况

一、2018年农业机械进出口基本情况

根据海关数据统计（农业机械按商品编码133种，其中主机产品102种，零部件31种），2018年我国农业机械产品进出口总额435.39亿美元，同比增长11.3%。其中，出口额297.91亿美元，同比增长10.2%；进口额137.48亿美元，同比增长13.8%，农业机械贸易顺差160.42亿美元。主要出口国家中，排名前十位的国家是：美国、德国、日本、俄罗斯联邦、印度尼西亚、印度、澳大利亚、越南、墨西哥、泰国。

我国农业机械出口统计范围包含水泵、拖拉机、收获机、农机具、牧草机械、粮食加工机械、乳品加工机械、饲料加工机械、农业用内燃机、发电机组，以及用于上述设备的零配件。

1. 全球各大洲出口情况

2018 年，我国农业机械全球出口额增长 10.2%。我国农业机械出口传统市场亚洲区域的出口额依然以 105.33 亿美元列第一位，占当期农业机械出口总额的 35.4%，同比增长 2%；其次是北美洲市场，出口额 69.86 亿美元，占比 23.4%，同比增长 18.2%；列第三位的是欧洲市场，出口额 65.62 亿美元，占比 22%，同比增长 9.5%；增长最快的是拉美市场，出口额 25.85 亿美元，占比 8.7%，同比增长 24.3%；非洲市场出口额 21 亿美元，占比 7%，同比增长 11.9%；大洋洲出口额 10.23 亿美元，占比 3.4%，同比增长 18.7%。

2018 年我国农业机械出口市场分布情况见表 1。

表 1　2018 年我国农业机械出口市场分布情况

地区	出口额（万美元）	出口额占比（%）	出口额同比增长（%）	出口量（件 / 台 / 套）	出口量占比（%）	出口量同比增长（%）	出口价（美元）	出口价同比增长（%）
全球	2 979 067	100.0	10.2	4 005 663 878	100.0	10.4	7.44	-0.25
亚洲	1 053 321	35.4	2.0	1 211 113 003	30.2	5.6	8.70	-3.41
东盟	397 254	13.3	4.6	414 454 938	10.4	26.2	9.58	-17.11
中东	133 181	4.5	0.4	168 495 808	4.2	2.6	7.90	-2.20
非洲	210 083	7.0	11.9	281 490 825	7.0	2.5	7.46	9.23
欧洲	656 159	22.0	9.5	853 046 225	21.3	1.8	7.69	7.55
拉丁美洲	258 546	8.7	24.3	4 686 534 72	11.7	42.9	5.52	-13.01
北美洲	698 648	23.4	18.2	1 090 922 325	27.2	13.3	6.40	4.35
大洋洲	102 310	3.4	18.7	100 438 028	2.5	29.7	10.19	-8.49

注：由于四舍五入，表中合计项与分项之间略有微小出入。

2．农业机械子行业出口情况

农机整机中，泵类出口额 46.67 亿美元，位居第一，同比增长 12.2%，主要出口国家是：美国、印度尼西亚、俄罗斯联邦、德国、印度、日本。

拖拉机出口额 5.903 亿美元，同比增长 8.2%。拖拉机出口量 154 147 台，其中，手扶拖拉机出口量 96 244 台，25 ～ 50 马力（1 马力 =735.499W）拖拉机出口量 14 848 台，50 ～ 100 马力拖拉机出口量 10 898 台，100 ～ 180 马力拖拉机出口量 3374 台。传统亚洲市场出口额同比下降 12.3%，拉美市场出口额同比增长 97.7%。主要出口国家中，排名前十位的国家是：美国、乌克兰、孟加拉国、古巴、缅甸、乌兹别克斯坦、俄罗斯联邦、印度尼西亚、澳大利亚、墨西哥。出口美国市场的拖拉机 98.4% 为外资品牌，采用进料加工贸易方式。

收获机出口额 2.98 亿美元，同比下降 15.6%，下滑厉害。其中，东盟市场下降 43.2%；非洲市场逆势增长，出口额 1 506 万美元，同比增长 36.1%。主要出口国家中，排名前十位的国家是：土库曼斯坦、乌兹别克斯坦、印度尼西亚、伊朗、菲律宾、土耳其、印度、阿塞拜疆、斯里兰卡、越南。

农机具（包括耕种机械、喷雾器、种植机械等）出口额 10.46 亿美元，同比增长 9.8%。其中，农业或园艺用便携式喷雾器出口额 3.7 亿美元，位居第一。主要出口国家是：美国、印度、俄罗斯联邦、越南、泰国、印度尼西亚。

零部件出口能力逐步增强，2018 年出口额 129.91 亿美元，同比增长 9.4%，占农机出口总额的 43.6%。究其原因，得益于外资企业加大本地采购力度及零部件出口能力增强；大企业产业结构调整，产品质量整合升级，重点整合提升供应链，对零部件行业的拉动作用明显。

在全球化的条件下，零部件 / 半成品出口占比越来越大。

3. 全球各大洲进口情况

2018 年，我国农业机械进口额 137.48 亿美元，同比增长 13.8%，进口市场集中在欧洲、亚洲和北美洲。自欧洲进口额约 57.95 亿美元，同比增长 15.4%，占同期农业机械进口总额的 42.2%；自亚洲进口额约 54.81 亿美元，同比增长 15.5%，占同期农业机械进口总额的 39.9%；自北美洲进口额约 22.17 亿美元，同比增长 7.4%，占同期农业机械进口总额的 16.1%。亚洲、欧洲和北美洲三大主要进口市场，在同期农业机械进口总额中占比约为 98.2%。

主要进口国家中排名前三位的是：日本、德国和美国。我国从这三个国家进口产品的金额合计 82.09 亿美元，约占所有进口国家进口总额的 59.69%。其次是韩国、英国、意大利，我国从这三个国家进口产品的金额合计约 21.58 亿美元，约占所有进口国家进口总额的 15.7%。我国主要进口的产品为内燃机及零部件、柴油机组及专业泵类，整机类为 180 马力以上的拖拉机、棉花采摘机、打捆机等。我国泵类产品产业水平仍然处于转型阶段，高附加值、高技术含量的泵类产品仍然没有明显突破，这也为我国农机发展指明了方向。国家提出的供给侧改革对于我国农业机械来说恰逢其时，农机企业应加快产业结构升级，以需求为导向，补齐技术短板和专业空白，推动我国农机行业向高质量水平发展。

2018 年我国农业机械进口市场分布情况见表 2。2018 年农业机械进口前六名国家八位码统计（国家：日本、德国、美国、韩国、英国、意大利）见表 3。

表 2　2018 年我国农业机械进口市场分布情况

地区	进口额（万美元）	进口额占比（%）	进口额同比增长（%）	进口量（件 / 台 / 套）	进口量占比（%）	进口量同比增长（%）	进口价（美元）	进口价同比增长（%）
全球	1 374 845.54	100.0	13.8	479 732 215	100.0	4.3	28.66	9.07
欧洲	579 521.47	42.2	15.4	155 762 935	32.5	2.1	37.21	13.07
亚洲	548 076.29	39.9	15.5	244 003 891	50.9	11.0	22.46	3.98
北美洲	221 699.85	16.1	7.4	64 098 483	13.4	−1.1	34.59	8.57
拉丁美洲	22 802.27	1.7	1.8	14 335 402	3.0	−32.8	15.91	51.54
非洲	1 044.50	0.1	57.0	614 486	0.1	16.2	17.00	35.17
大洋洲	1 577.96	0.1	−10.4	875 711	0.2	18.0	18.02	-24.01

注：由于四舍五入，表中合计项与分项之间略有微小出入。

表 3　2018 年农业机械进口前六名国家八位码统计（国家：日本、德国、美国、韩国、英国、意大利）

序号	商品名称	进口额（万美元）	进口额占比（%）	进口额同比增长（%）	进口量（件 / 台 / 套）	进口量占比（%）	进口量同比增长（%）	进口价同比增长（%）
	合计	**79 548.65**	**100.0**	**27.2**	**26 940 973**	**100.00**	**-4.2**	**32.77**
1	其他点燃式活塞内燃发动机的零件	18 939.98	23.8	46.9	10 050 614	37.30	38.8	5.85
2	其他 $P \geqslant 132.39$kW 的压燃活塞内燃机	7 896.10	9.9	38.3	4 534	0.02	113.1	-35.07
3	其他 $14 < P < 132.39$kW 压燃活塞内燃机	6 287.90	7.9	100.0	15 354	0.10	75.1	14.17
4	转速在 10 000r/min 以下的其他离心泵	5 958.77	7.5	10.5	117 392	0.40	35.6	-18.49
5	液体泵零件	4 559.07	5.7	30.3	1 773 198	6.60	25.2	4.02
6	$P \geqslant 132.39$kW（180hp）柴油机的零件	2 937.40	3.7	57.4	1 563 706	5.80	50.8	4.37
7	未列名发电机	1 908.62	2.4	77.0	161 276	0.6	69.1	4.66
8	电动回转式齿轮泵	1 830.88	2.3	111.3	369 901	1.40	198.0	-29.08
9	未列名往复式排液泵	1 813.52	2.3	122.3	350 973	1.30	54.4	44.00
10	火花塞	1 694.37	2.1	80.8	4 391 949	16.30	51.7	19.19
11	液压往复式柱塞泵	1 557.69	2.0	75.8	11 512	0.04	27.0	38.44

（续）

序号	商品名称	进口额（万美元）	进口额占比（%）	进口额同比增长（%）	进口量（件/台/套）	进口量占比（%）	进口量同比增长（%）	进口价同比增长（%）
12	船舶用柴油机的零件	1 464.11	1.8	122.0	1 713 561	6.40	180.5	-20.86
13	内燃发动机的燃油过滤器	1 374.03	1.7	88.5	2 541 067	9.4	93.0	-2.34
14	轴向柱塞泵	1 356.22	1.7	93.5	11 608	0.04	88.0	2.95
15	电动往复式排液泵	1 354.48	1.7	54.7	329 029	1.20	38.0	12.09
16	其他未列名点燃式活塞内燃发动机	1 268.62	1.6	-5.0	61 921	0.20	-24.2	25.25
17	未列名柴油机的零件	1 035.97	1.3	25.5	709 409	2.60	8.9	15.23
18	其他液压往复式排液泵	1 021.95	1.3	63.6	14 014	0.05	58.2	3.41
19	未列名液体泵	745.90	0.9	-17.1	79 880	0.30	107.2	-60.01
20	品目 87.01 所列车辆用变速器及其零件	682.66	0.9	198.1	241 865	0.90	233.2	-10.55

注：由于四舍五入，表中合计项与分项之间略有微小出入。

4. 贸易方式

2018 年，农业机械产品一般贸易出口额为 230.47 亿美元，占出口总额的 77.4%，同比增长 11.1%；加工贸易出口额 45.7 亿美元，同比增长 15.1%；对外承包工程出口货物减少。2018 年农业机械出口主要贸易方式统计见表 4。

表 4　2018 年农业机械出口主要贸易方式统计

序号	贸易方式	出口额（万美元）	出口额占比（%）	出口额同比增长（%）	出口量占比（%）	出口量同比增长（%）	出口价同比增长（%）
	合计	**2 979 067.36**	**100.0**	**10.2**	**100**	**10.4**	**-0.25**
1	一般贸易	2 304 699.17	77.4	11.1	81.3	8.9	2.04
2	加工贸易	456 972.63	15.3	15.1	13.2	24.8	-7.75
	进料加工贸易	450 257.24	15.1	14.9	12.9	26.2	-8.93
	来料加工装配贸易	6 715.38	0.2	31.1	0.3	-14.3	52.99
3	海关特殊监管区物流货物	62 324.51	2.1	-5.6	0.8	11.7	-15.5
4	对外承包工程出口货物	61 611.01	2.1	-21.8	0.6	-42.8	36.65
5	保税监管场所进出境货物	20 889.85	0.7	45.6	0.3	20.7	20.63
6	其他	34 246.60	1.2	-8.5	2.8	26.7	-27.84
7	边境小额贸易	35 771.94	1.2	6.8	0.9	-7.2	15.02
8	海关特殊监管区域进口设备	0.00	<0.01		<0.01		
9	国家间、国际组织无偿援助和赠送的物资	2 195.72	0.1	-14.2	<0.01	41.5	-39.35
10	外商投资企业作为投资进口的设备、物品	0.00	<0.01		<0.01		
11	租赁贸易	307.32	0.01	13.9	<0.01	-37.8	83.13
12	出料加工贸易	43.31	<0.01	-67.2	<0.01	-93.3	392.24

（续）

序号	贸易方式	出口额（万美元）	出口额占比（%）	出口额同比增长（%）	出口量占比（%）	出口量同比增长（%）	出口价同比增长（%）
13	其他捐赠物资	5.26	<0.01	139.4	<0.01	−99.6	59 985
14	补偿贸易	0.04	<0.01		<0.01		
15	易货贸易	0.00	<0.01	−100	<0.01	−100	

注：由于四舍五入，表中合计项与分项之间略有微小出入。

5. 省、市、自治区出口情况

2018 年，出口排名前 5 位的省、市依然为江苏、浙江、上海、广东、山东。5 省、市的出口总额达到 189.43 亿美元，占出口总额的 63.59%。2018 年省、市、自治区农业机械出口统计见表 5。

表 5　2018 年省、市、自治区农业机械出口统计

序号	省、市、自治区	出口额（万美元）	出口额占比（%）	出口额同比增长（%）	出口量占比（%）	出口量同比增长（%）	出口价同比增长（%）	出口企业数（家）
	合计	**2 979 067.36**	**100**	**10.2**	**100**	**10.4**	**−0.25**	**690**
1	江苏	619 377.03	20.8	12.2	22.5	24.7	−9.99	49
2	浙江	520 403.37	17.5	8.2	21	2.6	5.41	39
3	上海	273 003.87	9.2	16.7	8.8	9.7	6.36	31
4	广东	242 399.77	8.1	−1.4	10.7	3.1	−4.35	58
5	山东	239 092.31	8	14.6	9.4	25.6	−8.72	44
6	重庆	221 811.33	7.4	26.2	2	8.5	16.3	36
7	天津	142 143.05	4.8	5.6	2.4	−18.8	30.04	24
8	北京	129 772.65	4.4	8	1.7	−7.5	16.74	25
9	福建	114 473.25	3.8	11.3	2.3	10.6	0.55	20
10	安徽	72 149.13	2.4	8.4	1.9	10.8	−2.16	31
11	辽宁	65 017.53	2.2	13.8	2.6	7	6.32	29
12	河南	48 830.49	1.6	25.5	2.6	18	6.35	24
13	河北	44 703.00	1.5	18.7	2.6	19.9	−0.98	17
14	湖北	39 340.41	1.3	13.8	0.7	9.5	3.88	22
15	湖南	36 460.54	1.2	−10.4	3.6	6.4	−15.76	31
16	新疆	32 009.28	1.1	−16.4	0.7	−26.1	13.06	23
17	四川	30 198.35	1	8.9	0.4	−14.9	27.98	25
18	江西	26 244.40	0.9	3.1	1	−5.6	9.13	19
19	广西	22 694.57	0.8	13.4	0.4	−23.4	48.02	20
20	黑龙江	15 450.41	0.5	−8.2	0.1	−0.04	−8.12	20

（续）

序号	省、市、自治区	出口额（万美元）	出口额占比（%）	出口额同比增长（%）	出口量占比（%）	出口量同比增长（%）	出口价同比增长（%）	出口企业数（家）
21	云南	11 291.49	0.4	−47.4	0.3	−3	−45.8	20
22	山西	10 554.50	0.4	70.4	1.7	73.3	−1.68	12
23	陕西	9 051.37	0.3	102.6	0.2	19.5	69.51	14
24	吉林	6 493.82	0.2	26.9	0.1	16.4	8.96	14
25	宁夏	2 190.71	0.1	−5.8	0.2	15.7	−18.58	3
26	贵州	1 663.65	0.1	−48.2	0.1	30.2	−60.22	9
27	内蒙古	1 025.15	0.03	−30.4	0.01	−40.1	16.14	12
28	甘肃	978.16	0.03	−20.9	0.02	−32.4	16.95	8
29	海南	191.48	0.01	−20.1	<0.01	−7.7	−13.44	6
30	西藏	39.15	<0.01	−44.9	<0.01	−27.6	−23.92	3
31	青海	13.14	<0.01	−75.1	<0.01	−94	314.98	2

注：由于四舍五入，表中合计项与分项之间略有微小出入。

二、我国农业机械行业发展和对外贸易过程中存在的主要问题

（1）我国农机行业中低端传统农机饱和、供给过剩、价格竞争激烈，与此同时，高端品类农机国产化不足，诸多产品依赖进口，小众新兴品类农机处于市场培育期，体量不足，整体规模衔接出现空档。我国农机产业从产业基础到配套能力均和国际水平有较大差距。

（2）我国农机企业针对市场进行研发的投入不足，技术、工艺和制造能力创新与突破缓慢，国内农机品牌资源聚焦不够，产品同质化严重，难以形成我国农机工业的核心竞争力；知识产权和专利技术保护存在不足，导致各单位在技术研发投入上积极性不高，形成了技术投入严重滞后于市场营销的怪相。

（3）国内外农机市场需求乏力。2018 年全球农机市场尤其是东盟、欧洲市场持续低迷，对我国农机企业外销的影响明显。东盟是我国农机的主销市场，连续几年，粮食价格回落明显，农民收入减少，购买力下降，影响我国农机在东盟的销售。

（4）全球贸易政策环境日趋恶化，外贸风险增加。国际市场波动，技术性贸易措施频出、进口国外汇不足；新兴市场的货币贬值，汇率波动，汇率剪刀差导致资金损失等，也严重影响了农机的出口。

（5）随着制造成本的进一步上升、原材料涨价、环保成本增加、财务成本加重、产能过剩，利润空间压缩，致使农机出口产品的平均利润水平低下。

三、我国农业机械行业发展展望

2019 年，我国农机市场仍面临内需不足和外需放缓的双重压力，行业反弹动力不足，农机企业依然面临着非常大的转型升级的生存压力。国内农机市场依然处于深度调整和再平衡的发展期，市场竞争细分程度越来越高，农机产业整合的步伐会加快，行业洗牌在所难免。

2018 年年底国务院印发的《关于加快推进农业机械化和农机装备产业转型升级的指导意见》，2019 年的中央 1 号文件，蕴藏着农机的多种发展机会，是行业发展的重大利好。农机企业需坚定信心，坚持技术创新、产品创新，提高自身制造能力、国际化经营能力。借助国家出台的各项鼓励优势技术和产业“走出去”的相应政策，关注各国农业项目建设动态，找到与企业实力和产品匹配的商机。相信未来的 3 ～ 5 年，农机行业一定能走出低谷，站在一个新的更高质量的发展平台上，在激烈的国际竞争中获得更大优势。

〔撰稿人：中国机电产品进出口商会工程农业机械分会伍静芳〕

2018年农业机械产品质量概况

一、农业机械质量监督抽查情况

2018年，国家质检总局公布的《2018年产品质量国家监督抽查计划》中共涉及219种产品，包括日用及纺织品26种、电子电器产品39种、轻工产品23种、建筑和装饰装修材料31种、农业生产资料17种、机械及安防产品41种、电工及材料产品38种、食品相关产品4种。其中，农业机械包括12种产品：稻麦联合收割机、旋耕机、植物保护机械、播种机、玉米联合收割机、饲料加工机械、单缸柴油机、通用小型汽油机、碾米机、棉花加工机械、机动脱粒机及泵。

2018年实际共抽查269种产品，包括：冲锋衣、儿童及婴幼儿服装、玩具等34种日用及纺织品；自动电饭锅、电磁灶、空气净化器等50种电子电器产品；眼镜、卫生纸、沙发等28种轻工产品；复混肥料、机动脱粒机、农用薄膜等17种农业生产资料产品；电能表、锁具和水表等42种机械及安防产品；蓄电池、输电线路铁塔、器具开关等38种电工及材料产品；铝合金建筑型材、冷轧带肋钢筋和陶瓷砖等36种建筑和装饰装修材料产品；食品接触用纸容器、塑料一次性餐饮具和玻璃酒瓶等24种食品相关产品。

2018年农业生产资料抽查情况：全年抽查17种3 000家企业生产的3343批次产品，不合格发现率为8.0%，比上年上升2.8个百分点。其中，碾米机、旋耕机、播种机、玉米联合收割机、稻麦联合收割机、棉花加工机械等6种产品不合格发现率为零；磷肥、通用小型汽油机、植物保护机械、机动脱粒机、泵、农用薄膜、氮肥、饲料加工机械等8种产品不合格发现率为10%及以下；复混肥料产品不合格发现率在10%到20%之间；滴灌带、单缸柴油机产品不合格发现率为20%及以上。

1. 播种机

2018年共抽查了河北、黑龙江、山东、河南、陕西、甘肃6个省20家企业生产的20批次播种机产品。

抽查依据GB 10395.1—2009《农林机械　安全　第1部分：总则》、GB/T 20865—2007《免耕施肥播种机》、JB/T 10293—2013《单粒（精密）播种机　技术条件》、JB/T 6274.1—2013《谷物播种机　技术条件》等标准的要求，对播种机产品的安全要求、装载、料箱、安全标志4个项目进行了检验。

抽查的20批次产品全部符合标准的规定。

2. 旋耕机

2018年共抽查了河北、江苏、江西、山东、河南5个省30家企业生产的30批次旋耕机产品。

抽查依据GB/T 5668—2008《旋耕机》、GB/T 5668—2017《旋耕机》、JB/T 9798.1—2011《手扶拖拉机配套旋耕机　第1部分：技术条件》、GB 10395.1—2009《农林机械　安全　第1部分：总则》、GB 10395.5—2013《农林机械　安全　第5部分：驱动式耕作机械》、GB 10396—2006《农林拖拉机和机械、草坪和园艺动力机械安全标志和危险图形　总则》等标准的要求，对手扶拖拉机配套旋耕机产品的安全防护、倒挡互锁机构、动力传输、安全标志、空运转试验、轴承温升6个项目，对轮式拖拉机配套旋耕机产品的安全防护、万向节传动轴的安全防护、安全标志、空运转试验、重要部位紧固件螺栓等级5个项目进行了检验。

抽查的30批次产品全部符合标准的规定。

3. 玉米联合收割机

2018年共抽查了天津、河北、吉林、黑龙江、山东、河南6个省、直辖市16家企业生产的16批次玉米联合收割机产品。

抽查依据GB 10395.1—2009《农林机械　安全　第1部分：总则》、GB 10395.7—2006《农林拖拉机和机械安全技术条件　第7部分：联合收割机、饲料和棉花收获机》、GB 10396—2006《农林拖拉机和机械、草坪和园艺动力机械　安全标志和危险图形　总则》、GB 19997—2005《谷物联合收割机 噪声限值》、GB/T 9480—2001《农林拖拉机和机械、草坪和园艺动力机械　使用说明书编写规则》、GB/T 4269.1—2000《农林拖拉机和机械、草坪和园艺动力机械 操纵者操纵机构和其他安全装置用符号　第1部分：通用符号》、GB/T 4269.2—2016《农林拖拉机和机械、草坪和园艺动力机械　操纵者操纵机构和其他安全装置用符号　第2部分：农用拖拉机和机械用符号》、GB/T 21962—2008《玉米收获机械　技术条件》等标准的要求，对玉米联合收割机产品的安全距离、挂装式茎秆切碎器、运动部件、制动性能、后视镜及扬声器、环境噪声、耳位噪声、热表面、粮箱和粮箱螺旋输送器、灭火器、操纵机构、操作者工作台、梯子扶手、割台固定机构、电气设备与蓄电池、排气口、剪切与挤压部位、发动机的起动和停机、玉米摘穗台、割台传动系统分离机构、驾驶室紧急出口、座位、驾驶室尺寸、照明设备、密封性能及标志26个项目进行了检验。

抽查未发现不合格产品。

4. 稻麦联合收割机

2018年共抽查了江苏、浙江、山东、河南、湖南、广东6个省15家企业生产的15批次稻麦联合收割机产品。

抽查依据GB 10395.1—2009《农林机械　安全　第1部分：总则》、GB 10395.7—2006《农机拖拉机和机械安全技术条件　第7部分：联合收割机、饲料和棉花收获机》、GB 10396—2006《农林拖拉机和机械、草坪和园艺动力机械　安全标志和危险图形　总则》、GB 19997—2005《谷物联合收割机　噪声限值》、GB/T 20790—2006《半喂入联合收割机　技术条件》、JB/T 5117—2006《全喂入联合收割机　技术条件》、JB/T 5117—2017《全喂入联合收割机　技术条件》等标准的要求，对稻麦联合收割机产品的安全距离、挂装式茎秆切碎器、运动部件、制动性能、发动机的起动和停机、后视镜及扬声器、环境噪声、耳位噪声、热表面、粮箱和粮箱螺旋输送器、灭火器、操纵机构、操作者工作台、梯子扶手、割台固定机构、电气设备与蓄电池、排气口、剪切与挤压部位、割台传动系统分离机构、驾驶室紧急出口、座位、驾驶室尺寸、指示及报警装置、照明设备、密封性能及标志26个项目进行了检验。

抽查的15批次产品全部符合标准的规定。

5. 机动脱粒机

2018年共抽查了河北、山西、内蒙古、辽宁、吉林、黑龙江、浙江、江西、山东、河南、湖北、湖南、广西、重庆、四川、贵州、云南、陕西、甘肃、新疆20个省、自治区、直辖市136家企业生产的140批次机动脱粒机产品。

抽查依据JB/T 9777—2008《半喂入式稻麦脱粒机　技术条件》、JB/T 9778—2008《全喂入式脱粒机　技术条件》、JB/T 10749—2007《玉米脱粒机》、GB 10396—2006《农林拖拉机和机械、草坪和园艺动力机械 安全标志和危险图形　总则》、GB /T23821—2009《机械安全　防止上下肢触及危险区的安全距离》等标准的要求，对机动脱粒机产品的喂入装置、防护装置、紧固件、噪声、轴承温升、空载运转及安全标志7个项目进行了检验。

抽查发现有15批次产品不符合标准的规定，涉及喂入装置、防护装置、紧固件、噪声、轴承温升及安全标志等项目。

6. 碾米机

2018年共抽查了山东、湖南、广东、广西、四川5个省、自治区40家企业生产的40批次碾米机产品。

抽查依据GB 10396—2006《农林拖拉机和机械、草坪和园艺动力机械 安全标志和危险图形 总则》、GB/T 23821—2009《机械安全　防止上下肢触及危险区的安全距离》、JB/T 9792—2013《分离式稻谷碾米机》、JB/T 6286—2013《喷风式碾米机》等标准的要求，对碾米机产品的安全要求、当量出米率 / 糙出白率、总碎米率、含谷量、噪声、生产率、吨料电耗、轴承温升、空运转项目及安全标志10个项目进行了检验。

抽查未发现不合格产品。

7. 棉花加工机械

2018年共抽查了河北、山东、新疆3个省、自治区4家企业生产的7批次棉花加工机械产品。

抽查依据GB/T 19819—2005《锯齿轧花机》、GB/T 21308—2007《皮棉清理机》、GB/T 19818—2005《籽棉清理机》、GB/T 21306—2007《锯齿剥绒机》、GB 18399—2001《棉花加工机械安全要求》、GB/T 6075.1—2012《机械振动　在非旋转部件上测量和评价机器的机械振动　第1部分：总则》等标准的要求，对棉花加工机械产品的安全防护、拨籽辊叶片与工作箱墙板的间隙、工作箱两墙板内侧面平行度、辊筒端面圆跳动、径向圆跳动、噪声、长度尺寸偏差、振动烈度及轴承温升9个项目进行了检验。

抽查的7批次棉花加工机械产品全部合格。

8. 饲料加工机械

2018年共抽查了辽宁、江苏、山东、河南、湖北、湖南、重庆、四川8个省、直辖市66家企业生产的66批次饲料加工机械产品。

抽查依据NY 644—2002《饲料粉碎机安全技术要求》、JB/T 9822.1—2008《锤片式饲料粉碎机　第1部分：技术条件》、JB/T 6270—2013《齿爪式饲料粉碎机》、JB/T 7144—2007《青饲料切碎机》、GB/T 20788—2006《饲草揉碎机》、JB/T 5155—2013《饲草粉碎机技术条件》、GB 10396—2006《农林拖拉机和机械、草坪和园艺动力机械　安全标志和危险图形　总则》等标准的要求，对饲料加工机械产品的安全要求、动（定）刀片紧固件、安全标志、锤片（齿爪）硬度、动（定）刀片硬度、锤片（齿爪）质量差、动刀片质量差、吨料电耗、生产率、噪声及轴承温升11个项目进行了检验。

抽查发现有6批次产品不符合标准的规定，涉及安全要求、动（定）刀片紧固件、安全标志、锤片（齿爪）硬度、动（定）刀片硬度、锤片（齿爪）质量差、动刀片质量差、吨料电耗、噪声及轴承温升等项目。

9. 植物保护机械

2018年共抽查了河北、内蒙古、江苏、浙江、山东、河南、湖北、湖南、广东、四川、云南11个省、自治区、直辖市94家企业生产的94批次植物保护机械产品。

抽查依据GB 10395.6－2006《农林拖拉机和机械　安全技术要求　第6部分：植物保护机械》等标准的要求，对植物保护机械产品的整机喷雾性能、整机密封性能、药液箱坠落试验、空气室耐压性能、喷射部件耐压性能、药液箱容量、过滤装置、残留液量、常温起动性能、操作者耳旁噪声、空气室耐压性能、运转性能、绝缘性能、连续工作时间、烟化效果及整机水平振荡喷烟雾性能46个项目进行了检验。

抽查发现有3批次产品不符合标准的规定，涉及液泵过载保护、操作者耳旁噪声、药液箱残留药液量及药液箱容积等项目。

10.通用小型汽油机

2018年共抽查了上海、江苏、浙江、山东、重庆5个省、直辖市37家企业生产的37批次通用小型汽油机产品。

抽查依据GB 26133—2010《非道路移动机械用小型点燃式发动机排气污染物排放限值与测量方法（中国第一、二阶段）》、GB/T 15739—1995《小型汽油机噪声限值》、GB/T 20651.2—2014《往复式内燃机　安全　第2部分：点燃式发动机》、GB 4556—2001《往复式内燃机　防火》、GB/T 23342—2009《往复式内燃机　回弹式绳索起动装置　基本安全要求》、GB/T 21404—2008《内燃机 发动机功率的确定和测量方法　一般要求》、GB/T 1859.1—2015《往复式内燃机　声压法声功率级的测定　第1部分：工程法》、JB/T 5135.1—2013《通用小型汽油机　第1部分：技术条件》、JB/T 5135.2—2013《通用小型汽油机　第2部分：台架性能试验方法》、JB/T 5135.3—2013《通用小型汽油机　第3部分：可靠性、耐久性试验与评定方法》标准的要求，对通用小型汽油机产品的噪声、排气污染物、安全性能检查、致命故障和严重故障、标定功率、常温起动、热机起动、燃油消耗率、最大转矩及转速、密封性、标定调速率、一般故障和轻微故障12个项目进行了检验。

抽查发现有1批次产品的排气污染物项目不符合标准的规定。

11.单缸柴油机

2018年共抽查了江苏、山东、湖南、广东、重庆5个省、直辖市23家企业生产的23批次单缸柴油机产品。

抽查依据GB/T 1147.1—2017《中小功率内燃机　第1部分：通用技术条件》、GB/T 6072.1—2008《往复式内燃机　性能　第1部分：功率、燃料消耗和机油消耗的标定及试验方法　通用发动机的附加要求》、GB/T 21404—2008《内燃机　发动机功率的确定和测量方法　一般要求》、GB/T 20064.1—2015《往复式内燃机　手柄起动装置　第1部分：安全要求和试验》、GB/T 20651.1—2006《往复式内燃机　安全　第1部分：压燃式发动机》、GB/T 23342—2009《往复式内燃机　回弹式绳索起动装置　基本安全要求》、GB 19756—2005《三轮汽车和低速货车用柴油机排气污染物排放限值及测量方法（中国Ⅰ、Ⅱ阶段）》、GB 20891—2014《非道路移动机械用柴油机排气污染物排放限值及测量方法（中国第Ⅲ、Ⅳ阶段）》、GB/T 28239—2012《非道路用柴油机燃料消耗率和机油消耗率限值及试验方法》、GB/T 14097—1999《中小功率柴油机噪声限值》、JB/T 11323—2013《中小功率柴油机　可靠性评定方法》等标准的要求，对单缸柴油机产品的安全性能检查、排气污染物、噪声、致命故障（Ⅰ）和严重故障（Ⅱ）、常温起动、标定功率下限、燃油消耗率、密封性、比质量、一般故障（Ⅲ）10个项目进行了检验。

抽查发现有15批次产品不符合标准的规定，涉及安全性能检查、排气污染物、燃油消耗率及一般故障（Ⅲ）等项目。其中1批次产品因无法达到标定功率的要求，导致排气污染物、噪声、致命故障（Ⅰ）、严重故障（Ⅱ）、标定功率下限、燃油消耗率及一般故障（Ⅲ）项目无法按照标准进行检验。

12.泵

2018年共抽查了北京、天津、河北、山西、内蒙古、辽宁、吉林、上海、江苏、浙江、安徽、福建、山东、河南、湖南、广东、重庆、四川、陕西、甘肃、宁夏21个省、自治区、直辖市832家企业生产的901批次泵产品。

抽查依据GB 10395.8—2006《农林拖拉机和机械　安全技术要求　第8部分：排灌泵和泵机组》、GB 10396—2006《农林拖拉机和机械、草坪和园艺动力机械　安全标志和危险图形　总则》、GB/T 25409—2010《小型潜水电泵》、GB/T 24674—2009《污水污物潜水电泵》、GB/T 2816—2014《井用潜水泵》、GB/T 2818—2014《井用潜水异步电动机》、JB/T 8645—2011《潜水螺杆泵》、JB/T 10483—2013《管道屏蔽电泵》、GB/T 16907—2014《离心泵技术条件（Ⅰ类）》、GB/T 5656—2008《离心泵　技术条件（Ⅱ类）》、JB/T 8688—2013《塑料离心泵》、GB/T 3215—2007《石油、重化学和天然气工业用离心泵》、JB/T 8059—2008《高压锅炉给水泵　技术条件》、JB/T 7742—2013《磁力传动离心泵》等标准的要求，对泵产品的过载保护、接地措施、绝缘电阻、电泵引出电缆、定子线圈耐电压、效率、安全标志、规定点流量与扬程、功率因数、定子温升限值、电动机内腔水（气）压试验、外露转动件防护、汽蚀余量、振动及噪声15个项目进行了检验。

抽查发现有64批次产品不符合标准的规定，涉及过载保护、接地措施、绝缘电阻、电泵引出电缆、效率、安全标志、规定点流量与扬程、功率因数、定子温升限值及汽蚀余量等项目。

二、农机产品质量调查情况

（一）农业农村部2018年大型轮式拖拉机质量调查情况

2018年，农业农村部依据《中华人民共和国农业机械化促进法》《农业机械质量调查办法》，组织农机试验鉴定总站对部分在用大型轮式拖拉机产品进行了质量调查。

1.调查范围和产品

调查范围为内蒙古、吉林、黑龙江、江苏、安徽、山东、河南7省、自治区。调查对象为2016年购买、使用满一个作业季节且享受农机购置补贴的100～150马力大型轮式拖拉机。共调查了31家企业生产的31个型号的产品，涉及620个用户。

2.调查和评价方法

调查采取用户满意度评价的方法进行，由用户对其使用的大型轮式拖拉机的安全性、可靠性、适用性以及售后服务状况（以下简称"三性一状况"）4项内容分别进行满意度评价，调查人员通过现场询问、查看、取证后确认，得出不同用户对该型号产品"三性一状况"调查指标的单项满意度分值。在此基础上，调查人员按规定的评价方法计算得出相应型号产品"三性一状况"的单项满意度和综合满意度评价分值。满意度评价分5档：90～100分为"很满意"、70～90分为"满意"、60～70分为"一般"、40～60分为"不满意"、0～40分为"非常不满意"。

3.调查结果

本次调查，用户对大型轮式拖拉机总体满意度评价得分为76.02分，属于"满意"档次。综合满意度评价为"满意"的产品占调查总数的90.3%，没有用户"不满意"和"非常不满意"的产品，反映出用户对产品的总体评价较好，但也没有"很满意"的产品。对"三性一状况"4项内容总体满意度评价得分结果分别为：安全性80.56分、适用性79.00分、售后服务状况72.28分、可靠性72.08分，安全性得分最高，可靠性得分最低。71%的用户表示下次还会购买同一企业的产品。

4.调查发现的主要问题

从调查情况看，我国多种型号的轮式拖拉机产品基本能够满足农业生产实际需要，但在用拖拉机产品也存在一些质量问题。

（1）安全性方面。一是安全标志缺失或破损。主要表现为部分产品安全标志粘贴不全或不牢固、材质差、粘贴部位易磨损等。二是危险部位安全防护缺失。主要表现为部分产品的风扇、电动机皮带、动力输出轴等外露旋转件和排气歧管、消声器等发热部件防护装置缺失，其中排气歧管防护缺失较为普遍。三是部分产品没有安装安全框架或驾驶室，安全带配置不全。四是照明信号装置不齐全。主要表现为后视镜缺失比较普遍，部分产品未安装后反射器。

（2）可靠性方面。一是发动机故障。主要表现为部分产品喷油泵失效、漏油，水箱开焊、漏水，起动机失效等。二是液压系统故障。有些产品液压分配器、液压泵失效，液压缸铰接处磨损、相关部件漏油等。三是传动系统故障。主要表现为变速器故障较多，有的产品甚至出现输出轴、传动齿轮断裂现象。四是行走系统故障。主要表现为一些产品制动系统故障、半轴断裂、制动泵失效、轮毂轴承破损、相关部件渗油等。

（3）适用性方面。液压提升力和液压输出问题较多，特别是液压提升力不足；部分产品牵引力不足；有的用户对产品操纵性不满意，反映驾驶室空间小、节气门拉线难拉回、踏板较重、挡位挂接不顺畅等。

（4）售后服务方面。部分企业售后服务不及时，产品配件供应不足，服务承诺兑现难，服务人员的服务能力和态度较差等。

5.问题原因分析

经过调查分析，大型轮式拖拉机"三性一状况"存在问题的主要原因有以下三个方面。

（1）部分企业质量意识薄弱。一是贯彻执行相关强制性标准不力，对相关强制标准要求的安全装置减配、选配。二是片面追求降低成本，对零部件质量把关不严、材质选择不当。三是忽视产品装配质量。

（2）部分产品设计存在缺陷。液压系统输出流量、动力输出轴转速、结构质量等设计不够合理，影响作业效率和效能的发挥。

（3）有些企业忽视产品的售后服务保障。一是生产企业售后服务人员配备不足，售后服务人员的服务理念和责任意识不强。二是所依托的经销企业或维修机构售后服务能力有限，特别是柴油机排放要求从国二升级到国三后，发动机维修难度增大、成本增加，售后服务质量难保证。三是对用户的使用培训缺失或不到位，使用户缺乏基本的安全操作和使用常识。

6.整改要求

农业农村部针对大型轮式拖拉机质量调查中发现的问题，向所涉及的生产企业发送了一对一整改通知。相关生产企业要按照整改要求，强化质量安全意识，增强诚信经营理念和社会责任，积极采取有效措施进行整改。整改期为3个月，整改结果需经企业所在省农机化主管部门确认。各有关省农机化主管部门要结合农业机械推广鉴定证书、标志使用情况及产品一致性的监督管理要求，组织督导辖区内企业按时做好整改工作，并将整改结果报农业机械化管理司。企业收到整改通知后拒不整改或逾期达不到整改要求的，农机鉴定机构要按照有关规定注销该产品的农业机械推广鉴定证书。

（二）浙江省 2018 年农机产品质量调查情况

按照《2018 年浙江省农机产品质量调查方案》（浙农机〔2018〕7 号）要求，浙江省对 2016、2017 年度享受财政补贴的单轨运输机进行了质量调查。

1. 调查依据

此次调查主要依据《农业机械化促进法》《农业机械质量调查办法》《浙江省农业机械化促进条例》以及单轨运输机相关标准。

2. 调查方法

调查由各地农机管理部门从辖区内 2016、2017 年度享受农机购置补贴的单轨运输机名单中随机抽取，采取问询查证、实地抽查、集中座谈等方式进行。重点调查用户对补贴机具质量状况的评价，包括安全性、可靠性、适用性、作业质量和售后服务情况。通过调查，了解用户对产品的满意程度，摸清产品的质量状况和存在问题。

3. 调查结果

本次共调查机具 219 台，剔除无效调查 7 台，有效调查 212 台，占 2016、2017 年全省享受补贴单轨运输机的 68.6%，涉及 5 家农机企业的 15 个型号产品，基本覆盖了浙江省在用单轨运输机的品牌和规格型号。

从调查情况看，单轨运输机在节省人力成本、提高作业效率方面优势明显，用户总体认可度较高，满意度综合得分为 89.3 分（调查样本数 2 台及以下的产品，计 4 个型号 6 台机具未纳入汇总分析）。从分项指标看，用户对单轨运输机的售后服务和安全性总体满意度较高，适用性、可靠性和作业质量满意度偏低。分析调查结果，单轨运输机存在以下共性问题。

（1）安全性。部分机具安全警示标志不明显。有些机具底脚螺栓、支架稳定性不够，支架易下沉，轨道齿条易脱落，易造成翻车事故，存在安全隐患。

（2）可靠性。小故障较多，导致整机的可靠性满意度降低。主要体现在零部件质量不高，易损坏。部分机具发动机起动故障较频繁。有些机具存在漏油现象。

（3）适用性。部分机具配套功率略显不足，载重量偏低，遇到满负荷作业时运行速度较慢；轨道及零部件易生锈；部分产品锈蚀严重，个别机具使用一年就出现大面积生锈。

（4）作业质量。部分机具安装面平整度不够，轨道联接处间隙较大，稳定性较差，作业时噪声、振动较大。转弯时运输机组易振动、阻力大，易停机或拉不动；下坡时存在汽油机油箱易倾斜、无法供油的问题。

（5）售后服务。配件及维修价格偏高，特别是偏远山区配件运输成本及维修人工费用高，有些企业售后服务人员不足，维修人员技术水平不高。

4. 意见建议

（1）要加强安全宣传与监管。农机管理部门要加强机具安全知识宣传和教育培训，引导农机生产企业正确使用安全警示标志，安装防护装置，严把安全关，确保产品安全可靠。要联合工商、质监等部门，做好质量投诉维权工作，保障用户合法权益。

（2）要提升产品性能与服务。农机生产企业要加强科研投入，完善产品设计，采取有效措施增强质量意识，提升补贴机具质量水平。解决转弯卡顿、下坡倾翻等关键问题，改进提升轨道及零部件的防锈工艺和质量，提高单轨运输机装配水平，减少噪声和振动。要完善服务体系，加强对售后服务人员技术水平、购机者操作使用知识培训，确保服务的及时性和有效性。

（3）要强化正确使用与日常保养。单轨运输机用户要认真参加单轨运输机操作使用培训，熟练掌握操作技能，避免因操作不当造成人身伤害，确保安全生产。要强化维护保养意识，学懂弄通使用说明书的操作维修保养规程，并按规程做好机具维护保养工作。

5. 其他情况说明

本次调查存在部分农机企业型号产品的样本数少，单个样本干扰大，调查准确性也相应降低。

（三）山东省 2018 年农机产品质量调查情况

2018 年，山东省农业农村厅依据《中华人民共和国农业机械化促进法》和《农业机械质量调查办法》，对部分在用谷物干燥机产品进行了质量调查。

1. 基本情况

本次调查范围为济南、枣庄、东营、潍坊、济宁、泰安、临沂、德州、聊城、滨州和菏泽 11 个市。调查对象在 2015—2017 年购买、使用满一个作业季节（纯作业时间满 100h 或连续作业满 5 天）且享受农机购置补贴的连续式和循环式谷物干燥机的用户中抽取，共调查了 4 家企业的 4 个型号连续式谷物干燥机和 12 家企业的 12 个型号循环式谷物干燥机，涉及 80 个用户。调查采取用户满意度测评的方法进行，由用户对被调查产品的安全性、可靠性、适用性以及售后服务状况（以下简称“三性一状况”）四项内容分别进行满意度五级评价，经调查人员现场询问、查看、取证后确认，得出不同用户对该型号产品“三性一状况”调查指标的单项满意度分值。在此基础上，调查人员按照用户满意度测评方法计算出相应型号产品的“三性一状况”单项满意指数和产品满意指数评价分值。根据满意指数分值所属区间范围确定满意程度，90 ～ 100 分为“很满意”，70 ～ 90 分为“满意”，60 ～ 70 分为“一般”，40 ～ 60 分为“不满意”，0 ～ 40 分为“很不满意”。

2. 调查结果

调查结果显示，用户对谷物干燥机总体满意指数评价值（循环式和连续式谷物干燥机合计）为 85.18 分，评价为“满意”，且产品满意度评价为“满意”及以上的产品占调查总数的93.75%，反映出用户对产品的综合评价较好。对“三性一状况”四项内容总体满意指数综合值分别为：安全性 86.68 分、可靠性 84.75 分、适用性 86.37 分、售后服务状况 82.62 分。72.5% 的用户表示下次还会购买同一企业的产品。

3. 发现问题

从调查情况看，山东省大多数在用的谷物干燥机产品能够满足粮食烘干需要，但也存在一些需要重视的质量问题。

（1）安全性方面。①安全标志缺失较多。主要表现为部分产品标志材质差、易脱落或缺损等。②安全防护不到位。主要表现为部分产品未按照规定要求进行防护，对传动链轮、带轮等外露传动、回转件不加装防护罩或防护罩缺损等。③安全装置未设置或失灵。存在使用过程中报警装置失灵、出厂未设置安全装置等。

（2）可靠性方面。①使用的零部件质量较差。表现出的问题包括提升电动机和风机电动机损坏较严重，使用中除渣链条出现断链，控制柜电源开关出现损坏，满粮报警失灵，排粮电动机调速控制器不灵敏，以及温度传感器不准确等。②热源装置质量存在问题。个别企业的热风炉或炉芯存在质量问题。

（3）适应性方面。①部分产品处理量达不到企业明示值。②部分产品降水能力和干燥作业质量达不到标准要求。③部分产品电器控制有效性和灵敏度、配套电动机适用性方面存在问题。

（4）售后服务方面。部分企业售后服务不及时，服务承诺履行情况较差，产品配件供应不足，售后人员现场解决问题的能力差等。

4. 原因分析

（1）部分企业质量意识比较淡薄。一是缺乏对整个生产流程的质量管控，重数量轻质量现象比较普遍。二是对零部件质量关把控不严，材质或部件选择不当。

（2）一些产品技术含量不高。企业技术创新能力普遍较弱，产品设计不甚合理，能耗较高。多数干燥机热源以煤炭为燃料，易将明火引入干燥机内外部造成起火，缺乏必要的除尘环保装置。

（3）有的企业售后服务能力不强。服务意识淡薄，忽视对产品售后服务保障。一是售后服务不及时。对所委托的售后服务经销商管理不善，服务不及时现象时有发生。二是三包期外配件不易购买。三是售后服务人员态度较差、不履行承诺，不能及时解决问题。

本次质量调查结果公布前，山东省农业农村厅已报农业农村部备案。下一步将针对调查中发现的问题，向所涉及的生产企业发送一对一整改通知。生产企业要按照整改通知的要求，强化质量安全意识，增强诚信经营理念和社会责任，积极采取有效措施进行整改。整改期 3 个月，山东省内生产企业整改结果需经企业所在市农机化主管部门确认，外省企业整改结果需经本省农机化主管部门确认。企业收到整改通知后拒不整改或逾期达不到整改要求的，建议相关农机鉴定机构要按照有关规定注销该产品的农业机械推广鉴定证书。

（四）内蒙古自治区 2018 年农牧业机械质量调查情况

1. 基本情况

本次质量调查共涉及 8 家企业生产的 18 种型号轮式拖拉机 450 台，4 家企业生产的 6 种型号深松机（含深松整地联合作业机）150 台。调查采用入户问卷的方式进行，调查内容包括产品安全性、可靠性、适用性、售后服务状况等。

2. 调查结果

轮式拖拉机总体质量状况较好，用户评价综合得分平均为 84.4 分，为比较满意。其中，约翰迪尔（宁波）有限公司生产的 JD3B554 型轮式拖拉机机用户评价综合得分最高，为 93.4 分；山拖农机装备有限公司生产的 NS604C 型轮式拖拉机用户评价综合得分最低，为 75.9 分。

深松机（含深松整地联合作业机）用户评价综合得分平均为 85.3 分，为比较满意。其中，山东大华机械有限公司生产的 1SZL-250 型深松整地联合作业机用户评价综合得分最高，为 89.7 分；赤峰市顺通农业机械制造有限公司生产的 1GND-160 深松整地联合作业机用户评价综合得分最低，为 77.9 分。

3. 存在问题

本次质量调查发现，部分轮式拖拉机和深松机（含深松整地联合作业机）在安全性、可靠性、适应性和售后服务方面还存在如下问题。

（1）安全性方面。部分型号拖拉机存在安全警示标志脱落、制动不灵敏、排气烟度大、车身振动严重、电路故障等问题；深松机（含深松整地联合作业机）存在安全警示标志脱落、工作部件防护装置脱落、缺失等问题。

（2）可靠性方面。拖拉机发动机和液压系统漏油现象较普遍，液压和行走系统故障较多；部分深松机（含深松整地联合作业机）变速器漏油，轴类、深松铲存在变形和断裂现象。

（3）适用性方面。部分拖拉机存在配重轻、空气滤清器除尘效果差、发动机牵引力及液压提升力不足等问题；部分深松机（含深松整地联合作业机）对黏性土壤适应性差。

（4）售后服务方面。部分企业售后服务人员解决故障能力差、服务态度冷淡，售后服务不及时，配件供应短缺，配件价格高。

4. 处理意见

针对本次质量调查中发现的问题，内蒙古自治区农牧厅做出如下处理意见：

（1）由内蒙古自治区农牧业机械质量监督管理站负责，对存在问题的企业及其产品提出整改意见，并通知相关生产企业进行整改，整改期为从本通报发布之日的 3 个月内。企业拒不整改或者逾期达不到整改要求的，将做出进一步处理。

（2）各生产企业要高度重视本次质量调查发现的问题，进一步增强质量意识和安全意识，改进产品技术缺陷，提高产品质量；强化售后服务能力和服务意识，提升售后服务质量。

（3）各级农机质量监管部门要结合 2019 年质量调查工作继续对本次调查中存在问题的产品给予重点关注，并根据用户投诉情况和农牧业生产需求，进一步加大在用农业机械监管工作力度，督促企业提高产品质量和服务质量。

本文由《中国农业机械工业年鉴》编辑部搜集整理。

2018 年农业机械购置补贴政策实施情况

2018 年，各级农机化管理部门和财政部门密切配合，认真贯彻《2018—2020 年农机购置补贴实施指导意见》（以下简称《指导意见》）有关规定，扎实推进农机购置补贴政策创新完善，全年工作进展顺利。截至 2018 年年底，全国已实施中央财政农机购置补贴资金 174 亿元，占当年投入的 93.5%，同比提高 7.5 个百分点；扶持 163 万个农户购置机具 191 万台（套），超额完成全年绩效目标。

一、启动实施平稳有序

2018 年是新一轮 3 年农机购置补贴政策实施的启动年，新老政策衔接工作量很大。各级农机化管理部门和财政部门密切配合，组织调动各方力量，集中开展了省级方案制发、补贴额测算公开、补贴机具投档和补贴辅助管理系统开放等工作，38 个省级实施单位中有 30 个在 6 月底前开始受理申请；黑龙江省因"两大平原"现代农业综合配套改革试验期满，调整了操作方式，不再对合作社单独切块；北京市取消了政府采购的做法。至此，农机购置补贴操作方式进入全国统一的新阶段。

二、普惠共享深入人心

各省农机部门充分征求基层和农业产业部门意见，从全国补贴范围中选取适合本省的机具品目。与往年相比，各省补贴范围有所扩大，重点新增了支持农业绿色发展的机具，比如河南、湖南、四川、山东等生猪大省就新增了清粪机、粪污固液分离机等畜禽粪污资源化利用机具。在资金规模保持稳定的基础上，所有省份都明确对补贴范围内机具实行敞开补贴，取消了申请补贴指标等门槛，稳定了农民购机预期，显著降低了基层的权力寻租风险。

三、资金管理日益强化

所有省份均建立了补贴资金使用定期调度机制，及时掌握市县资金使用进度，除西藏外，其他 37 个省级实施单位实现了补贴资金实施进度实时公开。云南、宁夏等省份的财政、农机部门密切配合，根据实际情况，在全省范围内开展了资金余缺动态调剂，有效防止大量结转的产生。福建省实施限时办结制，提出了补贴办理和资金兑付时限要求。

四、创新试点有序扩展

2018 年，农业农村部和财政部将新产品试点范围扩大到全国。8 月，农业农村部组织对 16 个省份 35 个次的新产品试点品目进行了备案，并会同财政部对 10 个省份的植保无人飞机试点进行了联合备案。这次备案有两个突出特点：一是允许开展标准化设施大棚骨架补贴，二是畜禽粪污资源化利用设备得到有力支持。着眼于扩大补贴机具资质采信范围，农业农村部和财政部首次采信农机产品认证制度，认监委会同农业农村部于 2018 年 11 月 21 日联合印发了《农机自愿性产品认证实施规则　通用要求》，积极推进相关举措加快落地。充分尊重企业市场主体地位和农民自主选择权，继续支持福建省开展补贴机具资质采信市场化改革试点。

五、管理服务效能不断提升

各级农机化管理部门和财政部门坚持问题导向，紧盯薄弱环节，推出了一系列便民利企举措。一是鉴定信息公开方面，组织开发了全国农机鉴定管理服务信息化平台，主动向社会公布所有获得部级、省级证书的农机产品信息。二是补贴机具投档方面，实现了全国农机鉴定管理服务信息化平台与补贴机具投档系统的互联互通，补贴机具投档参数及相关信息可自动推送至投档平台。35 个省份实现了无纸化投档，不再要求企业邮寄或人工报送成套纸质材料，工作效率明显提高，也有效减少了人为操作失误。三是补贴申请受理方面，多数地方在行政审批大厅或农机大市场设立了“一站式”服务窗口，农民购机报补基本上“最多跑一次”；江苏等省开展了集中进村验机和受理补贴申领等上门服务；山东、山西等26个省份使用手机APP等办理补贴申领和机具核验，“手机一点、补贴到手”成为现实。四是补贴机具监管方面，北京、江西等省（市）率先利用二维码和物联网技术强化机具溯源精准监管，积极探索“放管服”大背景下的补贴机具信息化监管新模式。

〔撰稿人：农业农村部农业机械化管理司李伟〕

2018年农业机械流通行业概况

一、农业机械流通主体情况

1. 农业机械流通企业及从业人员数量

在我国农机流通领域中民营和股份制企业居多，国有企业屈指可数。据统计，自购机补贴政策实施以来，我国具有法人资格的农机流通企业及其从业人员数量持续增长。2003年有5 558家农机流通企业，2012年突破万家，2017年为13 182家。从业人员2003年为58 866人，2013年突破10万人，近年维持在10万人左右。长期以来平均每家企业不足10人。

2. 农业机械经销点及其从业人员数量

我国农机经销点数量增长速度相对平稳，2003年为70 114家，2017年为80 614家，但从2014年起逐年缓慢减少。从业人员2003年为136 605人，2016为176 870人，2017年有所下降，为173 833人。长期以来平均每个经销点2人。

二、农业机械流通模式概况

1. 连锁模式

以吉峰农机为代表的“连锁+地产开发+资本”的跨区域的全国性连锁运作模式，曾在农机流通领域掀起一股旋风，引领了农机流通模式的创新浪潮。以江苏苏欣农机连锁有限公司为代表的以省内为主的区域性连锁模式，稳扎稳打，运行健康平稳。

连锁模式的核心优势有：第一，规模优势，提升竞争力；第二，实现规模采购，获取成本优势；第三，实现农机主流区域的全覆盖，形成庞大的销量和规模优势，更易于形成全国的农机流通品牌。

连锁模式或将进一步推动小经销商的联合，一些公司联合起来共同实现信息化，共同发（订）货，共同开展物流，共同进行信息处理。

2. 农贸综合体模式

以青园集团为代表的农贸综合体模式表现为：以农机大市场为核心，主营农机产品的销售；以农贸综合体为依托，主营农机+工程机械+汽车+农资+N；以现代农业产业城为外围，业务拓展到为现代农业提供全方位服务。产品包括：农贸综合体产品+超市+酒店+家居+商业地产+N。

该模式的关键点：以单店为起点，逐渐拓展成农机大市场；以农机大市场为核心，进而发展为农贸综合体；以农贸综合体为依托，最终形成城市的亚经贸商业中心——现代农业产业城。

该模式有三个突出特点：第一，这是地方政府与经销商“双赢模式”，地方政府获取了区域经济快速发展的机会，经销商则做大做强了自己的产业。关键是经销商要赢得地方政府支持，获取低价土地；第二，走联合之路，经销商要与国内外知名生产企业联合，获得影响力；第三，订单式管理，要吸引知名流通企业或商业集团加盟或投资，解决资金问题，同时扩大影响力。

3. 农机大市场、农贸综合体模式

农机大市场是目前全国各地推行的较为普遍的一种模式。这种模式有一段时间在地方政府的推动下风靡全国。主要农业区域几乎都建立起农机大市场，许多省的各个市也有建立，但运作较为成功的并不多。近年来，由于受到市场持续低迷、竞争激烈等多重因素挤压，许多农机市场受到重创，呈现“门可罗雀”的惨状。为了自救，许多农机大市场开始跨行业经营，并加速向农贸综合体过渡。

农贸综合体脱胎于“万达模式”，属于农机大市场的高级形式。它强调跨行业经营，通过多元化经营，全方位为消费者提供服务，以应对日益下滑的农机市场。

4. 4S店、品牌专卖店模式

出于竞争需要，一些强势大品牌的农机企业强制推行品牌专卖战略，以达到独占渠道的目的，4S店、品牌专卖店模式应运而生，近年呈现快速增长的趋势。运作比较成功的是久保田、迪尔、东方红、雷沃等构建的品牌店。

5. 直营店模式

这是一种数量众多、普遍而古老的农机流通模式，特别是在农机补贴开始以后，众多直营店如雨后春笋般“疯长”起来，市场高涨之时“涨潮”，市场低迷之时“退潮”。近年来随着市场走向低迷，直营店进入加速洗牌期。

6. 二手农机 + 互联网模式

这是近年农机行业比较流行的一种模式。目前我国土地流转速度加快，农机补贴大幅下调，二手农机尤其是二手拖拉机和收获机的市场需求趋旺。自 2017 年开始，多家二手农机网站先后上线，如专业的二手农机交易平台“农机狗”，就是将二手农机的线上与线下销售结合起来；又如一拖“互联网 +”的模式，致力于打造系统的产业服务链。

作为新的农机流通模式，二手农机 + 互联网在行业内博取了一定数量的眼球，但效果并不明显。由于农机商品的特殊性，现阶段电商模式尚不具备生存的土壤，其发展前景尚待观察。二手农机市场或将成为未来农机流通的一个重要领域，但现阶段，各种不利条件依然较多，其发展之路任重而道远。

7. 复合模式

近年在一些地区出现了“农机经销 + 合作社”模式。许多经销商既是农机经销主体，也是农机合作社社长，这种结合能使农机经销与农业生产高度融合，形成“使用 + 服务”高度融合，提高了农机经销商的抗风险能力。从农机经营规模看，采用复合模式的都是小区域且规模弱小的经销商，其发展实力和前景令人担忧，但在目前市场低迷的形势下，也是小经销商自救而创立的一种新模式。农机经销商与农业、畜牧业等产业的融合或将成为未来的一个重要发展趋势，这种趋势在欧美发达国家早已成为重要的模式。

8. 综合服务模式

服务将成为未来农机流通竞争的高地，当今的许多农机流通企业开始创新农机流通的服务模式。表现为：第一，提供客户融资是农机营销与分销流程的一个中心方面，大多数制造商向经销商或零售商贷款方乃至最终用户提供批发贷款，大型农机经销商通常会提供这方面的服务；第二，一些区域的农机经销商企业多年前就完成了由经销型到服务型的转型升级；第三，租赁业务将会得到更充分的发展；第四，大流通时代的到来。未来的农机流通将是大流通形态，整合上游农资厂商、中游经销零售商，提供下游消费者入口，并开发专业种植指导人（PCA）和农业金融的线上线下一体化的 O2O 服务平台，使农机经销商由传统的经销商转型为农业综合服务体。

三、农机流通市场概况

1. 农机市场需求的拓展和延伸

农机市场需求从三大粮食作物的耕种收环节向植保、秸秆处理、烘干等全程延伸；从粮食作物加速向棉油糖等经济作物扩展，快速向养殖业、加工业拓展。一方面，传统农机市场山雨欲来，拖拉机、玉米收获机市场连续四年出现大幅度滑坡，自走式轮式谷物联合收获机 2017 年、2018 年连续两年销售量出现断崖式下滑，近年被行业普遍看好的水稻插秧机、粮食烘干机市场 2018 年也出现“跳水”。另一方面，一些小众市场逐渐浮出水面，成为热点市场。比如，畜牧机械市场迎来战略机遇期，实现稳步增长。统计显示，2018 年，畜牧机械行业实现主营业务收入 157.6 亿元，同比增长 12.46%，其增幅在农机行业 11 个子行业中，位居第二。在整个农机行业利润大幅度滑坡的情况下，畜牧机械制造业呈现稳定发展的态势。与畜牧业密切相关的饲料加工设备制造业实现利润 1.88 亿元，同比大幅攀升 97.14%，独占农机行业 11 个子行业同比增幅的鳌头。再比如，采棉机市场飙升。2018 年全国累计销售各种型号的采棉机 800 余台，其中，新疆市场销量达到 790 余台，同比大幅攀升 80% 以上。采棉机市场出现供不应求、一机难求的局面。此外，喷雾机、打捆机和青饲料、甘蔗收获机市场连续多年出现良好增长，果园、渔业机械市场近年也风生水起，发展势头良好。由于这些市场目前需求量较小，小众市场特点突出，整个市场需求呈现碎片化的特点。

2. 农机区域市场急剧变化

北方平原和旱作区等农业机械化水平较高的地方，正在加快农业机械的提档升级，向全程化、大型化、智能化转变，无人驾驶拖拉机、收获机逐渐浮出水面，各种机械大型化趋势愈来愈强，先进技术支撑的农业机械越来越受到用户的青睐。南方水田地区、丘陵山区等发展相对滞后的地方，农业机械化需求全面、快速上升，尤其是特色优势产业机械化需求迫切。

3. 农机销售市场疲软

从多方调查和反映的情况看，大多数农机经销商的销售比上年下降较多，下降幅度从 20% 到 60% 不等。销售疲软的主因是“供过于求”。大田农业机械保有量快速提升，趋于饱和，导致农机作业服务竞争激烈，单机作业量下降，亩均作业收入稳中有降，总收入下降，购机作业回本周期延长，新机购置和旧机更新意愿降低。粮价低，种粮成本高，影响农民收入，直接制约农民购机的积极性。经济作物、丘陵山区用农业机械虽是增长极，但“远水解不了近渴”，目前需求体量又较小，远不能消化现有产能。补贴系统开通不及时，结算周期过长，也是影响销售的因素之一。由于往年垫资多，许多经销商的精力都花在回收货款上。个别经销商由于赊欠过多，导致资金链断裂，企业倒闭。有的经销商资金周转困难，收回多少资金再进多少货来销售。目前，经销商不敢贷款经营，因为这样会增加成本导致利润趋于零甚至亏空。为了控制风险，有的经销商宁愿少卖甚至不卖机器，也要求用户全额购机，因此销售下降是必然的。

〔撰稿人：中国农业机械流通协会李贵元〕

大事记

记载2018年发生的、对农业机械行业产生重要影响的政策法规，研制的新产品，取得突破的新技术以及行业重大事件等

Recording of policies and laws promulgated in order of time that had important influence on the agricultural machinery industry, the new products developed, the new technological breakthroughs made and major events of the industry in 2018

大事记

2018年农业机械行业大事记
Chronicle of events in agricultural machinery industry in 2018
2018年农业机械企业大事记
Chronicle of events in agricultural machinery enterprises in 2018

2018 年农业机械行业大事记

1 月

2 日 中央一号文件《中共中央国务院关于实施乡村振兴战略的意见》发布。意见提出："推进我国农机装备产业转型升级，加强科研机构、设备制造企业联合攻关，进一步提高大宗农作物机械国产化水平，加快研发经济作物、养殖业、丘陵山区农林机械，发展高端农机装备制造。"

3 日 农业部和国家安全监管总局联合公布 2017 年度全国"平安农机"市县和农机安全监理示范岗位标兵名单。经过市县自愿申报、省级择优推荐、部级审查公示等程序，2017 年度共创建全国"平安农机"示范市县 110 个、农机安全监理示范岗位标兵 230 名。

4 日 农业部张桃林副部长在《关于2017年农机深松整地工作的报告》中批示："2017 年全国农机深松整地工作超额圆满完成目标任务，一些好做法、好经验值得总结推广。2018 年在东北四省开展深耕作业试点似有必要，可积极争取与深松一并纳入农机作业补贴范围。"1 月 15 日，韩长赋部长批示："同意桃林同志批示。农机深松整地这件事是农业绿色发展的好事实事，这几年抓出了成效，也摸索出了路子，下一步要在政策、技术、装备、监管几个方面形成机制、制度。突出重点平原主产区，尤其是东北平原黑土地保护，建立起几年深松、深耕一轮的制度，并有一套监管考核和政策保护措施，使这项工作真正做到有序有效、持久广泛进行下去。"

5 日 农业部张桃林副部长在《关于 2017 年主要作物全程机械化推进工作的报告》中批示："2017 年全国农机化系统围绕实施'五个一'行动，深入开展农机化全面全程高质高效推进行动，在聚重点、补短板、强主体、提质量上取得了新的明显成效。拟同意 2018 年工作思路，希望抓紧细化实化方案并抓好部署落实。"1 月 15 日，韩长赋部长批示："同意桃林同志批示和报告。"

8 日 2017 年度国家科学技术奖揭晓，华南农业大学、上海市农业机械鉴定推广站、中国水稻研究所联合完成的"水稻精量穴直播技术与机具"项目获得国家技术发明奖二等奖。青岛农业大学、山东五征集团有限公司、青岛万农达花生机械有限公司等联合完成的"花生机械化播种与收获关键技术及装备"项目，中国农业大学、中国灌溉排水发展中心、中国水利水电科学研究院等联合完成的"大型灌溉排水泵站更新改造关键技术及应用"项目，中国农业科学院农业环境与可持续发展研究所、中国农业大学、北京大学东莞光电研究院等联合完成的"高光效低能耗 LED 智能植物工厂关键技术及系统集成"项目，新疆农业科学院园艺作物研究所、中国农业大学、中粮屯河股份有限公司等联合完成的"番茄加工产业化关键技术创新与应用"项目，江苏牧羊控股有限公司、江南大学、南京理工大学等联合完成的"大型智能化饲料加工装备的创制及产业化"项目五个项目获得国家科学技术进步奖二等奖。

9 日 2017 年全国农机工业工作会议暨中国农业机械工业协会五届六次理事会议在北京召开，会议总结了 2017 年全国农机工业经济运行形势和协会工作。本次会议由中国农业机械工业协会主办，国家发展改革委、农业部、工信部和环保部等部委领导受邀出席，并就新时期我国农机工业、农业及农机化发展形势、国家相关政策解读等作重要讲话。会上还举行了"中国农业机械科学技术奖"颁奖典礼和"未来农机工程师奖学金"颁奖仪式。

12 日 农业部、工信部在京联合召开国务院文件起草工作小组成员会议，会议由农业部副部长张桃林主持，国家发展改革委、教育部、科技部、财政部、商务部、中国人民银行、国资委、质检总局等部门相关司局负责同志参加。与会代表同意《关于加快推进农业机械化和农机装备产业转型升级的指导意见（初稿）》的基本框架，并对文稿内容进行了研讨修改。

14 日 洛阳福格森机械装备有限公司 2018 年新产品发布会在洛阳市举行，会上举行了洛阳福格森机械装备有限公司和洛阳博马农业工程机械有限公司重组仪式。

15 日 农业部公布《拖拉机和联合收割机驾驶证管理规定》（中华人民共和国农业部令 2018 年 第 1 号）和《拖拉机和联合收割机登记规定》（中华人民共和国农业部令 2018 年第 2 号）。规定在明确责任、简政放权、分类管理、新机免检、“两证合一”、便民服务、保障安全等方面对原有的制度进行了重大调整和改革，自 2018 年 6 月 1 日起施行。

20 日 受农业部农业机械化管理司、工信部装备工业司委托，中国农业大学在京组织专家对《关于加快推进农业机械化和农机装备产业转型升级的指导意见（代拟稿）》进行论证。罗锡文院士等 7 位专家组成论证委员会，一致认为代拟稿站位高、思路清、目标任务明确，措施切实可行，同意按程序报批。

2 月

2 日 农业部办公厅印发《关于 2017 年农机事故情况的通报》（农办机〔2018〕1 号）。2017 年，全国累计报告在国家等级公路以外发生的农机事故有 829 起，死亡 130 人，受伤 226 人，直接经济损失达 1 396.04 万元。与上年相比，事故起数、死亡人数和受伤人数分别下降 17.4%、2.3% 和 28.9%，直接经济损失上升 15.2%。全国农机事故持续下降，农机安全生产形势平稳向好。

5 日 农业部印发《拖拉机和联合收割机驾驶证业务工作规范》和《拖拉机和联合收割机登记业务工作规范》，以深化改革、细化责任、强化安全、简化流程、优化服务（简称“五化”）为着力点，落实农机安全监管“放管服”改革措施。

22 日 农业部办公厅、财政部办公厅联合印发《2018—2020 年农机购置补贴实施指导意见》（农办财〔2018〕13 号），明确 2018—2020 年全国农机购置补贴机具种类范围为 15 大类 42 个小类 137 个品目，要求各省结合实际，从全国范围中选取机具品目确定本省补贴范围，优先保证粮食等主要农产品生产所需机具和支持农业绿色发展机具的补贴需要，全面推行补贴范围内机具敞开补贴。

24 日 农业部农业机械化管理司发布 2018 年工作要点，明确 2018 年工作的总体思路和主要目标为：以更好满足广大农民群众对机械化生产的新需要为目标，以提升重点作物、关键环节和薄弱地区生产机械化水平为重点，强化农机科技创新、服务创新、制度创新、政策创新，大力推进质量变革、效率变革、动力变革，加快“机器换人”步伐，推动农业机械化全程全面高质高效发展，力争全国农作物耕种收综合机械化率再提高 1 个百分点以上。

27 日 农业部办公厅印发《关于规范农业机械试验鉴定结果公开工作的通知》（农办机〔2018〕3 号），要求各地进一步做好农业机械产品品目归属工作，更好地支撑、服务农机购置补贴等政策实施和农业机械化技术推广。

3 月

3—31 日 农业部农业机械化管理司王家忠副巡视员带队，赴四川省崇州市隆兴镇黎坝村、井研县集益乡繁荣村开展“百乡万户调查”活动。

9 日 农业部办公厅印发《关于印发〈2018—2020 年全国通用类农业机械中央财政资金最高补贴额一览表〉的通知》（农办机〔2018〕7 号），要求各省级农机化主管部门加快制订公布本省农机购置补贴机具补贴额一览表，全面启动实施新一轮农机购置补贴政策。

14 日 农业部办公厅、国家认监委办公室联合印发《关于做好中央财政农机购置补贴机具资质采信农机产品认证结果工作的通知》（农办机〔2018〕6 号），首次将农机产品质量认证制度纳入农机购置补贴机具资质采信范围，与农机鉴定制度共同构成补贴机具资质采信主体制度框架，为扩大补贴机具供给能力提供了制度保障。

15 日 农业部办公厅、财政部办公厅联合印发《关于做好 2018—2020 年农机新产品购置补贴试点工作的通知》（农办机〔2018〕5 号），将农机新产品补贴试点省份扩大到全国，并对植保无人飞机补贴试点工作进行部署。

15 日 中华人民共和国农业部公告第 2656 号发布了《植保无人飞机 质量评价技术规范》等 19 项农机化农业行业标准，自 2018 年 6 月 1 日起实施。

16 日 农业部在京召开全国农机购置补贴工作座谈会，总结十八大以来农机购置补贴实施情况，研究部署未来三年农机购置补贴实施工作。张桃林副部长出席会议并讲话，各省（自治区、直辖市）农机化主管部门和财政部农业司、中国民航局飞行标准司、国家认监委认证监管部以及农业部有关司局负责同志参加会议。

19 日 农业农村部农业机械化管理司在京召开《中国农业百科全书·农业机械化卷》修订编撰工作启动会，近 40 名编委会成员参加会议。中国农业出版社负责同志介绍《中国农业百科全书》的框架设计、设条原则以及编辑要点，《农业机械化卷》主编罗锡文院士提出了编制工作方案和进度安排，李伟国司长对做好《农业机械化卷》编撰工作提出要求。

22 日 受农业机械化管理司委托，农业部农机推广总站在京举办全国农机安全规章宣贯培训班，李伟国司长出席并讲话，充分肯定了农机安全工作取得的成绩，对做好 2018 年农机安全监理工作进行动员部署。

27日 中国农业机械工业协会拖拉机分会主办的“2018年拖拉机市场与技术创新研讨会”在洛阳召开。与会代表就借助河南省智能农机创新中心构建智能农机创新体系、2018年拖拉机行业市场展望、行业技术现状及发展趋势、智能农机发展、新技术应用等进行了深入交流和探讨。

28日 由中国农业机械工业协会、中国农业大学、中国农业机械学会共同主办，以“精准智能，跨界融合”为主题的“2018国际精准农业技术装备峰会”在郑州召开。会议聚焦精准农业最核心的农机导航与位置服务核心技术与装备，来自农机主机企业、导航服务企业、农机管理部门和农业生产单位的专家就农机导航与位置服务的发展现状、应用实践和趋势作了精彩报告。

28日 国际农业与生物系统工程学会（以下简称CIGR）主席团成员与中国农机行业组织领导人座谈会在郑州召开，CIGR秘书长、前任主席、美国佛罗里达大学Fedro S. Zazueta教授，CIGR前任主席、波兰克拉科夫农业大学Tadeusz Juliszewski教授，CIGR前任主席、美国德克萨斯农工大学Bill Stout教授等主席团成员，与中国农业机械学会理事长、中国工程院院士、华南农业大学罗锡文教授，CIGR拟任主席、中国农业机械工业协会陈志会长，中国农业机械化协会刘宪会长，中国农业机械流通协会毛洪会长及中国农业工程学会朱明副理事长兼秘书长等中国农机行业组织领导人就各自组织构成、职能及相关工作进行深入交流，并就农业工程技术交流合作达成一系列共识。

29—31日 中国农业机械工业协会、中国农业机械化协会和中国农业机械流通协会共同主办的“2018全国农业机械及零部件展览会”在郑州国际会展中心举办。展会已连续六年在郑州举办，本届首次将所有大型特装企业全部请进馆内，使展场整体布局更加合理，大中型重点骨干企业、外资品牌企业的参展效果更加突显，馆内布局和展览效果得到明显提升。

29日 中国一拖与中兴马斯卡（北京）科技有限公司正式签署战略合作框架协议。双方将致力于高端农机具战略合作，提升国内高端农机具发展水平。中国一拖与中兴马斯卡（北京）科技有限公司的合作，标志着中国一拖正式进入牧草机械领域，也标志着中国一拖在农机具领域开展国际合作迈出了坚实的一步。

4月

4日 农业农村部农业机械化管理司印发《农机化司2018—2020年扶贫及援疆援藏工作方案》，明确农机化助力农业产业扶贫的思路、目标任务及帮扶举措。同时，制订并印发了《农机化司“三区三州”等深度贫困地区特色农业扶贫行动方案》和《农机化司党支部与包谷村党支部结对帮扶方案》。

8日 中联重科副总裁王金富与奥地利SCM公司董事长约瑟夫·赛德代表双方公司签订合作协议，双方将在农作物秸秆的资源化利用领域展开技术与装备制造等方面的深度合作。

10日 ·雷沃重工股份有限公司与百度公司签署战略合作协议。双方将以实现自动驾驶农机量产为目标，就农机智慧化展开合作，用AI赋能农机制造，共同解决自动驾驶领域的技术难题，携手开拓新领域，共同开启人工智能在农业领域运用的新场景，推进智慧农业的升级发展。

10日 久保田农业机械（苏州）有限公司新工厂开业典礼在苏州举行。

10日 农业农村部农业机械化管理司、农业农村部农业机械化技术开发推广总站（以下简称农机推广总站）在浙江省诸暨市举办全国春耕生产农机化技术培训班暨“机器换人”推进活动。李安宁副司长出席活动并讲话。他强调要加快农业“机器换人”，助力乡村振兴，着力抓好技术推广、农机大户及农机合作社带头人培训和管理服务工作，提升春季农机化生产水平。

16日 农业农村部办公厅印发《关于2018年推进农业机械化全程全面发展重点技术推广行动方案的通知》（农办机〔2018〕9号），要求各有关单位狠抓重点技术的示范推广，加快推进农业机械化全程全面发展。

17日 农业农村部农业机械化管理司组成调研组，深入四川省凉山州昭觉县解放乡火普村、三岔河乡三河村、新城镇跳坝村、洒拉地坡乡尔打火村、姐把娜打村和城北乡等地，调研农业产业扶贫工作。

18日 雷沃重工与中化现代农业有限公司（简称中化农业）在潍坊签署战略合作协议，将充分发挥双方在农业领域的专业能力和资源优势，在农机农艺融合、示范农场建设、智慧农业等多个业务领域展开深度合作，为新型农业经营主体提供定制化的全程机械化产品组合、技术支持，共同推动农机农艺相结合的本地化落地升级。

19日 中国农业机械工业协会企业管理委员会2018年度工作会议在江苏无锡召开。中国一拖、雷沃阿波斯、山东时风、东风农机、中联重机、约翰迪尔、凯斯纽荷兰、江苏沃得、苏州久富等30余家企业的近50名代表参加了会议。

19日 中国农业机械工业协会主办，拖拉机分会、一拖（洛阳）柴油机有限公司承办的“农业机械国四产品解决方案交流会”在洛阳举行。

21日 全国物理防治应用技术（杀虫灯）试验基地暨山东省果树病虫害绿色防控示范园建设启动仪式在山东省沂水县四十里堡镇举行。示范园由山东省植物保护总站发起，中国农业机械工业协会物理防治器械专业委员会全程参与并提供防控装备，建设面积3 000余亩（1亩≈666.7m^2），共安装114台太阳能杀虫灯及一套病虫测报系统，装备总价值超85万元。示范园的建设旨在践行绿色发展理念，推进农业生态文明建设，先行先试，开创全国果蔬绿色防控先河。

24日 农业农村部农业机械化管理司、农业机械试验鉴定总站在贵阳市举办全国农机化统计直报系统操作员培训班。李安宁副司长出席培训班并讲话。他充分肯定了近年来农机化统计工作的成效，明确了农机化统计工作责任制建设任务，对推进新时期农机化统计改革创新工作进行了安排部署。

5月

3日 农业农村部、工业和信息化部牵头起草的《关于加快推进农业机械化和农机装备产业转型升级的指导意见（代拟稿）》，经发展改革委等12个部门会签同意后，正式行文上报国务院。

3日 农业农村部张桃林副部长出席全国农机鉴定和农机化质量工作改革推进座谈会并讲话。他总结了农机鉴定工作的发展成效，深入分析了新形势、新要求，探讨了下一步的改革发展举措。

4日 农业农村部、财政部联合下发《关于做好2018年农业生产发展等项目实施工作的通知》（农财发〔2018〕13号），首次明确东北四省区可根据需要在适宜地区开展农机深翻（深耕）作业补助，促进秸秆还田和黑土地保护。

4日 农业农村部办公厅发布《关于推介发布2018年农业主推技术的通知》，在70项农业主推技术中，与农业机械有关的技术有17项。

5日 由中国农业机械流通协会、中国农业机械化协会、中国农业机械工业协会、新疆农牧业机械管理局、新疆生产建设兵团农机化管理局共同举办的2018新疆农机博览会隆重开幕。此次展会以“特色创新·精准高效”为主题，旨在全面落实乡村振兴战略要求，推动实施主要农作物生产全程机械化行动，推进农机供给侧改革，同时进一步促进新疆农业生产向全程全面、高质高效方向转变。

14日 农业农村部办公厅印发《关于做好2018年农机跨区作业管理和服务工作的通知》（农办机〔2018〕11号），部署2018年“三夏”农机跨区作业管理和服务工作，明确了“三夏”机械化生产的主要目标任务。

14日 农业农村部办公厅印发《关于做好2018年农机深松整地工作的通知》（农办机〔2018〕13号），部署2018年农机深松整地工作，分解各省份作业任务，明确信息化远程监测比例、试点深翻补助等工作要求，要求高质量完成全年1.5亿亩深松深耕整地目标任务。

15日 农业农村部办公厅印发《关于开展2018年农机“安全生产月”活动的通知》（农办机〔2018〕10号），部署2018年农机“安全生产月”活动。活动期间，农业农村部在河北、湖南、重庆、甘肃4省（市）组织开展全国农机安全宣传咨询日活动。据统计，全国共开展现场农机安全宣传活动1.4万次，受益农机驾驶操作员近286万人次。

17日 2018年中国农业机械工业协会分支机构工作会议在天津召开，各分支机构对2017年工作情况进行了汇报，对2018年工作重点做了说明。

17—18日 “2018农机零部件企业走进整机企业对接活动”在天津举办，来自近50家零部件企业的80余位代表分别到勇猛机械股份有限公司和约翰迪尔天津工厂进行对接交流。

25日 农业农村部办公厅印发《关于谷物干燥机质量调查情况的通报》（农办机〔2018〕14号），对2015—2016年销售、使用的谷物干燥机产品质量调查情况进行了通报。此次调查范围为辽宁、黑龙江、江苏、浙江、安徽5省，涉及33家企业生产的49个型号产品。调查结果显示，用户对谷物干燥机的总体评价为满意，其中对产品的适用性满意度最高，可靠性满意度最低。

28日 农业农村部农业机械化管理司举办“三夏”跨区作业新闻通气会，分析“三夏”跨区作业总体形势。当日机收面积超过400万亩，标志着全国“三夏”跨区机收大会战全面启动。

28日 中共中央政治局常委、全国人大常委会委员长栗战书率领全国人大常委会执法检查组对中国一拖大气污染防治情况进行实地检查。

6月

19日 全国已收获小麦3.1亿亩，小麦主产区“三夏”大规模机收基本结束，机收比例达95.5%，累计投入联合收割机达63万台。全国夏玉米机播面积为1.45亿亩，机播比例达82%。张桃林副部长在《关于2018年“三夏”机械化生产工作的报告》

中批示："今年'三夏'农机化作业组织调度和保障服务更加优化高效，更好突出了高质、绿色和智能的要求，又好又快完成了农机化生产服务，为全年粮食丰收赢得了更多主动，值得肯定。"

20 日　农业农村部办公厅印发《关于向四川省凉山彝族自治州派遣科技服务团的函》（农办机函〔2018〕7 号），向四川省凉山彝族自治州派遣农业科技服务团，切实加强对凉山州等深度贫困市县的农业科技服务工作力度。服务团团长由农业机械化管理司李安宁副司长担任，服务团成员来自中国农业科学院、中国农业机械化科学研究院、四川省农业科学院、四川省畜牧科学研究院、四川省农业机械研究设计院、四川省农机化技术推广总站、四川省西昌农业科学研究所、四川农业大学、西南民族大学等单位。

20 日　潍柴（东京）科技创新中心揭牌成立，这是潍柴继在美国芝加哥、德国阿莎芬堡建立科技创新中心之后，在海外成立的又一科技创新中心，潍柴正汇聚全球前沿科技资源，搭建起辐射全球的前沿创新体系。

21 日　国务院新闻办举行新闻发布会。农业农村部部长韩长赋宣布：经党中央批准、国务院批复，自2018年起，将每年农历秋分设立为"中国农民丰收节"。这是第一个在国家层面专门为农民设立的节日。

21 日　拜耳公司、广州极飞科技有限公司和阿里巴巴农村淘宝共同在北京启动"未来农场计划"新概念农业示范基地项目。会上公布了未来农场全球首批 9 大示范基地，示范作物主要包括棉花、水稻、香梨、柑橘、脐橙、土豆、小麦、葡萄等，涵盖了我国的江西、新疆、山东、湖北，以及澳大利亚、日本等国家和地区，将结合拜耳公司在全球推广可持续农业的实践经验，为农场提供"耕、种、管、收"等全方位的农事支持。

22 日　江苏悦达智能装备有限公司发布其研发的 220 ～ 260 马力（1 马力 =735.499W）全系列重型智能拖拉机，标志着该公司正式进入智能农机装备领域。

27 日　国务院总理李克强主持召开国务院常务会议，听取深入推进"互联网 + 农业"促进农村一二三产业融合发展情况汇报；部署调整运输结构、提高运输效率，降低实体经济物流成本。

27 日　国务院印发《打赢蓝天保卫战三年行动计划》。农机国四排放升级已经刻不容缓。

28 日　中国农业机械工业协会在北京组织召开农业机械行业组织联席会议。来自美国制造商协会（AEM）、奥地利 AVL 李斯特公司、德国农业协会（DLG）、意大利欧洲认证组织（ECO）、英国工程机械咨询有限公司（Off-Highway Research）、美国西南研究院（SwRI）、德国机械制造商联合会（VDMA）等单位的代表参加了会议。

7月

7 日　《农业机械》杂志在京隆重举办创刊 60 周年庆典。

10—16 日　中国农业机械工业协会赴日本考察团一行 54 人在日本北海道地区进行农机工业的专业考察，包括参观北海道带广国际农业机械展览会，考察访问东洋农机株式会社、日农机制工株式会社、IHI 公司、久保田北海道公司、山本制作所、粮食烘干仓储中心以及烘干加工中心等。

11 日　农业农村部办公厅印发《关于做好 2018 年度主要农作物生产全程机械化示范县推荐申报工作的通知》（农办机〔2018〕17 号），要求各地认真做好自评申报、初评推荐工作，按时报送有关材料，加大典型做法和先进经验的宣传力度。

12 日　农业农村部农业机械化管理司组织开展了 2018—2020 年农机新产品购置补贴试点品目（第一批）备案工作，对 16 个省份报送的 35 个次品目进行了备案，主要包括有机物好氧发酵翻堆机等绿色机具。

17 日　农业农村部科技教育司公布 2018 年十项重大引领性农业技术，农机占 3 项。分别是玉米籽粒低破碎机械化收获技术、水稻机插秧同步侧深施肥技术、油菜毯状苗机械化高效移栽技术。

18 日　中国农业机械工业协会主办的"农机国四排放升级高级研讨班"在无锡开班，并进行了第一阶段的理论交流。

23 日　农业农村部办公厅印发《关于开展农机购置补贴政策实施督导检查工作的通知》（农办机〔2018〕18 号），部署开展农机购置补贴政策实施督导检查工作，重点检查政策启动实施、敞开补贴落实、资金管理使用、管理服务创新优化等方面的工作进展情况，推动政策的实施更加便民利民惠民。

30 日　农业农村部办公厅印发《关于 2018 年上半年农机事故情况的通报》（农办机〔2018〕19 号）。2018 年 1—6 月，累计报告在国家等级公路以外发生的农机事故有 232 起，死亡 33 人，受伤 56 人，直接经济损失达 342.91 万元。与上年同期相比，事故起数、死亡人数、受伤人数和直接经济损失分别下降了 35.2%、31.3%、47.7% 和 27.3%。

8 月

3 日 农业农村部办公厅印发《2018 年中国技能大赛——全国农业行业职业技能大赛农机驾驶操作员和维修工技能竞赛实施方案的通知》（农办机〔2018〕20 号），要求做好农机驾驶操作员和修理工竞赛项目的组织实施工作。

8 日 国内农机装备制造知名企业新乡市花溪科技股份有限公司在新三板成功挂牌上市。

16 日 约翰迪尔首家金鹿客户培训基地在内蒙古格瑞得马铃薯种业有限公司揭牌成立。

21 日 为引导行业选择适宜的污染防治技术路线，指导行业开发和应用先进、可靠的技术方案和污染防治技术，推进行业低碳、绿色可持续发展，生态环境部发布《非道路移动机械污染防治技术政策》。

22 日 中国农业机械工业协会主办的 2018 中国农业机械与零部件行业峰会在山东省潍坊市成功举办。

23 日 农业机械化管理司召开干部大会，人事司潘显政司长宣布农业农村部农业机械化管理司领导班子成员名单：张兴旺任司长，李安宁任副司长，王家忠任副巡视员，李伟国不再担任农业机械化管理司司长（转任农村社会事业促进司司长）。李伟国、张兴旺分别在会上作表态发言。张桃林副部长出席会议并讲话，对司领导班子提出殷切希望。

28 日 中联重科一辆 260 马力高端动力换挡拖拉机下线，标志着中联重科高端大马力拖拉机生产线正式启动。

29 日 农业农村部农业机械化管理司成立工作组赴安徽省颍上县调研督导农机以旧翻新事件查处工作，指导安徽省农机部门切实履职尽责，尽快查清事件原委，配合有关部门，依法依规对非法制售拼装农业机械、制造假农机牌照和跨区作业证等违法违规行为从严查处，保障农民及诚信守法企业的合法权益。

31 日 辽宁黑山庞河经济开发区院士工作站在辽宁现代农机装备有限公司正式挂牌。黑山县委书记袁力向罗锡文、李天来、陈温福三位院士颁发聘书。

月内 中国农业机械流通协会、中国农业机械工业协会和中国农业机械化协会支持中国农业大学学生参加美国 ASABE 机器人大赛并取得佳绩，囊括了 ASABE 机器人大赛 2 个组别的全部第一名。

9 月

7 日 农业农村部办公厅印发《关于进一步明确农机报废更新补贴工作有关要求的通知》（农办机〔2018〕22 号），要求各地积极主动抓好农机报废更新补贴工作，加快推进农机报废更新补贴工作实施进度。

10 日 农业农村部农业机械化管理司联合财政部农业司对吉林、黑龙江、江苏、山东、湖北、广西、陕西、甘肃、宁夏、青岛 10 个省、自治区、计划单列市提出的植保无人飞机规范应用试点申请进行备案。

11 日 农业农村部农业机械化管理司张兴旺司长一行到山东大华机械有限公司进行考察。

11—16 日 承担中国工程院“我国农机装备现代化战略研究”课题的部分人员，在课题组组长罗锡文院士、中国农业机械工业协会陈志会长的带领下，先后到雷沃重工股份有限公司、潍坊谷合传动技术有限公司、青岛洪珠农业机械有限公司、青岛璐璐农业装备有限公司、山东五征集团、山东永佳动力股份有限公司、山东雷沃传动有限公司等农机主机和零部件企业进行了实地调研。课题组一行围绕企业生产经营、产品研发、产品技术水平、产品在关键核心技术方面与国外的差距、如何破解技术瓶颈等问题，通过现场参观、与企业相关人员座谈等方式进行了详细、深入地了解。

13 日 中国农业机械工业协会绿色防控技术装备分会成立大会在临沂市沂水县召开。绿色防控技术装备分会将围绕政策研究、标准研制、质量提升、技术交流、产业升级及行业自律六个方面开展工作。分会的成立将有助于推进我国绿色防控技术装备的研发和推广，建立以企业为主体、市场为导向、产学研深度融合的绿色防控技术创新体系，促进绿色防控科技成果转化，更好地服务于乡村振兴战略。

14 日 农业农村部农业机械化管理司在北京组织开展 2018 年大田种植数字农业建设试点项目座谈交流活动，两批大田种植数字农业建设试点项目承担单位就项目建设进展进行了汇报交流，相关专家作了专题演讲。

14 日 由中国农业机械工业协会主办，济南祥辰科技有限公司协办的全国果园杀虫灯应用技术高层论坛成功举行，与会代表围绕绿色防控装备研发、应用以及质量标准等内容作了交流分享。还实地考察了全国物理防治应用技术（杀虫灯）实验基地暨山东省果树病虫害绿色防控示范园——沂水县四十里堡镇万亩长虹果业园区。

17 日 由中国农业机械工业协会组织，山东雷沃传动有限公司承办的农机制造企业精益生产实践交流会在山东省平邑县成功举办。旨在推动农机制造企业学习先进，练好内功、夯实基础，让企业在生产管理方面上台阶，实现提高质量和降低成本的目标，从而带动产业整体升级。

17日 农业农村部办公厅印发《农业机械化管理司职能配置、内设机构和人员编制规定》，明确农业机械化管理司职能，决定内设综合处、政策规划处、科技推广处、监督管理处4个处，行政人员编制18名。

17日 农业农村部办公厅印发《关于开展秋冬季农机安全生产检查整治工作的通知》（农办机〔2018〕23号），决定从2018年9月至2019年2月，在全国范围内开展秋冬季农机安全生产检查工作，深入开展农机安全隐患排查，持续推进变型拖拉机整治，严厉打击农机假牌假证及翻新造假，严格落实农机安全监管新规定，推进实施拖拉机和联合收割机出厂合格证标准，扎实抓好“平安农机”创建活动。

20日 由农业农村部、人力资源和社会保障部、中华全国总工会共同主办的“2018年中国技能大赛——首届全国农业行业职业技能大赛农机驾驶操作员和修理工技能竞赛”在山东省日照市举行。此次大赛是国家级一类大赛，来自27个代表队的162名选手进入决赛，胜出的10名选手被授予“全国技术能手”称号。

23日 中国迎来第一个“中国农民丰收节”。经党中央批准、国务院批复，自2018年起，将每年农历秋分设立为“中国农民丰收节”。

25日 农业农村部农业机械化管理司印发《2018年对口帮扶四川省昭觉、理塘、红原三个深度贫困县工作任务清单》，明确了全年帮扶工作任务，确保各项扶贫工作有序务实推进。

26日 农业机械化管理司、农机推广总站在北京举办农机化技术推广工作创新座谈会。农业农村部张桃林副部长出席会议并讲话。他充分肯定了农机化技术推广工作的成效，要求紧紧围绕实施乡村振兴的要求和农机化发展的需要，以创新引领工作能力和服务水平提高，加快农机化新技术推广应用，推进农业机械化发展转型升级。

10月

11日 农业农村部农业机械化管理司在湖北省宜昌市召开全国果菜茶生产机械化现场推进会，李安宁副司长出席会议并讲话，对下一步推进果菜茶生产机械化工作进行了部署。6个省份作了典型经验交流，水果、蔬菜、茶叶机械化专家分别作了果菜茶机械化技术专题报告。

17—22日 中国农业机械工业协会组织农业机械企业代表团赴台湾考察交流。

18日 农业农村部农业机械化管理司组织召开农业机械化发展重大目标论证会，对农业机械总动力等多项指标的近长期发展目标进行了详细论证。张兴旺司长主持会议，来自农机化和农机工业领域的10余位专家参与了论证。

19—20日 中国农机企业家峰会2018年年会在新疆召开。本届年会聚焦国四排放升级和营造健康行业氛围，并就国四升级排放共同发起承诺和倡议。

22日 农业农村部农业机械化管理司和规划设计研究院联合召开北方片区日光温室国家农机购置补贴研讨会。经过集中研讨，与会专家全面总结了北方日光温室发展的总体情况，进一步梳理了具有地域代表性的主要设施类型，研究提出了相关扶持政策建议，为将日光温室纳入农机新产品购置补贴试点提供了有效技术支持。

22日 农业农村部农业机械化管理司会同科教司向科技部报送国家重点研发计划“薄弱环节农机化技术创新”重点专项建议。该专项建议针对当前农业机械化技术难点和热点问题，设置应用基础研究、薄弱环节关键技术研发、技术集成创新与示范、农村环境治理与生活废弃物综合利用4个方面38项重点任务。

30日 农业农村部农业机械化管理司在安徽省宿州市埇桥区举办2018年全国农机事故应急处置演练活动，张兴旺司长出席活动并讲话，他对做好农机安全监督管理和农机事故处置等工作提出了要求。

11月

6日 农业农村部农业机械化管理司李安宁副司长参加国际农机装备和新技术高峰论坛暨进口农业机械展示活动并发表主旨演讲。

22日 农业农村部农业机械化管理司在宁波市组织召开全国农机社会化服务提档升级现场会，王家忠副巡视员出席会议并讲话。会议观摩交流了农机服务新主体新业态新模式典型案例，总结了近年来农机社会化服务工作成效经验，分析了当前农机社会化服务发展新形势新要求，明确了推进农机社会化服务发展的指导思想和目标任务。3个省、4个市区农机部门作了典型发言，3个合作社及相关农业企业介绍了发展经验。

25日 中国农业机械学会在杭州召开第十一次全国会员代表大会暨第一次理事会，中国农业机械化科学研究院院长王博当选新一届理事长。中国农业机械化科学研究院副院长方宪法当选首任监事长。为了表彰老一辈农业工程领域院士和资深专家对农业装备事业发展和学科建设以及中国农业机械学会发展做出的突出贡献，中国农业机械学会第十一届全国会员代表大会决定，特聘蒋亦元、汪懋华、任露泉、罗锡文、陈学庚、闫楚良、陈志等为中国农业机械学会第十一届理事会名誉理事长。

30 日 中国农业机械工业协会决定授予王金富等 15 位同志“改革开放四十年中国农机工业功勋奖章”，授予安徽全柴动力股份有限公司等 20 家企业“改革开放四十年中国农机工业杰出贡献奖”。

12 月

5 日 受农业农村部农业机械化管理司委托，中国农业大学工学院组织召开 2018 年农业机械化形势分析会，来自省级主管部门、行业协会、科研单位、农机制造企业以及部属农机事业单位的 26 位代表分别梳理盘点了 2018 年以来农业机械化和农机市场的发展特点、趋势和问题，围绕促进乡村振兴战略开好局起好步等提出了加快农业机械化和农机工业转型升级的意见建议。张兴旺司长等司领导班子成员、各处处长出席会议。

5 日 国家认监委、农业农村部联合印发关于《农机自愿性产品认证实施规则通用要求》（中国国家认证认可监督管理委员会公告 2018 年第 43 号），要求承担农机购置补贴机具资质采信和农机产品认证工作的认证机构，应制订相应的农机自愿性产品认证实施特则，报认监委、农业农村部备案后方可开展相关认证活动。

6 日 2018 年全国农机工业工作会议暨中国农业机械工业协会五届七次理事会在北京召开。会议总结了 2018 年全国农机工业经济运行情况和协会工作，举行了改革开放四十年中国农机工业发展成就报告会，表彰了四十年来涌现出的杰出人物和企业。

10 日 农业农村部办公厅印发《关于提前报送 2018 年农业机械总动力数据的通知》（农办机〔2018〕28 号），全国农业机械总动力指标首次被列入统计公报，作为反映乡村振兴战略实施情况的重要指标之一。

12 日 国务院总理李克强主持召开第 34 次国务院常务会议，研究部署加快农业机械化和农机装备转型升级的主要任务和政策措施。

13 日 农业农村部农业机械化管理司贯彻落实胡春华副总理、韩长赋部长和张桃林副部长对《关于特色农业机械化应用遭遇现实瓶颈》等报道的批示精神，由王家忠副巡视员带队，组织浙江省余姚市农机局相关同志赴重庆市实地开展榨菜生产机械化调研，深入了解丘陵山区推进“宜机化”改造情况，开展座谈交流与技术对接。

19 日 国务院新闻办举行国务院政策例行吹风会，邀请农业农村部张桃林副部长出席并介绍 12 月 12 日国务院常务会关于推进农业机械化和农机装备产业升级的政策措施情况，农业农村部农业机械化管理司张兴旺司长、工业和信息化部装备工业司罗俊杰副司长一同参加并回答中外记者提问。

19 日 农业农村部发布了《棉花收获机安全操作规程》等 3 项农业行业标准。标准自 2019 年 6 月 1 日起实施。

20 日 国家发展改革委林念修副主任、农业农村部张桃林副部长共同主持召开甘蔗生产机械化推进工作第四次专题会议，农业机械化管理司张兴旺司长、王家忠副巡视员参加会议。会议肯定了相关工作成绩，部署了下一步推进措施。

26 日 农业农村部农业机械化管理司在广西南宁举办全国农机购置补贴违规行为查处工作培训班，农业机械化管理司李安宁副司长出席培训班并讲话。培训班通报了 2018 年农机购置补贴违规行为查处专项督导情况和典型案例，各省围绕省际联查联动、全流程梳理工作指导规范等工作进行了研讨。

29 日 国务院发布《关于加快推进农业机械化和农机装备产业转型升级的指导意见》。

27 日 农业农村部办公厅印发《关于加快推进畜禽粪污资源化利用机具试验鉴定有关工作的通知》（农办机〔2018〕29 号），加快推进畜禽粪污资源化利用机具试验鉴定，促进先进适用畜禽粪污资源化利用机具推广应用。

30 日 农业农村部农业机械化管理司李安宁副司长参加在广西南宁市召开的“一带一路”农业现代化国际合作发展论坛，并发表主旨演讲。

30 日 农业农村部发布新修订的《农业机械试验鉴定办法》（中华人民共和国农业农村部令 2018 年第 3 号），对农业机械试验鉴定制度进行改革，明确“推广鉴定”和“专项鉴定”的适用范围，简化鉴定流程，取消农机鉴定部省两级划分，强化事中事后监管力度。办法自 2019 年 4 月 1 日起实施。

〔撰稿人：中国农业机械工业协会王锋德、农业农村部农业机械化管理司刘俊〕

2018 年农业机械企业大事记

（按企业名称拼音的字母顺序排序）

德邦大为（芜湖）农机有限公司

3 月 19 日　德邦大为（芜湖）农机有限公司与意大利 Tonutti 1864 公司在安徽省芜湖市三山区政府成功举行了中意合资公司投资签约仪式。该公司集团领导、意大利 Tonutti 1864 公司董事、芜湖市和三山区政府相关领导参加了签约仪式。双方将本着诚信互惠的原则，发挥各自优势，以中意合资公司为平台，在中国深入开展相关业务的合作。

广州极飞科技有限公司

2 月 1 日　广州极飞科技有限公司（简称极飞科技）与湖北省农业机械总公司（简称湖北农机）在湖北仙桃签署了战略合作协议，双方将结合各自优势，以发展绿色智慧农业为目标进行全方位、全领域合作。与此同时，由极飞科技开发、湖北农机运营的湖北地区首家农用无人机共享服务平台正式上线。湖北省农机局副局长皮少成、湖北省农机推广总站副站长金书男、仙桃市农机局局长刘端松以及相关县市的农机局领导出席了本次仪式。

在这次以“智能农机、绿色共享”为主题的仪式上，由极飞科技开发并提供给湖北农机使用的农机共享系统正式启动。

皮少成副局长将极飞科技与湖北农机的战略合作的意义上升到落实乡村振兴的战略高度，并对共享无人机项目的启动给予高度肯定。他希望两家公司能够深化在技术研发、品牌宣传、民生服务等领域的战略合作，为农民朋友提供优质服务，成为农机化发展的强大助力，为加快湖北农业现代化发展奉献力量。

3 月 9 日　德国红点设计大奖 (Red Dot Design Award) 公布 2018 年度获奖名单，极飞科技的植保无人机 P30 成功斩获被誉为“国际工业设计奥斯卡”的红点设计大奖！这是我国植保领域首次有产品获得国际级的设计大奖，意味着极飞科技代表“中国智造”叩开了世界一流产品制造与设计的大门。

12 月 14 日　XAAC 2018 极飞科技年度大会汇集了全球顶尖的数字农业推动者，共同探讨新技术将如何开启“数字农业的未来”。会上，极飞科技发布了性能强大的 P 系列 2019 款植保无人机、革命性的 XMission 极侠多功能无人飞行系统、一系列的全保服务计划，以及全新战略品牌，并邀请了来自全世界的合作伙伴，各个领域的专家、学者与行业翘楚，为大家分享关于技术、数据如何赋能农业生产的前沿观点。作为农业科技界的年度盛会，大会吸引了超过 1 200 名嘉宾到场，超过 5 万人同时在线观看。

格立莫（天津）公司

3 月 19 日　主题为“维新启源，骏业宏开”的“2018 格立莫（天津）公司开业庆典”在天津市武清开发区举行，标志着德国格立莫公司迎来一个极具里程碑意义的时刻，其在我国市场的发展跨入了一个全新的阶段。在庆典致辞中，格立莫家族第五代继承人、执行董事克里斯・格立莫首先表达了对相关领导和客户代表等嘉宾朋友能够出席格立莫新工厂开业庆典的由衷感谢。在随后的发言中，格立莫集团执掌人弗拉茨·格立莫重点回顾了格立莫集团的历史及在中国的发展情况。

湖南省农友机械集团有限公司

3 月 30 日 “全国工业信息化系统科技工作会议”在广东省佛山市召开，受国家工信部邀请，湖南省农友机械集团有限公司作为湖南省唯一代表参加了会议，并接受了工信部副部长罗文同志亲手授予的“国家技术创新示范企业”牌匾。

“国家技术创新示范企业”是由工信部办公厅组织，从具有核心竞争能力和领先地位、具有持续创新能力和研发投入、具有行业带动作用性和自主品牌、具有较强的盈利能力和较高的管理水平、具有较强应用新技术能力、具有创新发展战略和创新文化 6 个方面进行全面评审诞生的。该公司凭借雄厚的研发实力、科技创新能力以及独具竞争优势的核心产品获得此项殊荣。

花溪科技股份有限公司

8 月 8 日 国内农机装备制造知名企业新乡市花溪科技股份有限公司（简称花溪科技）在新三板成功挂牌，资本市场迎来又一支农机生力军。

据了解，花溪科技是一家集科研、制造、销售、服务于一体的农机专业生产企业，主导产品有“花溪玉田”系列打捆机、花生收获机和系列玉米籽粒收获割台，是拥有玉米专用脱粒滚筒、玉米收获割台、打捆机间歇喂料装置等 20 余项国家专利技术的科技创新型企业。2017 年 7 月完成股份制改制以来，花溪科技积极完善规范管理、优化发展战略、提升盈利水平，在各级领导的大力支持和各界同仁的鼎力相助下，正式进入资本市场。

据悉，花溪科技此次成功挂牌新三板，有助于公司借助资本力量，实现可预期的高速发展；有助于公司在未来的发展中建立更加完善的经营制度，构建更加科学的管理体系；有助于公司提升社会价值，在转型、突破、提升中实现全面、快速发展。

久保田农业机械（苏州）有限公司

4 月 10 日 久保田农业机械（苏州）有限公司第二工厂的开业典礼在江苏省苏州市召开。中国农业机械工业协会会长陈志，中国农业机械化协会会长刘宪，中国农业大学中国农业机械化发展研究中心主任杨敏丽，江苏省农业委员会副主任、江苏省农业机械管理局局长沈建辉，苏州市工业园区管理委员会书记徐惠民，日本驻上海总领事片山和之，株式会社久保田社长木股昌俊、专务北尾裕一，久保田农业机械（苏州）有限公司董事长南龙一、总经理松尾理等领导，来自农业农村部农业机械试验鉴定总站、农业农村部农业机械化技术开发推广总站、中国农业机械流通协会、江苏省农业机械管理局等单位的嘉宾，以及经销商、外协厂等单位代表共计 200 多人参加了开业典礼仪式。

江苏悦达智能农业装备有限公司

6 月 22 日 江苏悦达智能农业装备有限公司 200-260 系列重型智能拖拉机新品发布会成功举办。

中国工程院院士赵春江、中国机械工业联合会执行副会长于清笈、中国农业机械工业协会会长陈志、中国农业机械流通协会会长毛洪、中国农业机械化协会副会长马世青、农业农村部南京农业机械化研究所所长陈巧敏等领导、专家，经销商代表、供应商代表、用户代表及行业媒体代表200余人，共同见证悦达·黄海金马220重型拖拉机荣耀启航。黄海金马200-260系列重型拖拉机是该公司自主研发的全新系列产品，标志着该公司正式进入了重型拖拉机的研发和生产领域。新品发布会现场见下图。

新品发布会现场

江苏省农垦农业发展股份有限公司

5月29日 中德作物生产与农业技术示范园项目二期签约仪式在江苏省农垦农业发展股份有限公司（简称江苏农垦）黄海农场举行。来自中国和德国农业部门的领导，江苏农垦相关领导，中德示范农场指定农机具厂家代表和来自全国各地的来宾共计300多人出席此次签约仪式。签约仪式完成后，在中德示范园还举行了第四届田间日活动。

佳木斯骥驰拖拉机制造有限公司

3月8日 黑龙江省副省长聂云凌一行来到佳木斯骥驰拖拉机制造有限公司，深入到公司的大马力拖拉机生产车间了解生产运行情况，视察指导工作。

公司总经理马良骥汇报了企业整体经济运行状况，以及2017年经济指标完成情况。聂副省长在听取汇报后，对企业经济运行状态持续良好，以及企业在积极推进产品升级和技术改造方面所做的工作给予了充分肯定，对企业下一步实现更好更快更强发展提出了希望。聂副省长表示，省里将进一步高度关注佳木斯骥驰拖拉机制造有限公司的运行和发展，在新产品推广使用以及技术改造政策和资金上将给予必要的支持。

科乐收农业机械（山东）有限责任公司

12月 科乐收农业机械（山东）有限责任公司JAGUAR系列履带式青贮收获机荣获2019年法国国际农业机械展览会（SIMA）创新金奖；CONVIO弹性割台和TORION系列农用轮式装载机，被评审团授予青铜奖项。

专注保护土壤30年的TERRA TRAC履带行走系统，可应用于全新JAGUAR系列青贮收获机上，创新的悬架系统有效减少 66% 的土壤压实。同时，仅为 3m 的运输宽度使得该机的道路运输极为方便。

CONVIO 弹性割台可广泛应用于所有谷物作物，可以很好地适应作业地面的地势，从而在极大程度上减少一些需要贴地收获作物的损失，譬如大豆。

雷沃重工股份有限公司雷沃阿波斯潍坊农业装备分公司

2 月　雷沃重工股份有限公司（简称雷沃重工）雷沃阿波斯潍坊农业装备分公司（简称雷沃阿波斯）海外业务再传捷报，一举获得乌克兰 600 台拖拉机订单，实现了拖拉机出口业务的开门红。该订单涵盖雷沃阿波斯 25、50、90 三个马力段的拖拉机产品，这些产品将主要从事耕整、中耕、除草等田间作业，兼负扫雪、除雪等市政作业，用途广泛，深受当地用户喜爱。

从 2015 年下半年开始，雷沃阿波斯拖拉机在乌克兰市场的销量逐年攀升，2017 全年完成拖拉机出口近千台，同比增长 78%，一举扭转了不利的局面。迄今为止，雷沃阿波斯拖拉机在乌克兰市场的保有量已达万台，成为雷沃重工坚持以客户为中心，实现海外市场开拓的典型案例之一。

3 月 6 日　2017 年度中国农业对外合作百强企业评选结果揭晓，雷沃重工荣获此次百强企业评选第 7 名，位列农机行业首位。

据悉，中国农业国际交流协会受农业部委托开展了此次“百强企业评选”活动，旨在进一步培育优秀企业，树立行业标杆，打造农业对外合作企业旗舰队伍。

作为行业的龙头骨干企业，为了在全球化竞争中占有一席之地，雷沃重工近年来不断蓄力、苦练内功的同时加快“全球化”步伐，勇敢“走出去”，瞄准高端化、智能化、服务化，在国内国际两个市场上驰骋创新，每年拿出销售收入的 3% ～ 5% 作为研发经费，累计投入超过 30 亿元打造核心技术，矢志迈向产业中高端。

3 月 30 日　工信部对“2017 年度国家技术创新示范企业”进行授牌，雷沃重工榜上有名。这是雷沃重工在获得“国家工业设计中心”等多项国家级荣誉后，荣获的又一项国家级资质认定。

与大多数制造行业一样，尽管我国农机行业近年来快速发展，但在高端农机装备领域依然存在很大瓶颈。作为国内农机行业的领军企业，雷沃重工积极响应国家新旧动能转换的新要求，为推动产品高端化、智能化，从 2010 年开始，每年拿出销售收入的 3% ～ 5% 作为研发经费，累计投入超过 30 亿元打造核心技术。

雷沃重工相关负责人介绍，此次公司被认定为国家技术创新示范企业，是对雷沃重工创新能力及具有创新示范作用的肯定与鼓励。雷沃重工将以此为契机，进一步提升关键核心技术攻关能力和创新能力，引领行业不断向前发展。

5 月　雷沃谷神 GM80 系列自走式谷物联合收割机和阿波斯 P5000 动力换挡拖拉机，在日前召开的山东省农机工业新旧动能转换推进大会暨 2018 年山东农机行业工作年会上，荣获山东省农机工业创新产品奖。

雷沃阿波斯的这两款获奖产品，分别代表了国产自走式谷物联合收割机和国产动力换挡拖拉机的最先进水平，是提升我国农机产品质量性能的样板产品。收割机实现了玉米籽粒直收，一机多用，在技术上实现了一次跨越式提升。拖拉机不仅实现了动力换挡，性能先进，还获得了多项国际大奖，代表了当前我国农机市场与农机行业的发展趋势。

6 月 20 日　世界品牌实验室 (World Brand Lab) 在北京发布了“2018 年中国 500 最具价值品牌”排行榜，在这份基于财务数据、品牌强度和消费者行为分析的年度报告中，雷沃重工以品牌价值 581.95 亿元再度上榜，排名第 73 位，品牌价值较 2017 年增加 75.27 亿元，同比增长 15%。

7 月　针对东北地区，雷沃阿波斯重磅推出了一款新型玉米机。这款被命名为雷沃谷神 CB05 的玉米机产品，经济靠得住，高效又高能，历经 2 年的市场验证，针对用户关注的效率和可靠性等进行了多次改进，还对传统割台、动力等关键部位进行了全面重点升级。据了解，雷沃谷神 CB05 玉米机无论是在工作性能还是产品质量上都做到了行业领先，与目前主销的雷沃谷神 CP4E、CC04 等玉米机产品强强组合，进一步丰富了雷沃谷神玉米机产品体系，提升了雷沃谷神玉米机产品在东北地区的市场竞争力。

8 月　由甘肃农业大学联合雷沃阿波斯研发的胡麻联合收割机（见图 1）在景泰县亮相。据了解，这是国内第一台针对胡麻的联合收割机，基本解决了胡麻机械化收割易缠绕、含杂高的作业难题，8h 可收割 40 ～ 50 亩（1 亩 ≈ 666.7m^2）。该产品计划在 2018 年年底实现批量化生产。

图 1　胡麻联合收割机

11 月 7 日　2018 年意大利博洛尼亚国际农机展（EIMA 2018）如期而至，吸引了全球顶尖的农机制造商和配件商前来参展。雷沃阿波斯系列高端产品（见图 2）组合盛装亮相，突出了绿色、科技、智慧、创新的品牌新理念，展示了我国农机高端智造的领先技术和精良品质，成为现场国内外客户关注的焦点。

图 2　雷沃阿波斯系列高端产品

展会期间，雷沃的阿波斯 P7000 拖拉机让众多现场观众流连忘返，纷纷登进驾驶室进行亲身体验。记者了解到，该拖拉机采用动力换挡技术，作业效率高，噪声低，能够为客户提供平稳、高效、轻松的作业驾乘体验。同时，结合自动驾驶等技术，能够保证该拖拉机在大田作业过程中实现自动驾驶、高效作业。

山东五征集团有限公司

5 月 9 日　在日照市、五莲县农机部门领导的见证下，山东五征集团有限公司（简称五征集团）与金丰公社签订战略合作协议，正式确立双方的战略合作关系。双方的合作，旨在探索农业社会化服务新路径，推动我国农业转型升级。

五征集团拥有农用车、汽车、农业装备、环卫装备、电动三轮车和现代农业六大产业，是我国机械工业重点骨干企业之一，也是我国农业机械化行业民族企业的中流砥柱。

金丰公社是 2017 年由金正大集团发起并成立的现代化农业服务平台，致力于汇聚全球种植产业链优质资源，为农民提供耕地土壤修复、农作物品质提升、农技培训指导、机播手代种代收等全方位的农业服务。

通过金丰公社专业服务与五征集团先进产品及技术的联合，将提升公司的全程机械化服务水平，提升农机作业服务质量，并通过不定期举行农机使用、维修等专业培训，让农民受惠的同时，对推动我国现代农业服务转型有重要意义。

8月 山东省农业厅发布通知，认定由五征集团直接投资建立的中国－乌干达农业合作示范区为首批省级境外农业合作示范区建设试点。

为贯彻中央和省委关于农业对外合作的总体部署，加快推进"一带一路"倡议和农业"走出去"战略，经过组织申报、现场答辩、专家评审、网上公示等程序，山东省农业厅认定中国－乌干达农业合作示范区等2个境外园区为首批省级境外农业合作示范区建设试点；认定莱阳农业对外开放合作试验区等5个试验区为首批省级农业对外开放合作试验区建设试点。

12月 工信部、财政部公布了2018年国家技术创新示范企业名单，共有68家企业获此殊荣，五征集团位列其中。

山东省农业机械科学研究院

1月 根据山东省机械工业科学技术协会文件《关于表彰2017第二届山东省机械工业技术与工艺创新大赛获奖单位和人员的决定》（鲁机科协〔2017〕15号），山东省农业机械科学研究院（简称山东农机院）参加比赛的三项成果全部获奖，其中"基于PLC控制的畜禽干清粪便固液分离机"获技术类一等奖，"低温循环谷物干燥机""可置换甩刀式粉碎机"获技术类三等奖。

3月23日 由山东农机院主持的"十二五"国家科技支撑计划"粮食作物农机农艺关键技术集成研究与示范"课题验收会在南京举行。会议由农业部科技教育司组织召开。专家组听取了课题汇报，审阅了课题承担单位提交的材料，一致认为课题完成了任务书规定的各项任务，达到了任务书规定的预期成果和考核指标要求，课题经费管理规范，使用合理，同意通过验收。

该课题由山东省农业机械科学研究院及山东省农业科学院作物研究所、中国农业机械化科学研究院、中国农业大学、甘肃省农业机械化技术推广总站、西藏自治区农牧科学院6家单位共同完成。课题实施期间，共申报专利31项，获得授权专利28项，其中发明专利10项；出版专著2部，发表论文33篇，其中SCI、EI收录16篇；制订地方标准1项、企业标准6项（已备案）；培养硕博研究生17人，培养技术骨干31人，培训农民1 100余人。

8月18日 受山东省科技厅和农业厅委托，山东省农业科学院邀请行业有关专家组成验收专家组，对山东农机院主持的山东省重点研发计划（公益类）"秸秆适量还田关键技术与装备研究""智能全液压玉米收获机研制"及"玉米穗茎兼收与秸秆打捆一体机研制"等7个项目和山东省农业重大应用技术创新计划"大蒜机械化种植技术与装备研究"项目进行了验收。山东省农业科学院科研处赵海军副处长主持了项目验收会，山东农机院理事长兼党委书记范本荣、副院长焦伟出席了验收会。

验收专家组听取了项目实施情况汇报，审阅了相关技术资料和科研经费审计材料，按照合同书规定指标对项目完成情况进行了严格审核。经现场查看样机、质询和讨论，专家组认为8个项目实施过程严谨、技术资料齐全、经费使用规范，超额完成了合同书规定的各项指标任务，一致同意通过验收。

9月13日 菲律宾科技部工业技术发展研究所Annabelle V. Briones所长一行到访山东农机院，与山东农机院就开展农产品加工机械技术合作等问题进行了座谈交流。山东省农业科学院国际合作处处长王绛辉、山东农机院党委专职副书记陈明传及相关团队研究人员参加了座谈交流会。

王绛辉主持了座谈交流会。他对山东省农业科学院与菲律宾科技部工业技术发展研究所的前期合作情况进行了介绍，并对我方与菲律宾开展国际合作的有关政策进行了解读。陈明传介绍了山东农机院的基本情况及近年来科技创新工作，表达了山东农机院与菲律宾科技部工业技术发展研究所在双方共同涉及的领域建立长期稳定关系、开展深入合作的意向。

Annabelle V. Briones所长和Engr. Norberto G. Ambagan博士分别介绍了菲律宾科技部工业技术发展研究所的基本情况及该所食品创新中心的研究领域、研究内容、近期研究成果。随后，参会各方围绕菲律宾食品加工机械方面的技术与装备需求、双方合作内容与合作目标等内容进行了深入讨论，达成初步合作意向，并对开展下一步工作进行了安排部署。

座谈交流会后，Annabelle V. Briones所长一行参观了山东农机院精密排种技术与装备实验室。

12月22日 受山东省科学技术厅委托，山东省农业科学院邀请有关单位专家组成验收专家组，对山东农机院承担的山东省科技计划项目"葡萄园机械化生产关键技术与装备研究”和山东省农转资金项目“小麦麸皮机械超微粉碎机的中试与示范”进行了验收。会议由山东省农业科学院科研处赵海军副处长主持，山东农机院理事长兼党委书记范本荣、副院长焦伟出席了验收会，项目发展部、财务资产部和课题组人员参加了会议。

验收专家组现场查看了项目样机及生产线，听取了项目组汇报，审阅了相关技术资料和科研经费审计材料，经讨论、质询，认为山东农机院主持的这两个项目实施过程严谨、技术资料齐全、经费使用规范，圆满完成了任务书规定的各项任务和考核指标，一致同意通过验收。

山东大华机械有限公司

9月10—12日　农业农村部农业机械化管理司张兴旺司长一行到山东省德州、泰安、济宁等市进行工作调研。9月11日，张兴旺司长一行在调研过程中，对山东省的著名农机具生产企业山东大华机械有限公司进行了考察。山东大华机械有限公司拥有全自动涂装线、产品装配线、焊接机器人、大功率激光切割机、数控折弯机等大型进口设备，自动化、智能化及信息化水平逐年提高。

深圳市大疆创新科技有限公司

12月4日　以“大，有可为”为主题的深圳市大疆创新科技有限公司2019年新品发布会在深圳举行。会上，大疆创新科技有限公司正式发布了全新旗舰植保无人飞机T16，其在效率、可靠性、智能化三大核心指标上均有大幅度提升，并实现了多项行业首创与创新。

该公司相关负责人表示，未来公司将继续扩大在农业领域的人才、资金投入，持续提升产品的效率与智能化水平，全力为我国的飞防产业插上科技翅膀。

萨丁控股集团

10月10日　以“新时代、新动能、新愿景”为主题的萨丁控股集团新五年战略发展启动仪式暨品牌体验日在山东潍坊举办。参会人员除萨丁控股集团全体员工之外，有市政府领导、农机行业领导、全国代理商代表、供应商代表、媒体及用户代表共计600余人出席会议。

星光农机股份有限公司

1月8日　星光农机股份有限公司（简称星光农机）第三届董事会第一次会议在浙江湖州召开。经与会董事逐项审议，同意由章沈强继续担任公司第三届董事会董事长，兼任公司战略与投资委员会主任委员。钱菊平升任公司总经理。

本次董事会还同意聘任张奋飞、李金泉、周国强为公司副总经理，聘任周国强为公司财务负责人，聘任周国强为公司董事会秘书，聘任王黎明为公司证券事务代表。

2月13日　星光农机发布的关于收购资产的公告称，公司于2018年2月12日召开的董事会会议决定，同意收购濮阳市农发机械制造有限公司和濮阳市沃野农机有限公司已授权或已申请的专利共96项，交易金额为504.94万元。同日，星光农机与这两家公司共同签署了《专利权转让协议》。本次收购完成后，星光农机在主要粮食作物和经济作物的耕、种、管、收及收后处理等环节上的全程机械化产业布局已经初具体系和规模，公司也成为国内农机产品线最丰富齐全、为用户提供综合机械化解决方案最具实力的企业之一。

6 月 26 日 农业农村部农业机械化管理司副司长王家忠、财政部农业司一处副处长李超等领导莅临星光农机股份有限公司进行调研并指导工作，湖州市农业局党委书记娄显杰和总农艺师许建红等领导陪同考察，公司董事长章沈强、总经理钱菊平等公司高层管理人员热情接待了来访领导，并对各位领导的深切关怀表示衷心的感谢！

本次调研组重点考察了公司履带自走式捡拾打捆机、农业智能物联网、跑道养鱼设施、立体栽培设备等新产品、新技术的研发、推广情况。调研组领导对公司的发展和本次考察调研给予了肯定。

约翰迪尔（中国）投资有限公司

8 月 16 日 在来自全国各地的几十名约翰迪尔(中国)投资有限公司(简称约翰迪尔）用户与经销商代表的共同见证下，约翰迪尔首家金鹿客户培训基地在内蒙古格瑞得马铃薯种业有限公司（简称格瑞德）揭牌成立。

约翰迪尔中国销售市场部副总经理杨小飞表示，多年来，格瑞德见证了约翰迪尔的发展，此番双方强强联合建立培训基地，将为全国用户提供优质的农业机械解决方案以及关于马铃薯种植的相关先进农业和农场管理经验。

未来，约翰迪尔金鹿客户培训基地将先进的产品技术传播给更多的扎根农业、耕耘土地的用户朋友，也期待未来在广大的用户中能涌现出更多的像格瑞得这样的行业领军者。

洋马农机（中国）有限公司

8 月 23 日 洋马农机（中国）有限公司与中化现代农业有限公司签署了战略合作协议。洋马农业株式会社社长北岡裕章与中化现代农业有限公司总裁覃衡德等双方相关领导共同见证了签约仪式。洋马农机(中国)有限公司总经理上田啓介与中化现代农业有限公司 MAP 事业部总经理应敏杰代表双方在战略合作协议上签字。

根据战略合作协议，双方将充分发挥各自在农业领域的专业能力和资源优势，在业务发展、技术交流、农机助销、示范推广、智慧农业、项目宣传、社会责任等多个方面加强合作对接，通过优势互补，打造长期可持续发展的战略合作伙伴关系，共同服务好新型规模种植主体，为双方创造更大的商业价值。

中国农业机械化科学研究院

10 月 10 日 中国机械工业集团有限公司（简称国机集团）总经理、党委副书记张晓仑，党委常委、副总经理高建设、白绍桐一行到中国农业机械化科学研究院(简称中国农机院）就企业经济运行、改革发展及党建工作情况进行现场调研。中国农机院党委书记、院长王博及在京院领导参加工作汇报会。汇报会现场见图 1。

王博院长首先代表院领导班子全面介绍了中国农机院的历史沿革、行业特点、业务构成及企业发展规划等，重点汇报了院生产经营、经济运行、安全生产、党的建设以及改革发展过程中面临的主要问题和采取的相应措施。在认真听取有关情况汇报后，张晓仑总经理首先对近 3 年来中国农机院的改革发展成效给予了肯定。

汇报结束后，张晓仑总经理一行还参观了中国农机院土壤植物机器系统技术国家重点实验室、农业生产机械装备国家工程实验室和国家食品机械质量监督检验中心，并就科技创新、产业孵化等话题与科技人员进行了现场交流。

国机集团办公厅主任史辉、战略投资部部长黎晓煜、科研院所事业部总监宋志明及资产财务部副部长王惠芳等陪同调研。

图1　汇报会现场

10 月 23 日　在首届中国创新方法大赛北京赛区分赛中，中国农机院的“创新方法在高品质橄榄油加工粉碎融合机研制中的应用”项目荣获一等奖！

该项目来源于国家国际科技合作专项“高品质橄榄油加工工艺技术及装备联合研发”及国家科技部创新方法工作专项“油脂加工领域中创新方法的应用与对比性研究”。采用TRIZ 理论及方法，主要针对粉碎融合机中的关键部件——搅拌融合装置进行创新研究。

10 月 24 日　中国农业机械化科学研究院与中国电子商会在北京签署战略合作协议。根据协议，未来双方将充分发挥各自领域的平台和技术优势，共建农业装备二维码注册认证中心，并以此为基础，不断完善双方合作机制与具体措施，拓展合作领域，建立优势互补、互利共赢的战略合作伙伴关系。中国农机院副院长李韵涛、中国电子商会会长王宁出席签约仪式。签约仪式见图 2。

图2　签约仪式

10 月 30 日　中国农业机械化科学研究院西南分院（简称西南分院）成立揭牌活动在重庆市举行，重庆市人民政府副市长李明清，国机集团党委常委、副总经理曾祥东出席活动，并共同为“中国农业机械化科学研究院西南分院”揭牌。西南分院的成立标志着中国农机院立足重庆、辐射西南的新型创新主体正式成立。西南分院成立揭牌仪式见图 3。

图 3　西南分院成立揭牌仪式

中国铁建重工集团股份有限公司

9 月 8 日　随着红绸的徐徐落下，铁建重工首台高端智能六行采棉机在新疆隆重下线，打破国外品牌对该领域装备技术长达数十年的垄断。

新疆维吾尔自治区农牧业机械管理局总工程师裴新民、新疆生产建设兵团农机局局长丁卫东、新疆维吾尔自治区农机流通协会会长缑永生、石河子大学机电学院院长坎杂、新疆农业大学机电学院院长郭俊先、湖南省机械工业协会常务副会长何建国、铁建重工副总经理刘海华、铁建重工新疆公司领导班子成员及员工共同参加了新品发布仪式。新品发布仪式见下图。

新品发布仪式

首台高端智能六行采棉机的下线，将开启铁建重工高端农机产业板块的发展新篇章，对推动新疆高端装备制造水平更上一层楼，助推新疆乃至中国农机产业迈向高质量、智能化发展阶段将起到极大的促进作用。

中国农发巨明集团

2 月 6 日　中国农发巨明集团（简称巨明集团）的自走式葵花收获机、自走式葫芦打瓜收获机双双下线。特邀经销商代表以及百名巨明集团职工代表齐聚下线仪式现场，共同见证了这一重要时刻。新品发布仪式见下图。

新品发布仪式

经济类作物收获机械、适合区域性的小众农机产品是巨明集团近年来致力发展的领域。此次葵花机、打瓜机的推出，标志着巨明集团正加快迈入经济类作物的多个领域。

中国一拖集团有限公司

1月8日　2017年度国家科学技术奖励大会在人民大会堂举行。中国一拖集团有限公司（简称中国一拖）副总工程师李锋军参与的“复杂铸件无模复合成形制造关键技术与装备”项目荣获国家技术发明奖二等奖。在项目中，李锋军将设备和技术成果应用到轮式拖拉机、履带拖拉机和柴油机等新产品的研发制造中，并将在使用过程中得到的经验反馈给开发人员，从而使设备得到进一步优化。通过向国内外推广快速成形技术，使这项技术的应用范围逐步扩大，取得了更好的社会经济效益。

2月25日　由农民日报社主办的“2017金口碑奖”颁奖盛典在北京举行。在第六届“金口碑奖”大型公益调查活动中，中国一拖荣获“2017中国用户喜爱的农机品牌”，东方红LF2204动力换挡拖拉机荣获“2017中国用户喜爱的创新产品品牌”，且获得农机品牌、创新产品排名双第一。据悉，这是中国一拖连续六年获得“金口碑奖”。

4月19日　由中国农业机械工业协会主办，中国农业机械工业协会拖拉机分会和中国一拖柴油机公司承办的东方红柴油机国四产品解决方案发布暨智能制造装配线投产仪式在中国一拖举办，标志着国内一流、行业领先的柴油机智能制造装配线在中国一拖正式投产。我国农业机械可以用上中国一拖制造的更加清洁、环保的国四柴油机。

据介绍，该装配线按照国际先进的设计理念，应用了桁架机械手、在线自动装配及在线检测等新工艺、新技术，装配制造技术达到国内领先，产品质量水平达到国内一流。

中国一拖董事长赵剡水表示，作为中国农机工业的“长子”，中国一拖始终引领我国农机行业的发展方向。此次东方红柴油机国四产品解决方案发布暨智能制造装配线投产，也彰显了中国一拖助推行业发展的信心。

5月14日　来自乌克兰的客户对中国一拖进行友好访问，双方签署合作框架协议。中国一拖领导王二龙、朱卫江，国贸公司总经理柳建国等出席合作洽谈会。

会上，中国一拖党委书记、副董事长王二龙代表中国一拖欢迎乌克兰客户来访。他回顾了中国一拖大批技术人员在乌克兰哈尔科夫拖拉机厂学习技术的历史，介绍了中国一拖拖拉机从履带到动力换挡的沿革变迁。王二龙表示，乌克兰市场在中国一拖的出口中占有非常重要的地位，希望双方扩大合作范围，深化合作关系，提高YTO品牌产品在乌克兰的市场份额。

乌方总经理亚历山大先生高度评价了YTO品牌拖拉机可靠的质量和完善的售后服务体系，他希望双方能从产品的进出口逐渐发展成为全产业链合作，实现互利共赢。

双方签订了合作框架协议，协议包括乌方购买200余台YTO品牌拖拉机和相关技术支持合作等内容。双方认为，随着乌克兰农业的不断发展，双方合作有广阔的前景，对于提高中国一拖品牌在当地的市场影响力以及推动乌克兰农机的升级换代具有重要意义。

5 月 28 日　中共中央政治局常委、全国人大常委会委员长栗战书率领全国人大常委会执法检查组对中国一拖大气污染防治法实施情况进行实地检查。

检查组重点检查了中国一拖新型柴油机智能装配线。检查期间，栗战书详细了解了中国一拖经营发展和大气污染防治工作的开展情况。中国一拖董事长赵剡水代表企业进行了工作汇报。

赵剡水汇报了企业概况、发展历程、业务结构和海外布局以及大气污染防治工作的开展情况。在汇报过程中，栗战书十分关注中白工业园的发展，详细询问了园区建设和中国一拖入园企业的经营情况。在东方红国四柴油机展品前，栗战书对中国一拖柴油机的性能、技术水平、排放标准等方面情况进行了详细了解。

随后，栗战书认真查看了新型柴油机智能装配线的运行情况，详细询问了该装配线的技术来源、设备配置、产品质量和产能的保证措施。同时，栗战书还了解了中国一拖柴油机、拖拉机的年生产能力以及核心部件的制造和配套情况。

6 月 6—7 日　古巴农业部调研团一行，在古巴农业部部长古斯塔夫、古巴驻华大使米格尔率领下到中国一拖调研考察。中国一拖领导赵剡水、王克俊接待了古斯塔夫一行。

古斯塔夫一行先后调研考察了东方红农耕博物馆、大拖装配厂、中收公司和中试基地。

7 日上午，中国一拖董事长赵剡水与古斯塔夫一行进行了座谈。古斯塔夫说，通过两天的调研和考察，他们对中国一拖的实力有了更深刻的认识。古巴非常重视与中国一拖的长期合作，希望双方的合作有更深更好的发展。赵剡水对古斯塔夫一行表示欢迎，并就双方之间的合作项目交换了意见，希望双方通过此次交流沟通，加深互相了解，进一步促进合作。

7 月 6 日　“2017 中国农业机械年度 TOP 50”（简称 TOP 50）颁奖盛典在中国农业机械化科学研究院报告厅举办，中国一拖凭借强大实力再次斩获多项大奖。

其中，东方红 LF2204 型轮式拖拉机摘得“年度拖拉机”桂冠；东方红 4LZ-8B1 型自走谷物联合收割机荣获“技术创新奖”；YTO 品牌被评选为年度“最具影响力品牌”，获得金穗奖；一拖（洛阳）柴油机有限公司荣获“优秀配套件供应商奖”。

8 月 6 日　拖拉机动力系统国家重点实验室开放课题验收会在中国一拖技术中心召开。“拖拉机驾驶室内饰材料吸声特性研究”等 5 个开放课题通过验收。此次验收的专家组由河南科技大学教授徐斌等 5 人组成。

专家组听取了 5 个课题的研发汇报，并进行了质询。经过认真讨论，专家组认为，各课题组经过两年多联合研发，完成了相关研究内容，达到了预期目标，一致同意通过验收。

9 月 17 日　工信部运行监测协调局副局长黄利斌一行到中国一拖，就其三季度的工业经济运行情况进行调研。中国一拖董事长赵剡水陪同调研了东方红农耕博物馆和福莱格公司智能驾驶舱数字化工厂。

在东方红农耕博物馆，赵剡水对中国一拖改革发展历史及 2018 年经营情况进行了简要汇报，并详细介绍了中国一拖在引进、消化、吸收国外先进技术基础上进行自主创新的情况。黄利斌一行认真倾听讲解，从馆藏的丰富展品中详细了解了中国一拖 60 年的发展历史，对中国一拖在改革发展中取得的成绩给予充分肯定。

10 月 23 日　由河南省智能农机创新中心牵头，中国一拖等单位联合研发的纯电动无人驾驶拖拉机“超级拖拉机 I 号”亮相洛阳。作为国内首款无驾驶室的纯电动拖拉机，它的发布标志着国内农机装备迈入新一代信息技术与先进制造深度融合的发展阶段。

该拖拉机是一款具有超前设计理念的中马力拖拉机，也是国内首款无驾驶室的纯电动拖拉机，由无人驾驶系统、动力电池系统、智能控制系统、中置电动机及驱动系统、智能网联系统五大核心系统构成。

该拖拉机外观采用流线形仿生设计，通过电驱动底盘设计简化了变速器挡位；自主开发的线控转向、制动等电控执行机构，配合整车控制系统，可实现整车状态监控、故障诊断及处理、机具控制、能量管理等功能；通过与耕深机构及控制模块的匹配，可实现恒耕深、恒牵引力等智能识别与控制功能。

此外，“超级拖拉机 I 号”基于高精度农业地图的路径规划以及 ROS 农机无人驾驶操作系统，可实现车身 360° 障碍物检测与避障、路径跟踪以及农具操作等；可实现本地及云平台实时收集获取产品运行数据，通过积累农机运行状态与数据，为新一代农机系统迭代提供数据支撑。

26 日　“2018 中国农机行业年度大奖”颁奖盛典举行，中国一拖斩获多项大奖。其中东方红 4LZ-8B1 轮式谷物收获机械获“产品金奖”，东方红大马力拖拉机、东方红农用柴油机获“最具影响力品牌奖”，一拖（洛阳）开创装备科技有限公司的 KC100/65/80 传动轴总成 / 转向液压缸、采埃孚一拖（洛阳）车桥有限公司的KC125驱动桥获“零部件优质奖”。

10月26—28日 2018中国国际农业机械展览会在武汉举行。中国一拖携无人驾驶拖拉机、遥控拖拉机等多款高端智能装备及大中马力拖拉机、收获机、国四柴油机、农机具等全系列产品亮相展会，彰显了中国一拖行业领先的农业机械研发、制造、生产能力。

11月20日 中国农业机械工业协会、中国农业机械学会联合下发《关于表彰2018年度农业机械科学技术奖奖励项目的通报》，中国一拖申报的“LF904/LF954/LF904-C/LF954-C轮式拖拉机”“智能精锻生产线关键技术开发及应用”获得2018年度农业机械科学技术奖二等奖，项目研发单位的14名科技人员榜上有名。

11月21日 为积极落实2018年中非合作论坛北京峰会成果，中非合作论坛中方后续行动委员会秘书处会同“非洲国家驻华使节团赴河南考察旅行”活动洛阳站，组织33个非洲国家驻华大使或临时代办以及非盟驻华代表到中国一拖参观考察。

在东方红农耕博物馆，使节团一行听取了有关中国一拖改革、发展的历史介绍，他们对中国一拖在中国实现农业现代化进程中的贡献给予充分肯定，并询问了中国一拖产品在非洲市场销售及售后服务情况。在中国一拖全球一级经销网点地图前，使节们纷纷驻足，在地图上寻找各自国家的经销点，并竖起大拇指为中国一拖产品及技术实力点赞。塞内加尔驻华大使马马杜·恩迪亚耶说：“经过参观，我对中国一拖的农业机械印象深刻，河南在农业机械研发方面取得了非常大的成就。今年9月召开的2018年中非合作论坛北京峰会上，习近平主席宣布实施‘八大行动’，其中一项就是产业促进行动，中国一拖的模式为我们两国之间的合作提供了典范。”

中国一拖产品总监刘沛、一拖国贸公司相关领导接待了使节团一行并陪同考察。

12月17日 全国工业遗产保护利用工作经验交流会在北京召开。会上，工信部对第二批42处国家工业遗产授牌，第一拖拉机制造厂榜上有名。作为我国最大的农机制造企业，中国一拖也是涧西区开展工业旅游的先锋代表之一。从建成投产起，每年都有大批客商、外宾到中国一拖参观访问、洽谈贸易和进行技术交流，“东方红”品牌已经成为中国农业机械化的代名词。2004年，中国一拖被列入我国首批“全国工业旅游示范点”，2018年1月，入选第一批中国工业遗产保护名录，11月列入第二批国家工业遗产名单。

中联重科股份有限公司

1月17日 农业部企业重点实验室落户中联重科股份有限公司（简称中联重科）。据了解，农业部企业重点实验室是我国农业技术引进、自主创新、成果转化、推动行业发展的重要科研平台，是提升企业自主创新能力和核心竞争力的重要举措。

此次成立的“农业部南方主要农作物生产技术与装备重点实验室”，由中联重科重机公司联合多家高校、科研院所共同实施，将在南方主要农作物生产技术与装备研发、试验验证、建立农机农艺融合实验平台、农机化技术创新基地等方面开展工作，旨在进一步加强我国南方农业机械技术自主创新能力，缩短新技术的研发和转化周期，促进农业机械化快速发展。

6月20日 2018年世界品牌大会暨中国500最具价值品牌发布会在北京举行，备受瞩目的“2018中国500最具价值品牌”榜单揭晓。中联重科位列榜单第70位，这也是该企业连续第15年入选该榜。此次公布的中联重科品牌价值为585.73亿元，较上年的507.63亿元再度飙升近80亿元。

7月31日 中联重科宣布与吴恩达教授的人工智能公司Landing.AI签署战略合作协议。此协议的签订标志着中联重科高起点跨入人工智能技术领域，成为国内首家AI农业装备制造企业。中联重科董事长詹纯新与Landing.AI创始人吴恩达共同出席签约仪式。

此次双方合作首先聚焦于农业机械领域，这也为中联重科农业机械板块找到了一个新的发力点，向高端智能化方向转型升级。近年来，我国农业机械化虽保持了快速发展势头，但中高端农机产品不多，低端产品过剩。目前，中联重科正在加大对农业机械的投入力度，并向“智慧农业”方向发展。

8月28日 随着一辆260马力（1马力=735.499W）高端动力换挡拖拉机缓缓驶下生产线，中联重科高端大马力拖拉机生产线正式启动。

据了解，该条生产线主要负责中联重科180马力以上拖拉机的生产制造，融合智能物联网技术和诸多自动化工艺设备，布局简洁，生产智能化、自动化程度达到国内领先水平。

8月29日 由世界品牌实验室

和世界企业家集团共同编制发布的2018年亚洲品牌500强排行榜在香港“亚洲品牌大会”上揭晓，中联重科继续入选榜单，位列第129名，企业品牌价值不断攀升，全球影响力持续增强。

中联重科已连续多年入选亚洲品牌500强榜单。近年来，中联重科专注创新驱动，加速转型升级，取得了显著成效。农业机械方面，中联重科的烘干机连续五年蝉联销量冠军，小麦收获机、水稻收获机市场份额稳居前三。

10月26日　2018中国国际农业机械展览会在武汉盛大开幕。中联重科携24款农业装备新品盛装亮相，受到与会嘉宾、用户的广泛关注。

展会期间，中联重科还举行了农业机械产品全新升级发布仪式，中国工程院院士罗锡文、中国工程院秘书长白玉良、农业农村部农业机械化技术开发推广总站站长刘恒新、农业农村部农业机械试验鉴定总站副站长姚春生、中国农业机械工业协会会长陈志、中国农业机械化协会会长刘宪、中国农业机械流通协会副会长陈涛等嘉宾出席。中联重科发布的PL2604拖拉机、RG2104拖拉机、PA2104拖拉机、LA1402-A履带式拖拉机、TE90谷物联合收割机、3WP-600HA无人驾驶植保机、AC60轮式甘蔗收获机七款智能农机精品，成为现场备受瞩目的焦点。

〔本文由中国农业机械工业年鉴编辑部整理〕

行业概况

从生产发展情况、市场及销售、科技成果及新产品、质量及标准、基本建设及技术改造、企业结构调整等方面反映2018年我国农业机械工业各行业的发展情况

Reflecting the development of sub-industries of Chinese agricultural mechanical Industries in 2018 from the production development, marketing and sales, scientific and technical achievements and new products, quality and standards, capital construction, technical transformation, and adjustment of the structure of enterprises

行业概况

拖拉机

Tractors

收获机械

Harvesters

植保机械

Plant protection machinery

温室园艺设施与装备

Greenhouse gardening facilities and equipment

排灌机械

Irrigation and drainage machinery

烘干机械

Drying machinery

草地畜牧机械

Grassland livestock raising machinery

农用柴油机

Agricultural diesel engines

农业机械零部件

Agricultural machinery component and parts

拖 拉 机

一、行业概况

2018年农业机械行业处于深度调整期，受拖拉机、收获机等主要农业机械产品市场保有量增加、用户作业收益减少、购机投资回报周期延长、产品功率上升但需求总量减少等综合因素影响，农业机械行业主营业务收入增幅创下新低，利润出现负增长，在全国机械行业14个子行业中，增幅位列第11位，利润增幅排名第14位，创近20年来同比增幅排名最低。

据国家统计局统计，2018年农业机械行业2 236家规模以上企业实现主营业务收入为2 601.32亿元，同比增长1.67%；利润同比下降15.76%；出口交货值同比下降2.17%。其中，拖拉机制造160家规模以上企业实现主营业务收入434.71亿元，同比下降3.52%；实现利润-12.86亿元，同比下降355.66%；实现出口交货值36.74亿元，同比下降3.75%；其他经济指标中，财务费用、管理费用同比增长，其他均呈不同程度的下滑。

国家统计局数据显示，2018年1—12月，我国大型拖拉机（100马力及以上，1马力=735.499W）累计产量为40 147台，同比下降27.1%；中型拖拉机（25～100马力）产量为203 341台，同比下降6.1%；小型拖拉机产量约为32.8万台，同比下降34%。

据中国农业机械工业协会企业管理委员会统计，2018年24家拖拉机骨干企业大中型拖拉机实现销量179 779台，同比下降20.78%。其中，100马力及以上大型拖拉机实现销量47 658台，同比下降26.61%；25～100马力中型轮式拖拉机实现销量132 121台，同比下降18.45%。实现出口24 638台，同比下降5.67%。

小四轮拖拉机实现销量36 891台，同比下降79.14 %，其中出口2 225台，同比下降15.08%；手扶拖拉机实现销量72 302台，同比下降21.21%，其中出口43 375台，同比下降10.58%。

二、2018年拖拉机市场运行主要特征

1. 拖拉机市场需求总量持续下滑

2018年受粮食作物种植收益下滑，用户购买力不足；市场保有量大，作业收益下降，购机投资回报周期延长；各省补贴政策对单台补贴额度调整，用户购机更加理性；产品需求向大型化发展，对中小型产品形成替代，使需求总量减少等因素影响，大中型拖拉机、小四轮拖拉机呈现以存量更新为主，需求结构调整、功率升级、需求总量下滑的特点。

2. 产品需求继续向大功率梯度升级

受深松深翻政策拉动，以及用户需求功率升级、“大马拉小车”现象、农业机械补贴单台额度差异等因素影响，大型轮式拖拉机需求功率继续升级。大型轮式拖拉机在水田区域向100～120马力产品升级、旱田区域向160马力以上产品升级趋势明显，这也引发200马力以上产品新进入的厂家和机型进一步增多。据中国农业机械工业协会企业管理委员会统计，2018年160马力以上产品销量约1.56万台，同比增长218.9%。受用户需求升级以及补贴政策引导影响，中型轮式拖拉机50～69马力产品销量约4.72万台，同比增长10.3%。2018年大中型拖拉机各功率段的市场销售情况见表1。

表1　2018年大中型拖拉机各功率段的市场销售情况

功率（马力）	2018年销量（台）	2017年销量（台）	同比增长（%）
25～30	7 923	8 343	-5.0
30～40	12 870	16 651	-22.7
40～50	25 766	46 125	-44.1
50～60	36 042	32 992	9.2
60～70	11 172	9 797	14.0
70～80	17 458	19 200	-9.1
80～90	8 458	10 570	-20.0
90～100	12 432	18 336	-32.2
100～110	9 129	13 049	-30.0
110～120	3 284	6 471	-49.3
120～130	6 255	8 770	-28.7
130～140	4 785	12 640	-62.1
140～150	3 911	8 313	-53.0
150～160	4 564	10 552	-56.7
160～180	5 109	2 350	117.4
180～200	6 677	602	1 009.1
200以上	3 800	1 936	96.3

数据来源：中国农业机械工业协会企业管理委员会。

近年来，购买农业机械的用户数量和购买农业机械的总量逐年减少，合作社、农场、农垦等集体用户数量逐年递增。2018 年大中型轮式拖拉机销量、销售额及中央补贴资金占用分析见表 2。

表 2　2018 年大中型轮式拖拉机销量、销售额及中央补贴资金占用分析

年份	销量（万台）	销售额（亿元）	中央补贴额（亿元）	平均单台销售额（万元）	平均单台中央补贴额（万元）
2018 年	24.80	255.23	73.76	10.29	2.97
2017 年	28.50	264.83	71.51	9.29	2.51
2016 年	40.29	319.92	89.66	7.94	2.23

数据来源：国家农机购置补贴系统。

从表 2 可以看到，随着大中型轮式拖拉机产品的更新升级，其单台价格呈上升趋势，单台中央补贴额也呈现逐年上升趋势，体现出产品需求趋向大型化、高价值。

3. 拖拉机需求由两驱型向四驱型加快转移

2018 年，大型轮式拖拉机销量中，四驱型占总量的比例达到 91.4%，同比上升 5.1 个百分点；两驱型占比下降到 8.6%。中型轮式拖拉机销量中，四驱型占比为 89.2%，同比上升 2.9 个百分点；两驱型占比降为 10.8%。

受深松作业补贴拉动，以及四驱型产品与两驱型产品相比，可以适应多种农田作业，具有可配套多种农业机械具，实现深松、犁耙、旋耕、秸秆还田等多种作业的优势，并且两驱型与四驱型存在较大的单台补贴额度差异，因此，2018 年用户购买四驱型产品的趋势更加明显。但在拖拉机产品结构优化的同时，由于国内旋耕作业比重较大，而四驱型产品的作业效率、经济性在此类作业中不如两驱型产品，因此，两驱型产品在以旋耕作业为主的区域仍有相应的农艺适应性。

2017—2018 年大中型轮式拖拉机四驱型与两驱型占比变化见图 1。

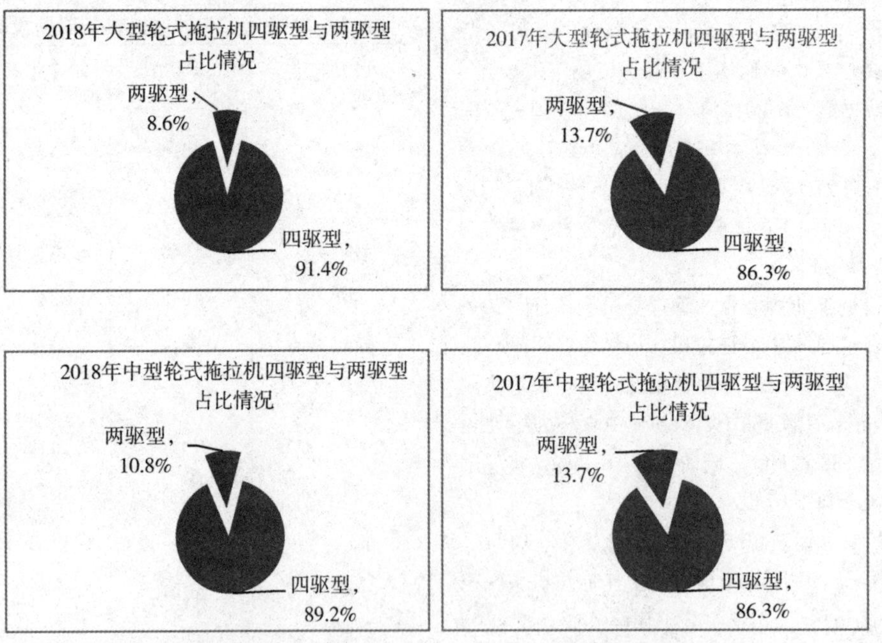

图 1　2017—2018 年大中型轮式拖拉机四驱型与两驱型占比变化

数据来源：中国农业机械工业协会企业管理委员会。

4. 各区域大中型轮式拖拉机市场呈现不同特点

东北区域：黑龙江受水稻价格降低影响，水田市场更新需求不旺，西部旱田区受补贴资金宽松、秸秆打包累加补贴、深松作业拉动，需求小幅增长。内蒙古东部受土豆等作物种植收益下滑影响，销量不及同期。吉林合作社“双补”项目减少，对市场拉动效应减弱。

西北区域：受甘肃“一乡一社”政策、青海扶贫项目、宁夏高标准深松补贴影响，区域市场稳中有增。陕西深松补贴标准降低，需求拉动有所减弱。山西的销量近年大幅持续下滑，2018 年市场企稳。新疆区北疆因棉花价格企稳，小麦、玉米价格稳定，用户收入预期看好，销量实现增长；南疆维稳升级，市场销售受到影响。

冬麦区：受产品保有量大、投资回收期长、种植收益下降，以及深松拉动效果减弱等因素影响，市场整体有所下滑。其中，河南、山东下滑幅度超过30%，河北、江苏分别受高标准深松作业补贴、补贴额度上调因素影响，市场需求小幅下滑。

南方区域：受田园化改造、水改旱及动力需求升级拉动，江西、湖南需求增长。湖北“虾稻联作”模式减少耕地面积，需求小幅下滑。四川需求饱和，云南地震灾区补贴取消，广西“双高”基地建设结束，致使区域需求下降。广东、海南、贵州需求空间有限，整体市场平稳。

2018年农业机械补贴销量前10省、自治区销量及占比见表3。

表3　2018年农业机械补贴销量前10省、自治区销量及占比

省份	补贴销量（台）	占比（%）	省份	补贴销量（台）	占比（%）
内蒙古自治区	27 419	11.1	辽宁省	11 259	4.5
吉林省	26 076	10.5	湖北省	10 127	4.1
河南省	25 233	10.2	安徽省	9 192	3.7
黑龙江省	23 431	9.4	甘肃省	9 160	3.7
山东省	22 692	9.2	其他	64 443	26.0
河北省	18 967	7.6	合计	247 999	100.0

5. 大中型轮式拖拉机行业集中度持续降低

大中型轮式拖拉机的社会化配套体系不断完善和成熟，大批中小企业进入大型拖拉机生产领域。据不完全统计，目前能生产200马力及以上拖拉机的企业有60～70家。同时，存在购置补贴分档补贴额度差异，大功率单台补贴额度高，引导用户需求功率升级，部分企业以“小底盘配套大动力”、低价倾销等手段抢占市场等现象。在整体市场容量有限的情况下，众多中小企业的进入，使行业集中度下降，呈分散态势。大型轮式拖拉机前五家企业销量合计市场占有率为68.6%，同比下降5.2个百分点。

中型轮式拖拉机行业集中度呈现集中趋势，中型轮式拖拉机前五家企业销量合计市场占有率为72.4%，同比增长0.9个百分点。价格竞争成为中型轮式拖拉机主要的竞争手段。

2018年大中型拖拉机销量前10名企业见表4。

表4　2018年大中型拖拉机销量前10名企业

序号	企业名称	2018年累计销量（台）	2017年累计销量（台）	同比增长率（%）
1	中国一拖集团有限公司	37 740	48 283	-21.8
2	雷沃重工股份有限公司	37 676	44 393	-15.1
3	常州东风农业机械集团有限公司	23 983	28 559	-16.0
4	山东时风（集团）有限责任公司	13 598	27 560	-50.7
5	江苏常发农业装备股份有限公司	9 113	8 476	7.5
6	约翰迪尔（宁波）农业机械有限公司	8 826	7 702	14.6
7	江苏沃得农业机械有限公司	8 413	9 615	-12.5
8	中联重机股份有限公司	8 138	11 558	-29.6
9	约翰迪尔（天津）有限公司	6 481	6 911	-6.2
10	山东五征集团有限公司	5 761	8 407	-31.5

数据来源：中国农业机械工业协会企业管理委员会。

6. 产品技术发展趋势

一是技术及配置升级。同步器换挡、电控提升器或简易电控提升器、集成操纵平台、电控悬架等配置的应用进一步普及。驾驶室安全性、密封性、舒适性进一步改善。

二是GPS、自动驾驶、自动导航、数据采集等智能化技术应用加快。智能技术的发展及农业机械作业监管的需要，推动自动驾驶、深松监测、农业机械调度、远程控制等技术的应用加快发展。

三是丘陵山区、水田、大棚、果园全程机械化的发展，对大棚王、果园型、中耕型、高地隙、宽/窄轮距等特色农业机械的需求增多。

四是排放技术升级。按照国家排放法规要求，非道路设备的国四排放升级限期为2020年，主要企业已经开始安排拖拉机排放切换的相关工作，推动拖拉机技术升级。

三、拖拉机行业的竞争形势

1. 生产企业和经销商数量庞大

从近年来拖拉机生产企业和经销企业数量看，大中型轮式拖拉机生产企业和经销企业持续增多，加剧了行业竞争。2016—2018 年轮式拖拉机生产 / 经销企业数量变化见图 2。

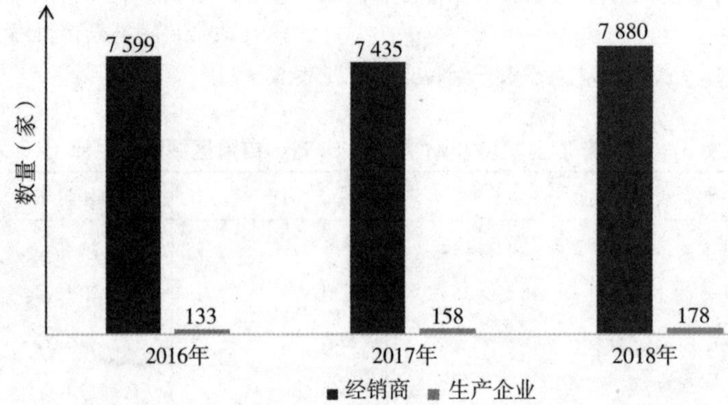

图 2　2016—2018 年轮式拖拉机生产 / 经销企业数量变化

2. 企业经营运行质量降低

生产资料成本及企业人工成本持续上涨，企业利润空间缩小，产品和技术创新能力受到抑制。在整体市场需求下降的外部环境下，生产企业和流通企业资金风险加大，经营运行质量下滑。企业被迫采取收缩策略，拖拉机流通企业亏损面加大，经营规模、社会库存呈收缩态势，从业人员总数降低。

3. 拖拉机行业形成多个产业集群

目前，我国规模拖拉机生产企业 170 余家，年产能从 1 万台至 30 万台不等。分布在全国 18 个省市区，其中山东、河南、江苏、浙江、河北五省是拖拉机生产企业集中的省份。山东形成最大的拖拉机生产企业集群，有 84 家企业，占拖拉机生产企业数量的近一半，而其中 53 家集中在潍坊，占山东集群的 63.1%。其他主要的集中地区是洛阳、济宁、宁波、常州、聊城、盐城等。产业集群的优势是产业链的低成本运作，可降低产品价格，但同时也造成产品同质化现象突出，产品技术创新动力不足。

2018 年拖拉机生产企业分布地区占比情况见图 3。

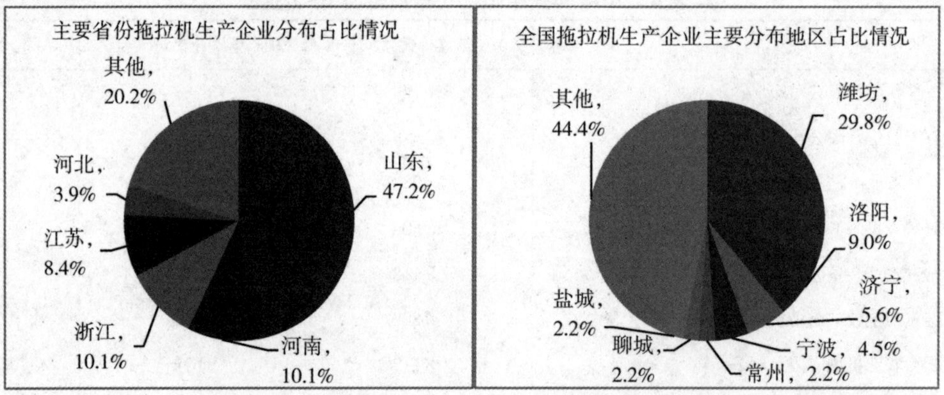

图 3　2018 年拖拉机生产企业分布地区占比情况

四、出口市场呈现回落

2018 年国际经济形势依然复杂，我国农业机械产品出口虽然有新兴市场国家经济企稳、“一带一路”倡议的稳步推进、国内农业机械产品品质不断提升等利好因素作用，但同时面临着部分国家经济环境不稳定，以及货币贬值、发达国家贸易壁垒增强等挑战。国际农业机械巨头企业凭借技术优势占领欧美市场，同时在全球主销地区建立组装厂，通过本地化降低成本，通过快速反应迎合当地市场需求；国内农业机械企业在排放要求相对较低的拉美、东南亚及中东地区的竞争加剧；国内中小企业依托网络时代的信息化在全球的竞争中寻找机会，同时导致价格竞争加剧。

2018 年，拖拉机出口企业呈分化态势，跨国公司出口数量快速增长，中国品牌拖拉机出口则呈现一定的下滑。从功率上看，大型拖拉机出口增长，中小型拖拉机出口下降。据中国农业机械工业协会企业管理委员会统计，24 家骨干企业完成出口交货值 22.7 亿元，同比下降 6.9%。100 马力以上大型轮式拖拉机出口 0.43 万台，同比增长 5.2%；25～100 马力中型轮式拖拉机出口 2.03 万台，同比下降 7.5%。

2018 年大中型拖拉机主要出口企业的出口情况见表 5。2018 年各功率段大中型拖拉机出口情况见表 6。

表5　2018年大中型拖拉机主要出口企业的出口情况

序号	企业名称	出口数量（台）	同比增长（%）	序号	企业名称	出口数量（台）	同比增长（%）
1	雷沃重工股份有限公司	6 352	-9.40	6	山东时风（集团）有限责任公司	1 824	54.31
2	爱科（中国）投资有限公司	4 839	0.56	7	山东五征集团有限公司	523	-44.71
3	常州东风农业机械集团有限公司	3 674	-15.23	8	江苏常发农业装备股份有限公司	1 160	86.80
4	中国一拖集团有限公司	2 710	-29.02	9	江苏沃得农业机械有限公司	441	3.28
5	中联重机股份有限公司	1 181	-41.53	10	江苏悦达智能农业装备有限公司	614	59.07

数据来源：中国农业机械工业协会企业管理委员会。

表6　2018年各功率段大中型拖拉机出口情况

功率（马力）	2018年出口数量（台）	2017年出口数量（台）	同比增长（%）	功率（马力）	2018年出口数量（台）	2017年出口数量（台）	同比增长（%）
25～30	3 875	4 238	-8.6	110～120	677	619	9.4
30～40	4 182	3 196	30.9	120～130	555	418	32.8
40～50	3 707	3 597	3.1	130～140	1 139	1 092	4.3
50～60	2 791	2 419	15.4	140～150	58	88	-34.1
60～70	718	1 382	-48.0	150～160	37	22	68.2
70～80	1 731	1 830	-5.4	160～180	12	289	-95.8
80～90	1 592	1 745	-8.8	180～200	22	16	37.5
90～100	1 730	1 573	10.0	200以上	27	23	17.4
100～110	1 759	1 484	18.5	合计	24 638	26 119	-5.67

数据来源：中国农业机械工业协会企业管理委员会。

我国制造的拖拉机出口的主要国家有乌克兰、美国、缅甸、埃及、乌兹别克斯坦、澳大利亚、古巴、印度尼西亚、格鲁吉亚、俄罗斯联邦等。

五、获奖情况

由中国农业机械工业协会、中国农业机械化协会、中国农业机械流通协会评选的“2018中国农业机械行业年度大奖”于10月26日在武汉举办的2018年中国国际农业机械展览会上发布并颁奖，拖拉机类产品获奖颇丰。“2018中国农业机械行业年度大奖”拖拉机类产品获奖情况见表7。

表7　“2018中国农业机械行业年度大奖”拖拉机类产品获奖情况

奖项	品牌及型号	制造商
最具影响力品牌奖	东方红大功率（100马力以上）拖拉机	中国一拖集团有限公司
	阿波斯大功率（100马力以上）拖拉机	雷沃重工股份有限公司雷沃阿波斯潍坊农业装备分公司
	中联重科大功率（100马力以上）拖拉机	中联重机股份有限公司
	约翰迪尔大功率（100马力以上）拖拉机	约翰迪尔（中国）投资有限公司
	凯斯（Case IH）大功率（100马力以上）拖拉机	凯斯纽荷兰工业（哈尔滨）机械有限公司
	麦赛福格森大功率（100马力以上）拖拉机	爱科（常州）农业机械有限公司
	道依茨法尔大功率（100马力以上）拖拉机	道依茨法尔机械有限公司
	五征中功率（40～100马力）拖拉机	山东五征集团有限公司
	久保田中功率（40～100马力）拖拉机	久保田农业机械（苏州）有限公司
	沃德农业机械中功率（40～100马力）拖拉机	江苏沃德农业机械有限公司
	雷沃欧豹中功率（40～100马力）拖拉机	雷沃重工股份有限公司雷沃阿波斯潍坊农业装备分公司

〔撰稿人：第一拖拉机股份有限公司李卫东〕

收获机械

一、2018 年收获机械市场运行回顾

（一）2018 年收获机械市场整体运行情况

2018 年，收获机械整体市场又经历了一个“寒冬”。随着制造成本的进一步上升、原材料涨价、环保成本增加，轮式谷物收获机械、履带式谷物收获机械等主要产品，均出现了较大幅度下降，超出行业下降幅度预期。

2018 年，我国各类收获机械实现产销 14 万台，其中轮式谷物收获机械销售 1.8 万台，同比下降 31%；全喂入履带式谷物收获机械销售 6.3 万台，同比下降 21%；半喂入履带式谷物收获机械销售 2 700 台，同比下降 10%；玉米收获机械销售 3.3 万台，同比下降 4%。但部分薄弱环节的收获机械增长明显，青贮收获机械增长 8%，花生联合收获机械增幅超过 50%，甘蔗机快速增长，采棉机市场呈井喷之势，新疆采棉机全年新增 650 台左右。

2018 年我国三大主要联合收获机械出口 1.1 万台，同比下降 20%，出口额为 1.9 亿美元，同比下降 14%，出口区域主要集中在亚洲地区。

虽然国内农业装备企业不断通过科技创新、技术合作、并购、业务转型等方式进行转型升级，一些新产品的投放及新技术的应用也进一步提升了我国收获机械产品的竞争力，如棉花采摘机械、甘蔗收获机械、中型纵轴流谷物联合收获机械、花生收获机械等。但是我国的收获机械水平和国际水平的差距依然明显，尤其是在机电液一体化和自动化技术、电液控制、大型谷物脱粒分离技术、作业效率、信息化、智能化等方面。

（二）2018 年主要收获机械市场运行回顾

1. 轮式谷物收获机械

目前轮式谷物收获机械市场存量接近饱和，市场需求已经进入存量更新阶段，结构升级需求非常明显。2018 年轮式谷物收获机械销售约为 1.8 万台，同比下降 31%，受国三排放升级购机成本增加、用户收益下降、产品作业效率提升等因素影响，出现了连续多年持续下降的情况。主要影响因素如下：

一是刚性需求不足。小麦机收率已经突破 95%，其中小麦种植可适宜机收地区，目前已全部实现了机械化作业。这也决定了近几年轮式谷物收获机械市场刚性需求很少，需求主要来自更新换代。

二是市场保有量处于饱和状态。3 年以内新机器基本靠跨区作业来维持收益，跨区车辆的增多以及跨区车辆性能、作业效率的提升，导致用户收益普遍下滑。3 年以上的老机器以本地自用为主，产品更新淘汰速度慢。

三是近几年客户作业收益不佳，同时作物价格下跌，持续低位运行，客户种植收益下降，客户投资积极性和更新换代意愿下降。

四是履带式谷物收获机械对轮式谷物收获机械的冲击。这几年由于履带式谷物收获机械纵轴流产品性能的提升，以及收获物品通过车辆装载之后转移的快捷性和对下雨、倒伏等适应性的提高，在稻麦轮作区，履带式谷物收获机械对轮式谷物收获机械的需求产生较大冲击。

产品结构需求方面，中原小麦主产区市场需求仍然以横轴流技术路线产品为主，但喂入量升级明显，喂入量 8kg/s 的产品成为市场主流，占比达到 60% 以上；中原地区受玉米籽粒直收及杂粮收获需求的增长以及政策的拉动，以雷沃谷神 GM80 为主导的中型纵轴流谷物收获机械市场需求快速增长；东北区域受玉米籽粒直收及大豆收获拉动，旱田区域喂入量 10kg/s 以上大型产品市场需求相对稳定；东北水田区域大喂入量产品市场受履带式谷物收获机械的冲击，需求呈现稳中有降。

区域需求方面，冀鲁豫三省仍然是轮式谷物收获机械的主力市场，需求占比达到 70%，其次安徽、陕西、内蒙古、黑龙江四个地区销售占比合计也达到 19%。

2. 履带式谷物收获机械

履带式谷物收获机械（全喂入）经历前几年持续高位运行，市场处于周期性需求低谷， 2018 年累计销售 6.3 万台左右，同比下降 21%。主要影响因素有：

一是跨区用户群体保有量的增加，使得跨区收益逐渐下滑，从暴利阶段进入到正常收益阶段，用户成本回收期延长，导致更新周期延长。

二是刚性需求降低。水稻机收率已经达到 89%，适宜机收区域基本实现机械化。

三是购买力下降。近年粮价持续低迷，稻谷最低收购价格持续下调，打击种植户种稻积极性，也影响了农民收入，对购买力产生较大影响。

四是种植结构的调整，双季稻改单季稻、虾稻 / 鱼稻 / 蟹稻田面积的增长，对履带式谷物收获机械的需求产生一定抑制。

产品结构需求方面，喂入量 2kg/s 及以下小型产品受作业效率低、可靠性差、技术升级慢、适应区域小等因素

影响，市场需求明显下降；纵轴流谷物收获机械成熟度好、适应区域广、作业效率高，成为客户更新换代的首选产品，市场需求保持高位；喂入量 6kg/s 及以上大型产品适应区域主要在黑龙江市场，纵轴流产品对双横轴流产品冲击明显。

受整体市场需求不足及履带式谷物收获机械（全喂入）产品性能的提升，履带式半喂入谷物收获机械市场需求下降，需求主要集中在合作社、规模化跨区以及高补贴等高端客户群体的影响，2018 年履带式半喂入谷物收获机械累计销售 2 700 台，同比下降 10%。

区域需求方面，苏、皖、湘、鄂、赣、黑六省需求占比合计超过 70%，河南稻麦轮作区受大范围跨区客户群体增长拉动，需求比例进一步提升，需求占比达 4%。

3. 自走式玉米果穗收获机械

2018 年玉米收购价格回升、部分区域种植面积增加拉动客户购机需求增长，但是受整体保有量大、投资回收周期长及天气等因素影响，客户购机更趋理性，自走式玉米果穗收获机械市场延续下降趋势，但降幅趋缓。从补贴统计数据看，2018 年自走式玉米果穗收获机械销售 3.3 万台，同比下降 4%，以 4 行、3 行和 2 行玉米收获机为主。产品的作业效率、可靠性及价格成为客户购机关注的前三位因素。

从需求结构上看，4 行、2 行和 5 行机补贴销售占比提高，3 行机补贴销售占比下降，需求呈现两极分化趋势。其中，4 行机补贴销售 1.3 万台，占比 39%，较同期提高 3 个百分点，需求增长明显；2 行机补贴销售 0.77 万台，占比 23%，较同期提高 2.5 个百分点；3 行机补贴销售 0.92 万台，占比 28%，较同期下降 10 个百分点，主要是受作业效率相对较低（相对 4 行机）、区域适应性较差（在较小地块、丘陵地区适应性弱于 2 行机）影响。茎穗兼收机型补贴销售 1 600 多台，需求大幅增长。

从区域需求看，中原区域受保有量快速增多、客户收益低、投资回收期延长等因素影响，客户购机趋于理性，市场需求下降 20%，4 行机需求占比增幅较大，受养殖业（肉牛、肉羊）规模增长，对茎秆饲草料需求增多拉动，茎穗兼收机型在中原区域销售占比达 80% 以上；东北区域受玉米价格回暖、种植面积增多等因素拉动，区域市场需求大幅增长，增幅达 60% 左右，5 行机成为主销机型；西北区域受粮价回暖影响，市场需求回暖，6 行机以上机型需求增多。

二、未来几年主要收获机械市场需求分析

（一）市场环境分析

1. 宏观环境分析

（1）“十三五”期间，中国经济增长转向通过改革获得红利，推进农业现代化、工业 4.0 的国家战略，将长期的发展方向锁定新兴和创新领域，确保经济增速稳定在 6% ～ 7% 之间。

（2）政府将深入推动创新驱动发展战略，加快形成以创新为主要引领和支撑的经济体系和发展模式。同步推进新型工业化、信息化、城镇化、农业现代化。启动“中国制造 2025”和“互联网 +”，加快农业现代化步伐，走集约、高效、安全、持续的现代农业发展道路。

（3）“十三五”期间，农业补贴的方向主要集中在四个方面：新型经营主体的精准补贴、目标价格补贴、农业基础设施补贴、农业科研补贴。补贴重点向基础设施、绿色发展、结构调整倾斜。

（4）进一步围绕“农业供给侧结构性改革”和“农业绿色发展”需要，在全国推进实施“敞开补贴”，进一步稳定补贴政策和客户购机预期；针对近年来补贴出现的突出问题，坚持问题导向和目标导向，总体以稳定为主，进一步推动机制完善和规范。

2. 产业环境分析

（1）农业装备市场已经由保有量的高速增长向高质高效的结构方向升级。随着土地规模化经营和农机专业化服务组织的发展，市场结构调整步伐加快。

（2）全球粮食价格低位运行，但玉米价格企稳并开始回升，同时国家加大对区域内种植轮作支持，大豆及杂粮种植面积快速增加，将促进农民种粮的积极性。

（3）排放升级。根据国家“蓝天保卫战”相关部署，非道路机械预计 2021 年全面切换、实施国四排放，国三升级国四，必然会导致用户购机成本的上升，对客户更新换机的时间产生一定影响。

（4）客户结构调整。家庭农场、农业（农机）合作社以及农机服务组织的崛起，加速市场需求大型化趋势，存量市场更新多为大型机械，作业效率提高。

（5）原材料价格上涨带动企业经营压力增加，补贴额度预计稳中有降，对客户购机成本及投资回收周期会产生直接影响；在客户购买力没有明显改善、购机成本增加的情况下，客户购机需求受到遏制。购机成本上涨将成为影响未来市场总量需求走势的重要因素。

综上，随着土地流转、规模化、标准化种植加快，以家庭农场、农业合作社、农机合作社等大客户群体需求比例将明显提升，由此带来收获机械市场新一轮的转型和升级，大型化、智能化、高效环保等高品质产品将进入发展快车道，客户需求也将逐步由单一产品向农业生产整体解决方案转变。

（二）未来几年市场发展趋势预测

1. 轮式谷物收获机械

轮式谷物收获机械市场整体上已经进入成熟期，进入存量更新阶段，老客户更新需求相对稳定。但随着国三升国四，用户面临购机成本增加、投资回报周期延长的压力，客户投资农机的积极性预计会有所下降，整体市场的更新周期延长，需求继续保持低位运行。

从产品结构来看，中原区域地块较小，仍然以中

小喂入量横轴流技术路线产品为主，因跨区作业客户群体对效率的追求，动力配置 160 ～ 180 马力（1 马力 = 735.499W）的机型需求将成为主流。但是，随着适宜玉米籽粒直收品种的推广，大豆、谷子等经济作物或者杂粮面积的增长以及国家补贴政策的推动，兼收多种作物的纵轴流机型需求会明显增长。东北区域喂入量 10kg/s 及以上纵轴流产品受补贴额度调整影响，需求将明显下降。

2. 履带式谷物收获机械

目前，履带式谷物收获机械（全喂入）市场保有量超过 35 万台。由于履带式谷物收获机（全喂入）单机作业效率大幅提升，近几年增速明显放缓，新增需求大幅下降，更新需求成为主导。随着履带式谷物收获机（全喂入）跨区作业规模不断扩大，单机作业面积大幅上升，作业竞争加剧，作业价格逐年走低，作业收益整体呈现下降趋势，其更新周期延长，受此影响，履带式谷物收获机（全喂入）市场需求将持续回落。

未来几年，市场总量需求预计将由前几年的 8 万多台逐步下降到6万台左右。但产品结构持续调整，以 2.0 ～ 2.2m 割幅为主的纵轴流产品需求比例持续提升，横轴流产品需求将进一步下降。

3. 自走式玉米果穗收获机械

玉米价格逐步回归市场化，客户作业收益变化明显，同时自走式玉米果穗收获机械经过多年的发展，产品成熟度越来越高，适应性也逐步提升，跨区作业客户群体增多。受作业收益变化、粮食价格、保有量及籽粒直收需求增多等因素的影响，自走式玉米果穗收获机械市场需求预计会呈现稳中有降的趋势。产品结构方面，中原区域 4 行机、东北地区 5 行机将成为区域需求主力产品，适合山区、丘陵地形的 2 行机和茎穗兼收机型需求增多。

分区域来看，中原区域客户对作业效率、产品性能要求越来越高，作业效率相对较高的 4 行机的需求比例会继续增长；对动力需求持续提高，由 175 ～ 200 马力上升到 190 ～ 220 马力；茎穗兼收机型需求持续增长。功能配置方面，静液压驱动、空调等配置需求也会增长；东北区域玉米价格回暖，农民种植收益较去年增长，预计玉米种植面积会出现小幅增长，带动客户购机积极性，但天气依然是一个重要的影响因素；中西部区域需求将以 5 行机为主，动力需求将上升到 200 马力以上，静液压驱动、空调等配置需求增多；东部的丘陵及山地区域因 2 行机具有较好的适应性和性价比优势，将成为客户选择的主要产品；西北地区受“粮改饲”“粮改经”结构调整影响，茎穗兼收型玉米收获机需求会快速增长，果穗型玉米收获机产品需求预计相对平稳。

三、存在问题及建议

1. 主要存在问题

（1）核心技术缺乏，高端产品竞争力不足。目前我国收获机械产品技术水平同欧美发达国家存在明显差距。受核心技术、关键零部件及制造能力的制约，喂入量 10kg/s 以上的谷物收获机、采棉机、甘蔗收获机械等高端产品缺乏竞争力。

（2）自主核心零部件制造能力不足。特种钢材等核心工艺材料、关键零部件、关键作业装置存在较大技术瓶颈，尚未形成具备专、精、特、高的农业装备零部件开发和制造能力。如大功率环保和节能型发动机、电液控制系统及控制软硬件、GPS 导航系统等关键零部件，在国内尚未形成批量制造能力。

（3）制造技术和装备水平落后，产品质量和可靠性有待提高。同世界级企业对标，国内企业在机器人应用、数字化设备、智能化设施应用方面存在较大差距。欧美的世界级企业制造技术水平非常高，生产线自动化和柔性程度高，基本实现自动化、智能化制造。其充分利用大数据处理、云计算、数字仿真技术等，构建虚拟化、智能化工厂，现实生产（物理）与虚拟制造（数字）相融合，实现自动化、智能化作业，有效提高了装配效率和产品质量，同时也降低了企业运营成本。

（4）成本增长，价格提升，客户购买力下降。随着原材料价格的不断攀升、企业用工成本的增加，以及新技术、新材料的应用，产品价格随之增长。如在中原区域纵轴流谷物收获机较横轴流谷物收获机价格高出 50% 左右；种植成本的增加、用户种植收益产生波动，农机产品保有量的增长、用户作业收益的不稳定等因素，都导致了用户购买力的下降，投资或更新积极性不足。

2. 农业装备产业发展建议

（1）重大农业装备产品产业化。以发展高能效、高效率、低污染的“两高一低”农机产品为目标，以完善农机产品品种为重点，围绕以大型高效联合收割机等技术密集型产品为代表的大宗粮食和战略经济作物生产所需的先进成套装备，积极开发生产高效节能环保、多功能、智能化、资源节约型农机产品。走质量与效益并重的高附加值道路，形成适应我国不同地区经济水平、高中低端产品共同发展的格局。重点支持高效低损谷物收获机械如玉米籽粒、谷子等杂粮收获机械。

（2）加大对农机科技行业创新的支持力度。以行业龙头企业为核心，重点开发突破行业核心技术、开发投入大的高端大型农业装备，并对重点项目进行专项资金的大力支持。行业中普遍缺乏开发高端大型产品和技术的条件和能力，高端农业装备的研发和产业化难度高、周期长、投入大，需要财政专项资金引导和支持。另外，传统农业装备的产品附加值相对较低，在智能化发展和智能化制造上投资较大，投资回报周期长，同样需要专项资金支持。

（3）优化高新技术产品补贴

纵轴流型玉米籽粒联合收获机，因其轴流滚筒长、脱粒面积大、脱粒作业充分，与横轴流机型相比，作业效率可提升 15% ～ 20%，破碎率可降低 10% ～ 15%，作业效率和经济效益优势明显，同时纵轴流产品通过调整或更换部分清选部件，可收获高粱、谷子、油葵等不同作物，多作物收获性好。但纵轴流机型比横轴流机型的制造成本至少增加50%以上，再加上企业生产制造成本和管理成本等，导致用户购机支付成本大幅上升，影响行业新技术产品转型。因此，高新技术产品补贴应侧重这类产品。

〔撰稿人：中国农业机械工业协会收获及场上作业机械分会李金良〕

植保机械

植物保护是保证农业高产、稳产，夺取全面丰收的一个重要环节，植保机械则是实现这一目的必不可少的生产工具，施药技术则处于植物保护的中心地位，在病虫草害防控和保证国家粮食生产安全中发挥着极其重要的作用。改革开放以来，我国农业机械化水平得到了迅速提高，主要农作物耕、种、收综合机械化水平已近67%，农作物耕种收机械成为农业生产全程机械化作业的主力，但植物保护在农业种植与田间管理机械化中还是最薄弱的环节，农药病害虫防治机械化的应用水平目前仅为7%，植保机械是当前我国农业机械化中的一大短板，阻碍和制约了农业生产现代化进程和可持续发展。

一、我国植保机械现状

1. 植保机械拥有量

据全国农业技术推广服务中心统计，2018 年全国各类植保机械社会保有量约为 1.1 亿台（套），可使用的约为 6 200 万台（套）。其中，背负式手动（电动）喷雾器约为 5 800 万台，占 93.5%；背负式机动（电动）喷雾机约为 200 万台，占 3.2%；喷杆喷雾机约为 48 万台，占 0.77%；担架式及其他形式的喷雾机约为 60 万台，占 0.96%。

尽管植保机械总保有量可观，但存在的结构性矛盾，已成为农业生产全程机械化作业的阻碍。国产植保机械现有 20 多个品种、80 多个型号，但是结构简单、功能相似，专业化、系列化程度低，尤其是手动药械，市场覆盖面大，约占整个植保机械国内市场份额的 80%，担负着全国农作物病、虫、草害植保面积 70% 以上的防治任务。

2. 植保机械使用现状

目前，我国植保作业使用的植保机械仍以手动喷雾器和小型机（电）动喷雾器（机）为主，广大农村依然普遍存在“使用一种机型，一种喷头防治各种农作物的病虫草害，打遍百药”的状况。据统计，我国每年使用 130 万 t 农药制剂，单位面积的农药用量是世界平均水平的 2.5 倍。这是造成农药用药量大、农药有效利用率低、农药流失污染环境、农产品中残留量超标、操作者中毒等诸多问题的主要原因。近几年，随着先进高效植保机械的发展与应用，我国农药有效利用率已提高至 38.8%，但资源有效利用率低下，作物产量和质量难以得到保障，与发展现代农业生产的要求相差甚远。

3. 植保机械行业现状

截至 2018 年 3 月底，我国共有植保机械生产企业 515 家，企业的经济性质均以有限责任公司和私有企业（含个体）为主。生产规模较小的企业，职工不到 100 人，年产值在 1 000 万元以下；产值超过 1 亿元的大型企业只占企业总数的 2% 左右。我国几乎每个省份均有植保机械生产企业，其中浙江省名列第一，共有 163 家；山东省名列第二，共有 106 家；江苏省名列第三，共有 48 家。浙江、山东、江苏三省生产企业拥有量占全国总拥有量的百分比分别为 31.7%、20.5%、9.3%，合计占 61.5%。

2018 年，对 11 家植保机械生产企业的国内销售情况进行了统计。从统计结果中可看出，植保机械总的生产销售情况不容乐观。浙江的植保机械生产企业以生产手动药械为主，另有农业用泵、电动机、小型农用汽油机等产品，撑起了国内手动植保机械的半壁江山，生产的植保机械品种繁多，基本能满足国内市场，但 2018 年的生产销售，稳中有减，增长幅度不大。山东的两家老牌企业，2018 年的国内外销售均处下滑状态。而北京丰茂植保机械有限公司和河北保东农业机械有限公司同期增长了 30% 以上，埃森农机常州有限公司同期增长了 15% 以上，主要原因是这几家企业均以生产喷杆喷雾机和果园喷雾机为主。喷杆喷雾机近几年的应用发展较快，需求量增大。随着果园规格化、低矮型品种果树的种植，园内道路通行得到改善，果园喷雾机有了一定需求，尤其是新型果园喷雾机，能实现底盘行走、转向、变挡、作业参数操作等全功能作业，具有果园通过性好、操作灵活方便、作业效率高、节水省药等特点，深受果农青睐。2018 年 11 家植保机械企业国内销售情况见表 1。

表 1 2018 年 11 家植保机械企业国内销售情况

序号	企业名称	销售量（万台）	同比增长（%）	销售额（万元）	同比增长（%）
1	山东永佳动力股份有限公司	3.55	-3.5	7 100	-8.6
2	山东华盛农业药械有限责任公司	3.10	-7.1	1 721	4.6
3	市下喷雾器有限公司	2 400.00	-7.7	31 735	-10.3
4	台州信溢农业机械有限公司	14.45	-9.9	1 348	-40.0
5	中国·富士特有限公司	5.10	2.0	4 000	
6	台州广丰塑业有限公司	28.00		2 000	
7	浙江欧森机械有限公司	4.72	-6.9	1 597	-8.0
8	浙江文信机电制造有限公司	10.00	11.1	3 849	12.4
9	北京丰茂植保机械有限公司	0.39	33.7	5 871	15.7
10	河北保东农业机械有限公司	0.04	33.0	200	33.0
11	埃森农机常州有限公司	245.00	15.0	1 846	5.0

2018 年，对国内 8 家植保机械生产企业出口销售情况的统计显示，2018 年植保机械产品对外销售也处于下滑态势，仅浙江 3 家企业涨幅在 10% 以上，涨幅最大的台州市广丰塑业有限公司涨幅为 20%。这家企业主打产品为手动喷雾器，主要销往东南亚、中东与非洲等国家，随着这些国家对我国生产的喷雾器需求量增加，企业的销量也在逐年递增。2018 年 8 家植保机械企业出口销售情况见表 2。

表 2 2018 年 8 家植保机械企业出口销售情况

序号	企业名称	出口量（万台）	同比增长（%）	出口额（万美元）	同比增长（%）
1	中国·富士特有限公司	93.00	10.0	3 200	6.0
2	台州市广丰塑业有限公司	180.00	20.0	1 791	20.8
3	浙江文信机电制造有限公司	156.00	11.4	7 855	12.0
4	浙江欧森机械有限公司	43.00	-13.2	2 638	10.9
5	市下喷雾器有限公司	2 050.00	-3.3	3 995	-9.2
6	台州信溢农业机械有限公司	114.68	-17.0	2 594	-4.8
7	山东永佳动力股份有限公司	3.13	-7.2	235	-2.6
8	山东华盛农业药械有限责任公司	7.19	-7.6	609	3.2

4. 植保机械质量监督

目前，我国植保机械产品市场中 99% 是国产产品，亚洲、非洲的背负式喷雾器市场中 70% 以上是我国产品，欧美发达国家的家用植保产品大都由我国生产。

我国对植保机械产品质量非常重视，连续 20 多年坚持对产品质量进行监督，尤其把植保机械产品的“跑、冒、滴、漏”作为质量监控的重点。目前，除了植保机械用泵和植保无人飞机外，其他植保机械产品均是我国第一批实施强制性认证目录内的产品，需获得强制性认证证书后方可生产、销售和出口，并需在机具显著位置张贴、丝印或模压 CCC 标志。

根据 2018 年国家植保机械质量监督检验中心对全国 91 家植保机械生产企业的 91 种产品质量抽查结果显示，检查企业合格率和产品合格率均为 96.8%。说明植保机械生产企业对涉及环境和人身安全及产品主要技术性能项目的研发能力和制造水平的重视程度越来越高。

5. 植保机械质量标准

我国植保机械标准体系以 GB10395.1—2009《农林机械 安全 第 1 部分：总则》、GB10395.6—2006《农林拖拉机和机械 安全技术要求 第 6 部分：植物保护机械》为主，辅以各个单独的产品标准。目前我国植保机械标准共有 87 个，其中推荐性国家标准 49 个（其中采用 ISO 国际标准 30 个），行业标准 38 个。与国外标准相比，标准数量多，覆盖面广，适用性强，标准体系较为完善，由于大多数国标采用了ISO国际标准，产品标准与国际接轨性强。

2018年，GB/T24689.2—2018《植物保护机械　杀虫灯》，NY/3213—2018《植保无人飞机质量评价技术规范》颁布实施；2项机械行业标准报批；正在制修订中的国家标准11项，其中，立项10项、送审1项。2018年植保机械国家与行业标准制修订与颁布情况见表3。

表3　2018年植保机械国家与行业标准制修订与颁布情况

序号	标准名称	标准阶段	标准类别
1	植物保护机械　杀虫灯	实施	GB/T24689.2—2018 国家标准
2	植保无人飞机质量评价技术规范	实施	NY/3213—2018 农业行业标准
3	风送式果园喷雾机	报批	机械行业标准
4	自走式喷杆喷雾机	报批	机械行业标准
5	植物保护机械　背负式喷雾器　第2部分：安全和环境要求	送审	国家标准
6	农林机械　在用喷雾机的检测　第1部分：总则	立项	国家标准
7	农林机械　在用喷雾机的检测　第2部分：水平喷杆式喷雾机	立项	国家标准
8	农林机械　在用喷雾机的检测　第3部分：灌木与乔木作物喷雾机	立项	国家标准
9	农林机械　在用喷雾机的检测　第4部分：固定式和半移动式喷雾机	立项	国家标准
10	植物保护机械　大田作物喷雾沉积量的测试　第1部分：在水平面上的测定	立项	国家标准
11	植物保护机械　大田作物喷雾沉积量的测试　第2部分：在作物上的测定	立项	国家标准
12	植物保护机械　往复式容积泵和离心泵　试验方法	立项	国家标准
13	植物保护机械　确定可排放液体体积及浓度的试验方法	立项	国家标准
14	植物保护机械　水平喷杆喷雾机喷雾飘移潜能的试验台测量方法	立项	国家标准
15	植物保护机械　背负式风送喷雾机　试验方法和性能限值	立项	国家标准

近几年，农业机械行业对植保产品团体标准制订非常重视，团体标准考虑了生产运营各阶段的要求。团体标准的制订，对规范企业的生产经营活动、保障作业安全和作业质量，促进植保机械行业健康有序发展有重要意义。

2018年，中国农业机械工业协会颁布实施了5项团体标准（T/CAAMM）；浙江制造颁布实施了2项团体标准（T/ZZB）。2018年植保机械团体标准制订与颁布情况见表4。

表4　2018年植保机械团体标准制订与颁布情况

序号	标准名称	标准阶段	标准类别
1	背负式动力喷雾机	实施	T/CAAMM 21—2018 中国农业机械工业协会团体标准
2	自走式风送喷雾机 技术条件	实施	T/CAAMM 22—2018 中国农业机械工业协会团体标准
3	自走式喷杆喷雾机 技术条件	实施	T/CAAMM 23—2018 中国农业机械工业协会团体标准
4	背负式静电喷雾喷粉机 技术条件	实施	T/CAAMM 24—2018 中国农业机械工业协会团体标准
5	悬挂、牵引式喷杆喷雾机 技术条件	实施	T/CAAMM 25—2018 中国农业机械工业协会团体标准
6	背负式动力喷雾机	实施	T/ZZB0438—2018 浙江制造团体标准
7	通用小型汽油机	实施	T/ZZB0525—2018 浙江制造团体标准

6. 植保机械专利申报

根据8家植保机械生产企业专利统计情况，2018年由国家知识产权局公布的专利共39项，其中发明专利2项、实用新型专利29项、外观设计专利8项。从企业获得授权的专利中可看出，企业创新能力还不强，产品科技含量不高，发明专利较少，企业较注重实用新型和外观设计专利的申报。2018年8家植保机械企业国家知识产权局授权专利情况见表5。

表5　2018年8家植保机械企业国家知识产权局授权专利情况

序号	企业名称	发明专利	实用新型	外观设计	合计
1	山东华盛农业药械有限责任公司		3	6	9
2	市下喷雾器有限公司		3		3
3	中国·富士特有限公司	1	2		3
4	台州信溢农业机械有限公司		7		7
5	台州广丰塑业有限公司	1			1
6	浙江欧森机械有限公司		2	2	4
7	浙江文信机电制造有限公司		7		7
8	北京丰茂植保机械有限公司		5		5

二、农业航空植保无人飞机

近年来，我国农业航空产业发展迅速，特别是农业航空重要组成之一的植保无人飞机（以下简称无人机）的迅猛发展和应用引起了人们的广泛关注。植保无人机航空施药作业作为国内新型植保作业方式，与传统的人工施药和地面机械施药方法相比，具有作业效率高、成本低、农药利用率高的特点，可有效解决高秆作物、水田和丘陵山地人工和地面机械作业难以下地等问题，是应对大面积突发性病虫害防治、缓解由于城镇化发展带来的农村劳动力不足、减少农药对操作人员的伤害等问题的有效方式。植保无人机采用低空低量喷施方式，旋翼产生的下洗气流有助于增加雾滴对作物的穿透性，防治效果相比人工与机械喷施方式提高了15%～35%。因此，植保无人机航空喷施已成为减少农药用量、降低农药残留和提升农药防效的新型有力手段。

1. 主要的植保无人机类型

目前，国内植保无人机产品型号、品牌众多。从升力部件类型来分，主要有单旋翼植保无人机和多旋翼植保无人机；从动力部件类型来分，主要有电动植保无人机和油动植保无人机；从起降类型来分，主要有垂直起降型和非垂直起降型。各种类型植保无人机的空机质量为10～50 kg，作业高度1.5～5.0m，作业速度小于8m/s，植保作业效率可达0.067～0.134hm^2/min，日作业能力为20～40hm^2。单旋翼植保无人机(电动机型与油动机型)药箱容量多为12～20L，部分油动机型药箱容量可达30L以上；多旋翼植保无人机以电池为动力，药箱容量较单旋翼无人机少，多为5～15L，且其自动化程度高，主流企业已实现了航线自动规划、一键起飞、全自主飞行、RTK差分定位、断点续喷等功能，部分机型还具备仿地飞行（地形跟随）、自主避障、夜间飞行、一控多机等功能。油动机型自动化程度较电动机型略低，日常作业中已实现一键起动、半自主飞行(如A—B点作业)、定高定速等功能。

2. 植保无人机企业发展状况

据原农业部相关部门统计，截至2016年，全国在用的植保无人飞机共178种，生产厂家300余家，可挂载容量5～20L的药箱，喷幅在5～20m之间。这些企业较多由原来的航模生产企业发展而来，其中，一部分是由原农药生产企业或农资公司涉足植保无人飞机领域发展而来，一部分企业是由和无人飞机有关的军工企业发展而成，也有部分是新成立的高科技公司。广东省的植保无人机企业数量最多，约占全国植保无人机企业数量的30%左右，这主要受益于广东发达的电子消费行业产业链以及植保无人机龙头企业，如深圳市大疆创新科技有限公司、广州极飞科技有限公司等的积极带动。另外，山东、江苏和河南等农业大省的植保无人机生产企业数量也较多，主要是除了有国家补贴外，当地政府也给予相应补贴，极大地促进了植保无人机的应用市场消费。

3. 植保无人机保有量

据调查统计，截至2018年年底，全国植保无人机拥有量为30 472架，其中，以电动多旋翼植保无人机为主。购机者多为种植合作社、农业机械服务组织和专业化的飞防组织，从业人员超过万人。航空植保作业面积也从2013年的不足10万亩次增长至3亿多亩次（1亩≈666.7m^2）。

4. 植保无人机标准制订情况

针对植保无人飞机技术领域标准化工作的需要，中国农业机械化协会在2018年颁布实施了《植保无人飞机质量评价技术规范》（NY/T 3213—2018），这是我国首部植保无人飞机行业标准，标志着我国植保无人飞机行业无行标可依局面的终结。2018年年初，由中国农业机械工业协会农用航空分会、农业农村部南京农业机械化研究所负责起草了《植保无人飞机团体标准制订建议书》，根据行业高速发展的现状，建议制订一批最急需的团队标准，包括术语、分类、型号等基础标准，作业质量、作业规范、飞防药剂、喷雾系统、电磁兼容性等技术标准，植保无人飞机远程管理平台、运营人和驾驶员培训通则等管理标准。并对10项植保无人飞机团体标准进行了立项，于2019年10月颁布实施T/CAMA 2—2019《植保无人飞机术语》等9项团体标准。中国农药工业协会也发布了T/CCPIA019—2019《植保无人飞机安全使用农药作业规范》等3项团体标准。国际无人机系统标准化协会（筹）也对《植保无人机喷雾飘移的田间测试方法》等2项植保无人飞机团体标准进行了立项。中国农业机械工业协会农用航空分会颁布实施的9项植保无人飞机团体标准见表6。中国农药工业协会颁布实施的3项植保无人飞机团体标准见表7。国际无人机系统标准化协会（筹）立项的植保无人飞机团体标准见表8。

表 6　中国农业机械工业协会农用航空分会颁布实施的 9 项植保无人飞机团体标准

序号	标准号	标准名称	牵头起草单位
1	T/CAMA 2—2019	植保无人飞机术语	华南农业大学
2	T/CAMA 3—2019	植保无人飞机分类与型号编制规则	农业农村部南京农业机械化研究所
3	T/CAMA 4—2019	植保无人飞机安全操作规程	北大荒通用航空公司
4	T/CAMA 5—2019	植保无人飞机农药使用规范	安阳全丰生物科技有限公司
5	T/CAMA 6—2019	植保无人飞机作业质量	广州极飞科技有限公司
6	T/CAMA 7—2019	植保无人飞机云系统接口数据规范	农业农村部南京农业机械化研究所
7	T/CAMA 8—2019	植保无人飞机电磁兼容性试验方法	深圳市大疆创新科技有限公司
8	T/CAMA 9—2019	植保无人飞机驾驶员培训要求	中国农业机械化科学研究院
9	T/CAMA 10—2019	植保无人飞机运营人要求	深圳高科新农技术有限公司

表 7　中国农药工业协会颁布实施的 3 项植保无人飞机团体标准

序号	标准编号	名称	实施日期
1	T/CCPIA019—2019	植保无人飞机安全使用农药作业规范	2019-3-1
2	T/CCPIA020—2019	植保无人飞机防治水稻病虫害施药指南	2019-3-15
3	T/CCPIA021—2019	植保无人飞机防治小麦病虫害施药指南	2019-3-15

表 8　国际无人机系统标准化协会（筹）立项的植保无人飞机团体标准

序号	标准名称	牵头单位	备注
1	植保无人飞机大田作物冠层上喷雾沉积量测试方法	中国农业大学	完成讨论稿
2	植保无人飞机喷雾飘移的田间测试方法	中国农业大学	完成讨论稿

〔撰稿人：农业农村部南京农业机械化研究所〕

温室园艺设施与装备

一、总体发展概况

近年来，我国设施农业产业规模稳步扩大，产业链水平和技术创新能力不断提升，日光温室和塑料大棚结构不断创新，单体面积趋于大型化，更加适合机械化作业，农机农艺融合深入推进，社会经济效益显著提升。

1. 设施规模稳步发展

2018 年，我国设施总面积达 196.37 万 hm^2，占世界设施总面积的比例超过 80%。其中，连栋温室面积 5.43 万 hm^2，比上年减少 0.86%；日光温室面积 57.75 万 hm^2，比上年减少 9.5%；塑料大棚面积 126.24 万 hm^2，比上年减少 6.88%。截至 2018 年年底，江苏省累计发展设施园艺 1 352 万亩（1 亩 ≈ 666.7m^2）（含中小拱棚），占耕地面积的比例达 19.6%，处于全国领先水平。

2. 扶持政策不断加强

各级农机化主管部门采取多种措施支持和鼓励设施农业发展，把扶持设施农业建设作为促进农业农村经济发展和农民增收的亮点，以实施农机购置补贴为抓手，在设施园艺方面以设施装备和温室设施补贴为重点，从卷帘机、保温被等设施装备补贴扩展到日光温室骨架、连栋温室及塑料大棚等温室设施补贴，农机新产品试点从浙江扩展到山东、辽宁、江西、安徽等省份，补贴涵盖的内容不断丰富，试点补贴省份不断增加。辽宁省全落地式钢结构骨架节能日光温室，每栋温室内每亩生产面积钢结构骨架定额补贴 1.4 万元；半落地式钢结构骨架节能日光温室，每栋温室内每亩生产面积钢结构骨架定额补贴 1.2 万元；钢结构骨架大棚，每栋棚内每亩生产面积钢结构骨架定额补贴

0.8 万元。

3. 设施装备水平不断提高

近年来，绿色植保技术、智能物流装备、精准水肥技术等一批自主创新成果得到快速应用，推动我国设施装备机械化水平不断提升。低碳环控型温室结构设计软件、能源智能化管理平台、温室屋面墙体和地面相变储热装置、分体式温室太阳能储放热利用装置、光伏一体化优化设计及关键设备、毛细管网生物质能利用技术、温室热泵高效节能技术与装备、智能化植保机械、智能化自走式园艺基质土壤消毒机、设施园艺秸秆基质肥料化处理技术及成套高效加工装备、采摘机器人等重大装备技术成果相继问世。依据农业农村部《设施农业（园艺）机械化水平评价指标体系》估算，2018 年全国设施农业机械化水平达 36.28%，比 2017 年提高 3.16 个百分点。

4. 安全监管力度不断增加

各地不断采取各项措施，确保设施农业的安全生产形势持续稳定。辽宁省东港市印发了《关于 2018 年全市设施农业“安全生产月”和“安全生产辽沈行”活动方案的通知》，要求各乡镇高度重视，认真开展安全生产“七进”活动，做好安全生产宣讲。开展火灾、水灾、设施、施工等隐患排查，抓好设施安全生产督导检查活动。山东省农业系统开展 2018 年“安全生产月”活动，重点开展安全发展主题宣传教育、安全生产事故警示教育活动、安全生产应急预案演练、安全生产督查检查活动、群众性安全生产活动 5 个方面的主题活动，各地农业农村部门通过安全生产典型事故案例，强化警示教育效果，加大对农产品质量安全、设施农业安全等重点领域的督查检查，切实以“安全生产月”活动的有效开展推动安全生产重点工作落实，为设施农业生产提供安全可靠的环境。

5. 社会经济效益显著提升

设施农业的持续发展，优化了农业产业结构，保障了蔬菜等园艺产品的有效供给，带动了农民就业增收，繁荣了农村经济。设施蔬菜产量占中国蔬菜总产量的 30%，全国人均设施蔬菜占有量近 200kg，实现了常年均衡供给；设施农业年产值达 9 800 亿元，提供了 4 000 万个就业岗位。初步统计，山东省设施蔬菜效益为 6 600 元 / 亩，食用菌效益为 5 万元 / 亩，花卉效益为 7 万元 / 亩。湖北省设施农业效益明显高于传统的粮棉油种植，平均收益是传统棉粮种植的 3 ～ 6 倍。一座高产菇房年平均产值为 4 万元，纯收入超过 2 万元，是种棉花的 10 倍、水稻的 30 倍，经济效益十分可观。设施蔬菜年亩均产值较露地高出 5 000 元以上，且在自然灾害频发、重发的情况下，设施栽培更能显示出优势，发挥其效益。

二、行业管理工作

1. 农机新产品购置补贴试点

2018 年，农业农村部、财政部已组织 16 个省市开展了农机新产品购置补贴试点，其中浙江、宁波、江西、辽宁将设施大棚纳入 2018 年第一批国家农机购置补贴试点范围，各省积极编制补贴实施方案，对补贴类型、补贴标准、起步面积、企业资质、申报流程等都做出了详细的可操作的规定，为进一步将试点范围扩大到全国奠定了良好的基础。

2. 构建设施农业机械化水平评价指标体系

2018 年设施农业机械化水平评价指标体系继续在全国试运行，对 2017 年的设施农业机械化水平进行全面评价，通过专家讲座等形式对各省统计人员培训，明确统计指标含义和统计范围，重点对该指标体系数据的统计性和准确性、各地机械化水平评价区域差异性及全国指标体系的试运行整体情况进行评估和分析。通过测算和评估，2017 年全国设施耕整地机械化水平、设施种植机械化水平、设施采运机械化水平、设施灌溉施肥机械化水平、设施环境调控机械化水平及设施农业机械化水平均基本符合各地实际情况。

3. 全国设施农业技术装备与安全操作培训班

为推动设施农业科技进步，农业农村部农业机械化管理司委托农业农村部规划设计研究院于 2018 年 9 月举办了全国设施农业绿色机械化技术培训班，旨在加强农机化技术人员了解日本设施园艺植物工厂、日本农业光伏互补、韩国温室结构、温室人工光等国内外设施农业工程装备技术发展现状和趋势，掌握先进管理理念和新技术，促进设施农业技术装备转型升级，推进我国设施农业的可持续发展。各省市农机化主管部门和推广单位的 60 多名代表参加了培训。此外，农业农村部农业机械化管理司还举办了农机维修技能和设施机械装备安全操作师资培训班。培训班采取专题讲座、案例教学、专题研讨和现场教学等方式开展培训，内容涉及设施农业发展概况、安全管理、装备技术发展趋势及植保施药机械装备和物联网等新技术在设施农业中的应用。

三、科研工作

1.“温室智能化精细生产技术与装备研发”2018 年度执行跟踪与工作计划会在京召开

2018 年 4 月 1 日，国家重点研发计划“智能农机装备”重点专项“温室智能化精细生产技术与装备研发”2018 年度执行跟踪与工作计划会于北京召开。此次会议由农业农村部规划设计研究院主办，农业农村部规划设计研究院总工程师、项目首席专家齐飞主持会议，各课题组参加单位的主要负责人、研究人员等 30 余人参加了会议。“温室智能化精细生产技术与装备研发”专项共设置了 5 个课题，分别为高效节能温室和智能化精细调控技术与装备研发（由山西农业大学承担）、温室精细生产作业机器人研发（由苏州博田自动化技术有限公司承担）、温室果菜智能化精细生产系统研发（由农业农村部规划设计研究院承担）、温室水培叶菜智能化生产技术与设备研发（由华南农业大学承担），以及温室食用菌智能化精细生产关键装备研发（由中国包装和食品机械有限公司承担）。项目于2017年8月30日启动，实施周期为4年。此次会议是为了跟踪“温室智能化精细生产技术与装备研发”研究进展，推进项目研究工作，加强参加单位的沟通协作。会上，5个课题组负责人介绍了本课题的研究进展和2018年的工作计划，并提出研究进展中遇到的问题，商讨了解决方案。

2.6种茎叶类蔬菜机械化生产关键技术与装备的研究开发

2018年11月30日，由农业农村部南京农业机械化研究所果蔬茶类收获机械创新团队完成的“6种茎叶类蔬菜机械化生产关键技术与装备的研究开发”在江苏南京通过成果评价。经评审专家组评议，该成果总体达到同类研究的国际先进水平，其中茎叶类蔬菜有序收获技术达到国际领先水平。课题针对我国茎叶类蔬菜生产劳动力严重短缺、迫切需要实现机械化的现实问题，果蔬茶类收获机械创新团队多年来致力于茎叶类蔬菜机械化生产关键技术与装备的研究开发，通过农机农艺高度融合、共性技术突破、装备创制，提出适宜机械化生产的“四度”栽培模式，研制出配套的耕种复式作业装备及系列收获装备，取得多项创新性成果。该成果首次提出适宜茎叶类蔬菜机械化生产的栽培模式，研制了配套的蔬菜耕种复式作业装备；创制有序收获装备，有效解决蔬菜收获散乱的难题，收获的茎叶类蔬菜商品性好，机械作业效率是人工的20～30倍；创制跨行高地隙通用型动力平台及模块化割台，通过更换割台或关键部件可收获小白菜、甘蓝、芦蒿、芹菜、苋菜、菠菜、空心菜等多种蔬菜，机具利用率提高了7～10倍，实现了茎叶类蔬菜生产全程机械化，综合效益提高30%。相关技术与装备已在蔬菜生产基地应用推广，经济、社会和生态效益显著，为我国茎叶类蔬菜生产全程机械化提供了重要技术支撑。

四、质量与标准

据统计，2018年共实施与设施农业相关的行业标准5项，处于起草和报批的相关标准5项。

2018年设施园艺行业标准制定和颁布情况见表1。

表1　2018年设施园艺行业标准制定和颁布情况

序号	标准名称	备注
1	NY/T 1451—2018《温室通风设计规范》	处于实施阶段
2	NY/T 3206—2018《温室工程 催芽室性能测试方法》	处于实施阶段
3	NY/T 3211—2018《农业通风机 节能选用规范》	处于实施阶段
4	NY/T 3210—2018《农业通风机 性能测试方法》	处于实施阶段
5	NY/T 3223—2018《日光温室设计规范》	处于实施阶段
6	农业温室结构设计规范（国家标准）	处于起草和报批阶段
7	连栋温室节能设计规范（农业行业标准制修订项目）	处于起草和报批阶段
8	草莓设施栽培技术规程（农业行业标准制修订项目）	处于起草和报批阶段
9	温室植物补光灯质量评价技术规范（农业行业标准制修订项目）	处于起草和报批阶段
10	设施园艺工程项目规范（国家标准）	处于起草和报批阶段

五、会议交流

1.2018中国设施园艺学术年会

2018年10月21日，2018中国设施园艺学术年会在美丽的海滨城市山东烟台盛大召开。此次大会是由中国农业工程学会设施园艺工程专业委员会、中国园艺学会设施园艺分会主办，中国农业大学烟台研究院承办，中国农业机械化协会设施农业分会、北京慧农信息咨询有限公司协办。大会围绕新型温室建设技术、设施节能技术、温室环境调控技术、设施园艺作物优质高产栽培技术、栽培基质的研发与应用等方面进行交流与探讨。大会充分体现了创新融合协调共享的新理念，得到了广大设施园艺领域的科技工作者和会员们的热烈响应和广泛赞同。

2.2018年中国设施农业产业大会

2018年9月12—14日，2018中国设施农业产业大会在山东省泰安市召开。此次大会由依托农业农村部规划设计研究院的中国农业机械化协会设施农业分会承办，来自全国20多个省、市、自治区的500多名代表参加了会议。会议代表围绕产业发展、智能装备、节能技术、运行模式、高效栽培等方面内容展开深入的切磋交流。大会同期还举行了“2018设施农业装备优秀创新成果”颁奖和“设施园艺名企进校园”活动，并组织参观了新泰市农光互补设施农业产业园和泰茶“良心谷”产业生态示范园。

3.2018年中国蔬菜产业大会

2018年4月25日，中国蔬菜产业大会在江西省赣州市盛大开幕。大会由中国蔬菜协会、江西省农业厅、赣州市人民政府共同主办，赣州市农业和粮食局承办，各省（自治区、市）农业主管部门负责人、蔬菜企业及合作社代表、科研单位负责人、国家大宗蔬菜产业技术体系岗位专家、中国蔬菜协会会员等近 600 人参加会议。大会邀请到近 20 位海内外蔬菜行业专家和企业家，分别就“天气气候对蔬菜生产影响浅析”“蔬菜种植的标准化与机械化”“工厂化育苗生产管理经验分享”“以消费者需求为导向——农业电商新实践分享”“上海蔬菜保险的理论和实践”等议题与大家进行交流。其中，马爱国总农艺师在讲话中对蔬菜产业发展提出六个“着力点”：着力推进蔬菜标准化生产、着力推进蔬菜绿色生产、着力推进蔬菜科技进步、着力培育新型农业经营主体、着力促进蔬菜产销衔接、着力加强蔬菜品牌建设。

4. 2018 中国（山东）草莓产业大会

2018 年 12 月 15 日，2018 中国（山东）草莓产业大会暨第十届济南张而草莓文化节在济南市历城区举行。本次大会由济南市农业局、济南市历城区人民政府和山东广播电视台农科频道共同主办。除了草莓行业的专家学者，本次草莓文化节还吸引了来自省内外 200 多位从事草莓生产的家庭农场主、合作社社长、种植大户和农企负责人前来参会。本次大会内容丰富、贴地气，举办的张而杯首届山东草莓擂台赛，吸引了来自山东省内的 208 份草莓前来打擂。评委们从果形、颜色、硬度、口感、风味、糖度等方面，对参赛样品进行了耐心细致的评分，最终有 16 个参赛样品脱颖而出，夺得本次大赛的金奖。大会同时揭晓了济南市历城区十佳草莓精品园和十大草莓之星。

〔撰稿人：农业农村部规划设计研究院设施农业研究所李中华　审稿人：农业农村部规划设计研究院周长吉〕

排灌机械

一、总体情况

2018 年是贯彻党的十九大精神的开局之年，中央把水利建设作为实施乡村振兴战略的重要内容。排灌机械行业以习近平新时代中国特色社会主义思想为指导，不忘初心，牢记使命，全面配合国家实施节水行动，围绕农业发展方式转变，通过落实最严格水资源管理制度和水资源消耗的双控行动，建设、配套和改造了一批高效节水灌溉工程，带动节水技术与农艺、农机、生物、管理的深度融合，促进节水产业的持续发展。

全年中央财政下达水利发展资金预算 55 亿元。排灌机械仍在农业补贴目录之内，具体包括：水泵（离心泵和潜水电泵）和喷灌机械设备（喷灌机、微灌设备、灌溉首部）。全年共新增高效节水灌溉面积 2 042 万亩（1 亩≈ 666.7m^2），提前完成年度目标任务。19 个省（自治区、直辖市）全面完成年度建设任务，其中 18 个省（自治区、直辖市）超额完成任务。

为促进高效节能产品的推广应用，引导绿色生产和绿色消费，工信部组织申报、评审出一批“能效之星”产品，其中包括清水离心泵、井用潜水泵、污水污物潜水电泵、小型潜水泵。

（1）清水离心泵：上海长征泵阀（集团）有限公司的 150WTP200-20/4 和 150LTP200-20/4；兰州兰泵有限公司的 600S150 和 1400S24.10；广州肯富来泵业股份有限公司的 KPS10-300。

（2）井用潜水泵：新界泵业集团股份有限公司的 100QJY4-40/8-0.75K1；海城三鱼泵业有限公司的 100QJ0460b；山东颜山泵业有限公司的 250QJ80-100-37；山西天海泵业有限公司的 250QJ250-88。

（3）污水污物潜水电泵：新界泵业集团股份有限公司的 WQ18-15-1.5；浙江老百姓泵业有限公司的 WQ15-10-1.1S；合肥凯泉电机电泵有限公司的 WQ2260-4131-200；亚太泵阀有限公司的 200QF350-8.5-15。

（4）小型潜水泵：新界泵业集团股份有限公司的 QDX1.5-17-0.37L2。

在“一带一路”倡议推进过程中，加强与沿线国家的技术合作与交流。一方面通过在海外设立子公司积极参与国际竞争，如大禹集团在特拉维夫成立大禹国际（以色列）有限公司、大禹以色列创新研发中心、中国 - 以色列灌溉产业园区以色列办公室；另一方面通过对沿线国家学员进行培训，让更多国家了解中国节水灌溉技术与装备发展取得的成就。中国农业机械化科学研究院已承担 4 次有关节水灌溉技术与装备的培训，为中国的排灌机械行业走出去提供了很好的展示平台。

二、产业发展情况

排灌机械涵盖用于灌溉和排水的各类水泵（潜水泵、离心泵、轴流泵、混流泵等）、喷灌机械、微灌系统等。随着国家大力推动节水灌溉发展，全国已有排灌机械生产企业约 8 000 家，其中水泵生产企业约 6 000 家，喷灌机械及滴灌类产品生产企业约 2 000 家，形成年产 3 000 多万亩节水灌溉设备和材料的能力。

随着经济下行，排灌机械行业发展也出现了产能过剩、恶性竞争的局面，但行业企业采取了积极的应对措施。

一方面积极推动技术革新，实施高品质制造。通过提高工艺过程管理水平，建立了更为完善的工艺执行检查监督制度体系，强化工艺执行，通过工艺过程的严格保障，开展产品关键过程全检，提高产品质量保障水平。如利欧数字工厂项目的成功实施取得了“两提升三降低”的成效，生产效率提高了 123.6%、能源利用率提高了 41.2%、运营成本降低了 34.2%、产品不良品率降低了 61.4%、产品研制周期缩短了 25.0%。该项目的成功实施，为我国排灌机械行业向标准化、智能化方向发展起到很好的示范引领作用。新界泵业通过了中国合格评定国家认可委员会（CNAS）实验室认可、测量管理体系认证（3A 级）、水泵性能测试台 2 级精度评定，污水泵、井泵系列产品取得尼日利亚 PC 证书，直流泵取得 CQC 证书，污水泵取得 CB 证书等，为公司产品的市场开拓提供了有力的支撑。

另一方面，加快产品转型升级。部分企业积极把握当前我国水利改革发展与新型城镇化的发展机遇，推动公司在环境治理领域的横向发展。如江苏新格灌排设备有限公司研制出城市智能空气净化系统，具有除尘降霾和降温增湿功能。该系统自 2017 年在江苏省沛县试点以来，得到了江苏省委和新华社的肯定与赞赏。

水泵方面：目前，井用潜水电泵主导产品仍以机座号 150 ～ 300mm 的井用泵为主，但产品也有向“一小、一高、二大”方向发展的趋势。“一小”就是向小机座号 75 ～ 100mm 发展，广东、浙江两省占较大比例，大部分产品出口，销往 40 多个国家；“一高”是由于我国地下水位逐年下降，对高扬程潜水泵的需求也逐年增加，最高扬程超过 1 000m；“二大”是产品向大井径、大流量方向发展，目前部分企业已发展到 1 000mm 机座号，最大流量达 1 450m³/h。

统计排灌机械分会 34 家会员企业，2018 年产值 109.86 亿元，52% 的企业产值不超过 1 亿元，产值超过 2 亿元的企业占 15%。据保守估计，整个行业从事潜水电泵生产的企业的总年产值为 600 亿元左右；总产量为 1 823.05 万台，65% 的企业年产量不到 10 万台，年产量超过 100 万台的企业占总数的 20%，主要分布在浙江、广东、福建地区；34 家企业中 18 家有出口业务，总出口额约为 37.99 亿元；最高利润率为 21%。从 34 家企业中挑选具有代表性的 17 家主要水泵生产企业，对其 2016—2018 年的经营数据进行对比，2016—2018 年 17 家主要水泵企业经济数据对比见图 1。

三、科研成果及新产品

2018 年排灌机械行业获奖情况见表 1。

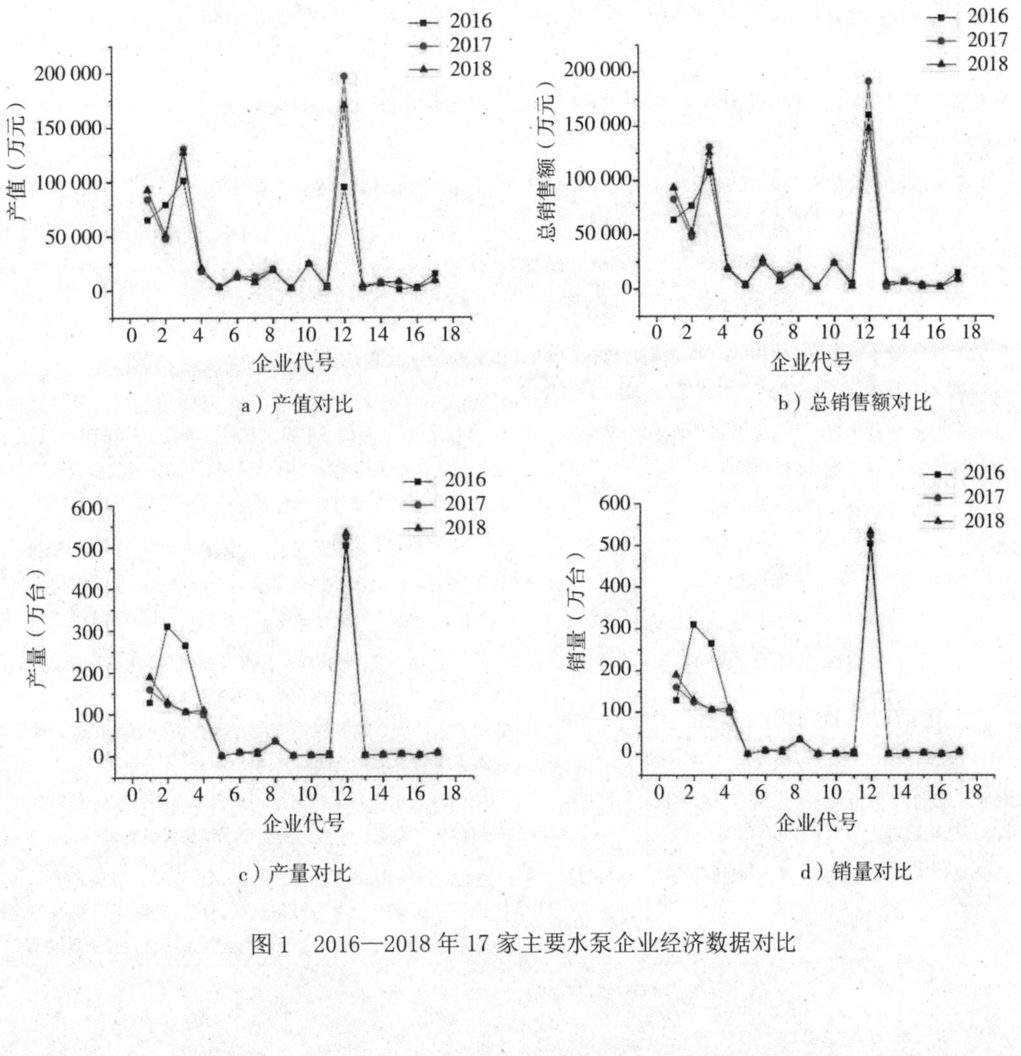

图 1　2016—2018 年 17 家主要水泵企业经济数据对比

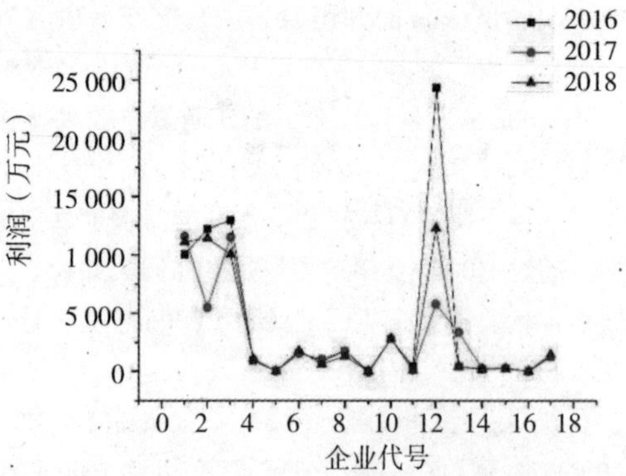

e）利润对比

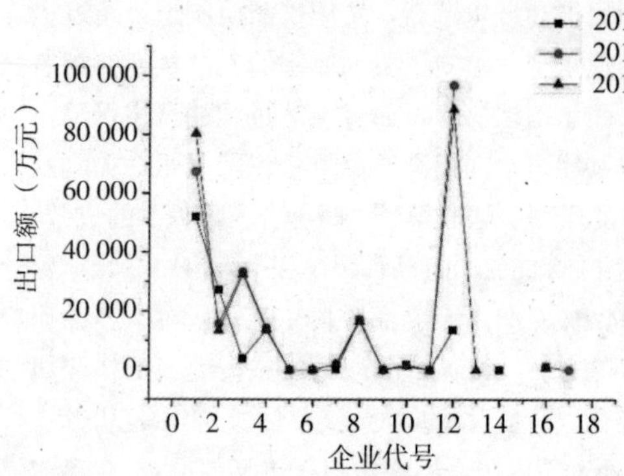

f）出口额对比

图 1　2016—2018 年 17 家主要水泵企业经济数据对比（续）

表 1　2018 年排灌机械行业获奖情况

序号	获奖名称	获奖情况	发奖单位	获奖单位
1	大型 LNG 储罐内潜液泵	中国机械工业科学技术奖一等奖	中国机械工业联合会	大连深蓝泵业有限公司、中海石油气电集团有限责任公司、中海浙江宁波液化天然气有限公司
2	大型高能效灌排泵装置优化策略与关键技术应用研究	中国机械工业科学技术奖二等奖	中国机械工业联合会	江苏大学
3	大型矿用多级泵节能降耗关键技术研究与产业化	中国机械工业科学技术奖二等奖	中国机械工业联合会	江苏大学
4	LNG 海水泵国产化研制及应用	中国机械工业科学技术奖二等奖	中国机械工业联合会	上海凯泉泵业（集团）有限公司
5	超大型系列水环真空泵成套设备研发及产业化	中国机械工业科学技术奖二等奖	中国机械工业联合会	淄博水环真空泵厂有限公司
6	PTA 装置高压溶剂进料泵国产化研制	中国机械工业科学技术奖二等奖	中国机械工业联合会	北京航天石化技术装备工程有限公司
7	叶片泵高效节能设计与可靠性关键技术及应用	中国机械工业科学技术奖二等奖	中国机械工业联合会	江苏大学
8	矿山大型排水泵站系统节能技术、产品研发与应用	中国机械工业科学技术奖二等奖	中国机械工业联合会	合肥通用机械研究院有限公司
9	城市泵站水力优化设计及水锤防护关键技术研究与应用	大禹水利科学技术奖一等奖	水利部	河海大学、上海市城市排水有限公司、上海黄浦江上游原水有限公司、辽宁省大伙房水库输水工程建设局、上海市政工程设计研究总院（集团）有限公司、南京河海科技有限公司
10	大型农业灌区节水改造工程关键支撑技术研究	大禹水利科学技术奖一等奖	水利部	中国水利水电科学研究院、中国农业大学、中国灌溉排水发展中心、武汉大学、西北农林科技大学、中国农业科学院农田灌溉研究所、河北省灌排供水技术服务总站、内蒙古自治区水利科学研究院
11	大型灌溉排水泵站节能与稳定运行关键技术研究及应用	大禹水利科学技术奖一等奖	水利部	中国农业大学、中国灌溉排水发展中心、中国水利水电科学研究院、株洲南方阀门股份有限公司、上海连成（集团）有限公司、山东双轮股份有限公司、常州东申泵业有限公司、山西省水利水电勘测设计研究院、安徽省水利水电勘测设计院
12	喷、微灌水肥一体化精量调控技术与规模化应用	大禹水利科学技术奖一等奖	水利部	中国水利水电科学研究院、大禹节水集团股份有限公司、黑龙江省水利科学研究院、宁海县润茵节水喷灌设备有限公司、鲁东大学
13	大型轴流泵站高效安全关键技术及应用	大禹水利科学技术奖一等奖	水利部	扬州大学、江苏省江都水利工程管理处、南水北调江苏水源有限责任公司、江苏航天水力设备有限公司、利欧集团湖南砂业有限公司、上海东方泵业（集团）、合肥恒大江海泵业股份有限公司等

（续）

序号	获奖名称	获奖情况	发奖单位	获奖单位
14	大型潜水泵站关键技术研究与应用	大禹水利科学技术奖二等奖	水利部	中国灌溉排水发展中心、中山市水利水电勘测设计咨询有限公司、合肥恒大江海泵业股份有限公司、广州市水务规划勘测设计研究院、天津甘泉集团有限公司、广东省水利水电行业协会
15	大中型提灌泵站运行调度信息技术研究与应用	大禹水利科学技术奖二等奖	水利部	中国灌溉排水发展中心、北京恒宇伟业科技发展股份有限公司、扬州大学、武汉大学、润华农水实业开发公司
16	高效节水灌溉关键技术研究与应用示范	大禹水利科学技术奖三等奖	水利部	昆山市水利工程质量安全监督和水利技术推广站、河海大学、昆山市水利局、南京东邦科技有限公司
17	大型泵站安全监测与健康评估关键技术研究应用	大禹水利科学技术奖三等奖	水利部	广东水电二局股份有限公司、华南理工大学

四、排灌机械行业企业信用建立情况

行业信用等级评价是国家信用体系建设的重要内容。开展企业信用等级评价的目的是：建立健全农机工业信用体系，大力推动信用信息在行业的应用，监督和约束失信行为，为会员企业服务，促进行业自律，提高企业信用风险防范能力。评价程序按照“企业申请－签订协议－上报材料－评价－评审－备案－公告－发证推介－签署诚信公约－年度复审”等步骤进行。

据《国务院办公厅关于社会信用体系建设的若干意见》的精神，由商务部和国资委承担企业信用等级评价工作，其委托中国农业机械工业协会开展全国农业机械行业企业的信用评价试点工作，并于2009年启动了农业机械行业信用等级评价工作的第一批试点，成立了“中国农机行业信用等级评价办公室”。2018年排灌机械行业企业信用等级获得情况（依据中国农业机械工业协会官网统计数据）较2017年减少3家企业。

9家水泵企业获得行业信用等级情况见表2。

表2　9家水泵企业获得行业信用等级情况

序号	企业名称	信用等级	序号	企业名称	信用等级
1	山东名流实业集团有限公司	AAA	6	浙江浪奇泵业有限公司	AAA
2	浙江丰源泵业有限公司	AAA	7	山东颜山泵业有限公司	AAA
3	浙江新界泵业股份有限公司	AAA	8	河北虹银泵业股份有限公司	AA
4	浙江大元泵业有限公司	AAA	9	浙江友力电机泵业有限公司	AA
5	浙江奇峰泵业有限公司	AAA			

五、质量及标准化

健全和完善排灌机械产品的标准体系是开展排灌机械产品质量监督检验和认证工作的必要前提。2018年，国家质量监督检验检疫总局和国家标准化管理委员会、工信部、水利部、各省市技术监督局新发布了排灌机械相关标准。2018年新发布的排灌机械国家标准见表3，2018年新发布的排灌机械行业标准见表4，2018年新发布的排灌机械地方标准见表5，2018年行业协会新发布的排灌机械团体标准见表6。标准数据来源于国家标准化管理委员会网站。

表3　2018年新发布的排灌机械国家标准

序号	标准号	标准名称
1	GB/T 33925.2—2018	液体泵及其装置通用术语、定义、量、字符和单位　第2部分：泵系统
2	GB/T 7784—2018	机动往复泵试验方法
3	GB/T 9234—2018	机动往复泵
4	GB/T 13333—2018	混凝土泵

表 4　2018 年新发布的排灌机械行业标准

序号	标准号	标准名称
1	JB/T 13607—2018	YZSE 系列（IP55）直驱式水泵专用三相异步电动机技术条件（机座号 80 ～ 355）
2	JB/T 7126—2018	YLB 系列深井水泵用三相异步电动机技术条件
3	JB/T 13573—2018	低环境温度空气源热泵热风机
4	JB/T 10459—2018	滑片泵
5	JB/T 6538—2018	往复式增压泵
6	JB/T 6663—2018	轻小型单级离心泵
7	JB/T 2306—2018	单线干油泵及装置　型式、参数与尺寸
8	JB/T 2304—2018	电动润滑泵装置型式、参数与尺寸（20MPa）
9	JB/T 10812—2018	立式斜流泵
10	JB/T 6291.2—2018	活塞式输油泵总成　第 2 部分：性能试验方法
11	JB/T 6291.1—2018	活塞式输油泵总成　第 1 部分：技术条件
12	JB/T 13515—2018	带全热回收的容积式冷水（热泵）机组
13	JB/T 7661—2018	柴油机油泵油嘴产品清洁度限值及测定方法
14	JB/T 5176—2018	单柱塞式分配泵总成　技术条件
15	JB/T 13476—2018	柴油机电控共轨系统　齿轮式输油泵
16	JB/T 6665—2018	轻小型柴油机 - 泵直联机组
17	JB/T 3923—2018	柴油机　喷油泵联轴器　型式及基本尺寸
18	JB/T 13439—2018	矿用活塞式充填泵送机
19	JB/T 13387—2018	上游泵送液膜机械密封　技术条件
20	JB/T 12992.2—2018	电动机系统节能量测量和验证方法　第 2 部分：泵系统节能量测量和验证方法
21	JB/T 13327—2018	再制造内燃机　水泵工艺规范
22	JB/T 13326—2018	再制造内燃机　机油泵工艺规范
23	JB/T 13363—2018	家用屏蔽式离心电泵
24	JB/T 13362—2018	电力机车用屏蔽电泵
25	QC/T 1095—2018	汽车辅助真空泵性能要求及台架试验方法

表 5　2018 年新发布的排灌机械地方标准

序号	标准号	标准名称	发布省份
1	DB21/T 2970—2018	二氧化碳（R744）空气源热泵通用技术规范	辽宁省
2	DB42/T 1357—2018	水锤泵技术要求	湖北省
3	DB32/T 3390—2018	一体化智能泵站应用技术规范	江苏省
4	DB50/T 758—2018	消防泵自动巡检控制设备	重庆市
5	DB50/T 757—2018	消防泵自动巡检控制设备网络监管系统	重庆市
6	DB21/T 1559—2018	回弹法检测泵送混凝土抗压强度技术规程	辽宁省
7	DB11/T 1536—2018	水泵节能监测	北京市

表 6　2018 年新发布的排灌机械团体标准

序号	标准号	标准名称	发布单位
1	T/CAB 0044—2018	绿色设计产品评价技术规范　多联式空调（热泵）机组	中国产学研合作促进会
2	T/CAB 0045—2018	绿色设计产品评价技术规范　热泵热水机（器）	中国产学研合作促进会
3	T/CECS 564—2018	空气源热泵供暖工程技术规程	中国工程建设标准化协会
4	T/CAQI 57—2018	输水用中小型一体化泵站	中国质量检验协会
5	T/CAS 307—2018	多联式空调（热泵）机组、冷水机组和水源热泵机组智能水平评价技术规范	中国标准化协会
6	T/CAS 302—2018	多联式低环境温度空气源热泵热风机性能技术规范	中国标准化协会
7	T/CHES 21—2018	泵站节能技术导则	中国水利学会
8	T/CAMDI 010—2018	输注泵用硅橡胶贮液囊	中国医疗器械行业协会
9	T/ZZB 0611—2018	车载充气泵	浙江省品牌建设联合会
10	T/ZZB 0531—2018	乘用车自动变速器叶片式油泵	浙江省品牌建设联合会
11	T/ZZB 0470—2018	油田用往复式注水泵	浙江省品牌建设联合会
12	T/ZZB 0463—2018	井用潜水电泵	浙江省品牌建设联合会
13	T/ZZB 0815—2018	热泵热水器冷凝器用微通道换热器	浙江省品牌建设联合会
14	T/ZZB 0813—2018	汽车电动燃油泵	浙江省品牌建设联合会
15	T/ZZB 0772—2018	泵用不锈钢叶轮精密铸件	浙江省品牌建设联合会
16	T/ZZB 0771—2018	轻型立式多级离心泵	浙江省品牌建设联合会
17	T/ZZB 0406—2018	蒸发冷却式冷水（热泵）一体化机组	浙江省品牌建设联合会
18	T/ZZB 0743—2018	尿素溶液供给泵	浙江省品牌建设联合会
19	T/ZZB 0732—2018	水泵叶轮激光焊接机	浙江省品牌建设联合会
20	T/ZZB 0691—2018	电力机车牵引变压器油泵	浙江省品牌建设联合会
21	T/ZZB 0685—2018	机械隔膜计量泵	浙江省品牌建设联合会
22	T/ZZB 0671—2018	塑料机械用液压齿轮泵	浙江省品牌建设联合会
23	T/ZZB 0310—2018	滑阀真空泵	浙江省品牌建设联合会

六、专利情况

通过中国知网检索，分别输入泵、泵控制、灌溉、喷头、管道关键词，统计了 2016—2018 年的专利情况（按专利申请日计）。2016—2018 年专利变化情况见图 2。

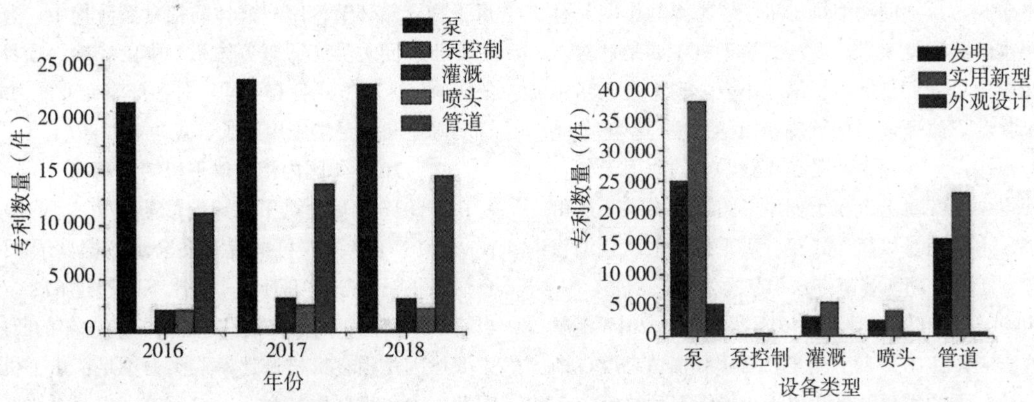

a）申请数量　　b）类型分布

图 2　2016—2018 年专利变化情况

从图 2 中可以看出，关于水泵和管道的专利数量较多，增长平稳。

七、存在问题及建议

目前，排灌机械行业正处于由政府引导下的快速发展阶段。排灌机械应用面积较大，行业整体技术水平虽然有大幅提升，但与国外相比仍有较大差距。目前行业存在的问题以及对行业发展的建议如下：

1. 行业发展的区域不平衡

大型水泵产品价格南北差异不明显，而对于批量产品，南方企业则通过改进工艺流程、精细化管理等手段克服了人力成本上升的不利影响，仍然具有很强的竞争力。

2. 市场竞争加剧

我国水泵市场前景广阔，潜力巨大，但同行业企业数量众多，市场化竞争日趋剧烈。企业只有坚定不移地推进“实施高品质制造、提供高性价比的产品和服务”的两高战略，深入践行“节能省电，高可靠性”的价值主张，通过不断提升技术创新能力，加强产品质量管理，才能够在国内水泵市场竞争日趋剧烈的环境下立于不败之地。

3. 外购件产品质量是影响水泵质量的重要外在因素

我国外购件生产企业受材料供应、资金和技术制约，对研发及生产的投入力度不大，导致其所提供的易损件、紧固件、配套件质量不高，直接导致了排灌机械产品的整体质量下降。其根本原因，在于我国基础行业技术水平和生产设备落后，导致产品整体落后于国外发达国家。

4. 产品售后服务差，严重影响品牌形象

我国排灌机械行业中，企业往往更多地关注新产品开发和生产管理环节，而对产品售后服务不够重视。排灌机械产品主要用于农田灌溉，用户分散且作业环境恶劣，造成售后服务成本高等一系列问题，最终降低了用户的购买意愿，严重损害了企业品牌形象。

5. 销售季节性强

排灌机械销售旺季集中在第二、三季度。农民通常是在耕种完成之后，需要进行灌溉时，才会对原有水泵进行检查、维护或采购，因此，需要根据行业特点统筹安排生产销售。

6. 环保对产业的影响

水泵的主要水力部件是铸造而成，占到水泵全部重量的 80%。受京津冀及周边地区大气污染防治行动的影响，大批高污染、低成本的小型铸件生产企业被责令停产治理，从而在一定程度上抬高了铸件的价格。

综上所述，与国外相比，我国许多机械产品的产量已高居世界前列，但产品技术水平仍存在较大差距。为弥补技术上的短板，应当通过提高产品的售后服务水平来提高产品的市场占有率。同时，集中力量攻克一批行业发展的关键技术，来提高产品的核心竞争力和附加值，实现提质增效的目的。

〔撰稿人：中国农业机械工业协会排灌机械分会侯永胜、高江永、史海玲〕

烘干机械

一、烘干机市场整体情况

目前，我国的粮食烘干机按烘干方式可以分为循环式、连续式和平床式。从不同类型烘干机干燥特点与不同品种原粮烘干要求的匹配度来看，循环式烘干机主要是针对水稻，连续式烘干机主要是针对玉米、小麦。但由于玉米主产区的玉米收获方式还以摘穗剥皮和摘穗为主，不能与烘干环节较好衔接，而小麦主产区在收获季节的阴雨天气一般较少，使得主要针对玉米和小麦烘干的连续式烘干机市场销量较小，市场销量以循环式粮食烘干机为主，且销售地区以江苏、江西、湖南等南方水稻产区为主。

2018 年烘干机市场主要呈现以下状况：受 2017 年烘干收益不佳影响，2018 年部分用户持观望和谨慎态度，许多用户会关注早稻的水稻价格和烘干市场情况后决策，市场启动延迟。在此基础上，国家对粮食收储政策的调整，特别是水稻托市政策的下调，单纯靠烘干、贸易经营的用户收益不确定性和经营风险加大，业务延伸到湿粮收购、烘干和仓储环节，用户群体向粮食系统集中，客户结构发生变化。同时受产后服务体系、中国好粮油项目开始实施的影响，区域方式各有不同，对各厂家专业能力要求更高，订单确定和项目实施周期长，竞争愈发激烈。

二、2018 年国内粮食烘干机销售情况

1. 2018 年粮食烘干机销售总量情况

2018 年全国农机购置补贴公示数据显示，2018 年粮食烘干机销量超过 1 万台，同比下降超过 63%。粮食烘干机市场从前些年的一路追涨，变成了 2018 年的断崖式下跌。主要原因是粮食价格低迷，购买力不足；烘干机行业鱼龙混杂，大中小型生产企业一哄而上、相互抄袭造成了前几年的烘干机市场繁荣景象；随着用户对产品质量的要求逐步提升，一部分低劣仿造产品被用户摒弃。

2016—2018 年粮食烘干机销量变化见图 1。

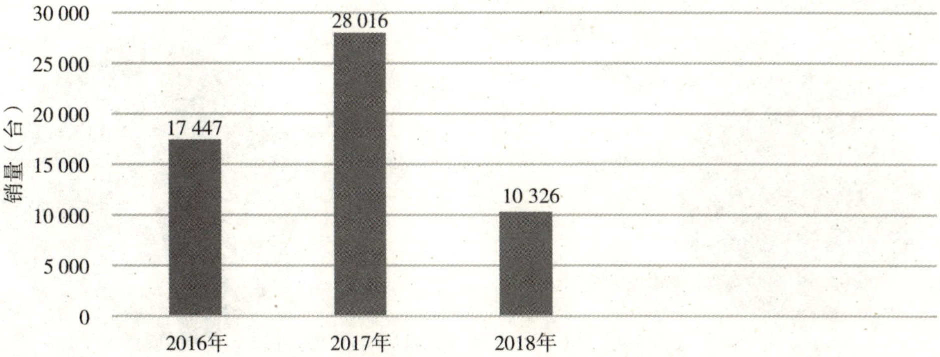

图 1　2016—2018 年粮食烘干机销量变化

2. 2018 年各地区粮食烘干机销量统计

2018 年农机购置补贴公示数据显示，粮食烘干机销量超过 1 000 台的地区共有 4 个，分别是江苏、江西、湖南和安徽。销量前五位地区的合计销量占总销量的 70%，地区集中度较高。江苏以超过 2 000 台的销量占据地区销量第一位；江西以 1 500 多台的销量居于第二位；第三位的湖南地区，年度销量也超过了 1 500 台，市场份额占比 15%。

2018 年各地区销量排名见图 2。2018 年各地区销量占比见图 3。

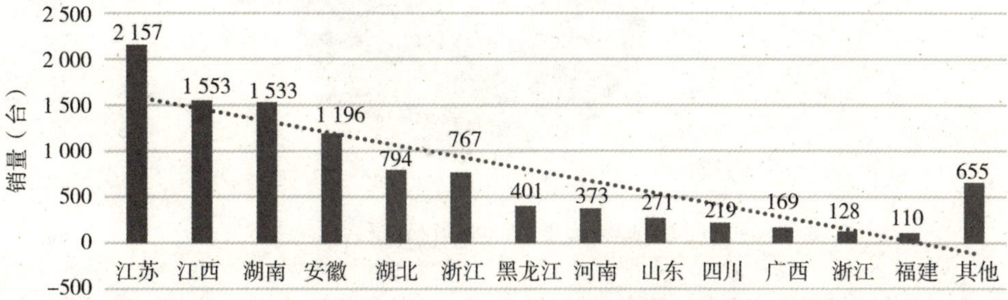

图 2　2018 年各地区销量排名

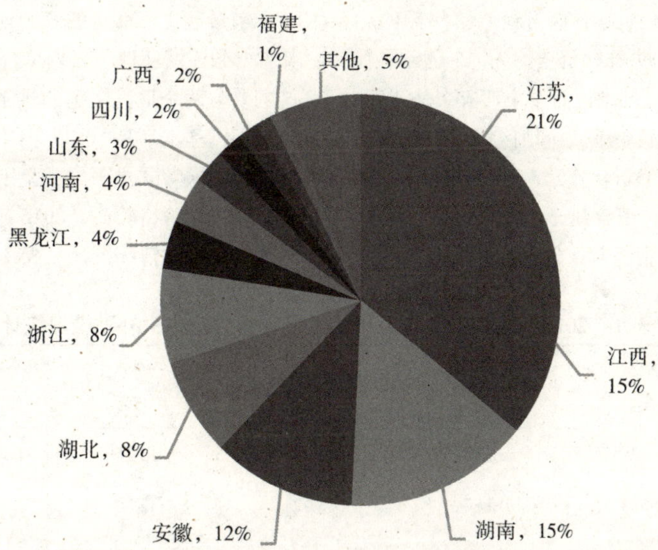

图 3　2018 年各地区销量占比

3. 2018 年不同类型粮食烘干机销量统计

2018 年，粮食烘干机市场以循环式烘干机为主，市场销量超过 9 800 台，占比高达 96%，主要集中在江苏、江西、湖南、安徽、湖北和浙江等区域；其次是连续式粮食烘干机，市场销量 400 多台，占比 4%，主要集中在黑龙江、内蒙古、吉林、山东和河南等区域；平床式烘干机仅有零星销售。循环式烘干机中谷物处理量 15t 和 20t 的销量最大，其占比分别达到 28% 和 20%；连续式烘干机中批处理量 200t/d 的销量最高，占比为 32%。2018 年各类型烘干机销量占比情况见图 4，循环式烘干机各地区销量占比情况见图 5，连续式烘干机各地区销量占比情况见图 6。

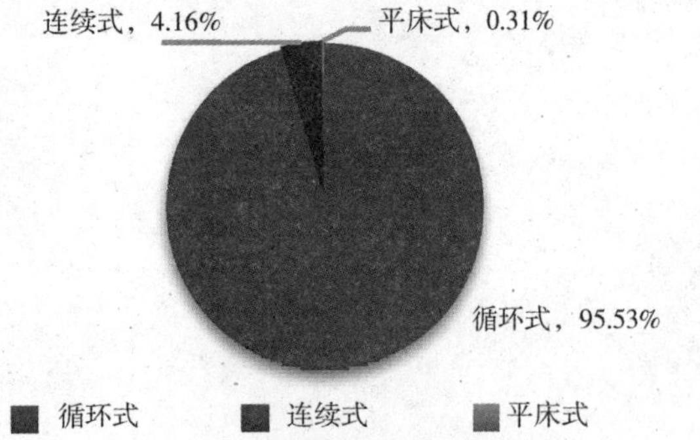

图 4　2018 年各类型烘干机销量占比情况

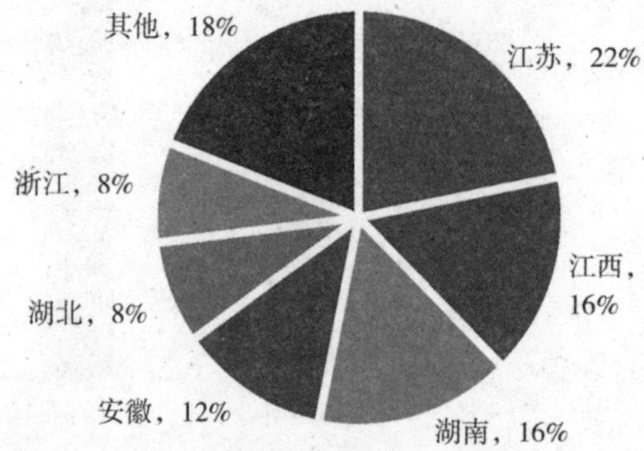

图 5　循环式烘干机各地区销量占比情况

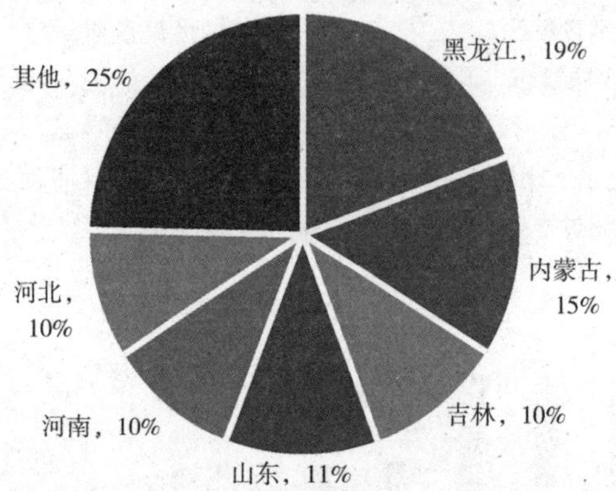

图 6　连续式烘干机各地区销量占比情况

4. 2018 年各地区粮食烘干机销售额及补贴资金用量统计

2018 年粮食烘干机销量约为 1.03 万台，销售额约为 14.82 亿元，使用农机购置中央补贴资金约为 4.2 亿元。粮食烘干机市场规模超过 1 亿元的地区有 5 个，依次是江苏、湖南、江西、安徽和湖北。其中前 3 个地区江苏、湖南和江西的补贴资金使用量超过 6 000 万元，其余地区补贴资金使用量都不足 5 000 万元。粮食烘干机销量超过 500 台的地区有 6 个，从补贴额与销售额比例来看，浙江和湖北的补贴比例较高，湖南和江苏地区的补贴比例则稍低，平均补贴比例为 28%。

销量超过 500 台的 6 个地区，销售额排名与销量排名基本一致，浙江地区平均单台销售额较低，湖北地区较高，这主要与两个地区主销的烘干机类型不同有关。浙江地区的烘干机基本都是 30t 以下的循环式烘干机，湖北地区 30t 及以上的循环式烘干机类型则占了 40%，因此，湖北地区的单台平均价格较高。2018 年销量超过 100 台的地区销售额及中央补贴情况统计见表 1。

表 1　2018 年销量超过 100 台的地区销售额及中央补贴情况统计

序号	地区	销量（台）	销售额（万元）	补贴总额（万元）	平均单价（万元）	平均补贴（万元）	补贴占价格比（%）
1	江苏	2 157	23 933	6 720	11.10	3.12	28
2	江西	1 553	19 874	6 034	12.80	3.89	30
3	湖南	1 533	21 941	6 088	14.31	3.97	28
4	安徽	1 196	16 682	4 822	13.95	4.03	29
5	湖北	794	12 462	3 809	15.70	4.80	31
6	浙江	767	7 450	2 365	9.71	3.08	32
7	黑龙江	401	6 800	1 947	16.96	4.86	29

（续）

序号	地区	销量（台）	销售额（万元）	补贴总额（万元）	平均单价（万元）	平均补贴（万元）	补贴占价格比（%）
8	河南	373	6 804	1 862	18.24	4.99	27
9	山东	271	7 006	1 586	25.85	5.85	23
10	四川	219	3 355	776	15.32	3.54	23
11	广西	169	2 254	660	13.34	3.91	29
12	宁波	128	1 352	391	10.56	3.05	29
13	福建	110	1 382	424	12.56	3.85	31
14	其他	655	16 875	4 515	25.76	6.89	27
15	合计	10 326	148 170	41 999	14.35	4.07	28

5. 2018 年各地区粮食烘干机销售企业排名情况

从 2018 年的粮食烘干机市场来看，中联重机的市场销量远高于其他品牌，销售了 1 000 多台，继续保持市场第一的领先地位。安徽金锡、安徽正阳和安徽辰宇的市场份额较为接近，销量都在 500 台左右，明显高于其他品牌。这 4 家企业的合计销量占比为 25.41%，前十品牌的合计占比为 44.18%，剩余 55.82% 的市场份额均由小品牌企业占据。与 2017 年相比，品牌集中度有小幅下滑。品牌集中度的下降与市场大幅下滑有关，也与粮食烘干机行业企业数量增多有关系。2017 年有补贴销量的企业有 153 家，2018 年则上升至 164 家。2018 年主要品牌企业市场占有情况见图 7。

三、烘干机行业技术发展情况

在科技成果转化和行业发展推进方面，中联重科走在了国内的前列。目前中联重科烘干机产品涵盖 10 ～ 100t 低温循环式烘干机、移动式烘干机、经济作物烘干机等，是目前国内产品种类最为齐全的粮食烘干装备品牌。大型智能化烘干中心见图 8，多种产品组合、热源设备组合见图 9。

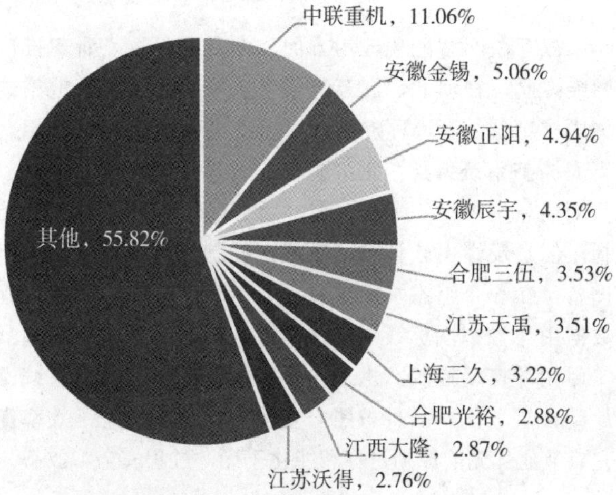

图 7　2018 年主要品牌企业市场占有情况

图 8　大型智能化烘干中心

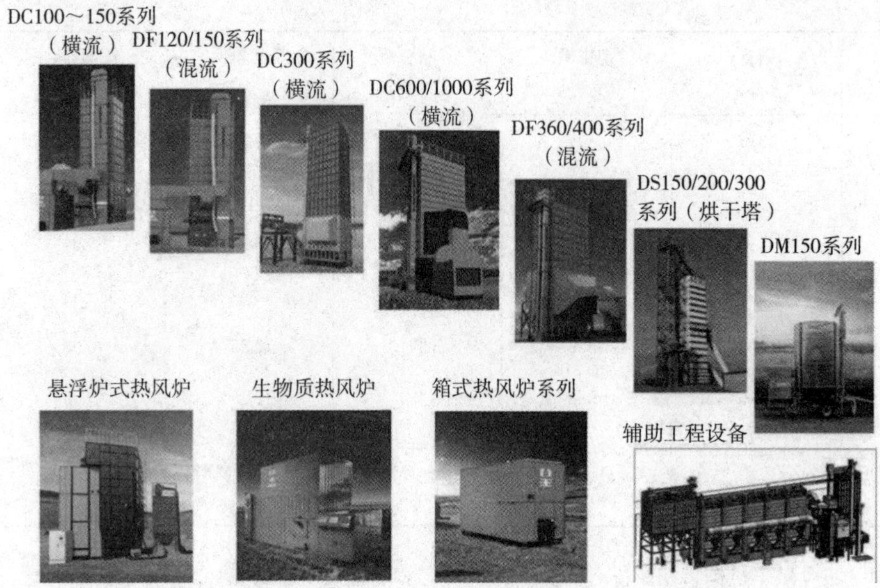

图 9　多种产品组合、热源设备组合

在互联网智能化应用方面，中联重科重点研究推广智能控制，在河北、江苏等粮食烘干中心示范基地搭载集成控制系统、远程控制系统和手机移动端 APP 应用。集成控制系统特点：集中操作、可靠性高。设备控制、监测信息集中在一个平台上，所有设备运行采用 PLC 控制，信息反馈由软件自动生成；控制灵活、直观。所有设备可在一个组态页面中直观显示，烘干中心运行过程数据由一系列图标（饼、柱、线）显示。工艺流程调节实现闭环自动控制，烘干作业智能、高效。根据系统设计结合烘干作物品种按照安全优先、品质优先、效率优先、节能优先的原则进行智能化干燥，过程安全、放心。控制原理上安全优先、故障停机、报警提示、消防监控等，设备运行记录可查，可追溯性强，社会、经济效益显著。高度自动化操控，减少人工，提高效率，提高了粮食烘干系统的工业化水平。

大型烘干中心集成控制系统见图 10，烘干机手机 APP 助手见图 11。

在热源研究方面，中联重科响应国家政策号召，通过多种途径实现环保要求，如悬浮式稻壳炉、生物质炉、燃油燃气及空气能热源等研究取得了突破性进展。烘干机加热炉见图 12。

图 10　大型烘干中心集成控制系统

图 11　烘干机手机 APP 助手

悬浮炉

生物质颗粒炉

箱式热风炉

导热油炉/蒸汽锅炉

燃气燃油装置

电热泵

图 12　烘干机加热炉

四、2019 年烘干机行业发展方向预测

国内低温循环式粮食干燥机厂家没有进行过相关的基础和技术研究，因此也没有自己的核心技术。

前几年在市场强劲需求和政府补贴政策的加持下，干燥机厂家个个生意红火，快速发展。但随着粮价下跌及产品的相对饱和，从 2018 年起，粮食干燥机的销量发生断崖式下跌。市场上技术水平低、同质化干燥机产品严重滞销，而技术水平高、有核心竞争力的日产干燥机和我国台湾产干燥机则受影响较小。

未来，烘干机行业会继续朝着智能化、环保型方向发展，如果能优化干燥工艺、智能控制，就可以掌握核心竞争力，引领行业的技术发展和进步。

〔撰稿人：中联重机股份有限公司蒋雪松〕

草地畜牧机械

一、总体发展情况

在农业结构调整和实施“粮改饲”的大背景下，处于转型升级阶段的畜牧业机械，显现出亮点纷呈的新气象。进入2018年以来，全国农机市场低迷状况仍未有彻底改观，拖拉机、谷物收获机械、玉米机、插秧机械等传统大宗农机产品市场持续下滑。以内蒙古为代表的“三北”地区农机市场表现出较强的增长潜力，大马力拖拉机、青饲料收获机械、谷子大豆葵花等油杂粮收获机械、打包打捆机械、深松整地机械、玉米大豆草籽播种机械、大型高性能植保机械、畜牧养殖机械、粪污处理机械等农机产品处于持续热销状态，其中的高端智能化产品甚至出现了供不应求的状况。

2018 年 12 月，国务院发布了《国务院关于加快推进农业机械化和农机装备产业转型升级的指导意见》（国发〔2018〕42 号）（以下简称《意见》），部署了加快推进农业机械化和农机装备产业升级有关工作。《意见》中提出：到 2020 年，农机装备产业科技创新能力持续提升，主要经济作物薄弱环节“无机可用”问题基本解决。全国农机总动力超过 10 亿 kW，其中灌排机械动力达到 1.2 亿 kW，农机具配置结构进一步优化，农机作业条件加快改善，农机社会化服务领域加快拓展，农机使用效率进一步提升。全国农作物耕种收综合机械化率达到 70%，小麦、水稻、玉米等主要粮食作物基本实现生产全程机械化，棉油糖、果菜茶等大宗经济作物全程机械化生产体系基本建立，设施农业、畜牧养殖、水产养殖和农产品初加工机械化取得明显进展。到 2025 年，实现四个基本、两个跨越，即农机装备品类基本齐全，产品和技术供给基本满足需要，覆盖农业产前产中产后的农机社会化服务体系基本建立，粮棉油糖主产县（市、区）基本实现农业机械化，以及设施农业、畜牧水产养殖和农产品初加工机械化率总体达到 50% 左右的发展目标，实现农机装备产业迈入高质量发展阶段，农业机械化进入全程全面高质高效发展时期。

2018 年 2 月 22 日，农业部、财政部印发的《2018—2020 年农机购置补贴实施指导意见》（以下简称《意见》）提出五个方面要求：一是突出战略重点，全力保障发展粮食和主要农产品生产全程机械化的需求，为国家粮食安全和主要农产品有效供给提供坚实的物质技术支撑；二是坚持绿色生态导向，大力推广节能环保、精准高效的农业机械化技术，促进农业绿色发展；三是推动科技创新，加快技术先进的农机产品的推广，促进农机工业转型升级，提升农机作业质量；四是推动普惠共享，对补贴范围内的机具敞开补贴，加大对农业机械化薄弱地区支持力度，促进农机社会化服务，切实增强政策获得感；五是创新组织管理，着力提升制度化、信息化、便利化水平，严惩失信违规行为，严格防控系统性风险，保障政策规范廉洁高效实施，不断提升公众满意度和政策实现度。《意见》明确，中央财政农机购置补贴资金主要用于支持购置先进适用农业机械，以及开展农机报废更新补贴试点、新产品试点等方面，鼓励有条件的省份采取融资租赁、贴息贷款等形式，支持购置大型农业机械。补贴范围为 15 大类 42 个小类 137 个品目。各省根据农业生产实际需要和资金规模，按照公开、公平、公正原则，从上述补贴范围中选取并确定本省的补贴机具品目；要优先保证粮食等主要农产品生产所需的机具和深松整地、免耕播种、高效植保、节水灌溉、高效施肥、秸秆还田离田、残膜回收、畜禽粪污资源化利用、病死畜禽无害化处理等支持农业绿色发展的机具的补贴需要。《意见》明确，补贴机具必须是补贴范围内的产品，并且具备三点资质。一是获得农业机械试验鉴定证书（农业机械推广鉴定证书）；二是获得农机强制性产品认证证书；三是列入农机自愿性认证采信试点范围，获得农机自愿性产品认证证书。多年来，农业部、财政部将在我国境内通过农机推广鉴定作为补贴机具资质，有效确保了补贴机具的先进性、适用性和可靠性。随着农业供给侧结构性改革的深入推进，农民群众对各类农业机械的需求日益旺盛，单一的补贴机具资质渠道已不能满足要求。《意见》与时俱进，在补贴机具资质条件上进行了改革拓展，特别是贯彻落实《国务院关于加强质量认证体系建设促进全面质量管理的意见》，明确将获得农机产品认证证书的产品列入了补贴机具资质采信范围。我国农业生产类型复杂多样，不同地区不同产业对农机产品的要求不尽相同。目前，购置补贴主要是针对已有推广应用基础的成熟产品，而部分农机创新产品因短期内无法达到补贴机具资质条件，农民“想用补不了”的矛盾日益凸显。2016—2017 年，农业部、财政部组织浙江等 10 个省份开展农机新产品购置补贴试点，取得了积极成效，得到了购机农户、产销企业和各省的充分认可。经过两年的探索实践，积累了一定的管理经验，在全国范围内开展新产品购置补贴试点的条件已基本具备。《意见》明确，各省可选择不超过 3 个品目的产品开展农机新产品购置补贴试点，重点支持绿色生态导向和丘陵山区特色产业适用机具。年度试点资金量按不超过试点省份年度中央财政农机购置补贴资金总规模的 10% 安排。其中，补贴资金总规模低于 1 000 万元的，年度试点资金量可提至最高 100 万元；3 亿元及以上的，年度试点资金量不超过 3 000 万元。

在 12 月 6 日召开的“2018 年全国农机工业工作会议暨中国农业机械工业协会五届七次理事会会议”上，中国农机工业协会副秘书长宁学贵对 2018 年农机工业经济运行形势进行了分析，总体来说，2018 年我国农机行业处于低位平稳运行，产业下行压力明显，但子行业间压力表现各有不同，产品结构调整进一步加大。在调查的 10 个子行业中，下行压力最大的是拖拉机。相反，畜牧机械、零部件行业还是积极向上的。据国家统计局数据，2018 年 1—10 月我国规模以上农机企业主营业务收入为 2 311.04 亿元，增幅只有 0.76%。从 2 月开始，行业增速迅速跌到

2017年同期的一半以下，且一直保持在低位运行。多种因素导致利润持续下滑。虽然从整体市场看，多数农机产品出现下滑，但也有个别产品有很好的增长，主要是农业生产薄弱环节所需的机具。如青贮机产量同比上升10.34%，畜牧机械同比上升14.89%，排灌机械同比上升70.67%。

二、行业管理工作

1. 对违规获取补贴的企业实行省际间的联动联查处置措施

2017年农业部、财政部出台《农业机械购置补贴产品违规经营行为处理办法（试行）》文件，其中第十三条规定，“根据农机购置补贴违规通报及黑名单数据库发布的信息，省级农机化、财政部门对在其他省份发生较重或严重违规行为而被处理的农机产销企业，可联动处理，处理措施宜与违规行为发生地的系列措施总体保持一致。”据此，2018年各省市实施了对违规获取补贴企业的联动联查处置。

2018年9月6日，内蒙古农牧业厅农机局发布的“关于取消宁津县庆丰农业机械制造有限公司9YQ-1800型捡拾圆捆机农机购置补贴资格的通知”指出：经查证，宁津县庆丰农业机械制造有限公司生产的9YQ-1800型捡拾圆捆机，在参与2018年农机购置补贴政策实施中，存在补贴比例过高问题，而且未主动及时向农机主管部门书面报告影响补贴政策实施的异常情况，属较重违规行为。即日起在全区范围内取消宁津县庆丰农业机械制造有限公司生产的9YQ-1800型捡拾圆捆机农机购置补贴资格。对该公司授权的17家农机经销商给予暂停经销补贴产品资格处理，暂停期3个月。由此所引起的纠纷和经济损失，由该公司和授权经销商自行承担。

2018年9月26日，云南省农业厅农机处发布联动处理的通知，取消宁津县庆丰农业机械制造有限公司生产的9YQ-1800型捡拾圆捆机在该省的农机购置补贴资格。

2018年9月27日，天津市农委农机办和吉林省农业委员会发布联动处理通知，即日起取消宁津县庆丰农业机械制造有限公司的9YQ-1800型捡拾圆捆机在当地的农机购置补贴资格。

2018年9月30日，山东省农业机械管理局发布联动处理的通知，对山东省的河北圣和农业机械有限公司的1GQQNZGK-230型旋耕机和宁津县庆丰农业机械制造有限公司的9YQ-1800型捡拾圆捆机两款机具实施联动处理，暂停补贴资格6个月。

2018年10月9日，河北省农业机械化管理局发布联动处理通知，即日起在全省范围内取消宁津县庆丰农业机械制造有限公司生产的9YQ-1800型捡拾圆捆机农机购置补贴资格。

2018年11月26日，甘肃省农业机械化管理局发布联动处理通知，取消了庆丰农业机械制造有限公司9YQ-1800型捡拾圆捆机农机购置补贴资格。

2. 全国各地出台支持畜牧业机械化发展的政策措施

2018年6月29日，内蒙古自治区农牧业厅发布的“关于优先补贴粪污处理机械的通知”（内农牧机发〔2018〕214号）指出，为了顺利完成2020年畜禽粪污资源化利用目标，农业农村部办公厅、财政部办公厅《2018—2020年农业机械购置补贴实施指导意见》将畜禽粪污处理机械作为敞开补贴产品，《内蒙古2018—2020年农机购置补贴实施方案》规定，在敞开补贴基础上，将畜禽粪污处理机械作为优先补贴产品。要采取现场演示、集中展示、典型示范等形式，加大对畜禽粪污处理机械和技术的推广力度。

在甘肃省发布的“2018—2020年甘肃省农机购置补贴机具补贴额一览表”中可以看到很齐全的贯穿畜牧养殖全程的机具。收获机械种类齐全，包括：割草机按照割幅从1.6m到4.5m有11个档次，包括往复式和旋转式切割压扁机；搂草机按照割幅从4.5m到5.4m及以上有6个档次；打（压）捆机按照捡拾宽度和所需功率共有6档方捆机和1档圆捆机；青饲料收获机则共有18个档次的产品，产品形式包含悬架甩刀式、悬架单元盘式、悬架双元盘式、悬架其他方式，还有牵引式青饲料收获机，自走式青饲料收获机，可以满足各种作业条件的青饲料收获作业；有1档圆草捆包膜机，还有1档圆草捆打捆包膜机。有3档抓草机，使得收获后的牧草实现田间机械装运。饲草料加工机械的品种更多，有7档铡草机、6档青贮切碎机、6档揉丝机、3档压块机、3档饲料（草）粉碎机、5档饲料混合机、3档颗粒饲料压制机、3档饲料制备（搅拌）机、2档秸秆膨化机、2档孵化机、2档喂料机、5档送料机、1档清粪机、3档粪污固液分离机、22档挤奶机、2档剪羊毛机、9档贮奶（冷藏）罐、3档沼液沼渣抽排设备、3档秸秆压块（粒、棒）机、2档病死畜禽无害化处理设备。

3. 农业农村部加快农机购置补贴实施操作便民利民步伐

近年来，补贴机具投档、补贴申请办理、补贴资金兑付等实施操作环节信息化水平越来越难以满足农户和农机生产企业需求。为进一步推进农机购置补贴实施操作信息化，2018年8月10日，农业农村部农机化司和农机推广总站在江西省南昌市组织研究农机购置补贴机具投档、补贴资金申领等信息化工作，江西、山西等省份从事补贴工作的同志以及农机生产企业代表、软件公司专家等受邀参加。当前的工作重点是在全面推广补贴机具投档信息化的同时，推动相关省份开展手机APP、机具二维码、作业物联网“三合一”试点，实现农民办理补贴手续“最多跑一次”。下一步，农业农村部将会同财政部继续大力推进政策实施工作的创新和完善，重点利用信息化手段优化操作流程，提升管理服务水平，努力把农机购置补贴政策打造成便民利民的强农惠农政策。

三、科技研发及新产品推广应用

1. 畜禽养殖废弃物资源化利用技术与装备应用培训班成功举办

由农业农村部农业机械试验鉴定总站主办的“畜禽养殖废弃物资源化利用技术与装备应用培训班”于6月13—14日在山东省济宁市兖州区召开。来自农机管理部门、生产企业、鉴定机构和应用单位等方面的200余位代表参加。培训班首先举行了2018年粪肥机械化撒施作业现场演示活动，福林格（青岛）农业机械有限公司ADS100型固态粪肥抛撒机、VFW12000型罐式液态粪肥撒施机、ASW261型固态粪肥抛撒机，定州四方诚信畜牧科技有限公司2FJ-6-Y4型罐式液态粪肥撒施机、HP-12型固态粪肥抛撒机，北京国科诚泰农牧设备有限公司2F-12型固态粪肥抛撒机进行了机械化作业。培训班就农业机械试验鉴定政策、畜禽养殖废弃物资源化利用政策、畜禽养殖废弃物资源化利用装备试验鉴定能力建设和动物无害化处理技术工艺等主题进行了深入的分析和解读。美国密苏里大学教授Teng Teeh Lim、德国Smija Sebastian先生、荷兰Hans Lambers先生分别围绕中美养殖废弃物管理系统需求对比、德国粪肥就近还田及有机肥先进撒播方式研讨和荷兰粪肥施用情况等主题作技术报告。大数据方面专家黄杰介绍了智慧农机监管与服务整体解决方案。此次培训班层次高、活动多、指导性强，为业内人士共同探讨和推动畜禽养殖废弃物资源化利用装备和技术发展搭建了好的平台。

2. 全国农业农村新技术、新产品和新设备

9月20日，在“2018中国农业农村科技发展高峰论坛”上，中国农学会发布了《2017年中国农业农村新技术、新产品和新设备》报告。该报告内容是在农业农村部科技教育司的指导下，由中国农学会和中国农业科技管理研究会组织开展，经行业推荐和专家遴选形成的。在动物新品种、动植物疫病防控、绿色投入品、新型农业设施装备、农产品加工、农产品质量安全和农业农村资源环境等领域，遴选出了2017年中国农业农村新技术、新产品和新装备共30项。本次报告的发布，旨在梳理总结近年来我国农业农村科技应用领域的最新进展，精准聚焦农业农村发展重大科技需求，创新引领农业农村科技发展方向。其中，十大新装备包括：水稻精量穴直播机具、高含水玉米籽粒直收机、2BMFJ系列免耕覆秸精播机、基于北斗的农机自动导航系统、4GQ-130型切段式甘蔗联合收割机、植保无人飞机、4MP型弹齿链耙式残膜回收机、第六代主动蓄能型日光温室、深远海养殖工船、中高密度方草捆捡拾压捆装备。其中，中高密度方草捆捡拾压捆装备是由中国农机院呼和浩特分院研发的，该装备是针对国内牧草和小麦等秸秆收获打捆装备存在的作业效率低、草捆密度低、运输成本高等问题研究开发的。其具有的优势有：首创双拨叉喂入技术，提高了物料捡拾效率、降低了漏捡率；采用液压密度控制器和PNP接近开关调控技术，实现了草捆密度的恒压控制和实时调节作业速度，从而保证了作业效率；通过双仓卧式秸秆切割粉碎装置和双层除杂装置，实现了田间直立、铺放、散状的秸秆一次完成收割、饲料化粉碎、打捆的作业，使得秸秆揉搓均匀、含土少、密度高，减少了作业环节。

3. 2018年公布的畜牧机械专利情况

2018年，在国家知识产权局发布的畜牧机械专利中，最有技术难度和市场热销的应属打(压)捆机专利(见表1)。在表1所列的12项畜牧机械发明专利中，国外公司拥有1项；从专利内容上分，有2项圆捆机专利，其余都为方捆机专利。从专利的内容可以看出，用于饲草打压捆的机具都转向秸秆的捆制。由于秸秆的捆制难度比牧草大，因此，专利的内容都是强制喂入机构、集揉机构设计等技术。

表1　2018年畜牧机械主要专利情况

序号	专利公布日期	专利申请号	专利名称	专利申请人	专利发明人
1	2018.01.19	2017108864439	一种圆捆捡拾压捆机整机磨合试验台	平顶山市久久实业有限公司	王东栋、李彬、裴英豪等
2	2018.01.23	2017111176311	一种秸秆压捆试验平台	滨州市农业机械化科学研究所	刘凯凯、王振伟、廖培旺等
3	2018.04.17	2016800445731	农用压捆机	凯斯纽荷兰(中国)管理有限公司	J·德弗洛、D·肯德特、D·里夫格、B·罗塞尔、D·韦尔豪格
4	2018.04.24	2017115010461	宽幅度捡拾秸秆强制喂入圆草捆压捆机	河南省颖骏机械制造有限公司	张义、张志刚、祁学民等
5	2018.05.04	2017115010457	圆草捆压捆机的强制喂入装置	河南省颖骏机械制造有限公司	张义、张志刚、祁学民等
6	2018.05.04	2017115010476	圆草捆捡拾压捆机辊筒轴的轴端防脱装置	河南省颖骏机械制造有限公司	张义、张志刚、祁学民等
7	2018.05.15	2017115010495	圆草捆压捆机的秸秆收获粉碎集揉强制喂入装置	河南省颖骏机械制造有限公司	张义、张志刚、祁学民等
8	2018.05.15	2017115010442	圆草捆压捆机的秸秆集揉装置	河南省颖骏机械制造有限公司	张义、张志刚、祁学民等

（续）

序号	专利公布日期	专利申请号	专利名称	专利申请人	专利发明人
9	2018.06.15	2017115010480	圆草捆压捆机的秸秆收获粉碎集揉装置	河南省颍骏机械制造有限公司	张义、张志刚、祁学民等
10	2018.07.06	2017115010508	秸秆收获粉碎集揉强制喂入圆草捆压捆机	河南省颍骏机械制造有限公司	张义、张志刚、祁学民等
11	2018.12.28	2018106755272	秸秆捡饲除尘自出包压捆机自动切袋出包装置	四平华德农业发展有限公司	王论
12	2018.09.14	2017101181578	一种高速自走式割压联合系列压捆机	唐宪瑞、明立、魏彬	唐宪瑞、明立、魏彬

四、质量管理和标准化

1. 2018 年国家监督抽查产品质量情况

3 月 12 日，国家质检总局官网发布公告，发布了《2018 年产品质量国家监督抽查计划》。该计划共涉及 219 种产品，包括日用及纺织品 26 种、电子电器产品 39 种、轻工产品 23 种、建筑和装饰装修材料 31 种、农业生产资料 17 种、机械及安防产品 41 种、电工及材料产品 38 种、食品相关产品 4 种。在按计划开展国家监督抽查的同时，质检总局也将根据工作实际的需要，组织对计划外的产品开展专项监督抽查。2018 年抽查的农业生产资料中有稻麦联合收割机、旋耕机、植物保护机械、播种机、玉米联合收割机、饲料加工机械、单缸柴油机、通用小型汽油机、碾米机、棉花加工机械、机动脱粒机、泵共 12 种农业机械。

2018 年 12 月 27 日，国家市场监督管理总局官网公布了饲料加工机械产品质量国家监督抽查结果。此次共抽查了辽宁、江苏、山东、河南、湖北、湖南、重庆、四川共 8 个省、直辖市 66 家企业生产的 66 批次饲料加工机械产品。此次抽查依据 NY 644—2002《饲料粉碎机安全技术要求》、JB/T 9822.1-2008《锤片式饲料粉碎机　第 1 部分：技术条件》、JB/T 6270-2013《齿爪式饲料粉碎机》、JB/T 7144-2007《青饲料切碎机》、GB/T 20788-2006《饲草揉碎机》、JB/T 5155-2013《饲草粉碎机技术条件》、GB 10396-2006《农林拖拉机和机械、草坪和园艺动力机械 安全标志和危险图形 总则》等标准的要求，对饲料加工机械产品的安全要求、动(定)刀片紧固件、安全标志、锤片（齿爪）硬度、动（定）刀片硬度、锤片（齿爪）质量差、动刀片质量差、吨料电耗、生产率、噪声、轴承温升 11 个项目进行了检验。抽查发现有 6 批次产品不符合标准的规定，涉及安全要求、动(定)刀片紧固件、安全标志、锤片（齿爪）硬度、动（定）刀片硬度、锤片（齿爪）质量差、动刀片质量差、吨料电耗、噪声、轴承温升项目。

2. 获准发布的畜牧机械行业标准和各省（地区）地方标准

（1）获准发布的行业标准。2017 年年底批准发布、2018 年 6 月 1 日实施的畜牧机械行业标准有：NY/T 3119—2017《畜禽粪便固液分离机　质量评价技术规范》、NY/T 649—2017《养鸡机械设备安装技术要求》和 NY/T 3121—2017《青贮饲料包膜机　质量评价技术规范》。

NY/T 3119—2017《畜禽粪便固液分离机 质量评价技术规范》规定了畜禽粪便固液分离机的术语和定义、基本要求、质量要求、检测方法和检验规则，适用于畜禽粪便固液分离机的质量评定。该标准是由原农业部农业机械试验鉴定总站、江苏省农业机械试验鉴定站起草的。批准发布日期是 2017 年 12 月 22 日，实施日期是 2018 年 6 月 1 日。

NY/T 649—2017《养鸡机械设备安装技术要求》规定了养鸡机械设备的术语和定义、一般要求、安全要求和安装技术要求，适用于养鸡机械设备如阶梯式鸡笼和笼架、饮水器、喂料机、清粪机、孵化机、出雏机、电热育雏设备等主要机械设备的安装，是由内蒙古自治区农牧业机械试验鉴定站、青岛日联华波科技有限公司起草的。批准发布日期是 2017 年 12 月 22 日，实施日期是 2018 年 6 月 1 日。

NY/T 3121—2017《青贮饲料包膜机 质量评价技术规范》规定了青贮饲料包膜机的基本要求、质量要求、检测方法和检验规则，适用于青贮饲料包膜机的质量评定，是由内蒙古自治区农牧业机械试验鉴定站起草的。批准发布日期是 2017 年 12 月 22 日，实施日期是 2018 年 6 月 1 日。

（2）获准备案发布的地方标准。2018 年获准备案发布的地方标准见表 2。

表 2　2018 年获准备案发布的地方标准

标准代号	地方标准名称	主管部门	批准实施日期
DB12/T 785—2018	奶牛舍机械刮板清粪	天津市市场和质量监督管理委员会	2018-07-08
DB13/T 2730—2018	小型自走式苜蓿刈割压扁机通用技术要求	河北省质量技术监督局	2018-08-16
DB13/T 2731—2018	多功能切根平地机通用技术要求	河北省质量技术监督局	2018-08-16
DB13/T 2816—2018	挤压造粒机通用技术规则	河北省质量技术监督局	2018-10-21

（续）

标准代号	地方标准名称	主管部门	批准实施日期
DB15/T 1328—2018	围产期牛舍建设工艺设计规范	内蒙古自治区质量技术监督局	2018-05-05
DB15/T 1329—2018	后备牛饲养区（舍）建设工艺设计规范	内蒙古自治区质量技术监督局	2018-05-05
DB15/T 1440—2018	育肥羊全混合日粮颗粒饲料配制及饲喂技术规程	内蒙古自治区质量技术监督局	2018-10-05
DB32/T 3396—2018	妊娠母猪智能化饲养技术规程	江苏省质量技术监督局	2018-06-10
DB32/T 3446—2018	稻草裹包微贮饲料制作技术规程	江苏省质量技术监督局	2018-09-30
DB32/T 3464—2018	蛋鸭规模圈养技术规程	江苏省质量技术监督局	2018-11-30
DB34/T 3137—2018	集约化鹅场粪污处理技术规范	安徽省质量技术监督局	2018-05-16
DB34/T 3139—2018	肉羊全混合日粮饲养技术规范	安徽省质量技术监督局	2018-05-16
DB34/T 650—2018	青贮饲料生产技术规范	安徽省质量技术监督局	2018-11-20
DB37/T 3114—2018	病死猪生物发酵床无害化处理技术规范	山东省质量技术监督局	2018-03-02
DB37/T 3116—2018	畜牧业养殖远程监控平台交换接口规范	山东省质量技术监督局	2018-03-02
DB37/T 3117—2018	畜禽场废弃物厌氧发酵制取沼气技术规程	山东省质量技术监督局	2018-03-02
DB37/T 3229—2018	规模猪场病死猪生物发酵无害化处理技术规范	山东省质量技术监督局	2018-06-17
DB37/T 3318—2018	肉牛场混合精饲料操作技术规范	山东省质量技术监督局	2018-07-12
DB37/T 580—2018	肉牛场粪污无害化处理规程	山东省市场监督管理局	2018-12-26
DB41/T 1536—2018	玉米秸秆压块饲料生产技术规程	河南省质量技术监督局	2018-04-03
DB41/T 1537—2018	饲料用花生秧颗粒生产技术规程	河南省质量技术监督局	2018-04-03
DB43/T 1416—2018	奶牛全混合日粮配制与饲喂技术规程	湖南省质量技术监督局	2018-07-04
DB45/T 1721—2018	畜禽粪污好氧发酵处理机技术条件	广西壮族自治区质量技术监督局	2018-05-20
DB51/T 1075—2018	猪场废弃物处理与利用技术规范	四川省质量技术监督局	2018-11-01
DB51/T 2470—2018	山区肉羊场舍建设	四川省质量技术监督局	2018-05-01
DB51/T 680—2018	种蛋收集包装运输贮存技术规程	四川省质量技术监督局	2018-11-01
DB51/T 933—2018	肉用山羊舍饲养殖场建设	四川省质量技术监督局	2018-11-01
DB52/T 1296—2018	贵州山羊高床圈舍建设规范	贵州省质量技术监督局	2019-02-13
DB62/T 2853—2018	双列式暖棚牛舍建造技术规程	甘肃省质量技术监督局	2018-03-01
DB62/T 2854—2018	双列式暖棚肉羊育肥舍建造技术规程	甘肃省质量技术监督局	2018-03-01

（3）团体标准发布情况。2018 年 11 月 30 日，中国农业机械工业协会发布公告，批准《太阳能杀虫灯》等 12 项团体标准并予以发布，其中 T/CAAMM 31—2018《联合收获机 秸秆打捆装置》是由山东省农业机械科学研究院牵头制定的。

五、会议与学术交流

为深入贯彻落实国家创新驱动发展战略、乡村振兴战略和“中国制造 2025”，纪念改革开放四十周年，谋划新时代农业装备产业科技创新，推动全国农机科研院所协同发展，推进构建现代农业装备技术创新体系，增强高水平科技创新供给能力，促进农业机械化和农机装备产业转型升级高质量发展，7 月 13—14 日，中国农机院主办、农业装备产业技术创新战略联盟等协办的“2018 年全国农机科研院所长会议”在内蒙古呼伦贝尔市召开。科技部农村科技司李树辉处长，中国工程院院士、石河子大学陈学庚研究员，中国农机院院长王博以及全国 28 家部属及省级农机科研院所、12 所高校农机相关学院的院（所）长及专家等 80 多人参加。会议就新时代农机科研院所改革发展思路、方向，以及农业装备科技创新未来需求及趋势进行了充分深入交流。陈学庚院士应邀就“科技创新全面提升我国农业装备研究制造水平”作报告，中国农机院呼和浩特分院刘贵林研究员、青岛农业大学王东伟教授、湖南农业大学谢方平教授分别就草原畜牧业装备、农作物机械化生产装备、南方多熟制生产装备的创新发展作报告。黑龙江省农机院院长石铁、山东省农机院理事长范本荣、广西农机院有限公司董事长卢永泉、广东省现代农业装备研究所所长张汉月以及中国农机院副院长、中机试验装备股份有限公司党委书记庄庆伟就院所事业单位改革、公司化改制、科技创新、成果转化与产业化等进行了交流汇报。农业农村部南京农业机械化研究所所长陈巧敏、甘肃机械院董事长韩少平、北京农机所总经理王浚峰、安徽省农业机械研究所所长杨保国、四川省农业机械研究设计院院长杨建国、云南省农业机械研究所所长杨俊敏等院（所）长分别介绍了各自的改革发展情况。

2018 年 7 月 7—9 日，“2018 年（第六届）内蒙古国际畜牧业机械博览会”在赤峰国际会展中心举办。该博览会由内蒙古农牧业机械工业协会主办，是内蒙古农牧业机械行业一年一度的行业盛会，也是我国第一个突出畜牧机械化的展览展示交易平台。该博览会作为下半年我国农机行业第一场专业化的区域性博览会，吸引了 200 多家国内外企业参展，展出面积 3 万 m^2，集中了国内外农牧机械行业一线主流品牌，大马力拖拉机、青饲料收获机、打包缠膜打捆还田机械、玉米收获机、杂粮收获机械、深松整地机械等。博览会期间，由国家饲草料生产科技创新联盟、中国农业机械学会畜牧机械分会、国家牧草产业技术体系及内蒙古农牧业机械工业协会联合主办“2018 年（第六届）中国现代畜牧业机械发展高峰论坛暨秸秆大会”、自治区 2018 年农牧机质量投诉监督管理站长工作座谈会在赤峰市同期召开。本年度的牧草收获机械演示会在赤峰市阿鲁科沁旗成功举办。

〔撰稿人：中国农业机械化科学研究院呼和浩特分院 王瑞先〕

农用柴油机

一、2018 年产量情况

2018 年，根据中国内燃机工业协会单缸柴油机和多缸柴油机分会会员企业的统计，完成柴油机销量 791 万台，其中，汽车配套柴油机为 281 万台，工程机械配套柴油机为 84 万台，农业机械配套柴油机为 114 万台，发电等恒速机组配套柴油机为 5 万台，船舶配套柴油机为 2.5 万台，在役设备更新用柴油机为 142 万台（单缸柴油机为 126 万台，多缸柴油机为 16 万台）。按柴油机的缸数统计，则单缸柴油机销量为 373 万台（35 家企业），缸数≤ 4 缸的多缸柴油机销量为 278 万台（29 家企业），6 缸柴油机销量为 140 万台。

二、产品水平

农用柴油机生产企业是我国内燃机行业的骨干企业，其目前生产的产品执行非道路移动机械用柴油机排气污染物排放限值及测量方法中国第三阶段标准。该标准中，在产品有效生命期内排放虽劣化但仍须达标的规定，促使柴油机生产企业不断提高产品的可靠性；在产品生命有效期内主要零部件不得更换的规定，带动了柴油机配附件的技术水平不断提升。

三、配套情况

2018 年，单缸柴油机行业提供商品总量 373 万台，其中，出口达 162.3 万台；供国内 OEM 市场配套计 85 万台，其中，三轮汽车配套 62.6 万台，手扶拖拉机配套 7.2 万台，微耕机配套 5 万台，小四轮拖拉机配套 3.7 万台，插秧机配套 2.4 万台，其他农业机械配套 4.1 万台；供国内在役的农业机械更新柴油机 125.7 万台，满足了在役的约 3 500 万台移动单缸机组年更新率 3.7% 的需求。

在 2018 年 418 万台多缸柴油机（缸数≤ 4 缸柴油机及 6 缸柴油机）销量中，汽车和工程机械配套柴油机占比很大，农业机械配套柴油机仅为 54.3 万台，占总量的 12.99%。54.3 万台柴油机中，用于大中型拖拉机及三大主食联合收获机 OEM 配套的共计 28.7 万台，其中缸数≤ 4 缸柴油机为 24.9 万台，6 缸柴油机为 3.8 万台；大中型拖拉机及三大主食联合收获机两大领域的在役机保有量为 836 万台，更新用柴油机为 25.6 万台，更新率维持在 3% 左右（实际上由于部分更新柴油机计入了新购置机中，因而在役机更新率偏低）。

四、细分市场情况

1. 拖拉机市场

按拖拉机型号标志现行标准，拖拉机型号以产品标称功率的马力值标志，功率≤ 25 马力（1 马力 =735.499W）的拖拉机称小型拖拉机，小型拖拉机按结构又分小四轮拖拉机和手扶拖拉机。小四轮拖拉机和手扶拖拉机配套的发动机均为单缸柴油机。从配套柴油机的功率看，近年来小四轮拖拉机配套的柴油机功率持续增大，2016 年配套的柴油机功率大于 25 马力的小四轮拖拉机占比为 86.8%，2017 年为 89.1%，2018 年为 91.6%，因此，小四轮拖拉机实际上进入了中型拖拉机的领域。

内燃机工业“十三五”规划指出，鼓励发展立式、直联传动单缸柴油机。由于装配该型柴油机的小四轮拖拉机节能降耗功效显著，实用经济性提高，加上农机购机补贴的政策导向，使作为单缸柴油机及小四轮拖拉机产销领军企业的时风迈开了小四轮拖拉机产品结构调整的稳健步伐。展望未来，在南方丘陵山区全盘机械化推进的过程中，手扶拖拉机必减少，小四轮拖拉机还有一定的质和量方面的上升空间。

2018 年拖拉机各类产品吸纳的单缸柴油机约为 108 985 台，相比 2016 年的 371 727 台，降幅为 70.68%；吸纳的缸数≤ 4 缸的柴油机约为 147 167 台，2016 年为 294 669 台，降幅为 50.05%；吸纳的 6 缸柴油机约为 24 045 台，2016 年为 11 077 台，增幅为 117%。综上所述，2018 年拖拉机 OEM 市场吸纳的达到非道路国三排放标准的缸数≤ 6 缸的柴油机计 280 197 台，与 2016 年的 677 473 台相比，下降了 58.64%。

2. 三大粮食作物联合收获机市场

三大粮食作物联合收获机中，喂入量＜ 7kg/s 的谷物联合收获机、5 行及以下的摘穗型自走式玉米收获机、履带式全喂入及少量半喂入水稻收获机均是缸数≤ 4 缸柴油机的适配空间，喂入量≥ 7kg/s 的谷物联合收获机、5 行以上玉米联合收获机则基本上为 6 缸柴油机的配套空间。

近三年，三大粮食作物联合收获机中，谷物收获机和水稻收获机的产销一路走低，唯有玉米收获机的产销 2018 年同比俱增。谷物轮式联合收获机产销降幅远大于履带式水稻收获机，主要原因为麦类作物综合机械化率已远高于稻类作物，已从购置新机转向更新在役机。

三大粮食作物联合收获机的产品结构是：喂入量≥ 7kg/s 的谷物联合收获机的产销量逐年下降，产销量占比逐年增加，从 2016 年到 2018 年，产量从 24 828 台降至 14 218 台，销量从 25 501 台降至 18 102 台，产量占比从 57.18% 升至 92.33%，销量占比从 55.62% 升至 92.83%；水稻收获机中，半喂入机型在数量及占比上仍“无足轻重”，全喂入机型中喂入量 5 ～ 6kg/s 的为主要机型，其次则为 3 ～ 4kg/s 机型，喂入量在 2kg/s 以下和 6kg/s 以上的机型极少；玉米收获机以摘穗型 4 行机为主、2 行和 3 行机为辅，籽粒拔禾机及背负机均极少，6 行以上机型从 2016 年至 2018 年产销均大幅下降。

2018 年联合收获机产销动向是：谷物收获机起步早，社会保有量已经很大，跨区作业效益已大降，因而成为近三年产销均大降的门类；稻米始终是主食之最，水稻收获机的产销降幅也较小，随着南方丘陵山区全盘机械化工作的推进，轻小机型还有发展空间；随着北方大面积调减玉米的种植面积，南方零星地块的玉米种植量不减略增，摘穗型 2 行和 3 行机仍看好。

近三年三大粮食作物联合收获机配用≤ 4 缸柴油机的数量 2016 年为 162 275 台、2017 年为 104 197 台、2018 年为 94 041 台，配用 6 缸柴油机的数量 2016 年为 26 021 台、2017 年为 30 788 台、2018 年为 14 670 台。

3. 插秧机市场

全国插秧机行业是一个工业总产值低于 40 亿元的行业，其产值较拖拉机行业（330 亿元）、联合收获机行业（290 亿元）小多了。插秧机的主要产品是 4 行和 6 行步行式插秧机及高速乘坐式 6 行插秧机。4 行和 6 行步行式插秧机均配套单缸柴油机，而高速乘坐式 6 行插秧机配套 2 缸柴油机。2018 年高速乘坐式 6 行插秧机销量为 16 653 台，日资久保田、洋马、井关及韩资大同四家公司销量合计达 12 858 台，占比 77.2%，中资品牌销量占比过小，因而配用国产 2 缸柴油机至多 3 600 台。在 4 行和 6 行步行式插秧机中，中资品牌仍占比不高，2018 年 4 行和 6 行步行式插秧机销量为 43 653 台，其中前述 4 家外资品牌销量合计达 17 624 台，占比达 40.14%，所以 4 行和 6 行步行式插秧机配用国产单缸柴油机数量约为 2.4 万台。

4. 三轮汽车市场

目前，三轮汽车配套的柴油机基本是单缸柴油机。近几年，农村劳动力构成的“3860”化、农村短途运输量大、劳动强度大、使用频次高的现实，使以自卸车为主的三轮汽车的总量保持高位且微升，其配套的单缸柴油机数量占农机配套单缸柴油机总量的比例也持续上升。2017 年 1 月 1 日后，低速货车（以前称农用四轮运输车）退出市场，低速汽车成为三轮汽车独撑的行业。2018 年三轮汽车销量降至 626 233 辆。

从 2018 年 7 月 1 日起执行的《摩托车污染物排放限值及测量方法（中国第四阶段）》（GB14622—2016）标准，对装配压燃式发动机的相关要求，必将成为三轮汽车产品转型升级的技术支撑。

三轮汽车功能多，道路适应性好，也可用于田间作业、抽水、打场及带动加工机械，与汽车相比有独特的优势，深受农民的喜爱，在购置、使用、操作、维修等方面都有深厚的基础。

5. 在役机更新市场

农业农村部 2018 年颁布的配套 6 缸、4 缸、3 缸及 2 缸柴油机的在役农用机组如下：大中型拖拉机 670.08 万台，总功率 22 398.94 万 kW；联合收获机 203.65 万台，其中，甜菜收获机 0.17 万台，棉花收获机 0.41 万台，青饲料收获机 4.55 万台，稻麦收获机 148.49 万台，玉米收获机 50.03 万台，各类联合收获机总功率为 10 573.40 万 kW；农用工程机械机组 50.21 万台，总功率 2 730.50 万 kW。

2018 年农用柴油机市场的全面下滑，说明农用柴油机的创新突破已成燃眉之急，行业进入拼实力、拼管理、拼创新、拼品质的时代，必须尽快满足新一代用户的理性选择。

五、企业概况

农用柴油机的主体是缸数≤ 6 缸的柴油机，其主要生产企业均为我国内燃机行业的骨干企业和中国内燃机工业协会的会员单位。其中，1～6缸柴油机兼产的企业有广西玉柴机器集团股份有限公司及所属各分公司；1～4缸柴油机兼产的企业有安徽全柴动力股份有限公司、常柴股份有限公司、江苏常发实业集团有限公司、江苏农华智慧农业科技股份有限公司、山东华源莱动内燃机有限公司；4缸和6缸柴油机兼产的企业有潍柴动力股份有限公司及下属的潍柴动力扬州柴油机有限责任公司、一汽解放汽车有限公司无锡柴油机厂、北汽福田汽车股份有限公司、东风朝阳柴油机有限责任公司、一拖（洛阳）柴油机有限公司、天津雷沃动力有限公司；主产4缸柴油机的企业有昆明云内动力股份有限公司、浙江新柴股份有限公司、江苏四达动力机械集团有限公司、一拖（姜堰）动力机械有限公司；以生产2缸柴油机见长的企业有福建力佳股份有限公司、无锡华源凯马柴油机有限公司；主产单缸柴油机的山东时风（集团）有限责任公司、常州亚美柯机械设备有限公司、江苏鑫田柴油机有限公司、江苏峨嵋动力机械有限公司、金坛柴油机常州有限公司、江苏金动动力机械有限公司、浙江三环柴油机有限公司、江苏常工动力机械有限公司、武进五菱柴油机有限公司、常州科普动力机械有限公司、浙江四方集团公司、江苏常兴动力机械有限公司、常州稳健机械有限公司、常州常扬柴油机有限公司、广东德力柴油机有限公司、常州常富柴油机有限公司、山东科林动力科技有限公司、余姚捷华动力机械有限公司等企业。

上述企业中不乏柴油机直供自产农业装备的终端企业，如洛拖、时风、常发、福田等。柴油机作为中间产品，各公司产品均有由各自的基本型衍生的车用、农用、工程机械用、船用及发电等恒速机组用的产品系列，以满足变速变负荷工况移动机械和恒速变负荷固定机组匹配要求。

〔撰稿人：中国内燃机工业协会单缸柴油机分会、多缸柴油机分会邵仁恩〕

农业机械零部件

一、行业总体运行情况

根据国家统计局数据，2018年，农机零部件行业统计企业为324家，其中亏损企业为47家，亏损面为14.51%；亏损企业亏损额为0.8亿元，同比下降35.36%。全年实现主营业务收入202.68亿元，同比下降5.78%；实现利润13.42亿元，同比增长1.34%；利润率为6.62%。从成本费用方面分析，主营业务成本为173.25亿元，同比下降6.27%；销售费用为4.49亿元，同比下降12.29%；管理费用为8.76亿元，同比增长8.76%；财务费用为1.86亿元，同比增长6.79%。出口交货值为9.66亿元，同比增长29.4%。

总体分析，2018年，农机零部件行业总体运行平稳，受行业下行压力增大影响，零部件行业主营业务收入有所下降，但零部件企业通过降低成本，加强走出去的力度，实现利润与去年相比还略有增长。

二、农机零部件细分子行业分析

1. 液压提升器

拖拉机液压提升器是农用拖拉机液压系统的核心部分，是拖拉机的重要组成部件，用于连接拖拉机与农具，并控制农具，使拖拉机能够实现多种田间作业功能。

目前国产大中功率拖拉机广泛采用机液式提升器，其通过机械式力位传感机构对主控液压阀进行反馈控制，实现农具的受力和位置的调节。但是机液式提升器结构复杂、体积较大且控制精度低，难以实现拖拉机的精细作业，在国外大功率拖拉机上逐渐被电液式提升器代替。

目前，国内机液式提升器的主要生产企业是山东弘宇农机股份有限公司。电液式提升器的核心技术主要被意大利米塔、德国博世力士乐等公司掌握，国内企业在电液式提升器领域与国外企业相比还有较大差距。

土地集中、规模化经营的快速推进，全程农业机械化等政策的深入落实，以及农业合作组织、家庭农场的迅猛崛起，将会推动我国拖拉机继续向大功率、四驱产品发展，拖拉机液压提升器要适应拖拉机向大型化、成套化、智能化、精准化方面发展的要求，大功率拖拉机电液式提升器将迎来广阔的市场前景。

2. 转向驱动桥

目前，国际上大功率拖拉机已发展至200马力（1马力=735.499W）以上，美国约翰迪尔、凯斯纽荷兰、爱科等公司已拥有500马力以上大型拖拉机产品。与其相配套的前转向驱动桥也已发展至200马力以上，并配有差速锁、限滑差速、制动等核心技术，这些技术掌握于意大利卡拉罗公司、美国德纳公司及德国采埃孚公司。12kg以上大喂入量收获机械朝着四轮驱动方向发展，与之配套的后转向驱动桥向静液压传动（HMT）发展，核心技术已被美国约翰迪尔公司及日本久保田公司掌握。

目前国内生产转向驱动桥的企业主要有潍坊谷合传动技术有限公司、采埃孚一拖（洛阳）车桥有限公司、山东雷沃传动有限公司及山东云宇机械集团有限公司等。

国外转向驱动桥产品已实现大转角、半自主悬浮、防泥水密封、HMT静液压后转向驱动、LSD限滑差速等核心技术应用。国内大功率拖拉机的转向驱动桥在大转角技术、拖拉机水田桥轻量化、防泥水密封技术、HMT静液压后转向驱动、LSD限滑差速及水田桥四级减速等核心技术方面也已经实现了突破。随着国产转向驱动桥质量和可靠性的不断提高以及较好的性价比和售后服务，未来国产大功率转向驱动桥在与外资品牌产品的竞争中将赢得更大的市场。

3. 离合器

离合器是传动系中变速器与发动机之间重要的连接部件，它传递（离合器结合）和切断（离合器分离）发动机传给传动系的动力，以保证拖拉机及农用动力机械的平稳起步和停车以及变速器的挡位变换。

目前全球离合器开发和设计的领先者是德国舍弗勒旗下LUK公司，该公司每年生产大约1 000万套轿车及拖拉机离合器。国内农机离合器生产企业约30多家，其中具有较大生产能力和规模的有3～5家，主要有洛阳一拖众成配件制造有限公司和荣成市黄海离合器有限公司等。在大功率拖拉机方面，上述两家离合器生产厂家大约占据70%左右的市场份额，外资品牌德国LUK公司占据大约10%左右市场，一些小规模及新进入农机离合器行业的厂家占20%左右。离合器售后维修市场比较散乱，提供产品的企业差别也很大，既有小作坊，也有专业大规模生产企业。由于企业对拖拉机离合器产品的认识差异及工艺装备的不同，其提供产品的质量也参差不齐。

三、农机零部件行业发展面临的问题

1. 重市场，轻研发

随着零部件产品同质化竞争的日趋激烈，部分零部件生产制造企业偏重于眼前的利益，只在供货份额上拼抢争斗，而忽略了对产品研发的投入，使产品长期处在一个低端、劣质的状态下运行，故障率高，三包费用大，运营成本加大，利润空间逐渐缩小，使企业研发、新材料、新设计、新结构得不到充分地开发和运用验证，整个供应链条上的产品长期处在一个老旧、疲惫的状态，产品技术和品质难以得到突破和提升。

2. 重价格，轻质量

当前，部分零部件企业为获得整机企业订单，不惜大幅降价，甚至亏本销售，搅乱了市场，给零部件行业造成非常恶劣的影响。这种不正当的竞争，让优秀的零部件企业不堪重负，为了生存，有些零部件企业只好在材料使用上、产品配置上降格，使产品品质得不到有效的保证和提升，从而影响到了整机的整体品质。

四、零部件行业良性发展的应对策略

1. 骨干整机企业发挥引领作用，整零协作，诚信经营

一是要技术带动，鼓励零部件企业参与整机产品的设计开发。发挥零部件企业专业性强的优势，鼓励零部件企业创新研发，在整机产品设计之初零部件企业就参与其中，提高效率，少走弯路。

二是重视成本优化的同时更要重视产品质量。鼓励零部件生产制造企业充分发挥自己的专业优势，不断提升产品品质。加强对供应商规范管理，对产品质量不合格的供应商坚决剔除。在价格与品质之间的选择上，要从企业或行业发展大局上考虑，坚持走品质振兴之路。

三是践行契约精神，诚信经营。整机企业应践行契约精神，加强诚信建设，支持零部件企业发展，力争做到诚信履约，按期付款。

2. 零部件企业应加强创新，质量为先

零部件强，则整机强。零部件企业应对标同行业国内先进水平，努力加强自主创新，加大研发投入，提升零部件技术水平和产品质量，依靠优异的产品质量赢得整机厂的认可。

3. 努力开拓国际市场，大力实施“走出去”战略

在当前国内农机市场持续低迷的背景下，零部件企业应大力实施“走出去”战略，努力开拓国际市场，进入国际市场采购体系，多元化发展，降低对国内市场的依赖。

当前，国外农机零部件市场大多数整机配套和市场配套掌握在美国、欧洲等发达国家手里，印度、东南亚等新兴市场整机整体偏弱，我国零部件正好介于西方发达国家和新兴市场之间。目前，留给我国零部件“走出去”的时间也就是3到5年，我国零部件企业应抓住当前机遇，提高产品品质，依靠价格优势，努力开拓国际市场，进入国际采购体系。

4. 发挥行业协会优势，努力推动优秀零部件企业进入整机企业的采购体系

行业协会作为沟通企业与政府的桥梁和纽带，应做到“大处着眼，小处着手”。在宣贯国家大政方针政策的同时，努力为零部件企业争取国家政策的支持，同时也要因势利导，顺势而为，鼓励优秀零部件企业发展。近几年，中国农业机械工业协会组织的零部件龙头企业评选、优秀零部件企业与整机企业对接等活动，在一定程度上促进了零部件行业的良性发展。协会应进一步扶持优秀的零部件企业发展，整合零部件优势资源，打造零部件细分领域的国家队，推动零部件龙头企业在进入国内优秀整机企业采购体系的同时，为优秀零部件龙头企业创造参与国家竞争的平台，努力推进零部件行业的健康、有序发展。

〔撰稿人：中国农业机械工业协会肖俊华〕

农业机械化概况

记述 2018 年我国农业机械化发展概况

Descriptive record of the development of China's agricultural mechanization and the achievements made in 2018

农业机械化概况

2018 年农业机械化发展概况

Overview of the national development of agricultural Mechanization in 2018

2018 年玉米收获机械化发展概况

Overview of the development of corn harvesting Mechanization in 2018

2018 年农业机械化质量工作概况

Overview of the Quality work of agricultural mechanization in 2018

2018年农业机械化发展概况

2018年是全面贯彻落实党的十九大精神、实施乡村振兴战略的开局之年，是推进机构改革、组建农业农村部门的第一年。面对农业机械化发展环境和需求结构的深刻变化，全国农业农村系统认真贯彻党中央、国务院农机化决策部署，履职尽责，担当作为，以提升重点作物、关键环节和薄弱地区生产机械化水平为重点，补短板、强弱项、促协调，扎实推进农业机械化全程、全面、高质、高效发展，为农业生产持续稳中向好，为农村经济社会健康发展，提供了强有力的机械化支撑。

一、农机装备总量保持增长势头，农业各产业装备水平全面提升

在政策和市场的带动下，农机装备保障能力持续提升，全国农机总动力达10.04亿kW，较上年增加1 588.40万kW，同比增长1.61%。其中，柴油发动机动力占全国农机总动力的比例达77.60%，同比上升0.24个百分点。2018年，全国实施中央财政农机购置补贴资金174.1亿元，补贴购置机具191.7万台，受益农户163.8万户。支持16个省份开展新产品试点，支持16个省份开展农机购置补贴引导植保无人飞机规范应用试点，全国农机装备保有量持续增加，总量达到约1.98亿台（套）。规模以上农机企业主营业务收入达2 601.32亿元，同比增长1.67%，我国世界第一农机制造大国地位进一步巩固。主要农作物生产机具继续较快增长，保障粮食生产的机械化力量更加强大。稻麦联合收割机达152.90万台，同比增长2.97%。玉米联合收割机达53.01万台，同比增长5.95%，其中，自走式玉米联合收获机达43.08万台，同比增长9.09%。水稻插秧机达85.65万台，同比增长4.16%。大豆收获机达2.15万台，同比增长8.28%。农业机械各产业稳定增长，全面机械化发展潜力逐步释放。农产品初加工作业机械、畜牧机械、水产机械保有量分别达到1 506.18万台、780.95万台、447.32万台，同比分别增长2.12%、2.29%、1.09%。

二、农机装备结构持续优化，高效绿色机具增长迅速

动力机械趋于大型化，机具使用效率提高。拖拉机结构更新，小型拖拉机加快淘汰，大中型拖拉机快速增长。80马力（1马力=735.499W）及以上拖拉机达112.85万台，同比增长14.02%；拖拉机配套农具达3 940.06万部，机具配套比从1∶1.74增长到1∶1.76。2018年，全国共报废更新农机具2.1万台，投入报废更新补贴资金6.5亿元，受益农户1.6万户。农业绿色生产机具稳定增长，有力助推农业生产方式转变。深松机达到28.87万台，同比增长2.85%；免耕播种机、精量播种机分别达到100.28万台、406.24万台，同比分别增长3.90%、0.53%；秸秆粉碎还田机达到92.63万台，同比增长3.94%。畜禽粪污处理机械保有量达6.51万台（套），打（压）捆机达8.55万台。

三、农机作业水平有新跨越，发展短板正在加快补齐

全国农作物耕种收综合机械化率达69.10%，同比提高1.87个百分点。主要粮食作物生产机械化稳步推进，小麦、水稻、玉米耕种收综合机械化率分别达95.10%、80.18%、85.55%，较上年分别提高0.79、1.73、2.76个百分点。薄弱环节机械化水平加快突破，水稻机械种植率达48.16%，同比提高2.70个百分点；玉米机收率达70.89%，同比提高4.96个百分点；马铃薯、棉花综合机械化率分别为42.61%、76.88%，同比分别提高4.18、6.14个百分点。率先基本实现全程机械化的示范县新增152个，总数达到302个。绿色机械化生产能力大幅提高，精量播种面积、机械深施化肥面积、机械化秸秆还田面积和秸秆捡拾打捆面积分别达42 621.77khm^2、35 269.99khm^2、51 326.87khm^{2}和7 874.05khm^2，同比分别增加1.61%、1.99%、2.59%和55.60%。全国果菜茶机械化技术推广面积超过3.9亿亩次（1亩≈666.7m^2），茶叶种植加工全过程机械化模式在浙江等主产区广泛应用。组织完成农机深松整地1.55亿亩，在东北地区启动深翻作业补助试点，大力推广深松作业信息化远程监测技术，信息化监测率达到93%，深松作业质量和监管工作效率有效提高，有力促进了秸秆还田和黑土地保护。农机化产业扶贫扎实推进，助力帮扶地区脱贫攻坚。各行业机械化水平总体稳步提高，设施农业、农产品初加工、畜牧养殖、水产养殖机械化率分别达到36.28%、36.31%、33.16%、28.75%。

四、农机社会化服务快速发展，规模化和服务能力持续提升

农机化作业服务组织总量稳定增长，规模化、专业化组织发展迅速。全国农机服务组织达19.15万个，同比增长2.22%。其中，拥有农机原值50万元（含50万元）以上的达5.38万个，同比增长15.18%，占农机服务组织总数的比例由24.94%增长到28.10%；拥有农机原值100万元（含100万元）以上的达2.63万个。农机专业合作社达7.26万个，同比增长6.81%，占农机服务组织总数的比例由36.30%增长到37.93%。农机户规模保持稳定，户数和年末人数分别达4 080.36万户、5 132.75万人，其中农机作业服务专业户和年末人数分别为440.90万户、610.51万人。农机服务收入达4 717.75亿元，其中农机作业服务收入3 531.38亿元。开展万名农机合作社理事长和农机大户轮训，"互联网＋农机服务""全程托管""机农合一""全程机械化＋综合农事服务"等专业性综合化新型服务主体和服务模式加快发展。推出93个全国"平安农机"示范市县，全年累计报告在国家等级公路以外的农机事故563起、死亡74人、受伤131人、直接经济损失717.54万元，与上年相比，分别下降了32.1%、43.1%、42%和48.6%。

当前，农业机械化已经成为转变农业发展方式、提高农村生产力的重要基础，成为实施乡村振兴战略的重要支撑。2018年12月21日，国务院印发《关于加快推进农业机械化和农机装备产业转型升级的指导意见》，明确了新时期推动农业机械化的任务和举措。各级农机化主管部门将以深入贯彻落实《国务院关于加快推进农业机械化和农机装备产业转型升级的指导意见》为主线，推动农机农艺融合、机械化信息化融合、农机服务模式与农业适度规模经营相适应、机械化生产与农田建设相适应，加快推进农业机械化向全程、全面、高质、高效转型升级，为推进农业供给侧结构性改革、实施乡村振兴战略、实现农业农村现代化提供有力支撑。

〔撰稿人：农业农村部农业机械化管理司刘俊〕

2018年玉米收获机械化发展概况

2018年是我国种植结构调整、"镰刀弯"地区改种、去库存的关键年。国家统计局发布的《2018年国民经济和社会发展统计公报》数据显示，2018年玉米种植面积42 130khm²，比上年减少270khm²。全国农机化统计年报数据显示，玉米机收面积27 888.23khm²，玉米机收率66.2%。2018年玉米联合收获机保有量53.01万台，其中自走式玉米收获机43.08万台；2018年前10个月我国自走式玉米收获机销量44 310台，较2017年同期增长24%，其中3行以上玉米收获机销量22 731台，同比增长31%。玉米收获机销售市场出现的两位数增长，成为2018年处在转型低谷的农机市场的亮点。

一、行政推动与政策支持

行政推动和购机补贴政策的支持是玉米收获机市场出现高增长的重要因素。农业部农业机械化管理司在2018年工作要点中指出："聚焦9大农作物优势区域，针对新型经营主体推出一系列接地气、可复制的全程机械化整体解决方案，促进全程机械化高效生产方式与适度规模经营有机融合。针对玉米籽粒直收、双季稻机种、甘蔗机播机收、棉花机采等关键薄弱环节，精心实施试验示范项目，打造一批全程机械化核心示范基地。"

2018年2月7日，农业部农业机械化推广总站公布了《2018—2020年全国通用类农业机械中央财政资金最高补贴额一览表(公示稿)》，公示了未来3年通用类农机购置最高补贴额。就玉米收获机的补贴调整情况来看，国家对小型机及籽粒收机型的补贴额度进行了不同程度的调高，对大型机补贴额度进行了微调，同时取消了兼收小麦型的玉米机的补贴。目前，黄海、淮海及东北等玉米主产区的摘穗剥皮玉米机型趋于饱和，对主销机型补贴额度做了适当减低，对适合于丘陵山区的2行和3行小型玉米机分别增加了补贴额度，对于大型机的补贴虽有微调，但是支持方向不变，对5行以上自走式玉米籽粒联合收获机的补贴调高至8.74万元。

另外，为促进玉米良种良法和适宜机具协同创新，加快玉米育种、收获机械和配套栽培技术研发，提高玉米生产全程机械化水平和市场竞争力，国家发展改革委下达了国家玉米全程机械化生产科技创新基地建设项目2018年中央预算内投资计划，用于中国农业大学国家玉米全程机械化生产科技创新基地项目建设。

二、市场及销售情况

经过多年的市场培育，国内玉米收获机机型种类多样，包括传统摘穗型、茎穗兼收型、青贮型、籽粒型及鲜食玉米收获机，而且产品的整体作业性能、作业效率也实现了大幅提升，玉米收获机制造逐步进入成熟期。据中国农业机械工业协会统计，2018年我国玉米收获机产量

23 651 台，同比增长 32.43%，是农业机械众多传统子行业中唯一增长的行业。其中，4 行玉米收获机产量 4 064 台，同比增长 41.16%；5 行玉米收获机产量 12 225 台，同比增长 18.01%；6 行玉米收获机产量 1 916 台，同比增长 119.47%。3 行玉米收获机与 4 行玉米收获机依然是主力机型，占据主导市场。

从玉米收获机各区域市场的销售情况来看，由于种植规模化，东北及内蒙古“镰刀弯”地区和华北平原仍是 3 行及以上玉米收获机的重点区域，特别是大型籽粒收获机仍然集中在东北区域。西南丘陵山区、南方低缓丘陵山区、黄土高原及西北地区对于小型玉米收获机的需求逐步增长。

玉米收获机械化市场也面临诸多风险。当前玉米收获机生产企业面临利润率、升级换代和价格下行等压力，主要是由于 2014 年前后大量企业涌入玉米收获机市场，部分企业为了销量大打价格战，导致近几年玉米收割机的整体利润率偏低。另外，农业供给侧结构性改革将继续推进，部分地区粮改饲尚未完成，调减玉米面积或轮作其他作物等政策或将进一步实施，同时天气和病虫害等也是潜在的危险因素。

三、新产品研发

受国家政策指引以及用户需求升级等原因，玉米收获机生产厂家也在对产品进行技术改进和升级。2018 年，中农博远推出了 4YZ-4F4L 玉米收获机，相比于老款机型，新机型配备了 175 马力（1 马力 =735.499W）国三发动机，一键切换转场模式与作业模式，匹配最佳传动比，油耗低，动力强劲，作业速度 7km/h，纯作业效率约 15 亩 /h（1 亩 =666.7m^2）；全胶剥皮辊，多种排列组合，适合收获各种成熟度玉米；割台部位优化，采用加长型浮动式分禾器，收获倒伏玉米效果好。该产品入选《农机装备智能工厂制造运行管理系统标准》项目。

郑州中联收获机械有限公司 2018 年对原有的 4YZ-3X、4YZ-3B 玉米收获机进行了全新的技术升级和改进，推出了 4YZ-3W 自走式不对行玉米联合收获机（S300），满足了用户对玉米收获机高效、可靠、机动灵活、秸秆粉碎效果好、性价比高的多项要求。

四、产品质量

2018 年，火爆农资招商网对玉米收获机产品满意度在网上进行了调查，收到来自全国 33 个省（自治区、直辖市）的 102 873 份网络调查卷，其中收到的玉米收获机满意品牌调查有效问卷 8 599 份，农机用户占调查总人数的 55.30%。

本次评审采用网上打分方式，网上投票参与者根据自身评判，分别对品牌知名度、质量可靠性、产品舒适度、产品性价比、售后服务、购买体验、增值服务、再购买选择 8 项指标进行打分，分值从 1 分至 10 分，最终算出品牌综合平均分。同时，组织行业专家进行集中评审，同样采取 1 分至 10 分打分方式，最终算出平均分。将两项平均分进行加权计算，得到该品牌的得分，并依据此得分进行排名。在前期网上投票中没有涉及的个别品牌，经专家推荐后也可进行专家打分，并对专家评审平均分进行平方后再做加权计算。

通过计算，入选玉米联合收获机满意品牌的是：勇猛、约翰迪尔、雷沃谷神、牧神、中联重科、中农博远、巨明、五征、中国收获 / 东方红、金大丰。

五、信息化建设

全国各级农机管理和推广部门及玉米收获机生产企业依然结合农时组织跨区机收作业。2018 年，农业农村部农机试验鉴定总站进一步完善“农机直通车”全国农机化生产信息服务平台，为跨区机收提供及时有效的信息服务，提高玉米机收作业效率。

六、推广应用与市场化服务

玉米机械化收获仍然是农业农村部、玉米生产区省份每年的工作重点。各省、市、县等农机管理和推广部门仍然会举办不同规模的玉米机械化收获现场演示会等活动，向当地农户推荐适宜的玉米收获机产品。

2018 年农业农村部重点推广玉米籽粒低破碎机械化收获技术，将它列为2018年的十项重大引领性农业技术之一，在河南、吉林进行试验，目前已进入技术集成成熟化与示范展示阶段，主要技术内容是通过适宜品种、栽培技术、收获机械以及烘干设施等方面的集成配套，实现玉米高效、低损失、籽粒低破碎收获，降低生产成本，提高玉米品质。针对目前我国玉米籽粒直收存在破碎率偏高等问题，中国农业科学院、中国农业大学等专家剖析了影响因素，并提出了应对措施：一要选用机械粒收审定的矮秆、早熟、脱水快、耐密、适合机械作业的玉米品种；二要选择籽粒含水率在 18% ～ 24% 时进行收获；三要选用低破碎率的先进收获机械；四要配套烘干设施；五要选择玉米乳线消失 7 ～ 10 天为最佳收获期进行收获。

11 月 3 日，全国农业技术推广服务中心、农业农村部农业机械化技术开发推广总站在吉林省榆树市召开“2018 年玉米籽粒低破碎机械直收技术示范推广现场观摩会”。与机械摘穗收获作业相比，玉米籽粒机械直收每亩降低作业成本 100 ～ 150 元，省工省时，节本增效，深受广大农民、种植大户和农业合作社的欢迎。

另外，一些大型玉米收获机生产企业也从产品质量提升向售后服务延伸。例如，中农博远将 2018 年定为企业的服务年，构建更完善的售后服务体系，加大服务力度、配件供应力度，努力提升保姆式服务理念，在全国主销地区建立多家配件中心库及服务站，配备多台流动服务车，彻底解决往年服务难、配件供应难、跨区作业服务跟不上等一系列问题。

七、存在问题及建议

2018 年，我国玉米机械化收获总体向好，但是一些深层次问题还需要进一步解决。

第一，玉米收获机产品质量有待进一步提升。尽管我国玉米收获机的种类不断丰富，销售量和保有量不断增长，但是现阶段国内从事玉米收获机生产的企业与国际化合资企业相比，在生产规模、生产加工设备、制造装配精度等方面仍存在差距。

第二，北方玉米机械化收获模式有待进一步优化。北方地区玉米机械化收获基本都是采用“摘穗－剥皮－秸秆粉碎”的模式。北方地区冬季气候寒冷干燥，冬季秸秆不易腐烂，粉碎后的秸秆又不易回收，因此，在操作模式上仍需分类改进设计。

第三，玉米良种攻关有待进一步加快。适合机械化收获的玉米的必备性状是早熟、耐密、抗倒和脱水快。而当前的大部分玉米品种都属于中大穗型，其穗位较高，在生产过程中存在倒伏、易折断等风险，从而影响机械收获的籽粒品质。围绕推进农业供给侧结构性改革，应尽快培育出新的综合性状优良、籽粒脱水速度快、耐密植的优势杂交玉米品种，实现良种良法良机融合发展。

〔撰稿人：天津市农业机械与农业工程学会宋樱、辛永波、胡伟〕

2018 年农业机械化质量工作概况

2018 年，在深化“放管服”改革、“十三五”规划继续推进、党和国家机构改革落地、《国务院关于加快推进农业机械化和农机装备转型升级的指导意见》（国发〔2018〕42 号）出台实施的大背景下，各级农机试验鉴定和质量监督机构在农机化主管部门的领导下，以新发展理念为指引，围绕中心，认真履职，以农机试验鉴定、质量调查、投诉监督、维修管理和农机化标准制修订等为重点，积极开展农机化质量工作，促进农机产品质量、作业质量、维修质量、服务质量进一步提升，为推进农机化全程、全面、高质、高效发展提供了有力的技术支撑和服务保障。

一、农机质量投诉监督持续推进

农机质量投诉监督是农机化质量工作的重要组成部分，也是强化农机质量事中事后监管的重要手段。2018 年，各级农机化主管部门依照《农业机械质量投诉监督管理办法》和《农业机械产品修理、更换、退货责任规定》等要求，进一步畅通渠道，完善制度，规范开展农机质量投诉的咨询、受理与处理，维护农民合法权益，推动提升农机产品质量和服务水平。

从投诉监督体系建设情况看，随着地方政府机构改革的深入，不少农机质量投诉监督机构处于职能转移、人员变化之中，全国投诉监督机构数量有所减少，主要是县级机构较上一年减少 102 个，减幅 12%。据 2018 年年底统计，全国农机化系统已明确的各级农机质量投诉监督机构 2 279 个，其中，部级机构 1 个、省级机构 33 个、地市级机构 276 个、区县级机构 1 969 个。各地不断完善农机质量投诉监督工作制度，内蒙古、江苏、福建、四川、甘肃等地制订、实施投诉受理工作规范，江苏印发《农机质量投诉监督机构示范点建设实施方案》，推进提升农机质量投诉监督工作的规范化水平。“全国农机质量投诉管理系统”全面投入使用，县级以上投诉监督机构陆续入网，投诉案件的互动处理和信息报送更加简便、规范、高效。

为营造强化质量监督、维护用户合法权益等氛围，农业农村部农业机械试验鉴定总站（以下简称农机鉴定总站）探索部省联动“农机 3·15”新模式，联合天津、黑龙江、广西、陕西等四省（自治区、市）农机鉴定站开展“农机 3·15”消费者权益日主题活动，加大宣传力度，提升影响力；内蒙古、上海、浙江、重庆等多个省（自治区、市）也根据农业农村部“农机质量年”要求，有计划地开展农机消费维权、放心农资下乡进村等活动，宣传农机化政策法规，普及消费维权知识，提升农机用户质量维权意识。

2018 年，农机质量投诉数量稳中有降。据不完全统计，2018 年全国农机质量投诉监督机构接收各类农机质量投诉 357 件，受理 341 件，受理率 95.5%，办结 323 件，办结率 94.7%，为用户挽回直接经济损失 1 791.3 万元。在全年农机质量投诉案件中涉及投诉人数为 388 人（次），涉及农机经销商 243 家（次），涉及农机生产企业 217 家（次）。

2016 年、2017 年和 2018 年农机质量投诉总量分别为 625 件、391 件和 357 件，总体呈下降趋势。

从质量投诉涉及的机型分布看，2018 年拖拉机、收获机械（包括稻麦联合收获机和玉米收获机）仍然是农民投诉的重点。接收的拖拉机、收获机械（包括稻麦联合收获机和玉米收获机）投诉数量分别为 110 件、109 件，较前两年有所减少，但在投诉总量中占比仍分别高达 32.3%、32.0%，合计占比达 64.3%，较 2017 年提高了 9.3 个百分点。在涉及拖拉机的投诉中，对 80 马力（1 马力 =735.499W）及以上拖拉机的投诉占比最高，达 70.0%，较 2017 年增加 17.7 个百分点，延续了前几年的特点。在涉及收获机械的投诉中，对全喂入谷物联合收割机投诉的占比最高，达 66.1%，较 2017 年回落了 4.2 个百分点；玉米收获机投诉数量占比为 30.3%，较 2017 年增加了 6.5 个百分点。值得关注的是，谷物干燥机质量投诉占比达 6.9%，较 2017 年高出 3 个百分点，且以循环式谷物干燥机为主（占谷物干燥机质量投诉总量的 87%）。

各类投诉涉及产品质量、作业质量、修理质量和服务质量四个方面，其中，高达 86.6% 的投诉涉及产品质量原因，18.8% 的投诉涉及售后服务质量原因。具体看，投诉的产品质量问题主要集中在大型拖拉机和收获机械（玉米收获机居多）。大型拖拉机的质量问题主要表现为变速器、液压零部件和发动机等配套件的故障率高；玉米收获机的质量问题主要表现为发动机故障率高、传动轴断裂、着火、作业质量差（收获损失大、籽粒破碎率高）、物料输送不畅等方面。

二、农业机械质量调查不断拓展

2018 年，根据用户投诉和农业生产需要，省级以上农机化主管部门依据《农业机械化促进法》和《农业机械质量调查办法》，组织开展了在用特定种类农业机械的质量调查。农业农村部组织开展了 100 ～ 150 马力大型轮式拖拉机质量调查，共调查了 31 家企业生产的 31 个型号的产品，涉及 620 个用户；天津、河北、山西、内蒙古、上海、江苏、浙江、福建、山东、湖北、广东、广西、重庆、云南、陕西、甘肃、宁夏 17 省（自治区、市）组织开展了省级质量调查共计 22 项，涵盖了拖拉机、玉米收获机、谷物收割机、秸秆粉碎还田机、深松机（含深松整地联合作业机）、水稻插秧机、甘蔗种植机、蔬菜播种机、喷杆式喷雾机、谷物干燥机、果蔬烘干机、单轨运输机 12 种农业机械，涉及 235 家（次）生产企业、419 个（次）产品型号的 3 696 个（次）用户。与 2017 年相比，开展质量调查的省份数量增加 4 个，开展调查的项目数量增加 8 项，农业机械质量调查工作趋于常态化，社会影响逐步扩大。

调查对象主要从 2016—2017 年（个别省份含 2015 年）购买、享受购机补贴、使用满一个作业季节的农机产品中抽取。调查主要采取用户满意度评价的方法进行，由用户对其使用的农业机械的安全性、可靠性、适用性以及售后服务状况（简称“三性一状况”）4 项内容分别进行满意度评价，调查人员通过现场询问、查看、取证后确认，得出不同用户对该型号产品“三性一状况”调查指标的单项满意度分值。在此基础上，调查人员按评价方法计算得出相应型号产品“三性一状况”的单项满意度和综合满意度评价分值。满意度评价分 5 档：90 ～ 100 分为“很满意”、70 ～ 90 分为“满意”、60 ～ 70 分为“一般”、40 ～ 60 分为“不满意”、40 分以下为“非常不满意”。

调查结果显示，大部分用户对所用产品表示“满意”，各批次质量调查用户满意度评价在 66.6 ～ 89.3 分之间。各单项满意度评价分数分别为：安全性 69.8 ～ 94.5 分，可靠性 62.7 ～ 93.2 分，适用性 69.6 ～ 89.5 分，售后服务状况 64.3 ～ 90.8 分。相对而言，安全性反映较好，可靠性和售后服务质量反映较差。具体问题主要反映在，安全性方面：安全标志缺失或破损，危险部位安全防护缺失，大型轮式拖拉机未装安全框架或驾驶室等；可靠性方面：零部件断裂损坏、密封性问题、故障发生频次高等；适用性方面：反映在不同作业对象与条件下，机具的动力性、操纵性、作业速度、作业质量等不能满足作业要求；售后服务方面：企业售后服务不及时，产品配件供应不足，服务承诺兑现较差，服务人员的服务能力弱和服务态度不好等。

省级以上农机化主管部门公布调查结果，召开质量分析会，反馈用户意见，提出改进建议，督促企业采取有效措施落实整改，促进问题解决和质量改进，推动行业健康发展。

三、农业机械推广鉴定改革发展

（一）试验鉴定制度和能力建设取得重要进展

在推广鉴定制度建设方面，为适应农机化全程、全面、高质、高效发展对增强农机鉴定有效供给、转变鉴定方式、优化鉴定服务的新要求，落实新修订的《农业技术推广法》和国务院“放管服”改革的精神要求，适应事业单位分类改革、行政事业性收费改革的实际，农业农村部深化农机试验鉴定体制机制改革，颁布了《农业机械试验鉴定办法》（农业农村部部长令 2018 年第 3 号）。农机鉴定总站组织起草《农业机械试验鉴定工作规范（征求意见稿）》，配套制修订《全国农业机械试验鉴定管理服务信息化平台管理办法》《通过部级（国家支持的）农机推广鉴定的产品及证书使用情况监督检查工作规范》《部级（国家支持的）推广鉴定证书发放管理办法》《部级（国家支持的）推广鉴定任务分配办法》等一系列指导性文件。湖南等省制定了省级推广鉴定工作程序、省级推广鉴定证书发放管理办法等管理制度，为新试验鉴定办法的实施奠定了基础。农机试验鉴定工作被纳入农业农村部2018年农机购置补贴政策落实延伸绩效管理，对地方承担部级鉴定、省级鉴定和信息化平台建设三个方面工作予以考核。

在推广鉴定能力建设方面，有13个农机鉴定机构通过部级鉴定能力认定现场考评及推广鉴定工作监督检查，新增3个大马力轮式拖拉机部级能力鉴定机构。召开全国农机试验鉴定和农机化质量工作改革推进座谈会及贯彻研讨会，举办授权签字人培训班、推广鉴定管理制度培训班、农机推广鉴定检测技术演示交流活动等，提高鉴定人员认识水平和鉴定工作能力。湖南、江苏、北京、陕西、宁夏、山东等省（市、自治区）添置仪器设备或扩建试验基地，扩大了鉴定检测能力范围。江苏与黑龙江两省鉴定机构开展联合鉴定，京津冀农机鉴定机构签署《2018年京津冀农机鉴定工作协同发展合作协议》，优势互补开展联合检测、能力比对试验，有效促进了区域农机鉴定协同发展。

在鉴定技术体系建设方面，农机鉴定总站组织制修订推广鉴定通则和部级推广鉴定大纲共166项，审定通过了《农业机械推广鉴定大纲编写规则》等6项通则和《农业轮式和履带拖拉机》等153项推广鉴定大纲，实现了对2018—2020年国家农机购置补贴种类范围内137个品目的全覆盖。截至2018年年底，现行有效部级推广鉴定大纲85项、推广鉴定通则5项。部、省两级机构按规定适时发布了国家或地方支持的农业机械推广鉴定产品种类指南，公开了现行有效部、省两级农机推广鉴定大纲目录和文本，指导农机鉴定工作的开展。

（二）推广鉴定工作规范有序开展

据不完全统计，2018年共发放部级、省级农机推广鉴定证书5 275张（部级1 458张、省级3 817张），比2017年的5 476张下降3.7%；推广鉴定证书有效产品数为19 818个，比2017年的16 458个增加20.4%。有效证书数量的增加主要源自省级推广鉴定。总体上看，农机推广鉴定工作在制度改革深入推进中稳步发展。

截至2018年年底，申请部级推广鉴定的农机产品2 136个，比2017年同期减少18.3%。经审查受理立项1 669个，同比增长14.0%，受理率为78.1%（2017年同期受理率为68.5%）。部级推广鉴定受理量及受理率均呈现增长趋势，主要原因是推广鉴定制度改革调整后，农机企业经培训进一步了解了申报要求及操作规范，申请数量继续出现恢复性增长。

2018年，26个农机鉴定机构承担了部级推广鉴定任务，其中农机鉴定总站承担229个项目，有关省站及专业站承担1 440个项目。完成项目实施中信息变更410项，其中因企业鉴定条件不具备、产品信息不一致性等原因中止的项目238项，全年累计完成部级推广鉴定项目1 626项。全年发布五批部级推广鉴定结果通报及两批撤证通报，对通过鉴定的产品颁发部级推广鉴定证书1 388张，对证书信息变更的产品换发部级推广鉴定证书323张，对不符合部级推广鉴定要求的产品撤销部级推广鉴定证书4张，补发部级推广鉴定证书16张，变更产品所属品目17个。

据不完全统计，2018年发放省级推广鉴定证书3 817张，推广鉴定证书有效产品数达12 266个。从最近两年比较来看，省级推广鉴定证书发放数量基本保持稳定，2018年比2017年增加328张，增幅为9.4%。从机具类别看，排灌机械的推广鉴定证书发证数量增幅最大，超过411%；动力机械的发证数量降幅最大，接近68.6%，其次是收获后处理机械，降幅为42%。省级推广鉴定产品保有数量较2017年增长1 816个，增幅为17.4%，但保有数量仍低于2016年。

（三）推广鉴定信息化管理水平进一步提升

根据农业农村部农业机械化管理司《关于推进农业机械推广鉴定管理服务信息化有关工作的通知》和《农业部办公厅关于规范农业机械试验鉴定结果公开工作的通知》要求，全国农机试验鉴定机构持续强化推广鉴定信息化管理与能力建设，进一步提高工作效能。全国农业机械试验鉴定管理服务信息化平台功能不断优化，对接补贴投档系统。2018年8月1日，有效期内24 510张证书及检测结果信息全部实现直接抓取。截至2018年年底，通过该平台，2 940余家企业网上注册，7 600余个产品网上申报，1 280余个产品网上变更。陕西等省实现了省级推广鉴定网上申报、鉴定结果网上公开。此外，利用“农业部农机鉴定”微信公众号，广泛宣传，营造氛围，服务行业。

（四）获证产品的证后监督力度进一步加大

依据实施办法和《通过农机推广鉴定的产品及证书使用情况监督检查工作规范》有关要求，继续采取“双随机”方法确定监督检查对象及监督检查组，加大力度，规范有序地开展部级推广鉴定有效期内监督检查工作。2018年共抽取部级证书产品253个（2017年为33个），其中抽查2016年证书250张，抽查数量占2016年发证总量的三分之一，相较往年，抽查比例大大增加。对监督检查结论为不合格的8个产品进行了撤证处理。据不完全统计，有18个省（区、市）制订方案、印发通知，以企业名称、地址及产品一致性、获证产品一致性、证书和标志使用情况为重点内容，组织对356家企业的509个产品开展了省级推广鉴定证书有效期内的监督检查，注销证书21张，撤销证书13张。通过加强对证书有效期内的产品及其生产企业的监督检查，及时掌握获证企业及产品动态，剔除不能持续满足要求的企业及产品，为规范推广鉴定证书和标志使用，保障获证农机产品质量的稳定和农机化政策有效实施发挥了重要作用。

四、农机维修质量管理探索前行

（一）维修网点数量稳中趋降

据统计，2018 年全国拥有农机维修网点 16.18 万个，从业人员 392 155 名。各级维修网点数量占比不详（注：2018 年开始农业机械化管理统计不再按级统计维修网点数量，不再核发《农业机械维修技术合格证》）。

从发展趋势看，全国农机维修网点与从业人员数量均稳中有降，2018 年分别比上一年下降 4.8% 和 3.2%。主要原因是，随着国家、社会对农机维修技术、人员、场地等要求的不断提高，农机维修服务市场竞争加剧，一些家庭作坊式维修点逐渐退出市场，农机维修业务继续向农机合作社组织和农机生产或经销企业三包服务点转移、集中。相应地，农机维修服务网点规模不断增长，服务质量不断提升，经营效益不断增加。但是农机维修网点与从业人员总量上的变化趋势对农机化带来的潜在影响应予以关注。

（二）维修质量监管方式发生改变

2018 年 7 月 28 日，国务院《关于取消一批行政许可事项的决定》要求地方各级农机化主管部门停止受理申请和核发《农业机械维修技术合格证》，农机维修服务质量监管方式面临重大变革。为适应形势变化，农机鉴定总站先后赴河北、江苏、山东、湖北、陕西等省调研，为修订《农业机械维修管理规定》作准备。安徽等省（区、市）根据改革要求，不同程度地通过以下四项措施加强事中事后监管：一是规范维修企业服务，引导维修企业推行承诺服务制，加强行业自律，要求维修企业提供服务明细单，作为消费者追责依据；二是加强修理人员技能培训，提高维修队伍能力和水平；三是加大对农机维修企业的抽查检查力度，严厉处罚违法违规行为，处罚结果记入信用平台，实行联合惩戒；四是畅通农机维修质量投诉渠道，有效维护消费者合法权益。同时，各地监督与服务并重，引导农机维修业健康运行。

（三）维修行业人才培养取得新成效

举办全国性农机维修服务管理和技术培训班，培训农机维修行业从业人员 130 余人。广西、河北、辽宁、四川、宁夏、云南、浙江等地先后组织 60 多批次农机修理培训，培训农机维修工 1.4 万人次。全年鉴定农机修理工 3.6 万余人，其中高级工技术资格以上 2 200 人，技能人才队伍结构更加合理。作为中国农民丰收节系列活动之一的首届全国农业行业职业技能大赛——农机驾驶操作员和农机修理工职业技能竞赛，全国有 27 个省市开展省级选拔赛和全国总决赛，决出 10 名“全国技术能手”和 30 名“全国农业技术能手”。四川省举办了 2018 年农机维修职业技能省级一类竞赛——四川技能大赛，促进从业人员技术交流和技能提高。

（四）创设政策工具推动农机维修能力建设

各地农机化主管部门重视农机维修在降低农机故障率、提高使用效率和保障农机作业质量中的作用，创设政策工具，积极争取资金政策扶持农机维修业发展。江苏、湖北、陕西等省继续安排专项资金支持区域农机维修服务中心建设。内蒙古各类财政扶持项目都明确将农机维修服务能力提升作为建设内容之一，建起一批装备好、技术强、服务好、效益高的农机维修网点，缓解了农机维修难问题。江苏张家港、湖南长沙等市县通过考核在册农机维修点的服务能力和服务满意度，分类给予 2 万～6 万元奖励补贴。上海松江、浙江杭州等地探索本地登记的拖拉机、联合收割机、插秧机等大型农机具农忙前到指定维修点进行检修保养给予农机手 30% ～ 50% 费用减免（减免金额约 460 ～ 1 200 元不等），提高农机手检修保养意识。

五、农业机械化标准工作成效明显

（一）农机化标准体系建设取得新进展

据不完全统计，2018 年全国共发布农机化农业行业标准和地方标准共 45 项，其中新制定并发布 36 项、修订完成并发布 9 项；立项标准制修订项目 67 项，农机化标准体系建设不断取得新进展。

2018 年全国农业机械标准化技术委员会农业机械化分技术委员会（以下简称农机化分标委）归口管理并发布 22 个行业标准，其中制定 14 个、修订 8 个；立项 20 个行业标准制修订项目，其中制定 11 个、修订 9 个。截至 2018 年年底，农机化分标委归口管理现行有效农机化国家标准 13 项、农业行业标准 330 项。

据统计，2018 年全国有河北、内蒙古、江西、河南、湖南、广西、重庆、宁夏和甘肃等 9 个省（自治区、市）发布农机化地方标准共计 23 项，其中制定 22 项、修订 1 项。山西、内蒙古、重庆等 14 个省（自治区、市）立项 47 个地方标准制修订项目。云南和甘肃两省组织制定农机化团体标准 2 项。此外，中国农业机械化协会立项 29 个农机化团体标准制定项目。

（二）围绕中心增加重点标准有效供给

贯彻落实《农业机械安全监督管理条例》，修订联合收割机禁用与报废技术条件标准；贯彻落实《农业部关于开展主要农作物生产全程机械化推进行动的意见》，制订大豆、花生全程机械化生产技术规范标准，为农机化技术的推广应用提供技术依据和基础前提；贯彻落实《2017 年农机化促进农业绿色发展工作方案》，制修订植保无人飞机、残地膜回收机、根茬粉碎还田机作业质量标准，促进绿色高效农机化技术推广应用，为实施农业绿色发展五大行动提供标准支撑；落实中央《关于深化统计管理体制改革提高统计数据真实性的意见》，按照《全国农业机械化管理统计报表制度》要求，修订农机化统计基础指标标准，为各级政府和农机化主管部门科学制订农机化发展政策和宏观决策提供依据。

（三）重点标准贯彻实施取得新成效

积极推动政府部门制订文件引用相关标准。农业部令2018年第1号和第2号引用了拖拉机和联合收割机驾驶证、行驶证标准。《植保无人飞机　质量评价技术规范》（NY/T 3213—2018）农业行业标准宣贯培训班，面向生产企业、鉴定机构、科研院所和大专院校培训100余人，同步出台了标准解读材料，并分发宣传。农机化分标委印发《关于贯彻实施新发布的农业机械化农业行业标准的通知》，面向社会公布了28项新发布标准的解读材料，明确了贯彻实施要求，扩大了农机化标准的社会影响。

〔撰稿人：农业农村部农业机械试验鉴定总站王心颖、刘辉、曲桂宝、王扬光〕

项目与产品

公布2018年我国农业机械获奖项目及国家支持推广的农业机械产品目录，为行业研制新产品和科技成果转化提供帮助

Publicizing the award-winning items and catalog of agricultural machinery that state supports for their popularization in 2018, so as to provide help for the sub-industries to develop new products and to commercialize scientific and technological achievements

综述
大事记
行业概况
农业机械化概况
项目与产品
统计资料
政策法规与标准
展会与交流
附录

获奖项目

Prize-winning projects

优质产品

High-quality product

获奖项目

2018年度国家科学技术进步奖获奖项目

（农业机械行业）

序号	项目名称	完成单位	主要完成人	获奖等级
1	主要蔬菜卵菌病害关键防控技术研究与应用	山东农业大学、中国农业大学、河北省农林科学院植物保护研究所、浙江大学、中国农业科学院蔬菜花卉研究所、辽宁省农业科学院、青岛中达农业科技有限公司	张修国、刘西莉、王文桥、张敬泽、杨宇红、刘长远、高克祥、米庆华、李屹、刘杰	二等奖
2	多熟制地区水稻机插栽培关键技术创新及应用	扬州大学、南京农业大学、安徽省农业科学院、江苏省农业科学院、江苏省农业技术推广总站、常州亚美柯机械设备有限公司、南京沃杨机械科技有限公司	张洪程、吴文革、李刚华、霍中洋、张瑞宏、习敏、杨洪建、王军、史步云、张建设	二等奖
3	沿淮主要粮食作物涝渍灾害综合防控关键技术及应用	安徽农业大学、中国科学院南京土壤研究所、安徽省（水利部淮河水利委员会）水利科学研究院、河南农业大学、江苏省农业科学院、安徽省农业科学院	程备久、张佳宝、李金才、王友贞、陈黎卿、顾克军、刘良柏、刘万代、蔡德军、武立权	二等奖
4	苹果树腐烂病致灾机理及其防控关键技术研发与应用	西北农林科技大学、河北农业大学、全国农业技术推广服务中心、陕西省植物保护工作总站、陕西西大华特科技实业有限公司、北京百德翠丰农业科技发展有限公司	黄丽丽、曹克强、李萍、范东晟、冯浩、王树桐、王亚红、高小宁、孙广宇、王鹏	二等奖
5	杀菌剂氰烯菌酯新靶标的发现及其产业化应用	南京农业大学、浙江大学、江苏省农药研究所股份有限公司、安徽省农业科学院、江苏省植物保护植物检疫站、安徽省植物保护总站、黑龙江省农垦总局植保植检站	周明国、马忠华、侯毅平、王洪雷、陈雨、杨荣明、段亚冰、刁亚梅、郑兆阳、关成宏	二等奖
6	我国典型红壤区农田酸化特征及防治关键技术构建与应用	中国农业科学院农业资源与农业区划研究所、中国科学院南京土壤研究所、农业部耕地质量监测保护中心、湖南省土壤肥料研究所、江西省农业科学院土壤肥料与资源环境研究所、福建省农业科学院土壤肥料研究所、成都新朝阳作物科学有限公司	徐明岗、徐仁扣、周世伟、马常宝、李九玉、文石林、鲁艳红、彭春瑞、张青、詹绍军	二等奖

2018年度中国机械工业科学技术奖获奖项目

（农业机械行业）

序号	项目名称	完成单位	主要完成人	获奖等级
1	玉米田间生产全程机械化关键技术与装备	中国农业机械化科学研究院、现代农装科技股份有限公司、中机美诺科技股份有限公司、河北中农博远农业装备有限公司、山东巨明机械有限公司、中机北方机械有限公司	陈志、刘立晶、张立波、严荷荣、崔守波、王泽群、杨学军、韩增德、张铁、崔志英、刘忠军、李长荣、唐遵峰、吴鸿欣、郝付平	一等奖

（续）

序号	项目名称	完成单位	主要完成人	获奖等级
2	大型系列动力换挡拖拉机关键技术及产业化	中国一拖集团有限公司、第一拖拉机股份有限公司、河南科技大学、中国农业大学、洛阳拖拉机研究所有限公司、洛阳西苑车辆与动力检验所有限公司	王东青、冯春凌、徐立友、薛志飞、毛恩荣、徐书雷、蔡安克、李京忠、王建军、葛便京、姜斌、康健、王治军、王世强、刘涛	一等奖
3	高效自动化全喂入联合收获机设计制造技术研究与应用	浙江大学、星光农机股份有限公司	童水光、钱菊平、从飞云、顾伟、童哲铭、冯涛、唐宁、张奋飞、余跃、朱云飞	二等奖
4	玉米机械化播种技术和装备研究及试验示范	黑龙江省农业机械工程科学研究院	孙士明、谢宇峰、李世柱、靳晓燕、许剑平、梁玉成、刘春旭、李金泽、迟宏伟、苑铁成	二等奖
5	大型高能效灌排泵装置优化策略与关键技术应用研究	江苏大学、安徽省水利水电勘测设计院、黑龙江省水利水电勘测设计研究、江苏国泉泵业制造有限公司、利欧集团湖南泵业有限公司	李彦军、王秀礼、李亚林、付强、赵媛媛、王立志、潘正丰、朱泉荣、孟凡、朱荣生	二等奖
6	棉种智能精细加工关键技术及装备	中国农业机械化科学研究院、石河子开发区天佐种子机械有限责任公司、合肥美亚光电技术股份有限公司、新疆惠远种业股份有限公司、酒泉奥凯种子机械股份有限公司	苑严伟、王国峰、刘雪峰、张夕杰、贾峻、张俊宁、周利明、赵博、毛文华、伟利国	二等奖
7	无人飞机施药关键技术创新与应用	农业部南京农业机械化研究所、中国农业科学院植物保护研究所、全国农业技术推广服务中心、安阳全丰航空植保科技股份有限公司、广州极飞科技有限公司	薛新宇、袁会珠、王凤乐、张宋超、秦维彩	三等奖
8	蔬菜秸秆肥料化处理关键装备技术研究与应用	山东省农业机械科学研究院、中国农业大学、农业部南京农业机械化研究所、山东沃泰生物科技有限公司、青岛永正化工机械有限公司	齐自成、张进凯、李彦明、陈永生、丁立功	三等奖
9	高茬田油菜轻简化作业关键技术装备研制与应用	湖南农业大学、长沙市农旺工程机械有限公司	罗海峰、吴明亮、官春云、谢方平、谢伟	三等奖
10	传统食品自动化检测与加工装备关键技术	江苏大学	邹小波 石吉勇 潘天红 李国权 吴建峰	三等奖
11	肉制品节能干燥关键技术与智能化装备的创制及产业化应用	广东省现代农业装备研究所、广州皇上皇集团股份有限公司肉食制品厂、广东弘科农业机械研究开发有限公司	刘清化、池东、龚丽、张进疆、刘成侣	三等奖

2018 年中国农业机械科学技术奖获奖项目

项目编号	项目名称	完成单位	项目完成人	获奖等级
1804	4GQ-130 切段式甘蔗联合收割机关键技术研发与产业化	洛阳辰汉农业装备科技有限公司	张长献、王晓军、常军应、李浩	一等奖
1816	智能精锻生产线关键技术开发及应用	中国一拖集团有限公司、第一拖拉机股份有限公司、河南科技大学	王云飞、夏占雪、苏建新、王明海、师江伟、郭丹丹、赵博	二等奖
1814	LF904/LF954/LF904-C/LF954-C 轮式拖拉机	中国一拖集团有限公司、第一拖拉机股份有限公司、洛阳拖拉机研究所有限公司	宋玉平、王东青、王世强、薛志飞、冯春凌、徐书雷、杨桂香	二等奖
1806	智能化种子干燥及精细化选别装备技术研究	酒泉奥凯种子机械股份有限公司、上海交通大学	贾生活、贾峻、赵春宇、付秋峰、宋佳峰、贾莉、刘国春	二等奖
1821	双层复式机采籽棉清理机的研发与应用	奎屯银力棉油机械有限公司	林义、张若宇、陈东胜、李玉林、刘平、翟志强、李亚博	二等奖

（续）

项目编号	项目名称	完成单位	项目完成人	获奖等级
1817	名优绿茶清洁化生产加工关键技术创新与成套设备研发	杭州千岛湖丰凯实业有限公司	苏鸿、苏和生	三等奖
1813	花生收获机械智能化装备集成与产业化示范	山东五征集团有限公司、中国农业机械化科学研究院	李瑞川、李政平、张守海、张俊宁、于晓华	三等奖
1811	自动定向大蒜机械播种技术与装备研究	山东农业大学、济南华庆农业机械科技有限公司、临沂市建领模具机械有限公司	耿爱军、侯加林、崇峻、包建领	三等奖
1809	泰山 -404W 型轮式拖拉机	泰安泰山国泰拖拉机制造有限公司	刘斌、杨学东、杨广禧、闫帅、刘志建	三等奖

2018 年中国农业机械行业年度大奖获奖名单

（按企业名称首字笔画排序）

产品金奖

序号	企业名称	产品型号及名称
1	久保田农业机械（苏州）有限公司	4LZ-4（PRO988Q）履带式谷物收获机
2	中机美诺科技股份有限公司	9265A 自走式饲料收获机
3	中国一拖集团有限公司	东方红 4LZ-8B1 轮式谷物收获机
4	中国农业机械化科学研究院呼和浩特分院有限公司	9YJS-2.2 型双刀轴秸秆切割揉碎方捆压捆机
5	中联重机股份有限公司	中联重科 DC300 批式循环谷物烘干机
6	江苏沃得农业机械有限公司	沃得 4LZ-5.0E 履带式谷物收获机
7	约翰迪尔（中国）投资有限公司	约翰迪尔 8000 系列自走式青贮机
8	洛阳辰汉农业装备科技有限公司	4GQ-130 型切段式甘蔗联合收割机
9	勇猛机械股份有限公司	勇猛 4YZ-5A 自走式玉米收获机
10	雷沃重工股份有限公司雷沃阿波斯潍坊农业装备分公司	雷沃谷神 GM80 轮式谷物收割机

产品创新奖

序号	企业名称	产品型号及名称
1	山东五征集团有限公司	4QZ-3 自走式青饲料收获机
2	久保田农业机械（苏州）有限公司	4LZ-6A2 轮式谷物收获机
3	中机美诺科技股份有限公司	1710A 马铃薯联合收获机
4	中国农业机械化科学研究院	4GM-200A 型自走式灌木联合收获机
5	中国农业机械化科学研究院呼和浩特分院有限公司	9YGJ-2.2 圆草捆打捆机
6	东风井关农业机械有限公司	JKB18C 水田植保机
7	郑州万谷机械股份有限公司	HLXY15 连续循环两用式干燥机
8	河北中农博远农业装备有限公司	4YL-5 自走式玉米联合收获机
9	滁州奥岚格机械有限公司	5H-20H 种子烘干机
10	雷沃重工股份有限公司雷沃阿波斯潍坊农业装备分公司	雷沃 9YRZ-1.25 圆捆压捆机

市场表现力奖

序号	企业名称	产品型号及名称
1	山东巨明机械有限公司	4HZJ-2600 型自走式花生捡拾收获机
2	久保田农业机械（苏州）有限公司	4LZ-3（PRO758Q） 履带式谷物收获机械
3	中农丰茂植保机械有限公司	3WPZ-700A 自走式喷杆喷雾机
4	中联重机股份有限公司	中联重科谷王 TB80B 谷物联合收割机
5	石家庄美迪机械有限公司	9QZ-2900B 青贮收获机
6	安徽辰宇机械科技有限公司	5HCY-15H 粮食烘干机
7	约翰迪尔（中国）投资有限公司	约翰迪尔 R230 联合收割机
8	勇猛机械股份有限公司	4YZ-4E 玉米收获机
9	爱科（常州）农业机械有限公司	麦赛福格森 MF2270 大方捆打捆机
10	雷沃重工股份有限公司雷沃阿波斯潍坊农业装备分公司	雷沃谷神 RG50 超越版水稻收割机

最具影响力品牌奖

序号	企业名称	品牌名称	产品类别
1	山东五征集团有限公司	五征	中功率（40 ～ 100 马力）拖拉机
2	久保田农业机械（苏州）有限公司	久保田	插秧机
3	久保田农业机械（苏州）有限公司	久保田	中功率（40 ～ 100 马力）拖拉机
4	广西玉柴机器股份有限公司	玉柴机器	农用柴油机
5	中机美诺科技股份有限公司	美诺	种植施肥机械
6	中国一拖集团有限公司	东方红	大功率（100 马力以上）拖拉机
7	中国一拖集团有限公司	东方红	农用柴油机
8	中联重机股份有限公司	中联重科	大功率（100 马力以上）拖拉机
9	东风井关农业机械有限公司	东风井关	插秧机
10	西安亚澳农机股份有限公司	亚澳	种植施肥机械
11	江苏沃得农业机械有限公司	沃得农机	中功率（40 ～ 100 马力）拖拉机
12	约翰迪尔（中国）投资有限公司	约翰迪尔	大功率（100 马力以上）拖拉机
13	苏州久富农业机械有限公司	久富	插秧机
14	凯斯纽荷兰工业（哈尔滨）机械有限公司	凯斯（Case IH）	大功率（100 马力以上）拖拉机
15	河北农哈哈机械集团有限公司	农哈哈	种植施肥机械
16	南通富来威农业装备有限公司	富来威	插秧机
17	洋马农机（中国）有限公司	洋马	插秧机
18	爱科（常州）农业机械有限公司	麦赛福格森	大功率（100 马力以上）拖拉机
19	常柴股份有限公司	常柴	农用柴油机
20	道依茨法尔机械有限公司	道依茨法尔	大功率（100 马力以上）拖拉机
21	雷沃重工股份有限公司雷沃阿波斯潍坊农业装备分公司	阿波斯	大功率（100 马力以上）拖拉机
22	雷沃重工股份有限公司雷沃阿波斯潍坊农业装备分公司	雷沃欧豹	中功率（40 ～ 100 马力）拖拉机
23	新疆天诚农机具制造有限公司	天诚	种植施肥机械

注：1 马力 =735.499W。

零部件优质奖

序号	企业名称	产品型号及名称
1	一拖（洛阳）开创装备科技有限公司	KC100/65/80 传动轴总成 / 转向液压缸
2	山东帅克机械制造股份有限公司	SKTD02 新型材多功能驾驶室总成
3	山东雷沃传动有限公司	Q260 前驱动桥
4	马鞍山锐生工贸有限公司	4SB-1490 水稻收割机用轻型联组 V 带
5	无锡市中惠橡胶科技有限公司	C2445 农业机械用高性能 V 带
6	石家庄欧亚惠通滤清器有限公司	PL1200 预滤器（过滤器总成）
7	江苏国瑞液压机械有限公司	GKV50 系列电控带浮动位功能多路阀
8	杭州东华链条集团有限公司	ZGS38HF7K1 链条
9	佳木斯市金兰马橡塑制品制造有限责任公司	双齿型农机 V 带
10	采埃孚一拖（洛阳）车桥有限公司	KC125 驱动桥（升级项目）
11	荣成市黄海离合器有限公司	HH150 双作用拖拉机离合器总成
12	南通卓越精密件有限公司	打捆机合金钢弹齿
13	洛阳一拖众成配件制造有限公司	12in 离合器
14	徐州徐轮橡胶有限公司	18.4-38-10 R1 甲字大马力农业轮胎
15	湖州生力液压有限公司	拖拉机用控制总成——四轮差速控制装置
16	潍坊谷合传动技术有限公司	TF120 系列转向驱动桥

制造企业年度卓越奖

序号	企业名称	序号	企业名称
1	山东五征集团有限公司	4	江苏沃得农业机械有限公司
2	广西玉柴机器股份有限公司	5	杭州前进齿轮箱集团股份有限公司
3	东风井关农业机械有限公司		

制造企业年度新锐奖

序号	企业名称	序号	企业名称
1	山东雷沃传动有限公司	4	苏州久富农业机械有限公司
2	广州极飞科技有限公司	5	青岛洪珠农业机械有限公司
3	中机美诺科技股份有限公司		

流通企业年度标杆奖

序号	企业名称	序号	企业名称
1	山西省长治市农业机械总公司	6	江苏三农农业装备股份有限公司
2	甘肃河西吉峰农机有限公司	7	江苏吉田农机有限公司
3	北京富力众诚科技发展有限公司	8	湖北省农业机械总公司
4	白城宏达农机汽贸有限公司	9	湖北顺业农机有限公司
5	吉林省吉峰金桥农机有限公司	10	渭南市福康农机汽贸有限公司

合作社农机化杰出服务奖

序号	合作社名称	序号	合作社名称
1	上海市宏烨农机专业合作社	16	江苏省宝应县范水庆丰收割机跨区作业专业合作社
2	山东省肥城市地龙农业机械专业合作社	17	江苏省洪泽县三合镇祥发农机服务专业合作社
3	山东省莒南县昊睿农机化种植专业合作社	18	江苏省淮安市淮阴区惠丰农机专业合作社
4	山东省莱州市新杰农机专业合作社	19	江苏省溧阳市海滨农机专业合作社
5	山东省高密市宏基农机专业合作社	20	安徽省蒙城县黄波农机服务专业合作社
6	山西省大同市南郊区普天友农业农机专业合作社	21	河北省石家庄市藁城区增收农机服务专业合作社
7	广东省廉江市良垌兴旺农业机械专业合作社	22	陕西省西安市阎良区武屯农机专业合作社
8	广西武宣县博盛农机专业合作社	23	陕西省乾县五谷丰农机专业合作社
9	内蒙古宁城县于起农机专业合作社	24	陕西省富平县富秦星农机专业合作社
10	四川省绵阳市安州区永福农机专业合作社	25	浙江省宁波市余姚市上塘农机服务专业合作社
11	辽宁省大洼县长财农机专业合作社	26	浙江省江山市市英农机服务专业合作社
12	辽宁省沈阳市喜耕田农机服务专业合作社	27	湖北省武汉市跃达水稻全程机械化作业专业合作社
13	辽宁省建平县马场顺达农机服务专业合作社	28	湖北省监利县兴华农业机械专业合作社
14	吉林省汪清县红日农机专业合作社	29	湖北省监利县尚正农机专业合作社
15	吉林省前郭县万青农机专业合作社	30	湖北省潜江市关口农机作业专业合作社

第十届全国农机用户满意品牌获奖名单

（按公司名称首字笔画排序）

1. 25～100 马力拖拉机

公司名称	品牌名称	公司名称	品牌名称
山东五征集团有限公司	五征	常州东风农机集团有限公司	东风
约翰迪尔（中国）投资有限公司	约翰迪尔	雷沃重工股份有限公司	雷沃欧豹
第一拖拉机股份有限公司	东方红		

注：1 马力 =735.499W

2. 100～200 马力拖拉机

公司名称	品牌	公司名称	品牌
中联重机股份有限公司	中联重科	常州东风农机集团有限公司	东风
约翰迪尔（中国）投资有限公司	约翰迪尔	雷沃重工股份有限公司	雷沃欧豹
第一拖拉机股份有限公司	东方红		

注：1 马力 =735.499W

3.200 马力以上拖拉机

公司名称	品牌	公司名称	品牌
山东五征集团有限公司	五征	第一拖拉机股份有限公司	东方红
约翰迪尔（中国）投资有限公司	约翰迪尔	雷沃重工股份有限公司	雷沃欧豹
凯斯纽荷兰（中国）管理有限公司	凯斯		

注：1 马力 =735.499W

4. 深松机

公司名称	品牌	公司名称	品牌
山东大华机械有限公司	大华宝来	河北双天机械制造有限公司	开元刀神
马斯奇奥（青岛）农机制造有限公司	马斯奇奥	格兰集团	格兰
西安亚澳农机股份有限公司	亚澳		

5．旋耕机

公司名称	品牌	公司名称	品牌
西安亚澳农机股份有限公司	亚澳	河北农哈哈机械集团有限公司	农哈哈
河北双天机械制造有限公司	开元刀神	河南豪丰机械制造有限公司	豪丰
河北圣和农业机械有限公司	圣和		

6．插秧机

公司名称	品牌	公司名称	品牌
久保田农业机械（苏州）有限公司	久保田	南通富来威农业装备有限公司	富来威
东风井关农业机械有限公司	井关	洋马农机（中国）有限公司	洋马
苏州久富农业机械有限公司	久富		

7．播种机

公司名称	品牌	公司名称	品牌
北京德邦大为科技股份有限公司	德邦大为	河北农哈哈机械集团有限公司	农哈哈
吉林省康达农业机械有限公司	康达	黑龙江省勃农兴达机械有限公司	勃农
西安亚澳农机股份有限公司	亚澳		

8．铧式犁

公司名称	品牌	公司名称	品牌
青岛鲁耕农业机械有限公司	鲁耕	雷沃重工股份有限公司	雷沃
河南豪丰机械制造有限公司	豪丰	雷肯农业机械（青岛）有限公司	雷肯
保定双鹰农机有限责任公司	双鹰		

9．微耕机

公司名称	品牌	公司名称	品牌
山东大启机械有限公司	大启	重庆鑫源农机股份有限公司	鑫源
威马农机股份有限公司	威马	洛阳卓格哈斯机械有限公司	小白龙
重庆宗申巴贝锐拖拉机制造有限公司	宗申		

优质产品

2018年稻麦联合收割机产品质量国家监督抽查合格产品及其企业名单

序号	企业名称	所在地	产品名称	规格型号
1	江苏东禾机械有限公司	江苏省	自走履带式谷物联合收割机	4LZ-4.0Z
2	江苏沃得农业机械有限公司	江苏省	履带自走全喂入式谷物联合收割机	4LZ-5.0E
3	久保田农业机械（苏州）有限公司	江苏省	半喂入式联合收割机	4LBZ-145G（PRO588i-G）
4	洋马农机（中国）有限公司	江苏省	全喂入稻麦联合收割机	4LZ-3.0A
5	井关农机（常州）有限公司	江苏省	半喂入自走式联合收割机	4LBZ-145B1
6	常州东风农机集团有限公司	江苏省	全喂入联合收割机	4LZ-5.2Z
7	浙江柳林农业机械股份有限公司	浙江省	全喂入水稻联合收割机	4LZ-4.0B
8	星光农机股份有限公司	浙江省	全喂入联合收割机	4LZ-5.0Z
9	雷沃重工股份有限公司	山东省	自走式谷物联合收割机	4LZ-8E2
10	科乐收农业机械（山东）有限责任公司	山东省	自走式谷物联合收割机	4LZ-8
11	郑州三中收获实业有限公司	河南省	自走式谷物联合收割机	4LZ-7
12	洛阳中收机械装备有限公司	河南省	自走轮式谷物联合收割机	4LZ-8B1
13	郑州中联收获机械有限公司	河南省	自走轮式谷物联合收割机	4LZ-8B
14	湖南龙舟农机股份有限公司	湖南省	全喂入谷物联合收割机	4LZ-4.0Z
15	广东弘科农业机械研究开发有限公司	广东省	全喂入谷物联合收割机	4LZ-5.0Z

2018年玉米联合收割机产品质量国家监督抽查合格产品及其企业名单

序号	企业名称	所在地	产品名称	规格型号
1	勇猛机械股份有限公司	天津市	自走式玉米收获机	4YZ-4A
2	河北中农博远农业装备有限公司	河北省	玉米联合收获机	4YZ-4F
3	河北冀新农机有限公司	河北省	自走式玉米收获机	4YZB-4L
4	河北英虎农业机械制造有限公司	河北省	自走式玉米收获机	4YZB-4B
5	吉林省四平东风联合收割机有限公司	吉林省	玉米联合收割机	4YZ-6A
6	凯斯纽荷兰工业（哈尔滨）机械有限公司	黑龙江省	玉米收获机	4YL-6
7	山东国丰机械有限公司	山东省	自走式玉米收获机	4YZP-3E

（续）

序号	企业名称	所在地	产品名称	规格型号
8	九方泰禾国际重工（青岛）股份有限公司	山东省	自走式穗茎兼收玉米收获机	4YZ-4BJ
9	山东巨明机械有限公司	山东省	自走式玉米收获机	4YZP-4A1
10	科乐收农业机械（山东）有限责任公司	山东省	自走式玉米收获机	4YZP-3X
11	雷沃重工股份有限公司	山东省	自走式玉米收获机	4YZ-3H1
12	莱州市金达威机械有限公司	山东省	自走式玉米收获机	4YZP-2C
13	洛阳中收机械装备有限公司	河南省	自走式玉米收获机	4YZ-3D1
14	郑州中联收获机械有限公司	河南省	自走式玉米收获机	4YZ-3W
15	郑州三中收获实业有限公司	河南省	自走式玉米收获机	4YZ-3F
16	河南瑞创通用机械制造有限公司	河南省	自走式玉米联合收获机	4YZ-4CM2

2018 年棉花加工机械产品质量国家监督抽查合格产品及其企业名单

序号	企业名称	所在地	产品名称	规格型号
1	邯郸金狮棉机有限公司	河北省	倾斜式籽棉清理机	MQZQ-10
2	邯郸金狮棉机有限公司	河北省	皮棉清理机	MQP-400×2000A
3	山东效民机械有限公司	山东省	皮棉清理机	MQP400×2000C
4	山东天鹅棉业机械股份有限公司	山东省	二道锯齿剥绒机	MR-144D
5	山东天鹅棉业机械股份有限公司	山东省	提净式籽棉清理机	MQZT-10C
6	奎屯银力棉油机械有限公司	新疆维吾尔自治区	锯齿皮棉清理机	MQP600×2000
7	奎屯银力棉油机械有限公司	新疆维吾尔自治区	复式籽棉清理机	MQZF12B

2018 年旋耕机产品质量国家监督抽查合格产品及其企业名单

序号	企业名称	所在地	产品名称	规格型号
1	河北春翔机械有限公司	河北省	旋耕机	1GQN-200
2	河北春耕机械制造有限公司	河北省	旋耕机	1GQNZGK-200
3	河北耕耘农业机械制造有限公司	河北省	旋耕机	1GQNKG-300
4	河北久丰农业机械有限公司	河北省	旋耕机	1GQN-230
5	河北帅旗农业机械制造有限公司	河北省	旋耕机	1GQN-200
6	河北圣和农业机械有限公司	河北省	旋耕机	1GQQNZGK-180
7	连云港苏连机械有限公司	江苏省	旋耕机	1GKN-250
8	江苏金云农业装备有限公司	江苏省	旋耕机	1GKN-130
9	江苏银华春翔机械制造有限公司	江苏省	旋耕机	1GKN-150

（续）

序号	企业名称	所在地	产品名称	规格型号
10	连云港大陆农业机械装备有限公司	江苏省	旋耕机	1GKN-350
11	连云港双亚机械有限公司	江苏省	旋耕机	1GKN-200
12	连云港市连发机械有限公司	江苏省	旋耕机	1GKN-230H
13	连云港市中兴机械制造有限公司	江苏省	旋耕机	1GKN-150
14	江苏沃得高新农业装备有限公司	江苏省	旋耕机	1GKN-180
15	连云港市兴安机械制造有限公司	江苏省	旋耕机	1GKN-230H
16	南昌金旋农机制造有限公司	江西省	旋耕机	1GKN-200
17	南昌中天农机有限公司	江西省	旋耕机	1GQN-230J
18	青岛鲁耕农业机械有限公司	山东省	旋耕机	1GQN-230
19	潍坊科比特农业机械装备有限公司	山东省	旋耕机	1GQN-140
20	临沂凤林农机制造有限公司	山东省	旋耕机	1GXLZ-100
21	山东奥龙农业机械制造有限公司	山东省	旋耕机	1GQN-250
22	雷沃重工股份有限公司诸城车辆厂	山东省	旋耕机	1GKN-250
23	山东大华机械有限公司	山东省	旋耕机	1GQN-200
24	费县华源农业装备工贸有限公司	山东省	旋耕机	1GXLZ-100
25	洛阳裕农机械制造有限公司	河南省	旋耕机	1GKN-125
26	河南沃正实业有限公司	河南省	变速旋耕机	1GQN-230H
27	河南田冠农业机械制造有限公司	河南省	旋耕机	1GKN-180A
28	长葛市俊发农机配件有限公司	河南省	旋耕机	1GQN-230
29	邓州市宏达机械制造有限公司	河南省	旋耕机	1GQN-200
30	汝南县源信机械制造有限公司	河南省	高箱旋耕机	1GQN-250H

2018年播种机产品质量国家监督抽查合格产品及其企业名单

序号	企业名称	所在地	产品名称	规格型号
1	保定市鑫飞达农机装备有限公司	河北省	精量播种机	2BYZF-4
2	河北兴华农业机械有限公司	河北省	玉米精播机	2BYF-3
3	河北农哈哈机械集团有限公司	河北省	小麦播种机	2BX-6
4	石家庄农业机械股份有限公司	河北省	施肥播种机	2BF-24
5	宁安市恒信机械制造有限公司	黑龙江省	免耕精量施肥精密播种机	2BMF-2
6	佳木斯沃迪农机制造有限公司	黑龙江省	免耕精量播种机	2BMG-4
7	山东大华机械有限公司	山东省	玉米精量播种机	2BCYF-4
8	华创机器人制造有限公司	山东省	免耕施肥播种机	2BMJF-4
9	临沭县瑞祥机械制造有限公司	山东省	玉米精量播种机	2BMF-4
10	山东庆云颐元农机制造有限公司	山东省	玉米精量免耕播种机	2BYF-4
11	山东奥龙农业机械制造有限公司	山东省	玉米深松免耕施肥粒播机	2BMYFS-4/4-4A

（续）

序号	企业名称	所在地	产品名称	规格型号
12	台前县金园农业机械有限公司	河南省	谷物条播机	2BX-6
13	河南农有王农业装备科技股份有限公司	河南省	免耕玉米施肥穴播机	2BYMF-2
14	河南科海廷机械有限公司	河南省	玉米施肥精量免耕播种机	2BSJM-2
15	西安户县双永农具制造有限公司	陕西省	谷物播种机	2BXP-13
16	西安亚澳农机股份有限公司	陕西省	玉米精量施肥播种机	2BYF-4（200）
17	西安大洋现代农业装备有限公司	陕西省	谷物（施肥）播种机	2B-9
18	西安勤和农业机械有限公司	陕西省	玉米免耕播种机	2BFY-3
19	宝鸡雍盛机械制造有限公司	陕西省	播种机	2BT-14
20	甘肃昌泰农业机械制造有限公司	甘肃省	分层施肥播种机	2BF-9

2018年碾米机产品质量国家监督抽查合格产品及其企业名单

序号	企业名称	所在地	产品名称	规格型号
1	山东同泰集团股份有限公司	山东省	双风式碾米机	SN115A
2	山东精良海纬机械有限公司	山东省	喷风碾米机	6NF-13.6
3	湖南省韶峰机械有限公司	湖南省	微型谷物加工组合机	6N8.5-9F18
4	湖南省家福机械有限公司	湖南省	碾米粉碎组合机	6N-8/9F-21
5	湖南省劲松机械有限公司	湖南省	碾米机	6NF-4
6	湖南省金峰机械科技有限公司	湖南省	碾米机	6NF-4
7	双峰县恒通食品机械有限公司	湖南省	分离式碾米机	6NF-8
8	湖南省湘中兴华机电有限责任公司	湖南省	微型谷物加工组合机	6N9-9F18
9	湖南湘益丰茂科技有限公司	湖南省	分离式碾米机	6NF-4
10	湖南银杉机电制造有限公司	湖南省	组合米机	6N-9/9F-21
11	广宁县木格农业机械有限公司	广东省	分离式稻谷碾米机	6NF-4
12	广西钦州力顺机械有限公司	广西壮族自治区	碾米机	6NF-7
13	广西三零一机械有限公司	广西壮族自治区	碾米机	6NF-7.5
14	广西金达机械股份有限公司	广西壮族自治区	碾米机	6NF-6.8
15	乐山市井研县城北机械制造有限公司	四川省	碾米机	6NF-4
16	乐山市五通桥区南方机电有限责任公司	四川省	碾米机	6N-70
17	四川东工电机有限公司	四川省	碾米机	6N-40
18	简阳市城西精工机械有限公司	四川省	家用碾米机	6N-40B
19	四川省井研县裕丰机械制造有限公司	四川省	碾米机	6N-90
20	四川省鹏程机械制造有限公司	四川省	碾米机	6N-80
21	自贡市元泰祥机械有限公司	四川省	组合机	9FQ20-6N80
22	荣县渐飞机械制造有限公司	四川省	碾米机	6N-85S
23	四川省井研县华兴机械厂	四川省	碾米机	6N-40

（续）

序号	企业名称	所在地	产品名称	规格型号
24	四川省井研蓬兴机械制造有限公司	四川省	单相家用碾米机	6N-40
25	乐山市东川机械有限公司	四川省	碾米机	6N-60
26	乐山市希旺机械有限公司	四川省	碾米机	6N-40
27	乐山市天乙机械有限公司	四川省	碾米机	6N-40
28	乐山三缘电机有限公司	四川省	家用碾米机	6N-80
29	乐山市井研县万东机械制造有限公司	四川省	碾米机	6N-40
30	井研县恒利机械有限公司	四川省	单相家用碾米机	6N-40
31	四川省井研县联益机械厂	四川省	单相家用碾米机	6N-70
32	乐山市国民农机厂	四川省	家用碾米机	6N-40
33	井研县华达机械制造有限公司	四川省	碾米机	6N-40
34	四川省井研县建功机械制造厂	四川省	单相家用碾米机	6N-40
35	四川井研林江机械制造有限公司	四川省	碾米机	6N-40
36	乐山市创工机械制造有限公司	四川省	碾米机	6N-75
37	四川省万马机械制造有限公司	四川省	碾米机	6NF-4
38	乐山市中川汽车电器制造有限公司	四川省	碾米机	6N-40
39	乐山市五通桥川乐电机厂	四川省	组合机（碾米部分）	6N40
40	四川省井研县飞亚机械制造有限公司	四川省	家用碾米机	6N-40X

2018 年植物保护机械产品质量国家监督抽查合格产品及其企业名单

序号	企业名称	所在地	产品名称	规格型号
1	石家庄市金原野植保器械有限公司	河北省	背负式电动喷雾器	3WBD-16
2	赤峰市万乡同乐植保机械有限公司	内蒙古自治区	便携式电动弥雾机	SQM-36B12
3	井关农机（常州）有限公司	江苏省	自走式喷杆喷雾器	3WP-500A（JKB18C-DP5YM）
4	久保田农业机械（苏州）有限公司	江苏省	自走式喷杆喷雾机	3WP-600（KBA600）
5	筑水农机（常州）有限公司	江苏省	自走式喷雾机	3WZ61
6	江苏老汉植保机械制造有限公司	江苏省	自走式喷杆喷雾机	3WP-700T
7	苏州博田自动化技术有限公司	江苏省	自走式喷杆喷雾机	3WZB-300
8	台州市路桥区农意喷雾器厂	浙江省	背负式电动喷雾器	3WBD-18
9	台州保田机电有限公司	浙江省	动力喷雾机	BT-188
10	台州市路桥禾丰喷雾器厂（普通合伙）	浙江省	背负式电动喷雾器	3WBD-16
11	台州市椒江丰硕农用机械厂	浙江省	背负式电动喷雾器	3WBD-18L
12	台州信溢农业机械有限公司	浙江省	TF-22C3 三缸柱塞泵	TF-22C3
13	台州市路桥联胜喷雾器厂	浙江省	背负式电动喷雾器	3WBD-16
14	台州市路桥益群喷雾器厂	浙江省	背负式电动喷雾器	3WBD-16
15	台州市路桥利杰喷雾器厂	浙江省	背负式电动喷雾器	3WBD-16

（续）

序号	企业名称	所在地	产品名称	规格型号
16	台州市航宇塑胶有限公司	浙江省	背负式电动喷雾器	3WBD-16L-01
17	台州市子骋农业机械有限公司	浙江省	背负式电动喷雾器	3WBD-16
18	台州市路桥明辉电动喷雾器有限公司	浙江省	背负式电动喷雾器	3WBD-16
19	台州市广丰塑业有限公司	浙江省	背负式电动喷雾器	3WBD-16
20	台州市精德机电科技有限公司	浙江省	动力喷雾机	JD-6450
21	台州市路桥奇达喷雾器厂	浙江省	背负式电动喷雾器	3WBD-16
22	台州市路桥浙信喷雾器厂	浙江省	背负式电动喷雾器	3WBD-16
23	今飞控股集团有限公司金华农业药械厂	浙江省	喷雾机用隔膜泵	ZMB240
24	台州市路桥新宝家喷雾器厂	浙江省	背负式电动喷雾器	3WBD-16L
25	台州市路桥一金塑料厂	浙江省	背负式电动喷雾器	3WBD-18
26	浙江文信机电制造有限公司	浙江省	动力喷雾机	3W-22
27	台州市绿蜻蜓喷雾器有限公司	浙江省	背负式电动喷雾器	LQT-16D
28	台州市路桥奇勇农业机械有限公司	浙江省	智能电动喷雾器	HX-16C
29	台州市路桥中本农机有限公司	浙江省	高压动力喷雾泵	60
30	浙江腾和机械有限公司	浙江省	三缸柱塞泵	TH-26
31	台州市路桥丰年喷雾器厂	浙江省	背负式电动喷雾器	3WBD-16C
32	台州市路桥福达喷雾器厂	浙江省	电动喷雾器	3WBD-16HBA
33	台州市路桥区元丰喷雾器厂	浙江省	背负式电动喷雾器	3WBD-16
34	台州市路桥滨宏塑业有限公司	浙江省	背负式电动喷雾器	3WBD-16
35	浙江濛花喷雾器有限公司	浙江省	智能电动喷雾器	MH-D16-3
36	台州市蒙花机械有限公司	浙江省	动力喷雾泵	3WZB-26
37	台州市滨达塑业有限公司	浙江省	背负式电动喷雾器	3WBD-18
38	台州市协农塑业有限公司	浙江省	背负式电动喷雾器	3WBD-20B
39	青州市隆科农业装备有限公司	山东省	自走式喷杆喷雾机	3WPZ-700B
40	潍坊惠田农业科技有限公司	山东省	自走式喷杆喷雾机	3WPZ-650B
41	山东众和农业装备技术有限公司	山东省	自走式喷杆喷雾机	3WPS-500
42	大阳通用机械有限公司	山东省	自走式喷杆喷雾机	3WPZ-500
43	青州市奥森农业装备有限公司	山东省	自走式水旱两用喷杆喷雾机	3WSH-700G
44	山东博胜动力科技股份有限公司	山东省	背负式喷雾喷粉机	3WF-3
45	山东鲁虹农业科技股份有限公司	山东省	自走式喷杆喷雾机	3WP-100
46	青州炜锋车桥有限公司	山东省	自走式喷杆喷雾机	3WPZ-700A
47	山东邦达智能设备科技有限公司	山东省	烟雾机	6HYC-80
48	山东润沣农业机械有限公司	山东省	自走式喷杆喷雾机	3WPZ-400
49	青州嘉亿农业装备有限公司	山东省	自走式喷杆喷雾机	3WPZ-700-B
50	山东克撒斯机械制造有限公司	山东省	自走式喷杆喷雾机	3WPZ800-16A
51	青州泰达机械有限公司	山东省	自走式喷杆喷雾机	3WPZ-500A
52	青州迈特车桥制造有限公司	山东省	自走式喷杆喷雾机	3WPZ-500D
53	山东中润顺泰机械科技有限公司	山东省	自走式喷杆喷雾机	3WPZ-700A

（续）

序号	企业名称	所在地	产品名称	规格型号
54	栖霞市金果园林机械有限公司	山东省	金果牌脉冲动力烟雾机	6HYC-98
55	青州市汇丰农业装备科技有限公司	山东省	自走式喷杆喷雾机	3WPZ-700HW
56	青州市世昌机械有限公司	山东省	自走式喷杆喷雾机	3WPZ-700B
57	青州市隆顺农业机械有限公司	山东省	自走式喷杆喷雾机	3WPZ-700A
58	潍坊谷沃农业装备科技有限公司	山东省	自走式喷杆喷雾机	3WPZ-700GW
59	青州市万佳机械科技股份有限公司	山东省	自走式水旱两用喷杆喷雾机	3WPZ-600L
60	山东牧阳农业科技有限公司	山东省	自走式水旱两用喷杆喷雾机	3WPZ-700AL
61	山东华盛农业药械有限责任公司	山东省	背负式喷雾喷粉机	3WF-960
62	山东金富尔机械有限公司	山东省	自走式喷杆喷雾机	3WPZ-700
63	青州大丰农业装备有限公司	山东省	自走式喷杆喷雾机	3WPZ-700
64	青州市富泽农业装备有限公司	山东省	自走式喷杆喷雾机	3WPZ-700
65	青州市凯博植保机械有限公司	山东省	自走式喷杆喷雾机	3WPZ-1200A
66	山东金亮机械股份有限公司	山东省	金亮牌弥雾机	6HYC-80KA
67	青州市沃龙植保机械有限公司	山东省	自走式喷杆喷雾机	3WPZ-700
68	青州市丰园农业装备有限公司	山东省	自走式喷杆喷雾机	3WPZ-700A
69	青州爱科机械科技有限公司	山东省	自走式喷杆喷雾机	3WPZ-800B-4
70	潍坊森海机械制造有限公司	山东省	自走式喷杆喷雾机	3WPZ-700
71	山东同洲机械制造有限公司	山东省	自走式喷杆喷雾机	3WP-700B
72	潍坊市亿田通用农业装备有限公司	山东省	自走式喷杆喷雾机	3WPZ-700
73	青州上力机械科技有限公司	山东省	自走式喷杆喷雾机	3WPZ-700
74	昌乐馨禾机械有限公司	山东省	烟雾机	6HYC-80
75	山东金奥机械有限公司	山东省	背负式喷雾喷粉机	3WF-3
76	山东佳尔能机电有限公司	山东省	自走式喷杆喷雾机	3WP-800
77	山东绿田农业机械有限公司	山东省	自走式水旱两用喷杆喷雾机	3WZP-700
78	郑州希望农业机械有限公司	河南省	自走式喷杆喷雾机	3WP-150
79	河南三得兴机械有限公司	河南省	自走式喷杆喷雾机	3WP-280
80	郑州绿土地农业机械有限公司	河南省	电动喷雾器	3WBD-18
81	原阳县种田郎电动喷雾器厂	河南省	背负式电动喷雾器	3WBS-D-17
82	武汉炳成塑业有限公司	湖北省	背负式电动喷雾器	3WBD-16
83	湖南丰茂植保机械有限公司	湖南省	手推式机动喷雾机	3WZ-30Q
84	衡阳市韶峰喷雾器有限公司	湖南省	背负式电动喷雾器	3WBD-16
85	广州市农友农具制品有限公司	广东省	背负式电动喷雾器	3WBD-16
86	中山市天意电器有限公司	广东省	背负式电动喷雾器	TY-16D
87	深圳市隆瑞科技有限公司	广东省	电动超低量喷雾器	2680
88	泸县润田植保机械厂	四川省	背负式手动喷雾器	3WBS-16
89	天府新区成都片区双流华农塑胶厂	四川省	背负式电动喷雾器	3WBD-20
90	成都彩虹塑胶有限公司	四川省	背负式电动喷雾器	3WBD-22
91	昆明市盘龙区正利植保器械厂	云南省	背负式电动喷雾器	ZL-16DA

2018年机动脱粒机产品质量国家监督抽查合格产品及其企业名单

序号	企业名称	所在地	产品名称	规格型号
1	衡水中瑞农业机械科技有限公司	河北省	玉米脱粒机	5TY-150-480
2	宁晋县昊源农业机械有限公司	河北省	脱粒机	5TZ-125
3	邢台拓驰机械制造有限公司	河北省	脱粒机	5T-90
4	高平市宏大机械制造有限公司	山西省	玉米脱粒机	5TY-80-200
5	文水县大象象荣农牧机械有限公司	山西省	玉米脱粒机	5TY-72-210
6	凤城市凤凰城经济管理区丰舞农用机械厂	辽宁省	玉米脱粒机	5TY-52-235
7	开原市松山农机厂	辽宁省	单滚筒高效玉米脱粒机	5TY-1500
8	凤城市草河农机制造厂	辽宁省	玉米脱粒机	5TY-30
9	北镇市兴农机械制造有限公司	辽宁省	机动脱粒机	5TY-88-250
10	丹东金伟实业有限公司	辽宁省	玉米脱粒机	5TY-210DF
11	海城市耿庄建筑机械厂	辽宁省	玉米脱粒机	5TY-100-290
12	凤城市腾阳机械厂	辽宁省	玉米脱粒机	5TY-50-190
13	瓦房店市驼山乡隆丰机械厂	辽宁省	玉米脱粒机	5TY-150-290
14	凤城市草河机械制造有限公司	辽宁省	玉米脱粒机	5TY-70-270
15	凤城市凤山经济管理区同发农机厂	辽宁省	玉米脱粒机	5TY-68-320
16	大连铭川农业机械有限公司	辽宁省	立式玉米脱粒机	5TY-48-140
17	瓦房店市驼山乡鑫兴益农机厂	辽宁省	玉米脱粒机	5TY-4
18	鞍山市艾特诺尔机械制造有限公司	辽宁省	玉米脱粒机	5TY-82-250S
19	瓦房店市驼山乡井泉水泵厂	辽宁省	玉米脱粒机	5TY-3
20	凤城飞马机械制造有限公司	辽宁省	玉米脱粒机	5TY-1
21	开原市城东镇兴盛农具厂	辽宁省	双滚玉米脱粒机	5TY-900
22	新民市神龙机械加工厂	辽宁省	玉米脱粒机	5TY-400-290
23	凤城市联发农机制造有限公司	辽宁省	玉米脱粒机	5TY-3C
24	凤城市边门镇家用电器厂	辽宁省	玉米脱粒机	5TY-30
25	辽宁大地机械制造有限公司	辽宁省	玉米脱粒机	5TY-84
26	凤城市鑫和农机制造有限公司	辽宁省	玉米脱粒机	5TY-68-260
27	辽中县洪宇农机具厂	辽宁省	机动玉米脱粒机	5TYX-900
28	海城市耿庄镇天王起重机厂	辽宁省	全程吸尘玉米脱粒机	5TY-100
29	凤城市草河经济管理区恒丰农机厂	辽宁省	脱粒机	5TY55-200
30	瓦房店市复州城镇胜行精工机械厂	辽宁省	玉米脱粒机	5TY-5
31	法库县张国祥农业机械厂	辽宁省	玉米脱粒机	5TY-110
32	凤城市凤凰城经济管理区佳顺机械配件厂	辽宁省	玉米脱粒机	5TY-30
33	桦甸市恒利达农机制造有限公司	吉林省	机动玉米脱粒机	5TY-120

（续）

序号	企业名称	所在地	产品名称	规格型号
34	敦化市宏远机械有限公司	吉林省	大豆脱粒机	5TD-200
35	黑龙江省宁安市农机制造有限责任公司	黑龙江省	全自动水稻脱粒机	5TGZ-220
36	林口县建堂乡东兴农机具修造厂	黑龙江省	多功能行走式脱粒机	5TD-2360
37	龙江景西机械制造有限公司	黑龙江省	玉米脱粒机	5TY-190（Z）
38	黑龙江省福联收割机有限公司	黑龙江省	玉米脱粒机	5TY-200
39	黑龙江省勃农兴达机械有限公司	黑龙江省	玉米脱粒机	5TY-330
40	肇东市中新农机具制造有限公司	黑龙江省	玉米脱粒机	5TY-225
41	宁安市恒信机械制造有限公司	黑龙江省	双滚筒玉米脱粒机	5TY-120
42	黑龙江省穆棱福麟机械制造有限公司	黑龙江省	多功能脱粒机	5TD-230
43	五常市伟业机械有限公司	黑龙江省	全自动水稻脱粒机	5TG-200
44	台州市路桥超宇机械厂	浙江省	机动玉米脱粒机	5TY-33-89
45	新余市嘉福农业机械制造有限公司	江西省	机动稻麦脱粒机	5T-70
46	高安市忠辉农业机械制造有限公司	江西省	机动稻麦脱粒机	5T-70
47	新余市拓达金属科技有限公司	江西省	稻麦自动分离式脱粒机	5T-70
48	新余市渝北农机制造有限公司	江西省	机动脱粒机	5T-70A
49	新余市亿丰农业机械有限公司	江西省	自净式脱粒机	5T-70
50	新余市申丰工贸有限公司	江西省	机动脱粒机	5T-70
51	新余市顺天农机制造有限公司	江西省	机动脱粒机	5T-78A
52	新余市晶丰农业机械制造有限公司	江西省	机动脱粒机	5T-70
53	山东莱工机械制造有限公司	山东省	玉米脱粒机	5TY-150
54	肥城泰峰机械有限公司	山东省	机动脱粒机	5TD-125
55	肥城市泰山机械有限公司	山东省	麦稻脱粒机	5TD-70
56	莒南县相邸镇永丰农机厂	山东省	全喂入简易式机动脱粒机	5T-36B
57	河南远邦机械有限公司	河南省	玉米脱粒机	5TY-95-325
58	郑州市伟巍机械有限公司	河南省	新型玉米脱粒机	5TY-60
59	荥阳市竖河农机加工厂	河南省	玉米脱粒机	5TY-70
60	南漳县华胜机械制造有限公司	湖北省	稻麦脱粒机	5T-40A
61	长阳清江农机制造有限公司	湖北省	玉米脱粒机	5TY-26-110
62	南漳县恒达机械制造销售有限公司	湖北省	稻麦脱粒机	5TJ-40
63	双峰县国栋机械制造有限公司	湖南省	机动玉米脱粒机	5TY-31-100
64	湖南省家福机械有限公司	湖南省	玉米脱粒机	5TY-90-50
65	湖南农伯乐农业机械科技有限公司	湖南省	玉米脱粒机	5TY-46-86
66	湖南省富瑞机电设备制造有限公司	湖南省	玉米脱粒机	5TY-31-86
67	湖南省鑫塔机械制造有限公司	湖南省	玉米脱粒机	5TY-31-86
68	双峰县湘东机械制造有限责任公司	湖南省	机动玉米脱粒机	5TY-310
69	湖南东方红机电制造有限公司	湖南省	玉米脱粒机	5TY-31-100
70	桂林丰力打谷机厂	广西壮族自治区	机动脱粒机	5TG-80
71	重庆田科机械有限公司	重庆市	玉米脱粒机	5TY-60

（续）

序号	企业名称	所在地	产品名称	规格型号
72	重庆鼎臣福牌机械有限公司	重庆市	玉米脱粒机	5TY-60
73	重庆市田坡机械制造有限公司	重庆市	玉米脱粒机	5TY-60
74	重庆市大足区搏达机械有限公司	重庆市	玉米脱粒机	5TY-60-90
75	重庆市大足区田野机械制造有限公司	重庆市	玉米脱粒机	5TY-26
76	重庆长宝田农业机械制造有限公司	重庆市	玉米脱粒机	5TY-60
77	南充市嘉陵区宏凌农机有限责任公司	四川省	玉米脱粒机	5TY-60-100
78	四川省旭东机械制造有限公司	四川省	稻麦脱粒机	5TG-75
79	四川农之星科技有限公司	四川省	稻麦脱粒机	5TW-40
80	荣县双丰机械制造有限公司	四川省	全喂入式脱粒机	5TW-50
81	四川安岗机械有限公司	四川省	机动脱粒机	5T-36
82	四川建鸿农机制造有限公司	四川省	稻麦脱粒机	5TG-76
83	成都金川田农机制造有限公司	四川省	机动脱粒机	5TG-81
84	四川省佳信机械制造有限公司	四川省	稻麦脱粒机	5TG-80
85	四川省合立农机有限公司	四川省	玉米脱粒机	5TY-60
86	四川畅丰机械设备有限公司	四川省	玉米脱粒机	5TY-60
87	成都钰丰西蜀机械有限公司	四川省	机动脱粒机	5TG-80
88	四川建鸿农机制造有限公司	四川省	玉米脱粒机	5TY-50B
89	四川志鹏机电设备制造有限公司	四川省	稻麦脱粒机	5T-47
90	达州超速农业机械有限公司	四川省	稻麦脱粒机	5TW-40
91	绵阳腾达机械有限责任公司	四川省	稻麦脱粒机	5T-90
92	乐山市井研县城北机械制造有限公司	四川省	稻麦机动脱粒机	5TG-70
93	内江市龙跃机具厂	四川省	稻麦脱粒机	5TG-72
94	四川省旭东机械制造有限公司	四川省	玉米脱粒机	5TY-60-100
95	阆中市东升农机有限责任公司	四川省	稻麦脱粒机	5T-40
96	巴中市红河农业机械有限公司	四川省	全喂入式脱粒机	5TY-50-100
97	四川华旭机械制造有限公司	四川省	稻麦脱粒机	5TG-80
98	四川省合立农机有限公司	四川省	稻麦脱粒机	5TG-70
99	乐至县华兴机械制造有限公司	四川省	油菜脱粒机	5T-60
100	四川省钟声机电设备制造有限公司	四川省	稻麦脱粒机	5TG-80
101	四川省阆中精益机电有限公司	四川省	稻麦脱粒机	5TW-40
102	四川安岗机械有限公司	四川省	稻麦脱粒机	5TG-76
103	四川省枭翔机电有限责任公司	四川省	分离式玉米脱粒机	5TY-40-140
104	贵州双木农机有限公司	贵州省	半喂入式稻麦脱粒机	5TG-80
105	安顺煜辉经贸有限责任公司	贵州省	半喂入机动脱粒机	5TG-70
106	贵州三丰农业机械有限公司	贵州省	稻麦脱粒机	5TG-70
107	贵州省黔南州黔丰农业机械制造销售有限公司	贵州省	半喂入机动脱粒机	5TG-70
108	建水县益民轻工机械厂	云南省	玉米脱粒机	5TY-26-140
109	宣威市宏盛农机加工厂	云南省	玉米脱粒机	5TY-45-120

（续）

序号	企业名称	所在地	产品名称	规格型号
110	云南倡鹏商贸有限公司	云南省	玉米脱粒机	5TY-50
111	禄丰县罗次机械制造厂	云南省	单滚玉米脱粒机	5T-50
112	汉中洋桥机械有限责任公司	陕西省	稻麦脱粒机	5TG-50
113	汉中市合力机械有限公司	陕西省	玉米脱粒机	5TY-48-150
114	兴平市云华农业机械有限公司	陕西省	玉米脱粒机	5TY-44-160
115	汉中市汉台区华瑞机械有限公司	陕西省	玉米脱粒机	5TY-30-90
116	汉中市金昊机械有限公司	陕西省	玉米脱粒机	5TY-32-100
117	陕西省汉中东方机械科研制造有限公司	陕西省	玉米脱粒机	5TY-40-150
118	陇西县渭河福利机械制造有限责任公司	甘肃省	稻麦脱粒机	5TZ-960
119	民勤县成达顺圆农机具制造有限公司	甘肃省	玉米脱粒机	5TY-120-280A
120	民勤县宏通机械制造有限公司	甘肃省	玉米脱粒机	5TY-120-220
121	武威市圣塔农业机械制造有限责任公司	甘肃省	脱粒机	5TZ-125
122	民勤县陇宇机械制造有限公司	甘肃省	玉米葵花脱粒机	5TY-120-380
123	酒泉奥凯种子机械股份有限公司	甘肃省	玉米脱粒清选机	5XYT-20
124	洛浦县阿塔祖业农机制造有限责任公司	新疆维吾尔自治区	全喂入式脱粒机	5TGX-120
125	玛纳斯县和平农机制造有限公司	新疆维吾尔自治区	机动脱粒机	5TY-690

2018 年饲料加工机械产品质量国家监督抽查合格产品及其企业名单

序号	企业名称	所在地	产品名称	规格型号
1	瓦房店市驼山乡鑫兴益农机厂	辽宁省	锤片式粉碎机	9FQ-450
2	大连古井机械有限公司	辽宁省	饲料粉碎机	CPS280-1
3	丹东市振安区五龙背医药机械厂	辽宁省	饲料粉碎机	9FQ-430
4	凤城市宏宇农机具厂	辽宁省	饲料粉碎机	9FQ-36-25
5	瓦房店市畅通机械铸造有限公司	辽宁省	锤片式粉碎机	CFJ-400A
6	凤城市圣洲机械有限公司	辽宁省	粉碎机	SFSP420
7	凤城市国柱农机厂	辽宁省	粉碎机	9FQ-33-24
8	丹东市振安区金福农机制造厂	辽宁省	超宽高效粉碎机	9FZ23-35B
9	凤城市联发农机制造有限公司	辽宁省	饲料粉碎机	9FQ-360
10	丹东市振安区五龙背新惠丰机械厂	辽宁省	锤片式粉碎机	9FQ-420
11	大连铭川农业机械有限公司	辽宁省	锤片式粉碎机	9FQ-32-30-P1
12	瓦房店市复州城镇古台机械厂	辽宁省	饲料粉碎机	9FQ-350
13	丹东市元宝区永兴机械厂	辽宁省	青饲料切碎机	93QS-12
14	丹东市振安区双立机械厂	辽宁省	饲料粉碎机	9FQ-400
15	沭阳县双花机械制造厂	江苏省	饲料粉碎机	9FQ40-20
16	诸城市宏越机械有限公司	山东省	饲料粉碎机	9FQ40-28

（续）

序号	企业名称	所在地	产品名称	规格型号
17	山东一能九信农牧装备有限公司	山东省	饲草揉碎机	9ZR-6.0
18	诸城市启峰农机制造厂	山东省	饲料粉碎机	9FQ30-20C
19	泰安市岱岳区泰峰农牧机械厂	山东省	电动直联多功能粉碎机	9FZ-35
20	莒南县树华农机有限公司	山东省	秸秆自动进料粉碎机	9FQZ50-40
21	肥城市农民乐农牧机械有限公司	山东省	铡切揉搓机	9ZR-6.0B
22	肥城盛泰龙机械有限公司	山东省	铡切揉搓机	93ZR-9.5
23	诸城市盛奥机械有限公司	山东省	锤片式粉碎机	9FQ40-28
24	郑州市华龙农牧机械有限公司	河南省	铡草粉碎揉丝机	9FQ-650
25	新乡市兴田机械制造有限责任公司	河南省	锤片式饲料粉碎机	9FQ-40
26	洛阳四达农机有限公司	河南省	饲料粉碎机	9FQ-45B
27	洛阳市环保设备一厂	河南省	多功能饲料粉碎机	9FQ-36B
28	郑州嵩威机械制造有限公司	河南省	饲料粉碎机	9FZ-48-12
29	长葛市凯丰机械厂	河南省	万能粉碎机	9EZ-35
30	新乡市恒富电子机械有限公司	河南省	饲料粉碎机	9FZ-52-13
31	新乡市和协饲料机械制造有限公司	河南省	饲料粉碎机	9FQ-510×125
32	新乡市乐为农农牧机械有限公司	河南省	饲料粉碎机	9FQ-480
33	郑州市牧昌农业机械制造有限公司	河南省	饲料粉碎机	9FQ-55
34	郑州市伟巍机械有限公司	河南省	铡草粉碎机	9ZF-0.6
35	湖北生达机电有限公司	湖北省	饲料粉碎机	9F-200
36	长沙万马牧业机械科技有限公司	湖南省	锤片式粉碎机	9FZ-50
37	双峰县湘东机械制造有限责任公司	湖南省	青饲料切碎机	93QS-0.4
38	湖南省金峰机械科技有限公司	湖南省	饲料粉碎机	9FZ-21-10
39	大足区华丰机械厂	重庆市	锤片式饲料粉碎机	9FQ-28B
40	乐山市井研县万东机械制造有限公司	四川省	饲料粉碎机	9FC-20
41	四川省井研蓬兴机械制造有限公司	四川省	齿爪式饲料粉碎机	9FC-21
42	四川省荣宏机械制造有限公司	四川省	齿爪式饲料粉碎机	9FC-20
43	乐山市国民农机厂	四川省	齿爪式多功能粉碎机	9FC-20
44	乐山三缘电机有限公司	四川省	齿爪式粉碎机	9FZ-23
45	四川省井研县裕丰机械制造有限公司	四川省	齿爪式饲料粉碎机	9FC-20
46	四川省井研县联益机械厂	四川省	饲料粉碎机	9FC-21
47	四川省旭东机械制造有限公司	四川省	饲料粉碎机	9FQ-26
48	简阳市城西精工机械有限公司	四川省	齿爪式粉碎机	9FZ-20
49	四川省乐山市井研通用机械厂	四川省	齿爪式饲料粉碎机	9FC-35
50	四川省万马机械制造有限公司	四川省	饲料粉碎机	9FC-21
51	四川井研林江机械制造有限公司	四川省	齿爪式饲料粉碎机	9FC-21
52	四川省鹏程机械制造有限公司	四川省	齿爪式饲料粉碎机	9FC-20
53	乐山市五通桥区南方机电有限责任公司	四川省	饲料粉碎机	9FZ-20
54	四川省简阳市棉丰农业机械制造厂	四川省	多功能粉碎机	9FZ-35C

（续）

序号	企业名称	所在地	产品名称	规格型号
55	井研县飞翔机械制造厂	四川省	齿爪式粉碎机	9FC-20
56	井研县银辉农机制造厂	四川省	齿爪式饲料粉碎机	9FC-20
57	乐山市创工机械制造有限公司	四川省	齿爪式饲料粉碎机	9FC-20
58	乐山市井研县城北机械制造有限公司	四川省	齿爪式粉碎机	9FC-20
59	井研县恒利机械有限公司	四川省	饲料粉碎机	9FC-21
60	四川省井研县华兴机械厂	四川省	齿爪式饲料粉碎机	9FC-20

2018年潜水电泵产品质量国家监督抽查合格产品及其企业名单

序号	企业名称	所在地	产品名称	规格型号
1	北京中马泵业有限公司	北京市	井用潜水泵	200QJ
2	天津普友机电设备股份有限公司	天津市	井用潜水泵	200QJ63-40
3	天津甘泉集团有限公司	天津市	井用潜水泵	200QJT50-80/5
4	天津振达泵业有限公司	天津市	井用潜水泵	200QJ50-78
5	德能泵业（天津）有限公司	天津市	井用潜水泵	250QJ80-80-30
6	天津中蓝泵业有限责任公司	天津市	井用潜水泵	175QJ50-36
7	天津市潜成思源供水设备有限公司	天津市	井用潜水泵	250QJ80-100/5
8	遵化众邦泵业股份有限公司	河北省	单相小型潜水电泵	QDX3-20-0.55
9	河北亚特泵业有限公司	河北省	井用潜水泵	200QJ50-52
10	临城县玉泉水泵厂	河北省	井用潜水泵	200QJ50-52
11	河北兴临水泵有限公司	河北省	井用潜水泵	175QJ50-60
12	保定市鑫兴旺泵业有限公司	河北省	井用潜水泵	200QJ
13	石家庄远见水泵制造有限公司	河北省	井用潜水泵	175QJ
14	河北广平县潜水电泵厂	河北省	井用潜水电泵	QJ32×52-7.5
15	河北临泉泵业集团有限公司	河北省	井用潜水泵	175QJ40-60
16	唐山海瑞水泵有限公司	河北省	井用潜水电泵	200QJ50-52
17	河北乐源泵业有限公司	河北省	潜水泵	200QJ50-52
18	邢台市翼龙水泵有限公司	河北省	井用潜水泵	200QJ32-39
19	河北远新泵业有限公司	河北省	潜水泵	175QJ50-60
20	河北泉友泵业有限公司	河北省	井用潜水泵	175QJ50-60
21	邢台虹银泵业有限公司	河北省	井用潜水泵	200QJ32-39
22	河北潜达特种泵业有限公司	河北省	井用潜水泵	200QJ80-33
23	玉田县永信机械制造有限公司	河北省	井用潜水电泵	175QJ32-36
24	保定三合井泉泵业有限公司	河北省	井用潜水泵	200QJ 32-52
25	河北扬洪泵业有限公司	河北省	井用潜水泵	175QJ32-36
26	河北普乐泵业科技有限公司	河北省	井用潜水泵	175QJ50-48

（续）

序号	企业名称	所在地	产品名称	规格型号
27	定州市华洋水泵厂	河北省	井用潜水电泵	200QJ40-39
28	唐山远洋潜水电泵有限公司	河北省	井用潜水电泵	175QJ32-36
29	河北迪特泵业集团有限公司	河北省	井用潜水泵	200QJ50-52
30	保定银虹泵业有限公司	河北省	井用潜水泵	200QJ32-52-7.5
31	河北万德泵业有限公司	河北省	井用潜水泵	175QJ50-60
32	临城清泉水泵制造有限公司	河北省	潜水泵	175QJ50-24
33	河北圣水源泵业有限公司	河北省	潜水泵	200QJ50-26
34	保定市惠田水泵制造有限公司	河北省	井用潜水泵	200QJ50-39
35	保定兴浪水泵制造有限公司	河北省	井用潜水电泵	200QJ50-39
36	遵化市华丰水泵厂	河北省	小型潜水电泵	QS3-120/6-3
37	河北千泉水泵有限公司	河北省	井用潜水泵	175QJ50-48
38	石家庄市科达潜水电泵厂	河北省	潜水电泵	200QJ50-39
39	临城县旺泉水泵厂	河北省	潜水泵	175QJ50-48
40	河北虹银泵业股份有限公司	河北省	井用潜水电泵	200QJ 40-39
41	上潜石家庄泵业有限公司	河北省	井用潜水泵	175QJ50-24
42	河北金丽源泵业有限公司	河北省	井用潜水泵	175QJ50-48
43	定州市春涛泵业制造有限公司	河北省	井用潜水电泵	200QJ50-39
44	河北临潜泵业有限公司	河北省	井用潜水泵	175QJ50-48
45	河北金银泉泵业有限公司	河北省	潜水泵	175QJ50-60
46	石家庄市潜水电泵厂	河北省	井用潜水泵	200QJ
47	邯郸市麒麟城福利泵业有限公司	河北省	井用潜水泵	200QJ40-52-9.2
48	邢台四海泵业有限责任公司	河北省	井用潜水泵	200QJ50-52
49	河北三泉泵业有限公司	河北省	井用潜水电泵	200QJ50-52
50	河北龙洋泵业有限公司	河北省	潜水泵	200QJ50-52
51	遵化市平安城隆源水泵厂	河北省	潜水电泵	QJ130
52	河北鑫潜泵业有限公司	河北省	井用潜水泵	200QJ50-52
53	河北洺泉泵业有限公司	河北省	井用潜水电泵	200QJ50-26
54	邢台市兴达水泵有限公司	河北省	潜水泵	200QJ50-52/4
55	河北江泉泵业有限公司	河北省	井用潜水电泵	200QJ32-39
56	邯郸市长信泵业设备有限公司	河北省	井用潜水电泵	200QJ50-52
57	河北方润泵业科技有限公司	河北省	井用潜水泵	175QJ
58	河北石潜泵业有限公司	河北省	井用潜水泵	200QJ
59	石家庄硕浪泵业有限公司	河北省	潜水电泵	QJ-200
60	唐山恒河水泵有限公司	河北省	小型单相潜水电泵	QSD3-30/2-0.75
61	临城欣丰潜水泵厂	河北省	潜水泵	200QJ50-52
62	临城龙源水泵厂	河北省	井用潜水泵	175QJ50-48
63	保定建实利友泵业有限公司	河北省	井用潜水泵	175QJ32-36
64	河北民乐泵业有限公司	河北省	潜水泵	175QJ 50-60

（续）

序号	企业名称	所在地	产品名称	规格型号
65	河北满通环境工程有限公司	河北省	井用潜水泵	200QJ40-39
66	承德燕北泵业有限责任公司	河北省	潜水泵	200QJ50-52
67	河北宏兴泵业有限公司	河北省	潜水泵	200QJ50-52
68	石家庄金潜泵业有限公司	河北省	井用潜水泵	200QJ
69	河北三巨泵业有限公司	河北省	井用潜水电泵	200QJ50-39
70	晋州市水泵厂	河北省	井用潜水泵	175QJ50-36
71	河北太平洋泵业有限公司	河北省	井用潜水泵	175QJ50-24
72	临城县海丰水泵厂	河北省	潜水泵	200QJ50-52
73	河北光华泵业有限公司	河北省	小型潜水电泵	QDS5-40-1.5
74	临城县恒森水泵厂	河北省	潜水泵	200QJ 50-52
75	河北京潜泵业有限公司	河北省	井用潜水泵	200QJ50-65
76	山西正海泵业有限公司	山西省	井用潜水泵	200QJ32-117/9
77	山西天海泵业有限公司	山西省	井用潜水泵	200QJ20-54
78	山西安吉制泵有限公司	山西省	潜水电泵	QS20-54
79	山西云华泵业有限公司	山西省	小型潜水电泵	QS40-28/2
80	山西天泉泵业有限公司	山西省	小型潜水电泵	QS20-30-3
81	山西省运城华洋电泵制造有限公司	山西省	井用潜水泵	200QJ50-52/4
82	山西晋泉泵业有限公司	山西省	小型潜水电泵	QS15-52/2-4
83	山西天河北斗星泵业有限公司	山西省	潜水电泵	QS25-34
84	山西解州新华泵业有限公司	山西省	小型潜水电泵	QS 10-90/5
85	山西三泉泵业有限公司	山西省	小型潜水电泵	QS20-36-4
86	山西晋海制泵科技有限公司	山西省	小型潜水电泵	QS 10-60-4
87	山西兴国泵业有限公司	山西省	小型潜水电泵	QS20-54-5.5
88	运城市解州宏昌电机水泵制造有限公司	山西省	小型潜水电泵	QS32-26/2
89	运城市解州新星泵业有限公司	山西省	小型潜水电泵	QS50-26/2
90	内蒙古五湖泵业有限公司	内蒙古自治区	井用潜水泵	250QJ100-54-100
91	包头市清泉泵业有限责任公司	内蒙古自治区	井用潜水泵	200QJ50-39
92	内蒙古五湖泵业有限公司	内蒙古自治区	井用潜水泵	200QJ50-39-50
93	包头市清泉泵业有限责任公司	内蒙古自治区	井用潜水泵	200QJ50-52
94	包头市名泉泵业有限责任公司	内蒙古自治区	井用潜水泵	250QJ-80-60
95	包头市三泉水泵机电有限公司	内蒙古自治区	井用潜水电泵	175QJ32-72
96	瓦房店市鑫源水泵厂	辽宁省	单相节能潜水电泵	QDS3-30-1.1
97	瓦房店市复州城镇永立水泵厂	辽宁省	三相小型潜水电泵	QS3-24-0.75
98	瓦房店市盛达水泵厂	辽宁省	单相小型潜水电泵	QDS3-30-1.1
99	大连通达水泵厂	辽宁省	单相潜水电泵	QDS3-30-1.1
100	海城三鱼泵业有限公司	辽宁省	小型潜水电泵	DS4-20-05S
101	大连复州世洋泵业有限公司	辽宁省	小型潜水电泵	QDS6-18-0.75
102	营口振华潜水电泵有限公司	辽宁省	潜水电泵	200QJ32-52-7.5

（续）

序号	企业名称	所在地	产品名称	规格型号
103	海城三鱼泵业有限公司	辽宁省	井用潜水电泵	100QJ0430C
104	沈阳海泉潜水电泵有限公司	辽宁省	潜水泵	150QJ25-26
105	沈阳深井潜水泵有限公司	辽宁省	井用潜水电泵	200QJ 50-45/3
106	吉林市奥吉通泵业有限责任公司	吉林省	井用潜水电泵	200QJ20-54
107	上海义民电机有限公司	上海市	潜水电泵	QY40-16-3
108	徐州兴丰水泵厂	江苏省	潜水电泵	QS40-16-3
109	徐州天龙机电制造有限公司	江苏省	潜水电泵	QS40-16-3
110	徐州星河机电设备厂	江苏省	潜水电泵	QS40-30/2-5.5
111	江苏精工泵业有限公司	江苏省	潜水电泵	QS40-16-3
112	江苏新格灌排设备有限公司	江苏省	潜水电泵	QS40-16-3
113	徐州华英华丰泵业有限公司	江苏省	潜水电泵	QS40-16-3
114	徐州骏龙机电制造有限公司	江苏省	潜水电泵	QS40-16-3
115	徐州世龙水泵厂	江苏省	潜水电泵	QS40-16-3
116	徐州龙龙机电制造厂	江苏省	潜水电泵	QS40-16-3
117	徐州环球泵业有限公司	江苏省	潜水电泵	QS20-30-3
118	徐州丰亿机电设备厂	江苏省	潜水电泵	QS40-16-3
119	徐州飞龙机电制造有限公司	江苏省	潜水电泵	QS65-25-7.5
120	徐州银河灌排有限公司	江苏省	潜水电泵	QS65-10-3
121	江苏鸣泉灌排设备有限公司	江苏省	潜水电泵	QSP65-18-5.5
122	江苏天海泵业有限公司	江苏省	潜水电泵	QS20-30/2-3
123	徐州雨龙排灌机械厂	江苏省	潜水电泵	QS20-30/2-3
124	徐州精一泵业有限公司	江苏省	潜水电泵	QS65-25-7.5
125	徐州市龙王泵业有限公司	江苏省	潜水电泵	QS40-30/2-5.5
126	徐州九龙水泵厂	江苏省	潜水电泵	QS40-30/2-5.5
127	徐州市龙腾泵业制造厂	江苏省	潜水电泵	QS40-16-3
128	徐州华扬泵业制造有限公司	江苏省	潜水电泵	QS40-30/2-5.5
129	江苏展宏灌排科技有限公司	江苏省	潜水电泵	QS20-30/2-3
130	连云港力源泵业有限公司	江苏省	小型潜水泵	65QXL45-32-7.5
131	徐州银燕泵业有限公司	江苏省	潜水电泵	QS20-30/2-3
132	徐州潜龙泵业有限公司	江苏省	潜水电泵	QS40-16-3
133	泰州市江丰泵业有限公司	江苏省	潜水电泵	QS65-18-5.5
134	江苏长凯机械设备有限公司	江苏省	潜水泵	80CQW40-15-4
135	徐州华盛实业有限公司	江苏省	潜水电泵	QS40-16-3
136	徐州井龙水泵厂	江苏省	潜水电泵	QS40-30/2-5.5
137	江苏七燕泵业有限公司	江苏省	潜水电泵	QS65-10-3
138	江苏江进泵业有限公司	江苏省	充水式潜水电泵	QS65-10-3
139	徐州鹏程水泵厂（普通合伙）	江苏省	潜水电泵	QS65-10-3
140	徐州丰源泵业有限公司	江苏省	潜水电泵	QS20-30/2-3

（续）

序号	企业名称	所在地	产品名称	规格型号
141	泰州华泽水泵有限公司	江苏省	潜水电泵	QS40-28-5.5
142	江苏东佳排灌机械有限公司	江苏省	三相井用潜水电泵	QS65-25-7.5
143	江苏华源节水股份有限公司	江苏省	潜水电泵	QS65-18-5.5
144	江苏慧博灌排设备有限公司	江苏省	潜水电泵	QS65-10-3
145	玉环县长江泵业制造厂	浙江省	单相潜水电泵	QDX1.5-16-0.37
146	温岭市金乐山泵业有限公司	浙江省	小型潜水电泵	QDX3-18-0.55
147	台州金威龙机电有限公司	浙江省	单相潜水电泵	QDX3-18-0.55
148	台州汪洋泵业有限公司	浙江省	小型潜水电泵	QDX3-18-0.55
149	台州地球机电有限公司	浙江省	单相潜水电泵	QDX3-18-0.55
150	浙江金蛙泵业有限公司	浙江省	井用潜水电泵	100QJD2-35-0.55
151	温岭市韩一水泵厂（普通合伙）	浙江省	小型潜水电泵	QDX1.5-16-0.37
152	台州新陆泵业有限公司	浙江省	小型潜水电泵	QDX3-18-0.55
153	台州开利泵业有限公司	浙江省	潜水电泵	QDX3-18-0.55
154	金华金力士泵业有限公司	浙江省	井用潜水泵	4SP5-17
155	温岭牧野机电有限公司	浙江省	单相潜水电泵	QDX3-18-0.55
156	台州市威尔诺机电制造有限公司	浙江省	小型潜水电泵	QDX3-18-0.55
157	台州太宇泵业有限公司	浙江省	单相潜水电泵	QDX3-20-0.55
158	台州宝丰泵业有限公司	浙江省	单相潜水电泵	QDX3-18-0.55
159	台州六福机电有限公司	浙江省	单相潜水电泵	QDX10-16-0.75
160	台州晋虎泵业有限公司	浙江省	单相潜水电泵	QDX3-18-0.55
161	台州汇鑫泵业有限公司	浙江省	小型潜水电泵	QDX3-18-0.55
162	浙江新大地制泵有限公司	浙江省	单相潜水电泵	QDX3-18-0.55
163	台州银河泵业有限公司	浙江省	单相潜水电泵	QDX3-18-0.55
164	温岭市卓恒机电有限公司	浙江省	单相潜水电泵	QDX1.5-16-0.37
165	浙江创江泵业有限公司	浙江省	单相多级深井潜水电泵	100QJD2-35-0.55
166	浙江越虎新泵业有限公司	浙江省	小型潜水电泵	QDX3-18-0.55
167	浙江中杭水泵有限公司	浙江省	小型潜水电泵	QDX1.5-17-0.37A
168	温岭市永乐机电有限公司	浙江省	多用潜水电泵	100QJD2-35/7-0.37
169	台州市天元电机泵业制造有限公司	浙江省	三相油浸式潜水电泵	QXY3-18-0.55
170	台州申科机电有限公司	浙江省	单相潜水电泵	QDX3-18-0.55
171	杭州斯莱特泵业有限公司	浙江省	小型潜水电泵	QY25-26-3A
172	台州澳光机电有限公司	浙江省	小型潜水电泵	QDX3-18-0.55
173	君禾泵业股份有限公司	浙江省	单相清水潜水电泵	QDX3-18-0.55T（A）
174	台州同发机电有限公司	浙江省	潜水电泵	QDX1.5-16-0.37
175	浙江斯耒特潜水泵有限公司	浙江省	小型潜水泵	QY65-10-3
176	温岭市大溪桃夏龙山电器配件厂（普通合伙）	浙江省	油浸式潜水电泵	QY40-21-4
177	台州韩磊泵业有限公司	浙江省	单相潜水电泵	QDX3-18-0.55
178	台州鼎浪机电有限公司	浙江省	单相潜水电泵	QDX3-18-0.55

（续）

序号	企业名称	所在地	产品名称	规格型号
179	浙江大盛泵业有限公司	浙江省	小型潜水电泵	QDX3-18-0.55
180	浙江快速龙电器有限公司	浙江省	小型潜水电泵	QDX3-18-0.55
181	台州新丰泵业有限公司	浙江省	小型潜水电泵	QDX3-18-0.55
182	温岭市龙威机电厂	浙江省	单相潜水电泵	QDX3-18-0.55
183	台州市双龙泵业有限公司	浙江省	小型潜水电泵	QDX3-20-0.55
184	台州优麦拉机电有限公司	浙江省	单相潜水电泵	QDX3-18-0.55
185	浙江大世纪泵业有限公司	浙江省	多级深井潜水电泵	DSJ80QJD2-40/10-0.6
186	温岭市欢乐水泵风机厂	浙江省	单相潜水电泵	QDX3-18-0.55
187	台州市欧旭机电有限公司	浙江省	单相潜水电泵	QDX3-18-0.55
188	台州西博玛机电有限公司	浙江省	单相潜水电泵	QDX3-18-0.55
189	台州沃迪机电科技有限公司	浙江省	单相潜水电泵	QDX1.5-15-0.37
190	中盛联科机电有限公司	浙江省	单相小型潜水电泵	QDX1.5-16-0.37SG
191	浙江巨多机电有限公司	浙江省	小型潜水电泵	QDX3-18-0.55
192	杭州斯蕾达泵业有限公司	浙江省	小型潜水电泵	QDX15-10-0.75
193	杭州许贤潜水泵厂	浙江省	潜水电泵	QY40-21-4A
194	台州市远霸机电有限公司	浙江省	小型潜水电泵	QDX3-18-0.55
195	浙江广洋泵业科技有限公司	浙江省	单相小型潜水电泵	QDX3-18-0.55
196	台州捷易凯泵业有限公司	浙江省	小型潜水电泵	QDX3-18-0.55
197	凯泉创技泵业有限公司浙江分公司	浙江省	单相潜水电泵	QDX3-18-0.55
198	台州佳迪泵业有限公司	浙江省	单相潜水电泵	QDX1.5-17-0.37
199	浙江万科泵业科技有限公司	浙江省	小型潜水电泵	QDX3-18-0.55
200	台州新发机电有限公司	浙江省	小型潜水电泵	QDX3-18-0.55
201	台州腾乐机电有限公司	浙江省	单相潜水电泵	QDX1.5-25-0.55L2
202	浙江大磊泵业有限公司	浙江省	单相潜水电泵	QDX3-18-0.55
203	台州市利元泵业有限公司	浙江省	单相潜水电泵	QDX3-18-0.55
204	台州美德亨泵业科技有限公司	浙江省	小型潜水电泵	QDX1.5-15-0.37
205	台州六合泵业有限公司	浙江省	小型潜水电泵	QDX3-18-0.55
206	浙江慧龙机电有限公司	浙江省	单相潜水电泵	QDX3-18-0.55
207	浙江丰球泵业股份有限公司	浙江省	三相潜水电泵	QX10-10-0.55
208	杭州中洲潜水泵厂	浙江省	单相潜水电泵	QDX1.5-16-0.37
209	台州名涛机电有限公司	浙江省	小型潜水电泵	QDX3-18-0.55
210	台州金亿龙泵业有限公司	浙江省	小型潜水电泵	QDX3-18-0.55
211	青岛海城三渔电机有限公司温岭分公司	浙江省	单相井用潜水电泵	100QJDY2-35-0.55
212	台州超奇机电有限公司	浙江省	小型潜水电泵	QDX3-18-0.55
213	台州市宇力泵业有限公司	浙江省	小型潜水电泵	QDX3-18-0.55
214	台州新华泵业制造有限公司	浙江省	小型潜水电泵	QDX3-18-0.55
215	台州开浪泵业有限公司	浙江省	潜水电泵	QDX3-18-0.55
216	浙江三统泵业有限公司	浙江省	单相潜水电泵	QDX3-18-0.55

（续）

序号	企业名称	所在地	产品名称	规格型号
217	浙江韩亚电气有限公司	浙江省	单相潜水电泵	QDX1.5-16-0.37
218	永嘉龙事达深井泵业有限公司	浙江省	井用潜水泵	175QJ50-24/2
219	台州沪发机电有限公司	浙江省	单相潜水电泵	QDX3-18-0.55
220	杭州西子泵业有限公司	浙江省	潜水电泵	QDX3-30-0.75
221	台州浙里泵业有限公司	浙江省	小型潜水电泵	QDX3-18-0.55
222	浙江半球泵业有限公司	浙江省	单相潜水电泵	QXD1.5-32-0.75
223	台州华光电机有限公司	浙江省	小型潜水电泵	QDX3-18-0.55
224	浙江杰仕力机电有限公司	浙江省	潜水电泵	QDX1.5-16-0.37
225	台州韩尔机电有限公司	浙江省	单相潜水电泵	QDX3-18-0.55
226	台州大吉泵业有限公司	浙江省	单相潜水电泵	QDX3-18-0.55
227	浙江大明机电有限公司	浙江省	单相潜水电泵	QDX15-10-0.75
228	浙江宇翔泵业有限公司	浙江省	小型潜水电泵	QDX3-18-0.55
229	台州富荣泵业有限公司	浙江省	小型潜水电泵	QDX3-18-0.55
230	浙江森邦机电有限公司	浙江省	小型潜水电泵	QDX3-18-0.55
231	台州邦贝机电有限公司	浙江省	单相井用潜水电泵	100QJD2-37/8-0.55
232	浙江博田机电有限公司	浙江省	单相潜水电泵	QDX3-18-0.55
233	台州迈豪泵业有限公司	浙江省	小型潜水电泵	QDX3-18-0.55
234	台州金环机电泵业有限公司	浙江省	单相潜水电泵	QDX1.5-16-0.37
235	台州环洋机电有限公司	浙江省	单相潜水电泵	QDX3-18-0.55
236	台州实丰机电有限公司	浙江省	小型潜水电泵	QD10-26/2-1.5
237	台州市大顺泵业有限公司	浙江省	小型潜水电泵	QDX3-18-0.55
238	浙江雄麟泵业有限公司	浙江省	小型潜水电泵	QDX3-18-0.55
239	台州市威龙泵业有限公司	浙江省	单相潜水电泵	QDX1.5-15-0.37
240	台州亿万泵业有限公司	浙江省	小型潜水电泵	QDX3-18-0.55
241	杰升泵业有限公司	浙江省	小型潜水电泵	QDX3-18-0.55
242	金华倍特泵业有限公司	浙江省	井用潜水泵	100QJ4-82/12
243	利欧集团浙江泵业有限公司	浙江省	单相潜水电泵	QDX1.5-15-0.37
244	金华市东大泵业有限公司	浙江省	井用潜水泵	100QJ8-37-1.5
245	上海宁民机电有限公司温岭大溪分公司	浙江省	单相潜水电泵	QDX3-18-0.55
246	青蛙泵业有限公司	浙江省	单相井用潜水泵	Y8QJD2-32/8-0.4
247	浙江斯柯特机电有限公司	浙江省	小型潜水电泵	QDX3-18-0.55
248	浙江新羽机电有限公司	浙江省	小型潜水电泵	QDX3-18-0.55
249	浙江慧龙机电有限公司	浙江省	单相潜水电泵	QDX3-18-0.55
250	台州耀翔泵业有限公司	浙江省	单相潜水电泵	QDX1.5-16-0.37
251	台州巨霸机电泵业有限公司	浙江省	单相潜水电泵	QDX3-18-0.55
252	台州欧豪机电有限公司	浙江省	小型潜水电泵	QDX3-18-0.55
253	台州鑫威机电有限公司	浙江省	小型潜水泵	QDX3-18-0.55
254	浙江天欣泵业有限公司	浙江省	单相小型潜水电泵	QDX3-18-0.55

（续）

序号	企业名称	所在地	产品名称	规格型号
255	台州百丰电机厂	浙江省	单相潜水电泵	QDX6-19-0.75
256	浙江铭远泵业有限公司	浙江省	小型潜水电泵	QDX10-16-0.75
257	浙江大秦泵业有限公司	浙江省	井用潜水电泵	100QJD2-40-0.55
258	台州桐乐山泵业有限公司	浙江省	小型潜水电泵	QDX3-18-0.55
259	台州市宇霸电器有限公司	浙江省	小型潜水电泵	QDX3-18-0.55
260	九鱼泵业科技有限公司	浙江省	小型潜水电泵	QDX1.5-17-0.37
261	台州宝泉机电有限公司	浙江省	小型潜水电泵	QDX3-18-0.55
262	台州贝龙泵业有限公司	浙江省	小型潜水电泵	QDX3-18-0.55
263	锦霸工贸有限公司	浙江省	单相井用潜水电泵	100QJD2-50/10-0.75
264	浙江龙鹏电器有限公司	浙江省	单相潜水电泵	QDX3-18-0.55
265	温岭市贝达水泵厂	浙江省	小型潜水电泵	QDX3-18-0.55
266	台州洋鹰泵业有限公司	浙江省	单相潜水电泵	QDX3-18-0.55
267	浙江卜民机电有限公司	浙江省	单相小型潜水电泵	QDX1.5-25-0.55
268	台州韩科机电有限公司	浙江省	小型潜水电泵	QDX3-18-0.55
269	台州健豪机电有限公司	浙江省	井用潜水泵	100QJD2-35-0.55
270	台州长虹泵业有限公司	浙江省	单相潜水电泵	QDX3-18-0.55
271	大福泵业有限公司	浙江省	单相潜水电泵	QDX3-20-0.55
272	温岭力搏泵业有限公司	浙江省	单相潜水螺杆泵	QGD1.2-50-0.37
273	浙江森汉图机电有限公司	浙江省	小型潜水电泵	QDX3-18-0.55
274	台州浪迪泵业有限公司	浙江省	单相潜水电泵	QDX3-18-0.55
275	浙江远东泵业有限公司	浙江省	小型潜水电泵	QDX3-18-0.55
276	浙江绿友电器有限公司	浙江省	小型潜水电泵	QDX3-18-0.55
277	浙江泰格泵业有限公司	浙江省	小型潜水电泵	QDX3-18-0.55
278	森森集团股份有限公司	浙江省	小型潜水电泵	HJ-6000
279	台州工元泵业有限公司	浙江省	小型潜水电泵	QDX3-18-0.55
280	浙江钱华泵业有限公司	浙江省	小型潜水电泵	QDX3-18-0.55
281	温岭市兴三鱼泵业有限公司	浙江省	井用潜水电泵	90QJD2-32/8-0.55
282	台州向阳机电有限公司	浙江省	单相潜水电泵	QDX3-18-0.55
283	浙江索欧电气有限公司	浙江省	小型潜水电泵	QDX3-18-0.55
284	台州大琪泵业有限公司	浙江省	小型潜水电泵	QDX3-18-0.55
285	浙江宝湾机电有限公司	浙江省	不锈钢井用多级潜水电泵	100QJD6-120/16-1.5
286	台州宝菱内燃机电器制造有限公司	浙江省	单相潜水电泵	QDX3-18-0.55
287	浙江大明泵业有限公司	浙江省	单相潜水电泵（泵）	QDX3-18-0.55
288	台州市新沪泵业有限公司	浙江省	单相潜水电泵	QDX3-18-0.55
289	温岭市大溪工民水泵厂（普通合伙）	浙江省	单相潜水泵	QDX3-18-0.55
290	浙江金大陆泵业有限公司	浙江省	小型潜水电泵	QDX1.5-16-0.37
291	温岭市帆迪机电厂	浙江省	单相小型潜水电泵	QDX1.5-32-0.75
292	浙江广佳机电有限公司	浙江省	小型潜水电泵	QDX10-16-0.75T

（续）

序号	企业名称	所在地	产品名称	规格型号
293	浙江浪奇泵业有限公司	浙江省	单相潜水电泵	QDX6-18-0.75
294	浙江振圣机电科技有限公司	浙江省	井用潜水电泵	100QDJ（D）2-76/13-1.1
295	浙江老百姓泵业有限公司	浙江省	单相潜水电泵	QDX3-24-0.75
296	台州市巨腾泵业有限公司	浙江省	单相潜水电泵	QDX3-18-0.55
297	台州缔业机电有限公司	浙江省	小型潜水电泵	QDX2-32-0.75
298	台州大浪泵业有限公司	浙江省	单相多级潜水电泵	QD3-55/3-1.8
299	台州大云机电有限公司	浙江省	单相潜水电泵	QDX3-18-0.55
300	台州市振通机电有限公司	浙江省	小型潜水电泵	QDX3-18-0.55
301	台州吉普泵业有限公司	浙江省	单相潜水电泵	QDX3-18-0.55
302	友力机电有限公司	浙江省	小型潜水电泵	QDX6-18-0.75
303	台州龙耀泵业有限公司	浙江省	小型潜水电泵	QDX3-18-0.55
304	浙江福蛙泵业有限公司	浙江省	井用潜水泵	90QJD2-48/9-0.55
305	浙江白山机电有限公司	浙江省	小型潜水电泵	QDX3-18-0.55
306	台州新宏基泵业有限公司	浙江省	小型潜水电泵	QDX3-18-0.55
307	上海水泵集团有限公司温岭分厂	浙江省	单相潜水电泵	QDX1.5-15-0.37
308	台州市长浪机电有限公司	浙江省	小型潜水电泵	QDX3-18-0.55
309	浙江大元泵业股份有限公司	浙江省	单相潜水电泵	QDX7-18-0.75
310	浙江双维机电有限公司	浙江省	小型潜水电泵	QDX3-18-0.55
311	台州星江机电有限公司	浙江省	小型潜水电泵	QDX3-18-0.55
312	浙江境界泵业有限公司	浙江省	小型潜水电泵	QDX3-18-0.55
313	浙江通源泵业有限公司	浙江省	单相潜水电泵	QDX15-15-1.1A
314	浙江亿霄机电有限公司	浙江省	小型潜水电泵	QDX3-20-0.55
315	浙江昶亿泵业有限公司	浙江省	小型潜水电泵	QY40-21-4
316	台州大湖泵业有限公司	浙江省	小型潜水电泵	QDX3-18-0.55
317	浙江龙岭机电有限公司	浙江省	小型潜水电泵	QDX3-18-0.55
318	台州大强电机有限公司	浙江省	单相潜水电泵	QDX1.5-15-0.37
319	台州申港泵业有限公司	浙江省	单相潜水电泵	QDX3-18-0.55
320	温岭市西诺泵业有限公司	浙江省	单相井用潜水电泵	100QJD2-35-0.55
321	台州市路桥区丰泉水泵厂	浙江省	单相潜水电泵	QDX3-18-0.55
322	台州市世纪钱福机电有限公司	浙江省	小型潜水电泵	QDX3-18-0.55
323	温岭吉鱼泵业有限公司	浙江省	单相潜水电泵	QDX1.5-16-0.37
324	台州乐鲸机电有限公司	浙江省	单相潜水电泵	QDX3-18-0.55
325	台州华中泵业有限公司	浙江省	小型潜水电泵	QDX3-18-0.55
326	杭州西湖潜水泵总厂	浙江省	潜水电泵	QDX1.5-14-0.25
327	温岭市山市丰达水泵厂	浙江省	单相潜水电泵	QDX3-18-0.55
328	台州宝井机电有限公司	浙江省	单相潜水电泵	QDX3-18-0.55
329	台州奥马泵业有限公司	浙江省	单相井用潜水电泵	100QJD2-40-0.55
330	台州尊驰泵业有限公司	浙江省	三相井用潜水电泵	100QJ2-40-0.55

（续）

序号	企业名称	所在地	产品名称	规格型号
331	台州弘安泵业有限公司	浙江省	潜水电泵	QDX3-27-0.75
332	温岭市神威电器厂	浙江省	小型潜水电泵	QDX1.5-16-0.37
333	台州豪明泵业有限公司	浙江省	小型潜水电泵	QDX3-18-0.55
334	台州华泰泵业有限公司	浙江省	小型潜水电泵	QDX3-18-0.55
335	乐威泵业有限公司	浙江省	单相潜水泵	QDX1.5-16-0.37
336	温岭市竞玲机电厂	浙江省	单相潜水电泵	QDX3-18-0.55
337	温岭市金塔电机厂	浙江省	小型潜水电泵	QDX3-18-0.55
338	海兰富泵业有限公司	浙江省	井用潜水电泵	100QJ2-45/8-0.55
339	台州本都泵业有限公司	浙江省	小型潜水电泵	QDX3-18-0.55
340	台州兴宁机电有限公司	浙江省	小型潜水电泵	QDX3-18-0.55
341	台州三安泵业有限公司	浙江省	单相潜水电泵	QDX3-18-0.55
342	温岭市山市强兴水泵厂	浙江省	三相小型多级潜水电泵	Q10-42/3-2.2
343	台州波导机电有限公司	浙江省	小型潜水电泵	QDX3-18-0.55
344	浙江神农泵业股份有限公司	浙江省	潜水电泵	QDX3-20-0.55T
345	温岭市东桥机电有限公司	浙江省	小型潜水电泵	QDX3-18-0.55
346	台州喷龙机电有限公司	浙江省	小型潜水电泵	QDX3-18-0.55
347	台州铭迪机电有限公司	浙江省	井用潜水电泵	100QJD2-35-0.55
348	台州市日达泵业有限公司	浙江省	单相井用潜水电泵	100QJD2-35-0.55
349	浙江申隆泵业有限公司	浙江省	单相潜水电泵	QDX1.5-16-0.37
350	新界泵业集团股份有限公司	浙江省	单相潜水电泵	QDX1.5-17-0.37L2
351	台州进翔机电有限公司	浙江省	多级潜水电泵	QD3-40/2-0.75
352	浙江新亚泵业有限公司	浙江省	小型潜水电泵	QDX3-18-0.55
353	台州雷龙机电有限公司	浙江省	单相潜水电泵	QDX3-18-0.55
354	浙江万福泵业有限公司	浙江省	油浸式潜水电泵	QY15-26-2.2
355	越沪泵业科技有限公司	浙江省	单相潜水电泵	QDX3-18-0.55
356	温岭市鸿福泵业有限公司	浙江省	单相潜水电泵	QDX1.5-17-0.37
357	台州大兴泵业有限公司	浙江省	小型潜水电泵	QDX3-18-0.55
358	台州市钱涛泵业有限公司	浙江省	小型潜水电泵	QDX3-18-0.55
359	台州荣威泵业有限公司	浙江省	小型潜水电泵	QDX3-18-0.55
360	台州市欧美泵业有限公司	浙江省	小型潜水电泵	QDX3-18-0.55
361	浙江隆彪泵业有限公司	浙江省	单相小型潜水电泵	QDX1.5-32-0.75
362	浙江金狮泵业有限公司	浙江省	单相潜水电泵	QDX1.5-15-0.37
363	温岭市大宇水泵厂	浙江省	单相潜水电泵	QDX3-24-0.75
364	杭州萧山人民潜水泵厂	浙江省	油浸式潜水电泵	QY40-21-4 A
365	浙江亿欧机电有限公司	浙江省	小型潜水电泵	QDX3-18-0.55
366	杭州清泉水泵总厂	浙江省	潜水电泵	QY65-13-4
367	义乌市欧霸泵业有限公司	浙江省	单相井用潜水泵	85QJ3-100/24-1.5
368	台州市佳奇机电有限公司	浙江省	小型潜水电泵	QDX1.5-30-0.75

（续）

序号	企业名称	所在地	产品名称	规格型号
369	浙江禾音泵业有限公司	浙江省	单相井用潜水电泵	Y100QJD2-70/11-0.75
370	台州新展泵业有限公司	浙江省	潜水电泵	QDX-3-18-0.55
371	温岭市耀华电器厂	浙江省	单相潜水电泵	QDX1.5-15-0.37
372	浙江固达泵业有限公司	浙江省	多级潜水电泵	QD3-45/3-1.1
373	浙江奇峰泵业有限公司	浙江省	环保清水潜水泵	QDX1.5-17-0.37
374	临海市飞鼎水泵厂	浙江省	小型潜水电泵	QDX3-18-0.55
375	台州盛洲泵业有限公司	浙江省	单相潜水电泵	QDX1.5-15-0.37
376	台州双娃机电有限公司	浙江省	单相潜水电泵	QDX3-18-0.55
377	台州市南方机电有限公司	浙江省	小型潜水电泵	QDX3-18-0.55
378	浙江双福泵业有限公司	浙江省	单相潜水电泵	QDX1.5-16-0.37
379	台州进越机电有限公司	浙江省	小型潜水电泵	QDX1.5-17-0.37
380	台州市腾豪泵业有限公司	浙江省	小型潜水电泵	QDX3-18-0.55
381	台州遵化龙泵业有限公司	浙江省	单相潜水电泵	QDX3-18-0.55
382	浙江飞博机电有限公司	浙江省	小型潜水电泵	QDX3-18-0.55
383	安庆市禾力泵业有限责任公司	安徽省	充水式潜水电泵	QS30-30/2-4
384	和县和州镇淮水泵厂（普通合伙）	安徽省	单相潜水电泵	QDX1.5-16-0.37
385	合肥盛亚电机电泵有限公司	安徽省	潜水电泵	350QZ-70
386	和县和州长江水泵厂	安徽省	潜水电泵	QDX1.5-16-0.37
387	和县和州强力水泵厂	安徽省	单相潜水电泵	QDX1.5-16-0.37
388	巢湖和州机电泵业公司	安徽省	单相潜水电泵	QDX1.5-16-0.37
389	凤阳县质诚水泵厂	安徽省	小型潜水电泵	QDX3-18-0.55
390	福建泉州恒流机械电器有限公司	福建省	单相潜水电泵	QD3-30/2-0.75
391	山东光明泵业股份有限公司	山东省	井用潜水电泵	200QJ32-130
392	淄博潜瑞泵业有限公司	山东省	井用潜水泵	150QJ20-54
393	威海涌泉电机厂	山东省	单相潜水电泵	QD4-45-1.1
394	青岛鲁东泵业有限公司	山东省	小型潜水电泵	QDX1.5-16-0.37
395	青岛鲁东泵业有限公司	山东省	小型潜水电泵	QD3-45/3-1.1
396	青岛即墨市红星水泵厂	山东省	小型潜水电泵	QY40-12
397	青岛龙翔泵业有限责任公司	山东省	单相潜水电泵	QD10-26/2-1.5
398	青岛龙翔泵业有限责任公司	山东省	单相潜水电泵	QD15-22/2-1.8
399	青岛龙翔泵业有限责任公司	山东省	单相潜水电泵	QD6-48/4-1.5
400	威海市农友电机厂	山东省	小型潜水电泵	QDX1.5-16-0.37
401	威海市农友电机厂	山东省	小型潜水电泵	QD3-35-0.75
402	曲阜市圣双龙水泵有限公司	山东省	潜水电泵	QS65-25-7.5
403	曲阜市圣双龙水泵有限公司	山东省	潜水电泵	QS20-30/2-3
404	寿光市顺祥水泵制造有限公司	山东省	潜水电泵	QS15-92/5-7.5
405	山东洪涨泵业有限公司	山东省	井用潜水电泵	100QJ2-80/14-0.95
406	莱阳市开发区润达水泵厂	山东省	小型潜水电泵	QDX1.5-16-0.37

（续）

序号	企业名称	所在地	产品名称	规格型号
407	山东颜山泵业有限公司	山东省	井用潜水电泵	250QJ80-80
408	山东颜山泵业有限公司	山东省	井用潜水电泵	200QJ80-55
409	山东德源泵业有限公司	山东省	井用潜水泵	200QJ32-104
410	山东瑞铭水务科技有限公司	山东省	井用潜水泵	200QJ32-26-4
411	山东洪涨泵业有限公司	山东省	井用潜水电泵	100QJ2-45/8-0.55
412	莱州市银泉潜水泵厂	山东省	潜水电泵	200QS20-40-4
413	寿光福泰机电设备制造有限责任公司	山东省	井用潜水电泵	200QS5-95/5-3
414	淄博潜瑞泵业有限公司	山东省	井用潜水泵	200QJ20-81
415	淄博强大泵业有限公司	山东省	井用潜水电泵	200QJ
416	山东德源泵业有限公司	山东省	井用潜水泵	200QJ32-78
417	威海涌泉电机厂	山东省	单相潜水电泵	QD4-30-0.75
418	山东鸿志机电科技有限公司	山东省	井用潜水泵	200QJ50-52
419	山东德源泵业有限公司	山东省	井用潜水泵	200QJ32-52
420	郑州华龙泵业有限公司	河南省	井用潜水泵	250QJ50-60
421	洛阳一水泵业有限公司	河南省	小型潜水电泵	QD（Y）6-32/3-1.1
422	洛阳市水龙泵业有限公司	河南省	井用潜水泵	200QJ32-78
423	郑州市海龙泵业有限公司	河南省	小型潜水电泵	QS40-40/4-7.5
424	河南莫尔斯特农业装备有限公司	河南省	井用潜水电泵	200QJ32-39
425	郑州市天源泵业有限公司	河南省	小型潜水电泵	QS40-16
426	漯河清泉泵业有限公司	河南省	小型潜水电泵	QS10-68/4-4
427	漯河市四通泵业有限公司	河南省	小型潜水电泵	QY25-26-3
428	郑州兴源泵阀有限公司	河南省	小型潜水电泵	QS 32-52
429	河南庆丰节水设备有限公司	河南省	小型潜水电泵	QY40-21-4
430	漯河清泉泵业有限公司	河南省	小型潜水电泵	Q20-40.5/3-4
431	郑州市神龙泵业有限公司	河南省	小型潜水电泵	QS10-54
432	郑州市玖龙泵业有限公司	河南省	小型潜水电泵	QS15-39
433	郑州市现代泵业有限公司	河南省	小型潜水电泵	QS15-65-5.5
434	郑州市神州泵业有限公司	河南省	小型潜水电泵	QS25-46-5.5
435	郑州市清泉泵业有限公司	河南省	小型潜水电泵	QS15-39-3
436	郑州市神州泵业有限公司	河南省	小型潜水电泵	QS25-28-3
437	漯河市四通泵业有限公司	河南省	小型潜水电泵	QY40-30-5.5
438	衡阳市大地泵业有限责任公司	湖南省	小型潜水电泵	QY25-17-2.2B
439	湖南天伦泵业股份有限公司	湖南省	井用多级潜水泵	Y90QJD2-60/11-0.75
440	湘潭市湘徽泵业有限公司	湖南省	单相潜水电泵	QDX10-12-0.75
441	湖南省丰彩机械有限公司	湖南省	小型潜水电泵	QDX3-18-0.55
442	湘潭湘健机电科技有限公司	湖南省	单相小型潜水泵	QDX3-20-0.55
443	湖南利万家供水设备有限公司	湖南省	不锈钢多级深井潜水电泵	LWJ-A17-72/5.5
444	平江县天兴潜水电机有限公司	湖南省	单相潜水电泵	QSD5.5-20-0.75

（续）

序号	企业名称	所在地	产品名称	规格型号
445	衡阳天伦机电有限公司	湖南省	单相潜水电泵	QDX1.5-17-0.37
446	衡阳市力源动力制造有限公司	湖南省	潜水泵	QY15-46/2-4B
447	衡阳市大力成泵业制造有限责任公司	湖南省	小型潜水电泵	QY65-14-4
448	湘潭市新大元设备制造有限公司	湖南省	单相三叶轮潜水电泵	QD3-36/3-1.1
449	湘潭市金鑫泵业有限公司	湖南省	单相潜水电泵	QDX1.5-28-0.85
450	湘潭市湘众泵业制造有限公司	湖南省	单相潜水电泵	QDX1.5-28-1.1
451	衡阳市大川泵业制造有限公司	湖南省	小型潜水泵	QY40-16-3
452	湘潭市大金泵业有限公司	湖南省	单相充油式潜水电泵	QSDX1.5-30-1.1Y
453	广东凌霄泵业股份有限公司	广东省	潜水电泵	QDX3-18-0.55
454	广东瑞荣泵业有限公司	广东省	井用潜水泵	R95-VC-20
455	江门市力士达泵业制造有限公司	广东省	井用潜水泵	QJ100/12
456	广东江门市力源泵业有限公司	广东省	井用潜水泵	J50/19
457	江门市蓬江区铭源达水泵厂	广东省	井用潜水泵	R95-J80/14
458	广州市广之洋泵业机电有限公司	广东省	单相小型潜水电泵	QDX3-10-0.25
459	重庆永博机电泵业有限责任公司	重庆市	单相多级深井潜水电泵	100QJD2-40/8-0.55
460	内江市东兴区兴国电动机厂	四川省	井用潜水电泵	100QJD2-35
461	新津县申江电泵厂	四川省	小型潜水电泵	QDX3-30-0.75
462	四川嘉能机电有限公司	四川省	小型潜水电泵	QDX3-36-1.1
463	乐山市东龙电机厂	四川省	小型潜水电泵	QDX3-18-0.55
464	富平县金工水泵厂	陕西省	井用潜水电泵	200QJ20-54
465	陕西扶龙机电制造有限公司	陕西省	小型潜水电泵	QS25-24
466	宁夏才运达机电泵业有限公司	宁夏回族自治区	小型潜水电泵	QD×1.5-16-0.37

2018 年通用小型汽油机产品质量国家监督抽查合格产品及其企业名单

序号	企业名称	所在地	产品名称	规格型号
1	上海兴博实业有限公司	上海市	通用小型汽油机	GT600
2	上海双手机电有限公司	上海市	通用小型汽油机	JL175-FE
3	盐城博尔福机电科技发展有限公司	江苏省	通用小型汽油机	PW210
4	南通黄海药械有限公司	江苏省	通用小型汽油机	1E40F
5	常州川崎光阳发动机有限公司	江苏省	通用小型汽油机	TJ045E
6	牧田（昆山）有限公司	江苏省	通用小型汽油机	EH043
7	苏州百胜动力机器股份有限公司	江苏省	通用小型汽油机	GX160
8	台州科瓦崎工具有限公司	浙江省	通用小型汽油机	KWQ188F/P
9	浙江三锋实业股份有限公司	浙江省	通用小型汽油机	SF1P70FB
10	温岭正峰动力有限公司	浙江省	通用小型汽油机	JF170FLH-2

（续）

序号	企业名称	所在地	产品名称	规格型号
11	山东金奥机械有限公司	山东省	通用小型汽油机	1E40F-5A
12	山东永佳动力股份有限公司	山东省	通用小型汽油机	1E36FN
13	日照市立盈机械制造有限公司	山东省	通用小型汽油机	170F
14	重庆腾龙盛世机电有限公司	重庆市	通用小型汽油机	TL170F-1/P
15	重庆翼龙机械有限公司	重庆市	通用小型汽油机	YL170F
16	重庆嘉木机械有限公司	重庆市	通用小型汽油机	GM170F
17	重庆涪柴动力机械制造有限公司	重庆市	通用小型汽油机	FC170
18	重庆安来动力机械有限公司	重庆市	通用小型汽油机	AP170F
19	重庆峻极机械制造有限公司	重庆市	通用小型汽油机	JJ170F
20	重庆帝勒金驰通用机械股份有限公司	重庆市	通用小型汽油机	BS170FD/P-2
21	重庆锐无敌机械制造有限公司	重庆市	通用小型汽油机	170F
22	重庆弘愿动力设备制造有限公司	重庆市	通用小型汽油机	HY190F
23	重庆迈丰动力机械有限公司	重庆市	通用小型汽油机	YX170F
24	重庆宗申通用动力机械有限公司	重庆市	通用小型汽油机	ZS170F
25	重庆鼎工机电有限公司	重庆市	通用小型汽油机	DK170F/P
26	重庆瑞格机电设备有限公司	重庆市	通用小型汽油机	RG170F
27	重庆鑫源农机股份有限公司	重庆市	通用小型汽油机	SR170F/P
28	重庆卡滨通用机械有限公司	重庆市	通用小型汽油机	KB170F
29	重庆科业动力机械制造有限公司	重庆市	通用小型汽油机	KY170F
30	重庆岷龙机械制造有限公司	重庆市	通用小型汽油机	ML152F/P
31	重庆华世丹机械制造有限公司	重庆市	通用小型汽油机	H170F
32	隆鑫通用动力股份有限公司	重庆市	通用小型汽油机	G200F
33	威马农机股份有限公司	重庆市	通用小型汽油机	170F-2/P
34	重庆科马工贸有限公司	重庆市	通用小型汽油机	CL190F
35	重庆与锐发动机有限公司	重庆市	通用小型汽油机	JA190F/P
36	重庆润通动力制造有限公司	重庆市	通用小型汽油机	RV225

2018 年单缸柴油机产品质量国家监督抽查合格产品及其企业名单

序号	企业名称	所在地	产品名称	规格型号
1	江苏鑫田柴油机有限公司	江苏省	单缸柴油机	ZS1115
2	常州亚美柯机械设备有限公司	江苏省	单缸柴油机	DH1115
3	常州市武进五菱柴油机有限公司	江苏省	单缸柴油机	EH25DQ
4	常柴股份有限公司	江苏省	单缸柴油机	EH-24
5	无锡凯奥动力机械有限公司	江苏省	第二代单缸柴油机	KAGS450-2
6	山东莱柴动力有限公司	山东省	单缸柴油机	LC138DK

（续）

序号	企业名称	所在地	产品名称	规格型号
7	山东科林动力科技有限公司	山东省	第二代单缸柴油机	DK25
8	威马农机股份有限公司	重庆市	第二代单缸柴油机	WM192FT11

2018年农业农村部大型轮式拖拉机质量调查综合评价满意产品

序号	生产企业	产品型号	综合满意度评分
1	洛阳市博马农业工程机械有限公司	博马 -1104	85.71
2	江苏沃得农业机械有限公司	WD1104	82.63
3	徐州凯尔农业装备股份有限公司	KAT1404-A	80.93
4	洛阳依顿重工机械有限公司	ET1004	80.87
5	约翰迪尔天津有限公司	JD1204-A	80.29
6	吉林新研牧神机械制造有限公司	AH1204	79.38
7	山东瑞泽重工有限公司	RZ1404-F	79.29
8	山东恒邦发动机制造有限公司	泰拖 -1504	79.09
9	山东双力现代农业装备有限公司	SL1304	78.76
10	马恒达悦达（盐城）拖拉机有限公司	黄海金马 -1304A-1	78.30
11	洛阳路通农业装备有限公司	路通 -1000	77.80
12	山东亿嘉现代农业有限公司	YJ-1504	77.47
13	潍坊百利拖拉机有限公司	悍沃 -1504	77.21
14	雷沃重工股份有限公司	M1000-DA	77.16
15	山东东汽农业装备有限公司	DQ1304D	76.47
16	乐星农业装备青岛有限公司	LS1004	76.05
17	第一拖拉机股份有限公司	LX1000	75.92
18	中联重机股份有限公司	RC1100-A	75.41
19	潍坊华夏拖拉机制造有限公司	华夏 1204	75.29
20	河北铠特农业机械有限公司	KT1504	75.13
21	河南向阳红机械制造有限公司	向阳红 -1000	75.10
22	山东潍坊鲁中拖拉机有限公司	鲁中 -1404	74.66
23	山东常林道依茨法尔机械有限公司	LE1204	74.59
24	常州东风农机集团有限公司	DF1004-2	74.17
25	潍坊红柳机械开发有限公司	1504	73.72
26	江苏清拖农业装备有限公司	江苏 -1204A	72.78
27	天津拖拉机制造有限公司	TNA1000-2	71.96
28	洛阳世英机械制造有限公司	SJH1100	71.00

中国农业机械工业年鉴2019

统计资料

通过数据了解行业和企业，更好地把握今天，规划明天

Understanding the sub-industries and enterprises through data，to better hold today and plan tomorrow

综述
大事记
行业概况
农业机械化概况
项目与产品
统计资料
政策法规与标准
展会与交流
附录

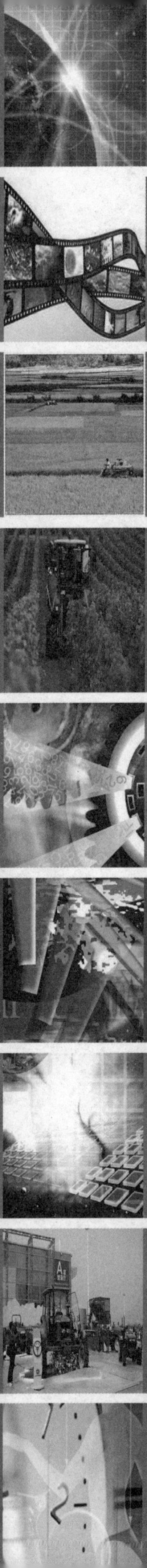

统计资料

农业机械统计资料

Statistical data of agricultural machinery

农业机械化统计资料

Statistical data of agricultural mechanization

农田水利化统计资料

Statistical data of farmland under irrigation

农业机械统计资料

2018年农业机械分行业主要经济指标
Major economic indicators of agricultural machinery sub-industry in 2018

子行业名称 Subsectors	企业数（家） Number of enterprises （unit）	主营业务收入 （亿元） Revenue （10^8 yuan）	同比增长 （%） Year-on-year growth （%）	利润总额 （亿元） Total profit （10^8 yuan）	同比增长 （%） Year-on-year growth （%）
合计 Total	2 236	2 601.32	1.67	103.44	-15.76
农用及园林用金属工具制造业 Manufacture of metal tools for agriculture and garden	168	154.05	1.25	5.92	-11.23
农副食品加工专用设备制造业 Manufacture of special equipment for processing of agricultural and non-staple foods	388	430.35	5.89	32.66	4.32
饲料生产专用设备制造业 Manufacture of special equipment for feed production	55	45.34	6.61	1.88	97.14
拖拉机制造业 Manufacture of tractors	160	434.71	-3.52	-12.86	-355.65
机械化农业及园艺机具制造业 Manufacture of mechanized agricultural and garden implements	660	842.90	0.07	36.28	-11.66
营林及木竹采伐机械制造业 Manufacture of forestry and timber felling machinery	11	8.02	-7.92	0.52	23.34
畜牧机械制造业 Manufacture of animal husbandry machinery	126	157.60	12.46	7.07	-2.75
渔业机械制造业 Manufacture of fishery machinery	20	9.60	0.34	0.77	-19.52
农林牧渔机械配件制造业 Manufacture of machine parts for agriculture，forestry，animal husbandry and fishery	324	202.68	-5.78	13.42	1.34
棉花加工机械制造业 Manufacture of cotton processing machinery	13	11.86	4.63	-0.03	55.86
其他农林牧渔业机械制造业 Manufacture of other machinery for agriculture，forestry，animal husbandry and fishery	141	141.63	17.09	7.30	6.80
水资源专用机械制造业 Manufacture of special machinery for water resources	170	162.58	2.39	10.51	15.25

2018 年农业机械主要产品产量
Output of agricultural machinery products in 2018

产品名称 Product name	产量（台） Output（unit）		同比增长（%） Year-on-year growth（%）	
	2018 年 12 月	2018 年	2018 年 12 月	2018 年
大型拖拉机 Large farm tractors	2 958	40 147	-45.20	-27.14
中型拖拉机 Medium farm tractors	20 801	203 341	-2.55	-6.10
小型拖拉机 Small farm tractors	24 637	328 422	-33.91	-33.90
收获机械 Harvesters	21 556	287 216	-13.21	-13.35
饲料生产专用设备 Special equipment for feed production	20 091	220 269	-0.25	3.21

2018 年我国农业机械出口情况
Export of agricultural machinery in 2018

地区（国际组织） Region（International organization）	出口额（万美元） Export value（10^4USD）	出口额占比（%） Proportion of export value（%）	出口额同比增长（%） Year-on-year growth of export value（%）	出口量（件/台/套） Export quantity（piece/unit）	出口量占比（%） Proportion of export quantity（%）	出口量同比增长（%） Year-on-year growth of export quantity（%）	出口价（美元） Export price（USD）	出口价同比增长（%） Year-on-year growth of export price（%）
全球	2 979 067.36	100.0	10.2	4 005 663 878	100.0	10.4	7.44	-0.25
亚洲	1 053 321.20	35.4	2.0	1 211 113 003	30.2	5.6	8.70	-3.41
东盟	397 254.22	13.3	4.6	414 454 938	10.4	26.2	9.58	-17.11
中东	133 180.69	4.5	0.4	168 495 808	4.2	2.6	7.90	-2.2
非洲	210 082.98	7.0	11.9	281 490 825	7.0	2.5	7.46	9.23
欧洲	656 159.27	22.0	9.5	853 046 225	21.3	1.8	7.69	7.55
欧盟	518 462.06	17.4	8.4	743 894 985	18.6	1.0	6.97	7.26
欧盟十五国	432 397.20	14.5	8.2	645 725 326	16.1	0.7	6.70	7.4
欧盟东扩十二国	86 064.87	2.9	9.4	98 169 659	2.4	3.2	8.77	5.97

（续）

地区（国际组织）Region（International organization）	出口额（万美元）Export value（10^4USD）	出口额占比（%）Proportion of export value（%）	出口额同比增长（%）Year-on-year growth of export value（%）	出口量（件／台／套）Export quantity（piece/unit）	出口量占比（%）Proportion of export quantity（%）	出口量同比增长（%）Year-on-year growth of export quantity（%）	出口价（美元）Export price（USD）	出口价同比增长（%）Year-on-year growth of export price（%）
拉丁美洲	258 546.11	8.7	24.3	468 653 472	11.7	42.9	5.52	-13.01
北美洲	698 647.89	23.4	18.2	1 090 922 325	27.2	13.3	6.40	4.35
大洋洲	102 309.92	3.4	18.7	100 438 028	2.5	29.7	10.19	-8.49
国际组织	0.00	＜0.01		0	＜0.01			

注：由于四舍五入，表中合计数有微小出入。

〔供稿单位：中国机电产品进出口商会〕

2018 年我国农业机械进口情况

Import of agricultural machinery in 2018

地区（国际组织）Region（International organization）	进口额（万美元）Import value（10^4USD）	进口额占比（%）Proportion of import value（%）	进口额同比增长（%）Year-on-year growth of import value（%）	进口量（件／台／套）Import quantity（piece/unit）	进口量占比（%）Proportion of import quantity（%）	进口量同比增长（%）Year-on-year growth of import quantity（%）	进口价（美元）Import price（USD）	进口价同比增长（%）Year-on-year growth of import price（%）
全球	1 374 845.54	100.0	13.8	479 732 215	100.0	4.3	28.66	9.07
亚洲	548 076.29	39.9	15.5	244 003 891	50.9	11.0	22.46	3.98
东盟	32 070.67	2.3	15.5	37 209 679	7.8	44.2	8.62	-19.88
中东	7 167.64	0.5	6.3	1 387 979	0.3	1.7	51.64	4.55
非洲	1 044.50	0.1	57.0	614 486	0.1	16.2	17.00	35.17
欧洲	579 521.47	42.2	15.4	155 762 935	32.5	2.1	37.21	13.07
欧盟	553 492.91	40.3	15.5	152 481 802	31.8	2.4	36.30	12.72
欧盟十五国	509 938.03	37.1	14.6	132 598 403	27.6	-0.5	38.46	15.21
欧盟东扩十二国	43 554.88	3.2	26.3	19 883 399	4.1	27.6	21.91	-1.02
拉丁美洲	22 802.27	1.7	1.8	14 335 402	3.0	-32.8	15.91	51.54
北美洲	221 699.85	16.1	7.4	64 098 483	13.4	-1.1	34.59	8.57
大洋洲	1 577.96	0.1	-10.4	875 711	0.2	18.0	18.02	-24.01
国际组织	123.20	0.01	110.5	41 307	0.01	53.5	29.83	37.17

注：由于四舍五入，表中合计数有微小出入。

〔供稿单位：中国机电产品进出口商会〕

2018 年我国农业机械出口贸易方式

Export trade mode of agricultural machinery in China in 2018

序号 No.	贸易方式 Trade mode	出口额（万美元）Export value（10^4 USD）	出口额占比（%）Proportion of export value（%）	出口额同比增长（%）Year-on-year growth of export value（%）	出口量（件/台/套）Export quantity（piece/unit）	出口量占比（%）Export quantity（%）	出口量同比增长（%）Year-on-year growth of export quantity（%）	出口价（美元）Export price（USD）	出口价同比增长（%）Year-on-year growth of export price（%）
	合计	2 979 067.36	100.00	10.2	4 005 663 878	100.00	10.4	7.44	-0.25
1	一般贸易	2 304 699.17	77.40	11.1	3 255 507 234	81.30	8.9	7.08	2.04
2	加工贸易	456 972.63	15.30	15.1	530 511 497	13.20	24.8	8.61	-7.75
	进料加工贸易	450 257.24	15.10	14.9	518 036 150	12.90	26.2	8.69	-8.93
	来料加工装配贸易	6 715.38	0.20	31.1	12 475 347	0.30	-14.3	5.38	52.99
3	海关特殊监管区物流货物	62 324.51	2.10	-5.6	33 261 244	0.80	11.7	18.74	-15.50
4	对外承包工程出口货物	61 611.01	2.10	-21.8	25 563 653	0.60	-42.8	24.10	36.65
5	保税监管场所进出境货物	20 889.85	0.70	45.6	13 177 097	0.30	20.7	15.85	20.63
6	其他	34 246.60	1.20	-8.5	111 918 683	2.80	26.7	3.06	-27.84
7	边境小额贸易	35 771.94	1.20	6.8	35 632 540	0.90	-7.2	10.04	15.02
8	海关特殊监管区域进口设备	0.00	< 0.01		0	< 0.01			
9	国家间、国际组织无偿援助和赠送的物资	2 195.72	0.10	-14.2	65 591	< 0.01	41.5	334.76	-39.35
10	外商投资企业作为投资进口的设备、物品	0.00	< 0.01		0	< 0.01			
11	租赁贸易	307.32	0.01	13.9	22 071	< 0.01	-37.8	139.24	83.13
12	出料加工贸易	43.31	< 0.01	-67.2	3 795	< 0.01	-93.3	114.13	392.24
13	其他捐赠物资	5.26	< 0.01	139.4	3	< 0.01	-99.6	17 534.00	59 985.11
14	补偿贸易	0.04	< 0.01		470	< 0.01		0.93	
15	易货贸易	0.00	< 0.01	-100.0	0	< 0.01	-100.0		

注：由于四舍五入，表中合计数有微小出入。

〔供稿单位：中国机电产品进出口商会〕

2018 年我国农业机械进口贸易方式

Import trade mode of agricultural machinery in China in 2018

序号 No.	贸易方式 Trade mode	进口额（万美元） Import value（10^4USD）	进口额占比（%） Proportion of import value（%）	进口额同比增长（%） Year-on-year growth of import value（%）	进口量（件/台/套） Import quantity（piece/unit）	进口量占比（%） Proportion of import quantity（%）	进口量同比增长（%） Year-on-year growth of import quantity（%）	进口价（美元） Import price（USD）	进口价同比增长（%） Year-on-year growth of import price（%）
	合计	1 374 845.54	100.00	13.8	479 732 215	100.00	4.3	28.66	9.07
1	一般贸易	1 017 748.93	74.00	13.6	386 613 163	80.60	4.2	26.32	8.99
2	加工贸易	209 385.88	15.20	5.4	70 844 682	14.80	0.8	29.56	4.51
	进料加工贸易	206 509.60	15.00	5.2	67 122 443	14.00	0.4	30.77	4.83
	来料加工装配贸易	2 876.28	0.20	15.4	3 722 239	0.80	9.2	7.73	5.68
3	海关特殊监管区物流货物	108 558.54	7.90	22.0	15 023 498	3.10	2.3	72.26	19.31
4	对外承包工程出口货物	0.00	＜0.01		0	＜0.01			
5	保税监管场所进出境货物	32 445.26	2.40	72.6	5 828 028	1.20	95.6	55.67	-11.75
6	其他	2 774.61	0.20	33.4	1 403 011	0.30	103.2	19.78	-34.33
7	边境小额贸易	2.93	＜0.01	-64.6	4 744	＜0.01	-70.2	6.17	18.79
8	海关特殊监管区域进口设备	2 393.56	0.20	54.2	10 548	＜0.01	215.5	2 269.20	-51.14
9	国家间、国际组织无偿援助和赠送的物资	0.00	＜0.01		0	＜0.01			
10	外商投资企业作为投资进口的设备、物品	1 421.35	0.10	-6.6	566	＜0.01	-16.6	25 112.23	12.08
11	租赁贸易	34.50	＜0.01	-74.2	15	＜0.01	50.0	22 999.67	-82.77
12	出料加工贸易	79.97	0.01	-54.5	3 960	＜0.01	-94.5	201.95	727.21
13	其他捐赠物资	0.00	＜0.01		0	＜0.01			
14	补偿贸易	0.00	＜0.01		0	＜0.01			
15	易货贸易	0.00	＜0.01		0	＜0.01			

注：由于四舍五入，表中合计数有微小出入。

［供稿单位：中国机电产品进出口商会］

2018 年我国向各国家（地区）出口农业机械情况

Export of agricultural machinery from China to other countries（regions） in 2018

序号 No.	国家（地区） Country（Region）	出口额（万美元） Export value（10⁴USD）	出口额占比（%） Proportion of export value（%）	出口额同比增长（%） Year-on-year growth of export value（%）	出口量（件/台/套） Export quantity（piece/unit）	出口量占比（%） Proportion of export quantity（%）	出口量同比增长（%） Year-on-year growth of export quantity（%）	出口价（美元） Export price（USD）	出口价同比增长（%） Year-on-year growth of export price（%）
1	美国	663 344.04	22.30	19.2	1 046 418 093	26.10	14.10	6.34	4.41
2	德国	120 053.30	4.00	7.6	194 639 761	4.90	-8.70	6.17	17.80
3	日本	112 781.96	3.80	11.3	161 067 034	4.00	7.80	7.00	3.30
4	俄罗斯联邦	93 745.45	3.20	8.4	69 926 977	1.80	1.20	13.41	7.13
5	印度尼西亚	93 364.40	3.10	17.4	96 316 329	2.40	20.20	9.69	-2.37
6	印度	89 413.98	3.00	20.3	162 169 849	4.00	-0.03	5.51	20.31
7	澳大利亚	86 641.19	2.90	22.2	95 385 644	2.40	30.90	9.08	-6.66
8	越南	78 770.29	2.60	1.9	72 320 858	1.80	20.60	10.89	-15.50
9	墨西哥	73 518.17	2.50	39.0	190 835 395	4.80	82.70	3.85	-23.92
10	泰国	70 712.74	2.40	9.9	142 210 743	3.60	60.80	4.97	-31.64
11	意大利	68 178.44	2.30	6.8	94 509 871	2.40	-3.00	7.21	10.17
12	巴基斯坦	64 243.37	2.20	-19.4	87 214 759	2.20	-12.70	7.37	-7.65
13	英国	60 146.30	2.00	10.8	77 840 290	1.90	26.60	7.73	-12.47
14	韩国	58 239.21	2.00	12.2	67 211 578	1.70	7.20	8.67	4.66
15	尼日利亚	52 636.34	1.80	15.9	100 534 067	2.50	-6.80	5.24	24.40
16	巴西	46 378.01	1.60	23.2	77 661 497	1.90	12.00	5.97	10.01
17	菲律宾	44 136.95	1.50	-1.7	20 603 766	0.50	6.40	21.42	-7.66
18	法国	42 978.06	1.40	10.2	37 081 870	0.90	-7.60	11.59	19.23
19	缅甸	40 054.04	1.30	-20.5	31 577 882	0.80	-2.40	12.68	-18.59
20	伊朗	39 355.82	1.30	-23.5	34 761 180	0.90	-27.50	11.32	5.50
21	孟加拉国	39 258.39	1.30	-3.9	26 628 994	0.70	-1.00	14.74	-2.95
22	中国香港	37 450.72	1.30	4.3	31 983 892	0.80	5.40	11.71	-1.01
23	土耳其	36 998.59	1.20	-15.5	42 766 062	1.10	-7.90	8.65	-8.23
24	加拿大	35 280.98	1.20	3.8	44 474 916	1.10	-2.60	7.93	6.59
25	阿拉伯联合酋长国	33 564.38	1.10	-3.0	32 099 541	0.80	-18.00	10.46	18.37
26	马来西亚	29 823.01	1.00	0.8	30 212 708	0.80	5.20	9.87	-4.15
27	波兰	29 306.30	1.00	21.5	37 618 816	0.90	12.40	7.79	8.07

（续）

序号 No.	国家（地区） Country（Region）	出口额（万美元） Export value （10⁴USD）	出口额占比（%） Proportion of export value（%）	出口额同比增长（%） Year-on-year growth of export value（%）	出口量（件／台／套） Export quantity（piece/unit）	出口量占比（%） Proportion of export quantity（%）	出口量同比增长（%） Year-on-year growth of export quantity（%）	出口价（美元） Export price（USD）	出口价同比增长（%） Year-on-year growth of export price（%）
28	荷兰	27 881.08	0.90	2.4	38 764 640	1.00	-9.00	7.19	12.63
29	西班牙	26 965.01	0.90	3.0	54 175 107	1.40	1.40	4.98	1.64
30	智利	25 697.83	0.90	13.8	45 286 415	1.10	50.70	5.67	-24.49
31	阿根廷	23 809.32	0.80	36.5	64 484 291	1.60	54.60	3.69	-11.69
32	比利时	23 712.04	0.80	6.1	19 986 458	0.50	-15.20	11.86	25.10
33	哈萨克斯坦	23 279.50	0.80	14.4	23 790 264	0.60	5.80	9.79	8.15
34	南非	23 037.39	0.80	6.6	21 837 652	0.60	-19.00	10.55	31.53
35	新加坡	22 918.38	0.80	16.4	14 532 804	0.40	3.40	15.77	12.56
36	乌克兰	21 567.64	0.70	33.5	15 129 772	0.40	41.60	14.26	-5.69
37	中国台湾	21 412.61	0.70	18.2	26 071 136	0.60	-0.60	8.21	18.92
38	伊拉克	20 021.58	0.70	-10.8	39 548 565	1.00	4.60	5.06	-14.73
39	瑞典	16 968.74	0.60	89.8	61 271 995	1.50	248.80	2.77	-45.57
40	丹麦	16 535.04	0.60	-21.5	36 960 386	0.90	-34.60	4.47	20.04
41	哥伦比亚	16 411.41	0.60	16.9	16 703 340	0.40	-7.20	9.83	26.00
42	埃及	15 693.00	0.50	42.6	29 446 239	0.70	17.00	5.33	21.91
43	乌兹别克斯坦	15 070.84	0.50	118.1	13 601 997	0.30	58.10	11.08	37.95
44	罗马尼亚	15 061.72	0.50	-29.1	11 184 339	0.30	-39.50	13.47	17.16
45	阿尔及利亚	14 659.69	0.50	12.6	19 249 229	0.50	38.50	7.62	-18.66
46	秘鲁	14 405.06	0.50	15.2	11 988 516	0.30	2.90	12.02	12.05
47	厄瓜多尔	12 472.60	0.40	43.3	11 997 701	0.30	22.10	10.40	17.38
48	匈牙利	10 313.09	0.40	42.5	12 261 856	0.30	32.80	8.41	7.33
49	沙特阿拉伯	10 057.69	0.30	-12.8	6 598 319	0.20	-15.40	15.24	3.10
50	古巴	9 989.57	0.30	3.4	1 133 105	0.03	-21.30	88.16	31.40
51	新西兰	9 716.64	0.30	5.4	3 414 914	0.10	10.70	28.45	-4.72
52	埃塞俄比亚	9 525.08	0.30	48.9	3 723 963	0.10	213.20	25.58	-52.48
53	柬埔寨	9 176.80	0.30	21.3	6 070 355	0.20	29.40	15.12	-6.20
54	加纳	9 114.23	0.30	-4.0	17 681 582	0.40	4.90	5.15	-8.53
55	捷克	8 965.80	0.30	35.7	7 005 915	0.20	13.90	12.80	19.09
56	肯尼亚	8 835.84	0.30	-4.2	11 120 747	0.30	-10.40	7.95	6.96
57	斯里兰卡	7 414.36	0.20	-9.2	5 891 382	0.20	-15.90	12.59	7.97
58	芬兰	7 326.47	0.20	-7.9	6 359 810	0.20	-25.20	11.52	23.06
59	奥地利	6 815.82	0.20	61.0	6 689 633	0.20	90.70	10.19	-15.55
60	蒙古	6 533.57	0.20	34.6	4 622 591	0.10	5.00	14.13	28.26
61	民主刚果	6 442.55	0.20	101.8	2 310 954	0.10	69.80	27.88	18.86

（续）

序号 No.	国家（地区） Country（Region）	出口额（万美元） Export value（10^4USD）	出口额占比（%） Proportion of export value（%）	出口额同比增长（%） Year-on-year growth of export value（%）	出口量（件/台/套） Export quantity（piece/unit）	出口量占比（%） Proportion of export quantity（%）	出口量同比增长（%） Year-on-year growth of export quantity（%）	出口价（美元） Export price（USD）	出口价同比增长（%） Year-on-year growth of export price（%）
62	坦桑尼亚	6 341.19	0.20	15.6	6 995 796	0.20	15.40	9.06	0.23
63	斯洛伐克	5 727.79	0.20	52.2	4 646 956	0.10	36.60	12.33	11.43
64	土库曼斯坦	5 149.79	0.20	−7.6	740 806	0.02	−56.20	69.52	110.81
65	立陶宛	5 124.61	0.20	12.1	17 190 966	0.40	5.40	2.98	6.36
66	希腊	5 123.55	0.20	28.1	5 952 534	0.20	62.20	8.61	−21.05
67	文莱	4 963.53	0.20	356.1	317 528	0.01	68.60	156.32	170.59
68	苏丹	4 918.83	0.20	−24.3	10 101 671	0.20	−0.20	4.87	−24.15
69	巴拿马	4 759.89	0.20	39.4	5 298 901	0.10	−0.80	8.98	40.58
70	斯洛文尼亚	4 553.54	0.20	13.2	2 246 186	0.10	−13.70	20.27	31.26
71	摩洛哥	4 539.48	0.20	−13.3	6 434 447	0.20	6.20	7.05	−18.36
72	多米尼加共和国	4 355.50	0.20	71.8	11 306 415	0.30	331.20	3.85	−60.17
73	安哥拉	4 065.40	0.10	−35.0	5 572 987	0.10	−22.10	7.29	−16.60
74	以色列	4 059.24	0.10	18.1	4 544 511	0.10	6.00	8.93	11.35
75	巴拉圭	4 042.57	0.10	15.6	4 394 364	0.10	33.20	9.20	−13.26
76	几内亚	3 763.48	0.10	8.5	7 008 379	0.20	57.70	5.37	−31.21
77	突尼斯	3 674.53	0.10	47.4	1 750 028	0.04	33.20	21.00	10.62
78	黑山	3 499.30	0.10	802.2	8 533 346	0.20	16 533.90	4.10	−94.58
79	塞内加尔	3 437.46	0.10	−7.7	6 749 403	0.20	31.90	5.09	−30.04
80	利比亚	3 408.36	0.10	23.3	2 807 234	0.10	8.90	12.14	13.29
81	白俄罗斯	3 361.47	0.10	111.2	3 510 999	0.10	51.50	9.57	39.42
82	爱尔兰	3 352.46	0.10	−11.4	4 834 929	0.10	−60.00	6.93	121.12
83	老挝	3 334.08	0.10	−35.5	291 965	0.01	−17.80	114.19	−21.54
84	葡萄牙	3 320.22	0.10	0.8	5 016 760	0.10	−16.00	6.62	19.90
85	黎巴嫩	3 265.54	0.10	24.5	2 689 608	0.10	−11.40	12.14	40.57
86	危地马拉	3 186.40	0.10	7.6	3 533 669	0.10	−28.20	9.02	49.96
87	赞比亚	3 137.29	0.10	57.1	899 443	0.02	65.90	34.88	−5.30
88	吉尔吉斯斯坦	3 109.45	0.10	51.5	2 664 425	0.10	33.80	11.67	13.21
89	塔吉克斯坦	3 068.10	0.10	−6.0	2 488 526	0.10	−70.10	12.33	214.47
90	也门共和国	3 065.45	0.10	−22.5	2 271 720	0.10	−29.60	13.49	10.07
91	卢森堡	3 040.66	0.10	47.8	1 641 282	0.04	4.80	18.53	41.08
92	科特迪瓦共和国	3 034.38	0.10	−1.5	2 580 250	0.10	−18.00	11.76	20.11
93	叙利亚	2 947.92	0.10	−9.8	4 248 499	0.10	−14.00	6.94	4.93
94	科威特	2 914.35	0.10	41.2	853 571	0.02	−34.70	34.14	116.13
95	阿塞拜疆	2 908.90	0.10	−32.4	972 971	0.02	14.00	29.90	−40.74

（续）

序号 No.	国家（地区） Country（Region）	出口额（万美元） Export value （10^4USD）	出口额占比（%） Proportion of export value （%）	出口额同比增长（%） Year-on-year growth of export value （%）	出口量（件/台/套） Export quantity （piece/unit）	出口量占比（%） Proportion of export quantity （%）	出口量同比增长（%） Year-on-year growth of export quantity （%）	出口价（美元） Export price （USD）	出口价同比增长（%） Year-on-year growth of export price （%）
96	格鲁吉亚	2 651.79	0.10	32.4	2 742 979	0.10	15.90	9.67	14.17
97	马达加斯加	2 646.61	0.10	8.8	1 574 676	0.04	0.60	16.81	8.14
98	卡塔尔	2 541.45	0.10	75.7	485 297	0.01	47.80	52.37	18.93
99	乌拉圭	2 525.50	0.10	2.9	1 822 554	0.05	-11.00	13.86	15.64
100	利比里亚	2 457.50	0.10	90.9	1 180 583	0.03	49.50	20.82	27.66
101	阿富汗	2 428.76	0.10	-5.3	2 388 174	0.10	-16.50	10.17	13.42
102	莫桑比克	2 343.22	0.10	-5.6	2 465 554	0.10	10.70	9.50	-14.71
103	喀麦隆	2 338.09	0.10	46.6	2 828 146	0.10	30.80	8.27	12.11
104	瑞士	2 332.50	0.10	3.2	1 588 359	0.04	7.20	14.68	-3.71
105	委内瑞拉	2 246.81	0.10	-53.4	2 971 234	0.10	-49.20	7.56	-8.19
106	波多黎各	2 177.17	0.10	47.8	756 129	0.02	67.50	28.79	-11.78
107	拉脱维亚	2 159.60	0.10	-13.6	1 305 312	0.03	-7.10	16.54	-7.00
108	吉布提	2 014.23	0.10	-12.7	1 015 119	0.03	8.10	19.84	-19.25
109	阿曼	2 010.95	0.10	-45.9	3 330 492	0.10	333.70	6.04	-87.52
110	津巴布韦	1 940.14	0.10	8.9	750 771	0.02	33.30	25.84	-18.30
111	塞尔维亚	1 882.67	0.10	-15.7	2 150 518	0.05	-47.30	8.75	59.97
112	巴布亚新几内亚	1 873.42	0.10	-32.9	395 560	0.01	-35.60	47.36	4.13
113	保加利亚	1 846.91	0.10	8.9	1 963 713	0.05	-13.70	9.41	26.08
114	乌干达	1 816.84	0.10	-3.8	2 168 700	0.05	-22.80	8.38	24.58
115	挪威	1 816.34	0.10	-5.4	2 790 963	0.10	-66.00	6.51	178.23
116	哥斯达黎加	1 755.84	0.10	16.0	3 117 939	0.10	17.20	5.63	-1.02
117	尼泊尔	1 751.26	0.10	40.1	920 214	0.02	0.50	19.03	39.37
118	爱沙尼亚	1 667.33	0.10	-12.4	1 689 839	0.04	73.10	9.87	-49.37
119	玻利维亚	1 638.17	0.05	-23.7	2 106 099	0.05	36.60	7.78	-44.13
120	毛里塔尼亚	1 568.38	0.05	40.2	2 786 537	0.10	148.00	5.63	-43.49
121	克罗地亚	1 491.58	0.05	2.4	688 294	0.02	-19.30	21.67	26.80
122	多哥	1 487.01	0.05	-19.0	3 530 993	0.10	-7.80	4.21	-12.24
123	马绍尔群岛共和国	1 476.55	0.05	134.5	685 133	0.02	154.70	21.55	-7.92
124	马尔代夫	1 459.92	0.05	65.7	102 722	＜0.01	-11.40	142.12	87.10
125	约旦	1 383.03	0.05	-30.7	1 854 567	0.05	-12.90	7.46	-20.43
126	洪都拉斯	1 362.81	0.05	-16.5	1 640 873	0.04	-70.00	8.31	178.06
127	海地	1 348.75	0.05	45.6	1 816 162	0.05	35.10	7.43	7.74
128	阿尔巴尼亚	1 264.50	0.04	-1.1	1 401 951	0.03	-14.90	9.02	16.25
129	马里	1 261.10	0.04	-24.1	290 412	0.01	-48.40	43.42	46.91

（续）

序号 No.	国家（地区） Country（Region）	出口额 （万美元） Export value （10^4USD）	出口额占比（%） Proportion of export value（%）	出口额同比增长（%） Year-on-year growth of export value（%）	出口量 （件/台/套） Export quantity （piece/unit）	出口量占比（%） Proportion of export quantity（%）	出口量同比增长（%） Year-on-year growth of export quantity（%）	出口价 （美元） Export price （USD）	出口价同比增长（%） Year-on-year growth of export price（%）
130	斐济	1 212.49	0.04	-23.6	354 701	0.01	27.20	34.18	-39.98
131	亚美尼亚	1 177.13	0.04	140.8	124 508	< 0.01	-10.40	94.54	168.70
132	牙买加	1 115.08	0.04	108.4	1 310 584	0.03	45.70	8.51	43.00
133	贝宁	1 057.51	0.04	23.6	1 539 389	0.04	6.90	6.87	15.61
134	圭亚那	1 041.82	0.03	9.8	988 926	0.02	-1.60	10.53	11.61
135	布基纳法索	1 009.64	0.03	25.5	1 095 381	0.03	-3.60	9.22	30.23
136	刚果	998.43	0.03	42.4	633 285	0.02	16.70	15.77	22.04
137	马拉维	915.22	0.03	-10.2	282 795	0.01	12.10	32.36	-19.85
138	加蓬	770.22	0.03	2.9	331 584	0.01	22.50	23.23	-15.99
139	巴哈马	759.03	0.03	177.6	216 596	0.01	120.70	35.04	25.81
140	塞浦路斯	728.38	0.02	56.2	707 670	0.02	7.40	10.29	45.45
141	乍得	713.82	0.02	21.6	62 491	< 0.01	179.80	114.23	-56.56
142	尼加拉瓜	624.84	0.02	-48.5	668 381	0.02	-17.00	9.35	-37.97
143	马耳他	609.80	0.02	7.7	348 091	0.01	109.90	17.52	-48.67
144	毛里求斯	573.44	0.02	33.7	234 603	0.01	-9.40	24.44	47.62
145	萨尔瓦多	558.96	0.02	-5.4	1 209 093	0.03	7.00	4.62	-11.58
146	索马里	526.28	0.02	-22.9	436 209	0.01	25.90	12.06	-38.74
147	塞拉利昂	508.82	0.02	-6.4	248 683	0.01	-23.80	20.46	22.78
148	纳米比亚	505.80	0.02	-1.4	190 627	< 0.01	65.00	26.53	-40.21
149	苏里南	497.37	0.02	-6.2	1 238 397	0.03	-6.80	4.02	0.66
150	多米尼加	437.84	0.01	545.9	3 319 271	0.10	14 546.90	1.32	-95.59
151	特立尼达和多巴哥	425.05	0.01	17.7	447 643	0.01	22.00	9.50	-3.52
152	法属波利尼西亚	418.27	0.01	233.4	18 731	< 0.01	2.60	223.31	224.99
153	中国澳门	391.57	0.01	18.9	56 133	< 0.01	46.80	69.76	-19.00
154	巴林	381.40	0.01	-30.3	148 765	< 0.01	-31.10	25.64	1.13
155	摩尔多瓦	360.12	0.01	26.1	133 714	< 0.01	0.90	26.93	25.06
156	博茨瓦纳	338.38	0.01	44.5	318 351	0.01	18.70	10.63	21.77
157	尼日尔	306.74	0.01	19.0	36 970	< 0.01	106.90	82.97	-42.51
158	库腊索岛	259.91	0.01	692.6	32 213	< 0.01	527.70	80.68	26.26
159	几内亚（比绍）	241.09	0.01	578.4	13 436	< 0.01	-45.80	179.44	1 152.56
160	伯利兹	238.11	0.01	8.8	31 414	< 0.01	-20.00	75.80	36.00
161	所罗门群岛	222.97	0.01	7.3	44 583	< 0.01	-32.60	50.01	59.24
162	卢旺达	219.81	0.01	5.2	113 657	< 0.01	142.60	19.34	-56.65
163	冈比亚	194.79	0.01	9.6	309 174	0.01	65.40	6.30	-33.74

（续）

序号 No.	国家（地区） Country（Region）	出口额（万美元） Export value（10^4USD）	出口额占比（%） Proportion of export value（%）	出口额同比增长（%） Year-on-year growth of export value（%）	出口量（件/台/套） Export quantity（piece/unit）	出口量占比（%） Proportion of export quantity（%）	出口量同比增长（%） Year-on-year growth of export quantity（%）	出口价（美元） Export price（USD）	出口价同比增长（%） Year-on-year growth of export price（%）
164	厄立特里亚	185.65	0.01	25.1	30 569	< 0.01	-33.30	60.73	87.43
165	南苏丹	177.55	0.01	-52.1	52 477	< 0.01	-86.90	33.83	265.42
166	赤道几内亚	176.71	0.01	10.5	73 246	< 0.01	-29.20	24.13	56.06
167	瓦努阿图	170.47	0.01	50.0	18 090	< 0.01	7.40	94.23	39.65
168	新喀里多尼亚	162.15	0.01	50.2	35 168	< 0.01	73.30	46.11	-13.32
169	波斯尼亚—黑塞哥维那	143.91	< 0.01	-2.2	99 725	< 0.01	-1.10	14.43	-1.10
170	朝鲜	142.95	< 0.01	-98.0	41 076	< 0.01	-98.10	34.80	5.96
171	马其顿	138.27	< 0.01	25.8	42 692	< 0.01	0.30	32.39	25.44
172	安提瓜和巴布达	137.27	< 0.01	145.1	219 082	0.01	145.50	6.27	-0.16
173	库克群岛	133.66	< 0.01	219.7	28 902	< 0.01	1 000.60	46.24	-70.96
174	科摩罗	129.33	< 0.01	281.7	22 259	< 0.01	-29.10	58.10	438.35
175	密克罗尼西亚联邦	120.57	< 0.01	697.3	26 089	< 0.01	5 128.30	46.21	-84.75
176	佛得角	110.20	< 0.01	9.0	24 136	< 0.01	27.60	45.66	-14.52
177	东帝汶	92.24	< 0.01	-49.3	44 413	< 0.01	28.10	20.77	-60.41
178	萨摩亚	83.89	< 0.01	-74.0	18 827	< 0.01	-88.60	44.56	128.72
179	留尼汪	80.00	< 0.01	87.3	17 263	< 0.01	90.50	46.34	-1.66
180	巴勒斯坦	73.83	< 0.01	9.2	33 505	< 0.01	-4.80	22.03	14.76
181	布隆迪	68.53	< 0.01	-54.8	15 304	< 0.01	818.60	44.78	-95.08
182	圣马丁岛	55.23	< 0.01	304.4	8 884	< 0.01	79.00	62.16	125.92
183	塞舌尔	53.05	< 0.01	13.6	3 815	< 0.01	-67.70	139.05	251.84
184	瓜德罗普岛	47.72	< 0.01	70.5	5 636	< 0.01	15.70	84.68	47.29
185	荷属安地列斯群岛	42.24	< 0.01	83.2	30 664	< 0.01	14.80	13.78	59.54
186	中非	41.98	< 0.01	83.6	1 183	< 0.01	0.30	354.86	82.98
187	开曼群岛	39.85	< 0.01	-64.3	4 010	< 0.01	-89.30	99.36	235.34
188	冰岛	37.76	< 0.01	24.4	5 049	< 0.01	-32.70	74.78	84.93
189	英属维尔京群岛	35.89	< 0.01	16.9	849	< 0.01	51.30	422.77	-22.76
190	巴巴多斯	33.78	< 0.01	-16.9	39 482	< 0.01	-9.60	8.55	-8.10
191	马提尼克岛	30.03	< 0.01	138.7	1 953	< 0.01	31.10	153.75	82.12
192	百慕大群岛	22.87	< 0.01	-78.3	29 316	< 0.01	-40.20	7.80	-63.78
193	摩纳哥	22.31	< 0.01		12 320	< 0.01		18.11	201.79
194	汤加	21.61	< 0.01	-20.3	8 978	< 0.01	83.10	24.07	-56.45
195	圣其茨 -- 尼维斯	21.13	< 0.01	281.8	1 704	< 0.01	155.90	124.03	49.22
196	阿鲁巴岛	19.54	< 0.01	-52.6	5 203	< 0.01	7.40	37.56	-55.89
197	莱索托	17.89	< 0.01	-27.4	2 759	< 0.01	-54.70	64.84	60.43

（续）

序号 No.	国家（地区） Country（Region）	出口额 （万美元） Export value （10^4USD）	出口额占比 （%） Proportion of export value （%）	出口额同比增长 （%） Year-on-year growth of export value （%）	出口量 （件 / 台 / 套） Export quantity （piece/unit）	出口量占比 （%） Proportion of export quantity （%）	出口量同比增长 （%） Year-on-year growth of export quantity （%）	出口价 （美元） Export price （USD）	出口价同比增长 （%） Year-on-year growth of export price （%）
198	帕劳共和国	17.67	< 0.01	-7.9	618	< 0.01	-95.80	285.98	2 113.54
199	圣多美和普林西比	16.91	< 0.01	15.9	2 040	< 0.01	-15.20	82.92	36.74
200	圣卢西亚	15.30	< 0.01	127.5	5 849	< 0.01	71.30	26.16	32.85
201	列支敦士登	13.85	< 0.01	107.9	2 050	< 0.01	205.50	67.58	-31.94
202	大洋洲其他国家（地区）	13.54	< 0.01	-62.4	148	< 0.01	-97.50	915.06	1 424.97
203	社会群岛	12.16	< 0.01	404.0	3	< 0.01	-97.30	40 546.33	18 378.26
204	直布罗陀	10.09	< 0.01	33.2	1 717	< 0.01	53.70	58.75	-13.38
205	法属圭亚那	9.41	< 0.01	-24.7	2 157	< 0.01	-86.80	43.64	469.65
206	基里巴斯	8.74	< 0.01	-61.6	471	< 0.01	147.90	185.56	-84.51
207	圣文森特和格林纳丁斯	8.38	< 0.01	12.2	5 340	< 0.01	-17.10	15.69	35.32
208	格林纳达	5.49	< 0.01	78.9	1 754	< 0.01	394.10	31.28	-63.78
209	特克斯和凯科斯群岛	4.96	< 0.01	300.8	3 050	< 0.01	6 993.00	16.25	-94.35
210	斯威士兰	4.91	< 0.01	-88.1	3 333	< 0.01	184.10	14.73	-95.80
211	不丹	4.73	< 0.01	-62.5	16 220	< 0.01	21.60	2.92	-69.17
212	图瓦卢	3.12	< 0.01	-73.8	1 438	< 0.01	-59.80	21.68	-34.90
213	西撒哈拉	1.73	< 0.01		20	< 0.01		862.80	
214	非洲其他国家（地区）	0.62	< 0.01	-89.7	12	< 0.01	500.00	519.67	-98.29
215	瑙鲁	0.58	< 0.01	-67.7	29	< 0.01	480.00	200.07	-94.43
216	博内尔	0.43	< 0.01	19.7	638	< 0.01	53.00	6.79	-21.75
217	加那利群岛	0.24	< 0.01	-82.9	93	< 0.01	-85.20	25.49	15.57
218	诺福克岛	0.24	< 0.01		1	< 0.01		2 350.00	
219	亚洲其他国家（地区）	0.11	< 0.01		8	< 0.01		135.62	
220	拉丁美洲其他国家(地区)	0.07	< 0.01		100	< 0.01		6.50	
221	梅利利亚	0.05	< 0.01	-32.9	109	< 0.01	1.90	4.25	-34.13
222	马约特岛	0.04	< 0.01	-98.2	10	< 0.01	-99.40	40.80	221.88
223	圣马力诺	0.00	< 0.01		5	< 0.01		8.40	
224	安道尔	0.00	< 0.01		1	< 0.01		14.00	
225	国别（地区）不详	0.00	< 0.01		0	< 0.01			
226	塞卜泰（休达）	0.00	< 0.01		0	< 0.01			
227	中华人民共和国	0.00	< 0.01		0	< 0.01			
228	瓦利斯和浮图纳	0.00	< 0.01	-100.0	0	< 0.01	-100.0		
229	法罗群岛	0.00	< 0.01	-100.0	0	< 0.01	-100.0		

〔供稿单位：中国机电产品进出口商会〕

2018 年我国从各国家（地区）进口农业机械情况
Import of agricultural machinery from other countries（regions）to China in 2018

序号 No.	国家（地区） Country（Region）	进口额（万美元） Import value（10^4USD）	进口额占比（%） Proportion of import value（%）	进口额同比增加（%） Year-on-year growth of import value（%）	进口量（件 / 台 / 套） Import quantity（piece/unit）	进口量占比（%） Proportion of import quantity（%）	进口量同比增长（%） Year-on-year growth of import quantity（%）	进口价（美元） Import price（USD）	进口价同比增长（%） Year-on-year growth of imporf price（%）
1	美国	207 563.87	15.10	6.3	50 401 685	10.50	-7.5	41.18	14.87
2	德国	267 725.43	19.50	8.4	81 672 039	17.00	-0.9	32.78	9.33
3	日本	345 588.25	25.10	18.0	111 133 176	23.20	8.9	31.10	8.31
4	俄罗斯联邦	1 715.27	0.10	-40.4	501 720	0.10	-62.6	34.19	59.21
5	印度尼西亚	3 669.80	0.30	20.7	16 479 867	3.40	14.3	2.23	5.60
6	印度	21 762.10	1.60	21.2	8 787 407	1.80	42.5	24.77	-15.00
7	澳大利亚	838.66	0.10	-34.2	784 329	0.20	16.0	10.69	-43.33
8	越南	3 795.82	0.30	17.2	1 388 443	0.30	1.8	27.34	15.12
9	墨西哥	15 150.24	1.10	22.0	7 553 183	1.60	-10.4	20.06	36.23
10	泰国	20 215.51	1.50	24.3	18 355 020	3.80	97.5	11.01	-37.08
11	意大利	55 966.96	4.10	27.1	15 288 781	3.20	-7.8	36.61	37.80
12	巴基斯坦	6.45	< 0.01	-15.8	2 456	< 0.01	33.8	26.26	-37.08
13	英国	54 359.11	4.00	23.6	7 042 016	1.50	4.7	77.19	18.07
14	韩国	105 477.10	7.70	7.1	58 014 070	12.10	-3.6	18.18	11.14
15	尼日利亚	0.68	< 0.01	-86.9	57	< 0.01	-99.4	120.12	1 965.91
16	巴西	7 443.99	0.50	-24.3	6 655 120	1.40	-48.2	11.19	46.06
17	菲律宾	1 610.67	0.10	24.7	318 942	0.10	9.7	50.50	13.67
18	法国	36 184.24	2.60	13.4	11 624 889	2.40	35.3	31.13	-16.19
19	缅甸	0.58	< 0.01	532.1	2	< 0.01	-96.5	2 895.00	17 914.74
20	伊朗	9.35	< 0.01	20.8	436	< 0.01	-14.5	214.50	41.24
21	孟加拉国	84.93	0.01	206.6	2 132	< 0.01	-69.4	398.38	902.93
22	中国香港	309.49	0.02	-5.3	205 778	0.04	-30.5	15.04	36.20
23	土耳其	7 136.04	0.50	42.6	1 762 427	0.40	43.1	40.49	-0.35
24	加拿大	14 135.98	1.00	26.0	13 696 798	2.90	32.3	10.32	-4.75

（续）

序号 No.	国家（地区） Country（Region）	进口额（万美元） Import value (10^4USD)	进口额占比（%） Proportion of import value（%）	进口额同比增加（%） Year-on-year growth of import value（%）	进口量（件/台/套） Import quantity（piece/unit）	进口量占比（%） Proportion of import quantity（%）	进口量同比增长（%） Year-on-year growth of import quantity（%）	进口价（美元） Import price（USD）	进口价同比增长（%） Year-on-year growth of imporf price（%）
25	阿拉伯联合酋长国	40.29	＜0.01	-37.0	27 335	0.01	-45.6	14.74	15.72
26	马来西亚	637.41	0.05	-6.4	103 783	0.02	-4.3	61.42	-2.19
27	波兰	7 021.22	0.50	31.3	2 486 575	0.50	41.5	28.24	-7.20
28	荷兰	18 132.47	1.30	9.7	476 069	0.10	-39.2	380.88	80.29
29	西班牙	7 092.54	0.50	-10.0	4 846 813	1.00	-17.3	14.63	8.89
30	智利	23.85	＜0.01	490.0	27 220	0.01	666.1	8.76	-22.99
31	阿根廷	93.31	0.01	19.0	27 103	0.01	65.9	34.43	-28.27
32	比利时	5 632.62	0.40	4.5	1 706 463	0.40	2.0	33.01	2.41
33	哈萨克斯坦	0.06	＜0.01	-99.1	1	＜0.01	-99.9	600.00	1 033.78
34	南非	266.00	0.02	25.8	183 267	0.04	-33.7	14.51	89.76
35	新加坡	2 139.61	0.20	-33.9	563 410	0.10	74.1	37.98	-62.04
36	乌克兰	486.05	0.04	15.4	24 018	0.01	77.1	202.37	-34.81
37	中国台湾	16 528.33	1.20	7.1	7 154 403	1.50	-12.7	23.10	22.72
38	伊拉克	0.01	＜0.01	-96.5	1	＜0.01	-99.3	55.00	395.59
39	瑞典	17 642.15	1.30	24.4	1 348 701	0.30	13.8	130.81	9.32
40	丹麦	19 837.85	1.40	47.5	1 462 886	0.30	9.3	135.61	34.91
41	哥伦比亚	0.44	＜0.01	-93.4	30	＜0.01	-44.4	147.67	-88.03
42	埃及	0.15	＜0.01	-98.6	198	＜0.01	-99.2	7.73	66.14
43	乌兹别克斯坦	0.02	＜0.01	1300.0	100	＜0.01		2.24	
44	罗马尼亚	3 183.75	0.20	54.0	1 197 284	0.20	43.0	26.59	7.68
45	秘鲁	69.38	0.01	52.9	24 442	0.01	80.7	28.39	-15.41
46	厄瓜多尔	0.26	＜0.01	-38.3	2	＜0.01	-97.2	1 303.00	2 122.07
47	匈牙利	3 329.88	0.20	-40.6	701 041	0.20	-52.3	47.50	24.48
48	沙特阿拉伯	0.94	＜0.01	-95.2	2 812	＜0.01	-93.0	3.35	-30.75
49	新西兰	731.27	0.05	51.0	81 800	0.02	29.4	89.40	16.68
50	埃塞俄比亚	0.05	＜0.01		2	＜0.01		243.00	
51	柬埔寨	1.12	＜0.01		82	＜0.01		136.35	
52	捷克	19 762.95	1.40	35.2	8 604 498	1.80	45.1	22.97	-6.79
53	斯里兰卡	0.28	＜0.01	-80.4	2 251	＜0.01	1 592.5	1.24	-98.84
54	芬兰	5 583.56	0.40	24.0	1 225 088	0.30	-21.2	45.58	57.48
55	奥地利	19 655.25	1.40	28.9	5 197 399	1.10	-19.9	37.82	60.96

（续）

序号 No.	国家（地区） Country（Region）	进口额（万美元） Import value（10^4USD）	进口额占比（%） Proportion of import value（%）	进口额同比增加（%） Year-on-year growth of import value（%）	进口量（件/台/套） Import quantity（piece/unit）	进口量占比（%） Proportion of import quantity（%）	进口量同比增长（%） Year-on-year growth of import quantity（%）	进口价（美元） Import price（USD）	进口价同比增长（%） Year-on-year growth of imporf price（%）
56	民主刚果	0.01	＜0.01	-51.7	1	＜0.01	-88.9	84.00	334.48
57	坦桑尼亚	0.22	＜0.01	-64.4	1	＜0.01	-99.9	2 197.00	39 207.23
58	斯洛伐克	8 843.51	0.60	38.0	6 703 004	1.40	22.8	13.19	12.39
59	立陶宛	1.89	＜0.01	-68.2	377	＜0.01	-94.2	50.00	446.27
60	希腊	578.00	0.04	1 146.7	529 472	0.10	2152.4	10.92	-44.65
61	文莱	0.15	＜0.01	549.8	130	＜0.01	4233.3	11.85	-85.00
62	苏丹	0.43	＜0.01	460.8	51	＜0.01	-76.8	84.67	2 319.05
63	巴拿马	8.46	＜0.01	5 630.9	25 893	0.01	34424.0	3.27	-83.40
64	斯洛文尼亚	823.55	0.10	613.8	91 389	0.02	59.0	90.12	348.87
65	摩洛哥	284.78	0.02	88.5	80 314	0.02	26.8	35.46	48.65
66	多米尼加共和国	10.55	＜0.01	13.5	21 366	＜0.01	-31.2	4.94	64.83
67	以色列	6 300.56	0.50	1.5	934 229	0.20	-9.0	67.44	11.56
68	突尼斯	487.21	0.04	76.1	333 459	0.10	126.6	14.61	-22.29
69	塞内加尔	0.20	＜0.01	-80.9	160	＜0.01	-76.7	12.34	-17.88
70	白俄罗斯	435.62	0.03	177.8	472 268	0.10	191.5	9.22	-4.70
71	爱尔兰	837.36	0.10	89.4	40 976	0.01	-28.5	204.35	164.93
72	葡萄牙	688.20	0.05	162.8	133 968	0.03	329.5	51.37	-38.81
73	黎巴嫩	0.12	＜0.01	-49.6	89	＜0.01	-78.7	13.84	136.75
74	危地马拉	0.06	＜0.01		7	＜0.01		82.57	
75	赞比亚	0.27	＜0.01		178	＜0.01		15.20	
76	卢森堡	22.29	＜0.01	287.5	2 843	＜0.01	-7.1	78.40	316.91
77	科威特	1.42	＜0.01	-42.6	1 561	＜0.01	-44.2	9.12	2.94
78	格鲁吉亚	1.14	＜0.01	16.9	88	＜0.01	137.8	129.10	-50.85
79	马达加斯加	0.04	＜0.01	-24.8	10	＜0.01	-93.2	42.50	998.23
80	卡塔尔	0.01	＜0.01	-99.4	3	＜0.01	-99.6	36.67	79.79
81	利比里亚	3.01	＜0.01	94.1	15 700	＜0.01	3729.3	1.92	-94.93
82	阿富汗	0.05	＜0.01	370.4	1	＜0.01	-66.7	508.00	1 311.11
83	瑞士	12 996.33	1.00	17.1	1 512 383	0.30	1.8	85.93	14.99
84	拉脱维亚	18.02	＜0.01	446.1	7 875	＜0.01	523.0	22.88	-12.34
85	阿曼	48.96	＜0.01	690.4	3	＜0.01	-100.0	163 196.00	
86	塞尔维亚	902.46	0.10	-41.1	217 048	0.05	-19.6	41.58	-26.84

（续）

序号 No.	国家（地区） Country（Region）	进口额 （万美元） Import value （10^4USD）	进口额 占比 （%） Proportion of import value （%）	进口额 同比增加 （%） Year-on- year growth of import value （%）	进口量 （件 / 台 / 套） Import quantity （piece/unit）	进口量 占比（%） Proportion of import quantity （%）	进口量 同比增长 （%） Year-on- year growth of import quantity （%）	进口价 （美元） Import price （USD）	进口价 同比增长 （%） Year-on- year growth of imporf price （%）
87	保加利亚	476.07	0.03	93.8	70 897	0.01	56.6	67.15	23.69
88	乌干达	0.01	< 0.01	-87.7	1	< 0.01	-96.6	79.00	257.97
89	挪威	9 264.34	0.70	42.0	342 655	0.10	-7.9	270.37	54.20
90	哥斯达黎加	0.04	< 0.01	-71.7	8	< 0.01	-79.0	48.50	34.43
91	爱沙尼亚	55.88	< 0.01	69.6	12 229	< 0.01	31.4	45.69	29.02
92	克罗地亚	4.42	< 0.01	-64.6	762	< 0.01	77.6	57.96	-80.04
93	马绍尔群岛共和国	5.03	< 0.01		8 986	< 0.01		5.60	
94	洪都拉斯	0.23	< 0.01		1	< 0.01		2 342.00	
95	斐济	0.04	< 0.01		4	< 0.01		101.25	
96	亚美尼亚	11.34	< 0.01	-25.9	95	< 0.01	-32.1	1 193.88	9.15
97	巴哈马	0.40	< 0.01		644	< 0.01		6.21	
98	塞浦路斯	1.83	< 0.01	241.0	161	< 0.01	-87.4	113.42	2 596.30
99	马耳他	36.33	< 0.01	35.5	8 069	< 0.01	164.8	45.02	-48.85
100	塞拉利昂	0.89	< 0.01	17.6	312	< 0.01	-30.8	28.67	70.07
101	纳米比亚	0.17	< 0.01		765	< 0.01		2.16	
102	巴林	2.75	< 0.01	580.0	7 924	< 0.01	577.8	3.47	0.31
103	尼日尔	0.36	< 0.01		7	< 0.01		514.71	
104	伯利兹	0.20	< 0.01	26.9	67	< 0.01	-43.2	29.78	123.51
105	新喀里多尼亚	0.52	< 0.01		250	< 0.01		20.65	
106	波斯尼亚—黑塞哥维那	96.31	0.01	126.6	166 535	0.03	102.4	5.78	11.94
107	安提瓜和巴布达	0.85	< 0.01		315	< 0.01		26.96	
108	萨摩亚	2.38	< 0.01		339	< 0.01		70.24	
109	荷属安地列斯群岛	0.01	< 0.01		1	< 0.01		55.00	
110	冰岛	0.45	< 0.01	-48.7	93	< 0.01	-86.2	47.92	272.09
111	摩纳哥	102.08	0.01	149.9	43 320	0.01	159.9	23.57	-3.85
112	列支敦士登	14.35	< 0.01	-73.3	300	< 0.01	-27.5	478.23	-63.15
113	大洋洲其他国家（地区）	0.06	< 0.01		3	< 0.01		195.67	
114	安道尔	0.22	< 0.01		9	< 0.01		242.44	
115	国别（地区）不详	123.20	0.01	110.5	41 307	0.01	53.5	29.83	37.17
116	中华人民共和国	12 706.28	0.90	22.8	18 755 456	3.90	28.0	6.77	-4.10

〔供稿单位：中国机电产品进出口商会〕

2018 年我国各地区农业机械出口情况

Agricultural machinery export from different regions of China in 2018

序号 No.	地区 Region	出口额（万美元）Export value（10^4USD）	出口额占比（%）Proportion of export value（%）	出口额同比增长（%）Year-on-year growth of export value（%）	出口量（件/台/套）Export quantity（piece/unit）	出口量占比（%）Proportion of export quantity（%）	出口量同比增长（%）Year-on-year growth of export quantity（%）	出口价同比增长（%）Year-on-year growth of export price（%）	出口企业数（家）Number of export enterprises（unit）
	合计	2 979 067.36	100.00	10.2	4 005 663 878	100.00	10.4	-0.25	690
1	江苏	619 377.03	20.80	12.2	902 656 838	22.50	24.7	-9.99	49
2	浙江	520 403.37	17.50	8.2	840 046 270	21.00	2.6	5.41	39
3	上海	273 003.87	9.20	16.7	354 422 478	8.80	9.7	6.36	31
4	广东	242 399.77	8.10	-1.4	428 621 869	10.70	3.1	-4.35	58
5	山东	239 092.31	8.00	14.6	377 196 904	9.40	25.6	-8.72	44
6	重庆	221 811.33	7.40	26.2	79 476 265	2.00	8.5	16.30	36
7	天津	142 143.05	4.80	5.6	95 378 525	2.40	-18.8	30.04	24
8	北京	129 772.65	4.40	8.0	69 406 437	1.70	-7.5	16.74	25
9	福建	114 473.25	3.80	11.3	93 215 949	2.30	10.6	0.55	20
10	安徽	72 149.13	2.40	8.4	75 444 291	1.90	10.8	-2.16	31
11	辽宁	65 017.53	2.20	13.8	103 048 689	2.60	7.0	6.32	29
12	河南	48 830.49	1.60	25.5	104 607 757	2.60	18.0	6.35	24
13	河北	44 703.00	1.50	18.7	105 483 058	2.60	19.9	-0.98	17
14	湖北	39 340.41	1.30	13.8	28 124 666	0.70	9.5	3.88	22
15	湖南	36 460.54	1.20	-10.4	142 871 038	3.60	6.4	-15.76	31
16	新疆	32 009.28	1.10	-16.4	26 825 073	0.70	-26.1	13.06	23
17	四川	30 198.35	1.00	8.9	17 266 475	0.40	-14.9	27.98	25
18	江西	26 244.40	0.90	3.1	39 018 103	1.00	-5.6	9.13	19
19	广西	22 694.57	0.80	13.4	17 454 621	0.40	-23.4	48.02	20
20	黑龙江	15 450.41	0.50	-8.2	4 297 883	0.10	0.0	-8.12	20
21	云南	11 291.49	0.40	-47.4	11 092 566	0.30	-3.0	-45.80	20
22	山西	10 554.50	0.40	70.4	68 011 014	1.70	73.3	-1.68	12
23	陕西	9 051.37	0.30	102.6	7 218 684	0.20	19.5	69.51	14
24	吉林	6 493.82	0.20	26.9	2 688 395	0.10	16.4	8.96	14

（续）

序号 No.	地区 Region	出口额（万美元）Export value (10^4USD)	出口额占比（%）Proportion of export value (%)	出口额同比增长（%）Year-on-year growth of export value (%)	出口量（件/台/套）Export quantity (piece/unit)	出口量占比（%）Proportion of export quantity (%)	出口量同比增长（%）Year-on-year growth of export quantity (%)	出口价同比增长（%）Year-on-year growth of export price (%)	出口企业数（家）Number of export enterprises (unit)
25	宁夏	2 190.71	0.10	-5.8	7 393 465	0.20	15.7	-18.58	3
26	贵州	1 663.65	0.10	-48.2	2 982 078	0.10	30.2	-60.22	9
27	内蒙古	1 025.15	0.03	-30.4	595 057	0.01	-40.1	16.14	12
28	甘肃	978.16	0.03	-20.9	601 769	0.02	-32.4	16.95	8
29	海南	191.48	0.01	-20.1	164 282	< 0.01	-7.7	-13.44	6
30	西藏	39.15	< 0.01	-44.9	48 791	< 0.01	-27.6	-23.92	3
31	青海	13.14	< 0.01	-75.1	4 588	< 0.01	-94.0	314.98	2

注：由于四舍五入，表中合计数有微小出入。

〔供稿单位：中国机电产品进出口商会〕

2018 年我国各地区农业机械进口情况
Agricultural machinery import to different regions of China in 2018

序号 No.	地区 Region	进口额（万美元）Import value (10^4USD)	进口额占比（%）Proportion of import value (%)	进口额同比增长（%）Year-on-year growth of import value (%)	进口量（件/台/套）Import quantity (piece/unit)	进口量占比（%）Proportion of import quantity (%)	进口量同比增长（%）Year-on-year growth of import uantity (%)	进口价同比增长（%）Year-on-year growth of import price (%)	进口企业数（家）Number of import enterprises (unit)
	合计	1 374 845.54	100.00	13.8	479 732 215	100.00	4.30	9.07	609
1	江苏	291 433.17	21.20	12.5	81 873 296	17.10	-8.30	22.76	49
2	浙江	49 013.07	3.60	23.8	12 267 069	2.60	8.10	14.55	40
3	上海	269 989.52	19.60	9.6	144 262 865	30.10	13.30	-3.30	34
4	广东	128 515.47	9.40	11.4	56 983 917	11.90	6.60	4.51	57
5	山东	117 468.20	8.50	24.4	46 692 741	9.70	9.20	13.87	47
6	重庆	18 235.42	1.30	-3.2	12 271 978	2.60	3.40	-6.45	24
7	天津	61 755.23	4.50	15.9	18 373 570	3.80	5.50	9.89	25
8	北京	136 661.78	9.90	2.7	41 369 026	8.60	-0.30	2.95	24

（续）

序号 No.	地区 Region	进口额（万美元）Import value（10^4USD）	进口额占比（%）Proportion of import value（%）	进口额同比增长（%）Year-on-year growth of import value（%）	进口量（件/台/套）Import quantity（piece/unit）	进口量占比（%）Proportion of import quantity（%）	进口量同比增长（%）Year-on-year growth of import uantity（%）	进口价同比增长（%）Year-on-year growth of import price（%）	进口企业数（家）Number of import enterprises（unit）
9	福建	25 383.53	1.80	43.3	2 406 122	0.50	-8.80	57.15	21
10	安徽	25 555.93	1.90	4.2	3 658 647	0.80	-7.50	12.62	28
11	辽宁	68 275.28	5.00	32.5	22 868 122	4.80	5.30	25.89	25
12	河南	8 039.92	0.60	-14.3	775 921	0.20	-17.40	3.83	23
13	河北	14 429.25	1.00	15.7	3 195 404	0.70	-25.60	55.64	17
14	湖北	35 523.90	2.60	11.0	7 557 279	1.60	10.00	0.91	21
15	湖南	24 655.06	1.80	17.9	5 600 588	1.20	23.60	-4.58	18
16	新疆	10 640.25	0.80	80.4	82 200	0.02	1.80	77.16	13
17	四川	16 449.38	1.20	66.3	2 169 214	0.40	14.90	44.72	23
18	江西	5 243.32	0.40	-10.8	2 006 855	0.40	-19.80	11.24	20
19	广西	6 872.28	0.50	45.3	1 429 944	0.30	263.00	-59.98	17
20	黑龙江	19 090.35	1.40	-7.6	6 677 724	1.40	-1.30	-6.34	15
21	云南	633.39	0.05	-35.8	10 992	＜0.01	93.60	-66.82	4
22	山西	1 111.25	0.10	-30.9	18 781	＜0.01	50.00	-53.92	11
23	陕西	9 001.65	0.60	27.2	1 893 035	0.40	-48.30	146.10	11
24	吉林	21 753.95	1.60	26.1	4 680 762	1.00	17.10	7.72	12
25	宁夏	605.34	0.04	11.8	14 352	＜0.01	1 410.70	-92.60	2
26	贵州	1 102.83	0.10	111.5	5 714	＜0.01	282.70	-44.74	5
27	内蒙古	4 310.39	0.30	90.0	23 506	＜0.01	-45.70	249.74	9
28	甘肃	988.83	0.10	3.3	529 438	0.10	15.60	-10.61	6
29	海南	2 065.56	0.20	106.4	24 922	0.01	-35.60	220.29	6
30	西藏	42.03	＜0.01	-87.1	8 231	＜0.01	1 251.60	-99.04	2
31	青海	0.00	＜0.01	-100.0	0	＜0.01	-100.00	-	0

注：由于四舍五入，表中合计数有微小出入。

〔供稿单位：中国机电产品进出口商会〕

2018 年我国农业机械
Export of agricultural machinery

序号 No.	商品名称 Name of commodity	代码 Code	数量单位 Unit	出口额（万美元） Export value（10^4USD）
	合计		-	2 979 067.36
1	其他点燃式活塞内燃发动机的零件	84099199	kg	330 860.73
2	液体泵零件	84139100	kg	189 750.71
3	转速在 10 000r/min 以下的其他离心泵	84137099	台	177 684.98
4	子目号 8502.31 所列发电机组零件	85030030	kg	167 137.51
5	装有点燃式活塞内燃发动机的发电机组	85022000	台	158 697.02
6	未列名柴油机的零件	84099999	kg	128 073.11
7	其他未列名点燃式活塞内燃发动机	84079090	台	100 258.62
8	$P \geqslant$ 132.39kW（180hp）柴油机的零件	84099991	kg	93 860.65
9	电动潜油泵及潜水电泵	84137091	台	84 786.63
10	割刀水平旋转草坪、公园或运动场机动割草机	84331100	台	84 570.42
11	内燃发动机的燃油过滤器	84212300	个	70 439.93
12	压燃式内燃机发电机组，375kV・A ＜ $P \leqslant$ 2MV・A	85021310	台	64 814.54
13	压燃式内燃机发电机组，$P \leqslant$ 75kV・A	85021100	台	58 598.52
14	其他柴油货车，车总重≤ 5t	87042100	台	57 302.25
15	风力发电机组	85023100	台	54 744.03
16	其他回转式排液泵	84136090	台	53 740.04
17	其他 14kW 输出功率＜ 132.39kW 压燃活塞内燃机	84089092	台	49 719.32
18	压燃式内燃机发电机组，75kV・A ＜ $P \leqslant$ 375kV・A	85021200	台	42 242.29
19	牵引车及拖拉机用其他零附件	87089910	kg	41 910.18
20	未列名发电机	85115090	台	37 224.46
21	农业或园艺用便携式喷雾器	84244100	个	37 044.92
22	其他 8433 所列机械的零件	84339090	kg	36 184.60
23	其他柴油货车，5t ＜车总重＜ 14t	87042230	台	35 257.48
24	内燃发动机的进气过滤器	84213100	个	33 194.13
25	其他耙、松土机、中耕机、除草机及耕耘机	84322900	台	30 945.12
26	8432 所列机械的零件	84329000	kg	29 376.32
27	未列名往复式排液泵	84133090	台	28 926.69
28	车用柴油机，$P \geqslant$ 132.39kW（180hp）	84082010	台	26 783.65
29	其他草坪、公园或运动场地割草机	84331900	台	26 469.10

商品出口情况
commodity from China in 2018

出口额占比 (%) Proportion of export value (%)	出口额同比增长 (%) Year-on-year growth of export value (%)	出口量 Export quantity	出口量占比 (%) Proportion of export quantity (%)	出口量同比增长 (%) Year-on-year growth of export quantity (%)
100.00	10.20	4 005 663 878	100.00	10.40
11.10	9.00	386 665 242	9.60	8.80
6.40	16.00	287 335 406	7.20	9.60
6.00	19.40	72 835 225	1.80	12.90
5.60	7.60	839 355 950	21.00	32.70
5.30	33.60	7 548 081	0.20	19.20
4.30	3.10	194 810 011	4.90	-5.90
3.40	14.10	10 835 971	0.30	8.00
3.20	33.80	176 423 061	4.40	30.20
2.80	10.50	35 470 547	0.90	3.70
2.80	14.20	7 351 491	0.20	4.90
2.40	3.40	467 923 613	11.70	8.20
2.20	9.70	11 751	< 0.01	26.10
2.00	5.80	369 722	0.01	-9.70
1.90	1.00	56 386	< 0.01	-12.40
1.80	33.70	27 406	< 0.01	42.60
1.80	3.70	20 511 049	0.50	-3.90
1.70	1.40	716 368	0.02	-7.60
1.40	5.90	34 767	< 0.01	3.70
1.40	22.70	199 129 431	5.00	14.10
1.20	6.80	7 738 553	0.20	3.00
1.20	9.70	32 834 868	0.80	-2.00
1.20	3.60	89 053 821	2.20	5.20
1.20	-27.20	26 575	< 0.01	-33.10
1.10	8.00	147 264 537	3.70	13.40
1.00	14.80	2 073 029	0.05	0.40
1.00	7.90	111 370 894	2.80	6.20
1.00	13.50	24 361 834	0.60	8.10
0.90	2.00	34 750	< 0.01	-15.00
0.90	2.00	3 194 548	0.10	-3.50

序号 No.	商品名称 Name of commodity	代码 Code	数量单位 Unit	出口额（万美元）Export value（10^4USD）
30	船舶用柴油机的零件	84099910	kg	25 763.89
31	其他车辆用柴油机	84082090	台	25 528.31
32	8701 所列车辆用车轮及其零件、附件	87087010	kg	24 923.90
33	未列名液体泵	84138100	台	22 805.68
34	其他输出功率≥ 132.39kW 的压燃活塞内燃机	84089093	台	22 389.13
35	电动往复式排液泵	84135020	台	21 948.00
36	其他发动机功率超过 37kW 但不超过 75kW 的拖拉机	87019310	辆	21 556.24
37	其他输出功率≤ 14kW 的压燃式活塞内燃发动机	84089091	台	21 437.65
38	联合收割机	84335100	台	19 434.68
39	船用舷外点燃往复或旋转式活塞内燃发动机	84072100	台	17 573.53
40	其他农、林业机器	84368000	台	16 317.75
41	谷物磨粉业加工机器或谷物、干豆加工机器	84378000	台	15 933.43
42	品目 87.01 所列车辆用装有差速器的驱动桥及其零件	87085071	kg	15 851.91
43	压燃式内燃机发电机组，$P > 2MV \cdot A$	85021320	台	14 604.79
44	农业或园艺用其他喷射器具	84248200	个	14 549.14
45	动物饲料配制机	84361000	个	13 678.50
46	光学色差颗粒选别机（色选机）	84371010	台	13 077.73
47	未列名发电机组	85023900	台	12 771.51
48	8436 所列其他机械的零件	84369900	kg	12 570.33
49	火花塞	85111000	个	12 433.56
50	联合收割机的零件	84339010	kg	12 259.71
51	供居住或野营用厢式挂车及半挂车	87161000	台	11 493.13
52	发动机功率超过 75kW 但不超过 130kW 的轮式拖拉机	87019410	辆	10 717.92
53	家禽饲养机器	84362900	个	10 509.19
54	船舶用点燃式活塞内燃发动机的零件	84099110	kg	9 977.38
55	品目 87.01 所列车辆用其他制动器、助力制动器及其零件	87083091	kg	9 971.24
56	未列名往复式排液泵	84135090	台	9 722.13
57	他发动机功率超过 18kW 但不超过 37kW 的拖拉机	87019210	辆	9 387.90
58	棉花采摘机	84335920	台	8 720.12
59	液压往复式柱塞泵	84135031	台	8 480.91
60	电动回转式齿轮泵	84136021	台	8 097.66
61	未列名农业、园艺及林业用整地或耕作机械	84328090	台	8 079.82
62	其他液压往复式排液泵	84135039	台	7 953.47
63	手扶拖拉机	87011000	台	7 855.35
64	品目 87.01 所列车辆用变速箱及其零件	87084010	kg	7 668.03

（续）

出口额占比（%）Proportion of export value（%）	出口额同比增长（%）Year-on-year growth of export value（%）	出口量 Export quantity	出口量占比（%）Proportion of export quantity（%）	出口量同比增长（%）Year-on-year growth of export quantity（%）
0.90	30.20	38 635 366	1.00	8.50
0.90	14.10	136 448	＜0.01	10.30
0.80	17.00	160 058 062	4.00	7.60
0.80	-12.10	16 477 028	0.40	-21.80
0.80	4.60	19 224	＜0.01	-5.20
0.70	15.80	24 843 588	0.60	0.50
0.70	2.60	10 898	＜0.01	-4.20
0.70	10.90	1 064 152	0.03	0.80
0.60	-16.20	11 186	＜0.01	-28.60
0.60	10.10	189 538	＜0.01	0.60
0.60	-1.30	2 080 538	0.05	-22.30
0.50	14.50	377 149	0.01	3.60
0.50	12.60	5 057 840	0.10	14.30
0.50	26.60	432	＜0.01	35.00
0.50	-3.70	83 694 968	2.10	10.80
0.50	16.40	54 614	＜0.01	-12.60
0.40	-0.90	4 898	＜0.01	3.00
0.40	73.80	181 325	＜0.01	-36.70
0.40	-39.80	29 078 224	0.70	-4.90
0.40	-16.70	259 715 490	6.50	-19.20
0.40	6.20	36 195 561	0.90	7.50
0.40	32.80	18 798	＜0.01	14.20
0.40	33.20	3 374	＜0.01	28.90
0.40	12.30	553 657	0.01	-50.20
0.30	35.50	10 042 269	0.20	10.20
0.30	24.20	46 816 023	1.20	44.70
0.30	-0.90	8 694 150	0.20	45.50
0.30	-0.20	14 848	＜0.01	-5.80
0.30	-11.70	764	＜0.01	-43.20
0.30	16.60	1 637 287	0.04	27.20
0.30	73.80	1 667 480	0.04	1.20
0.30	9.80	541 342	0.01	3.90
0.30	4.00	3 104 817	0.10	-0.20
0.30	-5.40	96 244	＜0.01	-4.10
0.30	19.50	2 972 588	0.10	1.30

序号 No.	商品名称 Name of commodity	代码 Code	数量单位 Unit	出口额（万美元） Export value （10^4USD）
65	电动回转式叶片泵	84136031	台	7 333.03
66	其他割草机，包括牵引装置用的刀具杆	84332000	台	7 261.13
67	气动往复式排液泵	84135010	台	7 157.47
68	液压回转式齿轮泵	84136022	台	6 667.44
69	除便携式喷雾器以外的农业或园艺用喷雾器	84244900	个	6 145.14
70	电控燃油喷射装置	84099191	kg	6 112.43
71	品目 87.01 所列车辆用非驱动桥及其零件	87085081	kg	5 793.42
72	8437 所列机械的零件	84379000	kg	5 480.98
73	其他发动机功率不超过 18kW 的拖拉机	87019110	辆	5 182.56
74	内燃机用其他电点火及电起动装置及断流器	85118000	台	5 090.42
75	品目 87.01 所列车辆用转向盘、转向柱及转向器及其零件	87089410	kg	5 052.57
76	轴向柱塞泵	84136060	台	4 908.49
77	种子谷物其他清洁、清选、分级机	84371090	个	4 399.37
78	转速在 10 000r/min 及以上的离心泵	84137010	台	3 925.25
79	机车用柴油机的零件	84099920	kg	3 908.94
80	液压式叶片泵	84136039	台	3 714.67
81	家禽饲养、孵卵及育雏机器的零件	84369100	kg	3 640.51
82	螺杆泵	84136040	台	3 446.86
83	农产品干燥器	84193100	个	3 376.52
84	家禽孵卵器及育雏器	84362100	个	3 300.86
85	农业、园艺或林业机器用的刀及刀片	82084000	kg	3 192.81
86	其他回转式齿轮泵	84136029	台	3 134.99
87	土壤加热器及加热电阻器用零件	85169010	kg	3 125.42
88	挤奶机及乳品加工机器的零件	84349000	kg	2 874.21
89	牵引车拖拉机用离合器及其零件	87089310	kg	2 565.54
90	水果等其他农产品的清洁、分选、分级机器（品目 8437 的机器除外）	84336090	个	2 263.53
91	其他叶片泵	84136032	台	1 995.92
92	非免耕直接水稻插秧机	84323931	台	1 873.50
93	其他发动机功率超过 37kW 但不超过 75kW 的牵引车（不包括品目 8709 的牵引车）	87019390	台	1 702.38
94	犁	84321000	台	1 698.29
95	8701 至 8705 所列其他车辆装有发动机的底盘	87060090	个	1 688.98
96	乳品加工机器	84342000	个	1 579.75
97	草料打包机，包括收集打包机	84334000	个	1 463.39
98	其他发动机功率超过 130kW 的牵引车	87019590	台	1 395.34
99	其他非免耕直接播种机	84323919	台	805.09

（续）

出口额占比 （%） Proportion of export value （%）	出口额同比增长 （%） Year-on-year growth of export value （%）	出口量 Export quantity	出口量占比 （%） Proportion of export quantity （%）	出口量同比增长 （%） Year-on-year growth of export quantity （%）
0.20	4.60	5 048 266	0.10	-7.80
0.20	-18.50	883 491	0.02	-32.90
0.20	18.30	1 127 598	0.03	16.10
0.20	24.60	723 096	0.02	23.70
0.20	27.60	3 067 928	0.10	-16.90
0.20	6.90	2 178 948	0.05	-3.80
0.20	40.20	27 978 933	0.70	36.70
0.20	-23.10	19 215 131	0.50	-1.00
0.20	45.10	28 536	< 0.01	35.70
0.20	12.50	24 769 460	0.60	9.00
0.20	22.30	7 466 991	0.20	15.40
0.20	7.00	1 266 798	0.03	-1.10
0.20	-4.50	40 537	< 0.01	187.70
0.10	3.90	11 162 431	0.30	-7.70
0.10	41.80	6 357 372	0.20	32.70
0.10	-4.60	2 755 579	0.10	16.00
0.10	-63.30	9 659 051	0.20	-5.60
0.10	-4.60	235 004	0.01	13.20
0.10	-1.50	3 169	< 0.01	-4.00
0.10	31.90	410 297	0.01	39.40
0.10	18.90	8 137 721	0.20	11.80
0.10	37.60	500 753	0.01	47.90
0.10	5.60	2 071 307	0.05	5.40
0.10	-35.30	1 723 797	0.04	-27.90
0.10	-11.70	7 284 743	0.20	1.10
0.10	77.00	2 008	< 0.01	-86.20
0.10	12.80	348 505	0.01	11.60
0.10	12.30	6 944	< 0.01	-40.20
0.10	52.70	160	< 0.01	35.60
0.10	5.40	179 903	< 0.01	9.90
0.10	363.30	78	< 0.01	-83.40
0.05	-10.10	5 554	< 0.01	-66.80
0.05	10.10	4 834	< 0.01	-4.60
0.05	-0.30	542	< 0.01	122.10
0.03	49.70	275 898	0.01	14.60

序号 No.	商品名称 Name of commodity	代码 Code	数量 单位 Unit	出口额 （万美元） Export value （10^4USD）
100	非免耕直接谷物播种机	84323911	台	708.95
101	农用自装或自卸式挂车及半挂车	87162000	台	655.51
102	其他脱粒机	84335200	台	642.14
103	挤奶机	84341000	台	620.94
104	发动机功率超过 130kW 的轮式拖拉机	87019510	辆	587.26
105	其他未列名收割机	84335990	台	564.86
106	其他免耕直接播种机	84323119	台	531.64
107	化肥施肥机	84324200	台	509.69
108	圆盘耙	84322100	把	430.12
109	其他干草切割、翻晒机器	84333000	台	411.70
110	免耕直接水稻插秧机	84323131	台	380.46
111	免耕直接谷物播种机	84323111	台	321.36
112	机车用柴油机	84089010	台	312.97
113	甘蔗收获机	84335910	台	290.84
114	履带式牵引车、拖拉机	87013000	台	278.62
115	草坪及运动场地滚压机	84328010	台	244.60
116	其他发动机功率超过 75kW 但不超过 130kW 的牵引车	87019490	台	236.73
117	径向柱塞泵	84136050	台	222.80
118	蛋类清洁、分选、分级机器	84336010	个	184.93
119	粪肥施肥机	84324100	台	176.80
120	根茎或块茎收获机	84335300	台	145.65
121	电气土壤加热器	85162910	个	123.59
122	其他非免耕直接种植机	84323929	台	123.02
123	其他免耕直接种植机	84323129	台	107.29
124	其他发动机功率不超过 18kW 的牵引车（不包括品目 8709 的牵引车）	87019190	台	79.63
125	船舶用其他点燃往复或旋转式活塞内燃机	84072900	台	53.17
126	其他发动机功率超过 18kW 但不超过 37kW 的牵引车（不包括品目 8709 的牵引车）	87019290	台	52.01
127	品目 87.01 及编号 8704.1030、8704.1090 所列车辆用防抱装置	87083021	个	46.72
128	沼气发动机	84079010	台	44.34
129	奶油分离器	84211100	个	32.63
130	其他非免耕直接移植机	84323939	台	18.15
131	免耕直接马铃薯种植机	84323121	台	14.98
132	非免耕直接马铃薯种植机	84323921	台	8.62
133	其他免耕直接移植机（栽植机）	84323139	台	5.88

（续）

出口额占比（%）Proportion of export value（%）	出口额同比增长（%）Year-on-year growth of export value（%）	出口量 Export quantity	出口量占比（%）Proportion of export quantity（%）	出口量同比增长（%）Year-on-year growth of export quantity（%）
0.02	-4.30	16 449	＜0.01	115.00
0.02	-19.40	9 440	＜0.01	-21.40
0.02	-7.80	48 576	＜0.01	5.70
0.02	-37.40	27 031	＜0.01	-18.30
0.02	-3.80	131	＜0.01	-14.90
0.02	-23.60	15 467	＜0.01	-24.90
0.02	38.00	208 537	0.01	99.20
0.02	-17.20	33 375	＜0.01	-23.40
0.01	-23.60	5 780	＜0.01	-42.10
0.01	2.60	18 027	＜0.01	40.40
0.01	53.10	3 131	＜0.01	11.30
0.01	-18.00	63 879	＜0.01	27.40
0.01	37.70	1 073	＜0.01	-18.70
0.01	-61.10	52	＜0.01	6.10
0.01	-35.50	116	＜0.01	-42.30
0.01	-0.10	101 489	＜0.01	-7.30
0.01	165.90	19	＜0.01	-26.90
0.01	-17.60	27 792	＜0.01	-0.70
0.01	-40.60	601	＜0.01	365.90
0.01	252.40	411 694	0.01	211.20
＜0.01	76.00	1 566	＜0.01	20.30
＜0.01	-57.80	129 269	＜0.01	22.10
＜0.01	1 780.20	291	＜0.01	532.60
＜0.01	976.30	6 393	＜0.01	705.20
＜0.01	-85.50	301	＜0.01	-78.40
＜0.01	-34.80	4 202	＜0.01	512.50
＜0.01	44.20	89	＜0.01	27.10
＜0.01	132.80	186 142	＜0.01	114.20
＜0.01	1 072.60	13	＜0.01	8.30
＜0.01	817.00	5 426	＜0.01	1 600.90
＜0.01	-74.50	181	＜0.01	-61.70
＜0.01	-49.10	287	＜0.01	126.00
＜0.01	-69.60	171	＜0.01	-55.80
＜0.01	148.60	468	＜0.01	57.60

注：由于四舍五入，表中合计数有微小出入。

〔供稿单位：中国机电产品进出口商会〕

2018 年我国农业机械
Import of agricultural machinery

序号 No.	商品名称 Name of commodity	代码 Code	数量单位 Unit	进口额（万美元） Import value （10^4USD）
	合计			1 374 845.54
1	其他点燃式活塞内燃发动机的零件	84099199	kg	287 763.89
2	液体泵零件	84139100	kg	83 333.88
3	转速在 10 000r/min 以下的其他离心泵	84137099	台	79 111.70
4	子目号 8502.31 所列发电机组零件	85030030	kg	5 178.57
5	装有点燃式活塞内燃发动机的发电机组	85022000	台	10 469.85
6	未列名柴油机的零件	84099999	kg	27 806.87
7	其他未列名点燃式活塞内燃发动机	84079090	台	21 226.25
8	$P \geqslant$ 132.39kW（180hp）柴油机的零件	84099991	kg	57 294.71
9	电动潜油泵及潜水电泵	84137091	台	6 161.06
10	割刀水平旋转草坪、公园或运动场机动割草机	84331100	台	917.28
11	内燃发动机的燃油过滤器	84212300	个	23 478.94
12	压燃式内燃机发电机组，375kV · A $< P \leqslant$ 2MV · A	85021310	台	19 871.40
13	压燃式内燃机发电机组，$P \leqslant$ 75kV · A	85021100	台	2 744.20
14	其他柴油货车，车总重≤ 5t	87042100	台	4 226.41
15	风力发电机组	85023100	台	10 444.06
16	其他回转式排液泵	84136090	台	6 000.65
17	其他 14kW ＜输出功率＜ 132.39kW 压燃活塞内燃机	84089092	台	87 308.96
18	压燃式内燃机发电机组，75kV · A $< P \leqslant$ 375kV · A	85021200	台	1 515.76
19	牵引车及拖拉机用其他零附件	87089910	kg	3 069.36
20	未列名发电机	85115090	台	25 999.85
21	农业或园艺用便携式喷雾器	84244100	-	95.53
22	其他 8433 所列机械的零件	84339090	kg	6 707.84
23	其他柴油货车，5t ＜车总重＜ 14t	87042230	台	1 480.99
24	内燃发动机的进气过滤器	84213100	个	5 447.95
25	其他耙、松土机、中耕机、除草机及耕耘机	84322900	台	606.10
26	8432 所列机械的零件	84329000	kg	3 204.98
27	未列名往复式排液泵	84133090	台	28 459.55
28	车用柴油机，$P \geqslant$ 132.39kW（180hp）	84082010	台	15 186.39
29	其他草坪、公园或运动场地割草机	84331900	台	467.26

商品进口情况

commodity to China in 2018

进口额占比（%） Proportion of import value（%）	进口额同比增长（%） Year-on-year growth of import value（%）	进口量 Import quantity	进口量占比（%） Proportion of import quantity（%）	进口量同比增长（%） Year-on-year growth of import quantity（%）
100.00	13.80	479 732 215	100.00	4.30
20.90	7.60	149 516 697	31.20	2.90
6.10	5.00	34 789 903	7.20	0.20
5.80	24.90	5 257 453	1.10	42.20
0.40	-24.20	5 340 707	1.10	-21.30
0.80	14.40	4 175	< 0.01	-33.90
2.00	8.80	20 488 697	4.30	3.80
1.50	16.10	969 551	0.20	-11.30
4.20	19.90	36 699 225	7.60	5.70
0.40	14.50	78 566	0.02	-14.80
0.10	52.50	4 004	< 0.01	26.30
1.70	11.00	48 804 883	10.20	4.70
1.40	5.00	927	< 0.01	19.20
0.20	16.80	2 850	< 0.01	-10.80
0.30	371.60	1 552	< 0.01	466.40
0.80	94.20	293	< 0.01	388.30
0.40	-3.10	536 751	0.10	-11.80
6.40	25.80	215 684	0.04	13.30
0.10	7.20	302	< 0.01	7.90
0.20	33.30	5 044 561	1.00	37.10
1.90	20.60	2 207 658	0.50	24.70
0.01	-21.90	40 519	0.01	74.00
0.50	-9.10	5 741 972	1.20	-10.20
0.10	14.40	244	< 0.01	20.20
0.40	23.70	4 890 351	1.00	78.60
0.04	-11.80	1 108	< 0.01	-39.80
0.20	-50.00	2 560 449	0.50	-51.20
2.10	41.20	5 851 556	1.20	28.80
1.10	25.80	15 695	< 0.01	20.30
0.03	59.00	8 641	< 0.01	-10.70

序号 No.	商品名称 Name of commodity	代码 Code	数量单位 Unit	进口额（万美元） Import value （10^4USD）
30	船舶用柴油机的零件	84099910	kg	23 402.51
31	其他车辆用柴油机	84082090	台	3 590.04
32	8701 所列车辆用车轮及其零件、附件	87087010	kg	304.69
33	未列名液体泵	84138100	台	21 825.74
34	其他输出功率≥ 132.39kW 的压燃活塞内燃机	84089093	台	151 961.86
35	电动往复式排液泵	84135020	台	35 829.46
36	其他发动机功率超过 37kW 但不超过 75kW 的拖拉机	87019310	辆	147.05
37	其他输出功率≤ 14kW 的压燃式活塞内燃发动机	84089091	台	3 960.37
38	联合收割机	84335100	台	1 349.69
39	船用舷外点燃往复或旋转式活塞内燃发动机	84072100	台	8 116.37
40	其他农、林业机器	84368000	台	7 105.68
41	谷物磨粉业加工机器或谷物、干豆加工机器	84378000	台	497.87
42	品目 87.01 所列车辆用装有差速器的驱动桥及其零件	87085071	kg	2 047.73
43	压燃式内燃机发电机组，$P>$ 2MV · A	85021320	台	17 556.89
44	农业或园艺用其他喷射器具	84248200	个	3 716.32
45	动物饲料配制机	84361000	个	2 628.26
46	光学色差颗粒选别机（色选机）	84371010	台	972.72
47	未列名发电机组	85023900	台	9 353.25
48	8436 所列其他机械的零件	84369900	kg	412.53
49	火花塞	85111000	个	23 333.61
50	联合收割机的零件	84339010	kg	1 523.75
51	供居住或野营用厢式挂车及半挂车	87161000	台	546.05
52	发动机功率超过 75kW 但不超过 130kW 的轮式拖拉机	87019410	辆	266.05
53	家禽饲养机器	84362900	个	2 636.24
54	船舶用点燃式活塞内燃发动机的零件	84099110	kg	4 164.66
55	品目 87.01 所列车辆用其他制动器、助力制动器及其零件	87083091	kg	1 757.56
56	未列名往复式排液泵	84135090	台	8 306.69
57	他发动机功率超过 18kW 但不超过 37kW 的拖拉机	87019210	辆	7.26
58	棉花采摘机	84335920	台	9 837.64
59	液压往复式柱塞泵	84135031	台	27 450.83
60	电动回转式齿轮泵	84136021	台	28 484.37
61	未列名农业、园艺及林业用整地或耕作机械	84328090	台	540.91
62	其他液压往复式排液泵	84135039	台	14 891.08
63	手扶拖拉机	87011000	台	0.80
64	品目 87.01 所列车辆用变速箱及其零件	87084010	kg	11 654.67

（续）

进口额占比（%） Proportion of import value（%）	进口额同比增长（%） Year-on-year growth of import value（%）	进口量 Import quantity	进口量占比（%） Proportion of import quantity（%）	进口量同比增长（%） Year-on-year growth of import quantity（%）
1.70	-1.50	20 757 728	4.30	-18.90
0.30	7.70	7 928	< 0.01	-2.30
0.02	-19.60	856 519	0.20	-30.60
1.60	10.20	2 708 254	0.60	1.00
11.00	22.50	72 554	0.02	38.80
2.60	22.70	12 084 034	2.50	-2.60
0.01	-26.30	64	< 0.01	-28.90
0.30	37.60	31 423	0.01	32.60
0.10	2.70	249	< 0.01	-37.80
0.60	11.90	26 699	0.01	3.90
0.50	35.30	88 177	0.02	4.90
0.04	25.70	1 648	< 0.01	149.30
0.20	5.30	218 761	0.05	7.80
1.30	-16.10	270	< 0.01	-24.20
0.30	-23.40	825 297	0.20	18.10
0.20	71.50	8 163	< 0.01	124.30
0.10	96.90	81	< 0.01	58.80
0.70	-2.30	141 258	0.03	-10.40
0.03	-6.00	285 231	0.10	-20.20
1.70	13.00	78 304 067	16.30	13.90
0.10	-18.70	1 564 435	0.30	2.60
0.04	-72.40	244	< 0.01	-71.80
0.02	-82.40	93	< 0.01	-78.50
0.20	-37.00	15 766	< 0.01	-62.00
0.30	79.80	1 933 922	0.40	40.00
0.10	118.10	1 390 498	0.30	91.00
0.60	-3.60	5 128 384	1.10	70.20
< 0.01	-82.80	6	< 0.01	-80.60
0.70	348.40	326	< 0.01	593.60
2.00	42.10	504 663	0.10	-1.90
2.10	22.00	3 319 093	0.70	35.50
0.04	-5.10	919	< 0.01	-41.90
1.10	22.00	258 308	0.05	-12.30
< 0.01	-87.10	2	< 0.01	-66.70
0.80	36.80	4 840 616	1.00	104.80

序号 No.	商品名称 Name of commodity	代码 Code	数量单位 Unit	进口额（万美元） Import value (10^4USD)
65	电动回转式叶片泵	84136031	台	5 705.88
66	其他割草机，包括牵引装置用的刀具杆	84332000	台	728.69
67	气动往复式排液泵	84135010	台	11 441.55
68	液压回转式齿轮泵	84136022	台	8 240.31
69	除便携式喷雾器以外的农业或园艺用喷雾器	84244900	个	799.96
70	电控燃油喷射装置	84099191	kg	2 385.29
71	品目 87.01 所列车辆用非驱动桥及其零件	87085081	kg	228.14
72	8437 所列机械的零件	84379000	kg	240.65
73	其他发动机功率不超过 18kW 的拖拉机	87019110	辆	2.70
74	内燃机用其他电点火及电起动装置及断流器	85118000	台	1 661.08
75	品目 87.01 所列车辆用转向盘、转向柱及转向器及其零件	87089410	kg	275.17
76	轴向柱塞泵	84136060	台	16 287.19
77	种子谷物其他清洁、清选、分级机	84371090	个	482.08
78	转速在 10 000r/min 及以上的离心泵	84137010	台	2 558.26
79	机车用柴油机的零件	84099920	kg	813.73
80	液压式叶片泵	84136039	台	1 844.38
81	家禽饲养、孵卵及育雏机器的零件	84369100	kg	363.00
82	螺杆泵	84136040	台	6 343.77
83	农产品干燥器	84193100	个	1 620.88
84	家禽孵卵器及育雏器	84362100	个	530.82
85	农业、园艺或林业机器用的刀及刀片	82084000	kg	1 976.00
86	其他回转式齿轮泵	84136029	台	8 208.04
87	土壤加热器及加热电阻器用零件	85169010	kg	865.58
88	挤奶机及乳品加工机器的零件	84349000	kg	785.35
89	牵引车拖拉机用离合器及其零件	87089310	kg	2 560.11
90	水果等其他农产品的清洁、分选、分级机器（品目 8437 的机器除外）	84336090	个	3 451.67
91	其他叶片泵	84136032	台	5 565.37
92	非免耕直接水稻插秧机	84323931	台	24.52
93	其他发动机功率超过 37kW 但不超过 75kW 的牵引车（不包括品目 8709 的牵引车）	87019390	台	14.23
94	犁	84321000	台	1 413.68
95	8701 至 8705 所列其他车辆装有发动机的底盘	87060090	个	335.25
96	乳品加工机器	84342000	个	760.42
97	草料打包机，包括收集打包机	84334000	个	4 670.44
98	其他发动机功率超过 130kW 的牵引车	87019590	台	2 092.32
99	其他非免耕直接播种机	84323919	台	124.95

（续）

进口额占比（%） Proportion of import value（%）	进口额同比增长（%） Year-on-year growth of import value（%）	进口量 Import quantity	进口量占比（%） Proportion of import quantity（%）	进口量同比增长（%） Year-on-year growth of import quantity（%）
0.40	33.10	1 322 510	0.30	-1.10
0.05	-3.90	767	< 0.01	-93.00
0.80	39.20	237 549	0.05	28.20
0.60	29.60	541 825	0.10	79.00
0.10	50.80	723 732	0.20	1 163.40
0.20	87.70	259 687	0.05	97.50
0.02	-38.80	258 365	0.05	-50.40
0.02	-6.60	140 771	0.03	-1.50
< 0.01	-88.30	2	< 0.01	-92.90
0.10	-0.20	2 343 434	0.50	-40.40
0.02	-19.00	166 196	0.03	-4.80
1.20	21.10	262 838	0.05	-23.40
0.04	5.70	662	< 0.01	-7.00
0.20	27.60	1 477 059	0.30	-16.30
0.10	-9.70	186 815	0.04	-20.40
0.10	-0.70	193 278	0.04	-44.70
0.03	-15.40	295 382	0.10	-53.40
0.50	18.40	32 657	0.01	17.20
0.10	78.60	580	< 0.01	38.80
0.04	-65.80	7 027	< 0.01	-12.80
0.10	11.80	1 307 430	0.30	-0.10
0.60	-18.80	1 125 164	0.20	-16.00
0.10	-4.50	458 403	0.10	-6.60
0.10	-1.20	212 608	0.04	-3.00
0.20	1.10	2 951 817	0.60	4.50
0.20	43.70	331	< 0.01	17.00
0.40	6.70	725 125	0.20	3.00
< 0.01	-98.90	29	< 0.01	-99.30
< 0.01	116.70	2	< 0.01	100.00
0.10	-1.90	1 141	< 0.01	-6.80
0.02	-28.20	48	< 0.01	-4.00
0.10	-69.40	515	< 0.01	260.10
0.30	-7.20	1 214	< 0.01	5.40
0.20	110.40	45	< 0.01	80.00
0.01	-1.90	305	< 0.01	1.70

序号 No.	商品名称 Name of commodity	代码 Code	数量单位 Unit	进口额（万美元） Import value （10^4USD）
100	非免耕直接谷物播种机	84323911	台	335.46
101	农用自装或自卸式挂车及半挂车	87162000	台	31.94
102	其他脱粒机	84335200	台	163.06
103	挤奶机	84341000	台	396.71
104	发动机功率超过 130kW 的轮式拖拉机	87019510	辆	5 675.44
105	其他未列名收割机	84335990	台	4 453.68
106	其他免耕直接播种机	84323119	台	380.81
107	化肥施肥机	84324200	台	913.48
108	圆盘耙	84322100	把	70.12
109	其他干草切割、翻晒机器	84333000	台	171.56
110	免耕直接水稻插秧机	84323131	台	43.30
111	免耕直接谷物播种机	84323111	台	463.32
112	机车用柴油机	84089010	台	1 766.84
113	甘蔗收获机	84335910	台	273.34
114	履带式牵引车、拖拉机	87013000	台	1 089.93
115	草坪及运动场地滚压机	84328010	台	61.23
116	其他发动机功率超过 75kW 但不超过 130kW 的牵引车	87019490	台	579.79
117	径向柱塞泵	84136050	台	2 123.66
118	蛋类清洁、分选、分级机器	84336010	个	1 745.85
119	粪肥施肥机	84324100	台	384.53
120	根茎或块茎收获机	84335300	台	1 341.36
121	电气土壤加热器	85162910	个	26.26
122	其他非免耕直接种植机	84323929	台	4.71
123	其他免耕直接种植机	84323129	台	9.04
124	其他发动机功率不超过 18kW 的牵引车（不包括品目 8709 的牵引车）	87019190	台	38.78
125	船舶用其他点燃往复或旋转式活塞内燃机	84072900	台	259.85
126	品目 87.01 及编号 8704.1030、8704.1090 所列车辆用防抱装置	87083021	个	2.99
127	沼气发动机	84079010	台	616.41
128	奶油分离器	84211100	个	49.30
129	其他非免耕直接移植机	84323939	台	38.05
130	免耕直接马铃薯种植机	84323121	台	17.55
131	非免耕直接马铃薯种植机	84323921	台	23.92
132	其他免耕直接移植机（栽植机）	84323139	台	130.39

（续）

进口额占比（%） Proportion of import value（%）	进口额同比增长（%） Year-on-year growth of import value（%）	进口量 Import quantity	进口量占比（%） Proportion of import quantity（%）	进口量同比增长（%） Year-on-year growth of import quantity（%）
0.02	-11.70	129	< 0.01	-17.80
< 0.01	41.20	13	< 0.01	116.70
0.01	52.20	1 280	< 0.01	59.00
0.03	-7.00	695	< 0.01	1 444.40
0.40	-24.00	661	< 0.01	-32.00
0.30	-47.70	272	< 0.01	-52.30
0.03	41.00	187	< 0.01	94.80
0.10	-4.40	5 338	< 0.01	-12.20
0.01	-31.40	48	< 0.01	-29.40
0.01	-29.90	176	< 0.01	-4.40
< 0.01	-59.40	176	< 0.01	-56.40
0.03	35.50	96	< 0.01	-67.70
0.10	-37.50	199	< 0.01	-5.20
0.02	-11.10	22	< 0.01	57.10
0.10	-0.90	58	< 0.01	-3.30
< 0.01	-21.80	40	< 0.01	8.10
0.04	23.90	33	< 0.01	32.00
0.20	53.10	33 827	0.01	42.10
0.10	134.40	78	< 0.01	30.00
0.03	73.20	196	< 0.01	102.10
0.10	-17.30	115	< 0.01	-16.70
< 0.01	93.80	1 524	< 0.01	1 556.50
< 0.01	-86.30	6	< 0.01	-60.00
< 0.01	-89.70	7	< 0.01	-88.90
< 0.01	-40.30	96	< 0.01	1 100.00
0.02	40.80	272	< 0.01	36.70
< 0.01	56.80	524	< 0.01	-13.20
0.04	145.40	47	< 0.01	147.40
< 0.01	-39.30	9	< 0.01	28.60
< 0.01	-41.50	67	< 0.01	-2.90
< 0.01	-80.20	7	< 0.01	-63.20
< 0.01	-66.90	10	< 0.01	-56.50
0.01	1.30	40	< 0.01	14.30

注：由于四舍五入，表中合计数有微小出入。

〔供稿单位：中国机电产品进出口商会〕

农业机械化

2018 年各地区农业机械化

Service organizations and personnel of agricultural

地区 Region	一、农业机械化服务组织及农业机械户 Service organizations of agricultural mechanized operation and households 1. 农业机械化作业服务组织 Service organizations of agricultural mechanized operation		（1）拥有农业机械原值 50 万元（含 50 万元）以上的 Possession of agricultural machinery costing above 500 thousand yuan（include 500 thousand yuan）	
	年末机构数（个） Number of organizations at the end of year（unit）	年末人数（人） Number of personnel at the end of year （person）	年末机构数（个） Number of organizations at the end of year（unit）	年末人数（人） Number of personnel at the end of year （person）
全国 National	191 526	2 139 837	53 814	976 929
北京 Beijing	315	2 047	153	968
天津 Tianjin	219	6 010	140	5 001
河北 Hebei	6 121	68 606	1 878	31 374
山西 Shanxi	4 705	29 401	1 082	8 498
内蒙古 Inner Mongolia	3 865	43 103	2 312	31 569
辽宁 Liaoning	3 614	54 663	2 040	30 206
吉林 Jilin	8 884	89 601	4 313	50 342
黑龙江 Heilongjiang	25 948	102 704	4 174	32 216
上海 Shanghai	299	2 079	207	847
江苏 Jiangsu	12 588	562 455	7 202	323 938
浙江 Zhejiang	3 489	30 515	1 127	16 665
安徽 Anhui	9 825	110 104	3 641	52 177
福建 Fujian	917	21 431	354	10 895
江西 Jiangxi	11 538	73 349	1 101	15 850
山东 Shandong	21 727	196 360	6 002	83 839
河南 Henan	13 349	136 431	5 932	77 994
湖北 Hubei	8 058	136 587	2 137	45 348
湖南 Hunan	16 399	115 127	3 202	45 578
广东 Guangdong	2 246	25 744	553	9 953
广西 Guangxi	3 008	37 169	722	8 319
海南 Hainan	222	1 568	50	1 321
重庆 Chongqing	5 316	87 360	205	18 231
四川 Sichuan	17 446	79 527	1 009	18 917
贵州 Guizhou	1 386	17 403	157	3 085
云南 Yunnan	1 008	14 108	291	6 144
西藏 Tibet	118	2 115	51	1 388
陕西 Shaanxi	2 071	28 342	570	9 584
甘肃 Gansu	3 699	30 533	1 458	15 331
青海 Qinghai	685	4 443	412	2 865
宁夏 Ningxia	481	7 165	275	3 236
新疆 Xinjiang	1 061	19 501	567	12 227
新疆建设兵团 Xinjiang Construction Corps	919	4 286	497	3 023

统计资料

服务组织及人员情况

mechanization in different regions of China in 2018

(2) 农业机械专业合作社 Agricultural machinery specialized cooperations		拥有农机原值 100 万元（含 100 万元）以上的 Possession of agricultural machinery costing above 1 000 thousand yuan (include 1 000 thousand yuan)		2. 农业机械户 Agricultural machinery households	
年末机构数（个） Number of organizations at the end of year (unit)	年末人数（人） Number of personnel at the end of year (person)	年末机构数（个） Number of organizations at the end of year (unit)	年末人数（人） Number of personnel at the end of year (person)	年末机构数（个） Number of organizations at theend of year (unit)	年末人数（人） Number of personnel at the end of year (person)
72 640	1 527 066	26 327	547 377	40 803 574	51 327 520
129	923	48	435	13 688	14 807
156	5 254	116	4 369	41 866	58 515
2 860	52 879	831	19 295	2 918 879	4 018 910
2 647	22 966	529	5 665	510 966	656 143
2 720	34 653	1 209	15 381	1 273 397	1 741 424
3 324	48 317	1 059	16 918	526 079	647 761
6 222	66 047	1 650	14 638	1 107 193	1 324 712
2 345	27 407	1 888	23 970	1 139 688	1 481 944
159	1 529	130	1 135	4 213	6 262
9 048	480 770	3 130	145 601	1 113 098	1 388 445
1 459	21 450	654	10 270	642 437	728 162
5 105	75 586	2 001	35 645	3 261 915	3 824 600
656	18 143	214	7 660	603 830	671 810
1 156	22 173	337	9 135	1 013 622	1 431 756
8 565	138 280	2 502	43 343	4 380 041	5 160 990
7 005	108 742	3 061	51 180	5 028 713	6 181 446
2 776	96 321	1 058	44 613	1 729 070	2 244 977
4 547	64 159	2 508	37 098	2 046 507	2 765 416
962	19 641	192	5 799	1 062 618	1 292 090
1 950	22 705	339	4 020	2 411 930	3 258 108
114	1 106	8	129	248 606	286 954
822	58 905	77	2 037	1 062 774	1 334 289
1 494	41 888	426	14 468	2 183 256	2 623 509
602	7 895	30	540	1 285 533	1 686 391
542	11 550	124	2 983	1 714 330	1 940 054
94	1 985	85	1 795	194 919	834 560
1 327	23 127	361	6 763	1 004 658	1 111 526
2 194	23 460	986	10 958	1 168 410	1 287 895
203	2 922	86	936	218 422	237 909
306	4 096	107	1 004	246 224	374 334
960	18 280	390	5 687	625 998	680 780
191	3 907	191	3 907	20 694	31 041

地区 Region	（1）拥有农业机械原值 20 万～ 50 万元（含 20 万元）的 Possession of agricultural machinery costing 200thousand yuan ～ 500 thousand yuan（include 200 thousand yuan）		（2）农业机械化作业服务专业户 Specialized households of agricultural mechanized operation service	
	年末机构数（个） Number of organizations at the end of year（unit）	年末人数（人） Number of personnel at the end of year （person）	年末机构数（个） Number of organizations at the end of year（unit）	年末人数（人） Number of personnel at the end of year （person）
全国 National	670 430	1 156 408	4 409 012	6 105 061
北京 Beijing	351	646	543	1 010
天津 Tianjin	825	1 687	9 678	11 217
河北 Hebei	36 923	76 255	217 307	337 111
山西 Shanxi	9 338	19 252	66 815	90 305
内蒙古 Inner Mongolia	30 110	48 062	99 398	140 585
辽宁 Liaoning	13 518	29 422	59 670	91 194
吉林 Jilin	16 621	37 956	12 230	34 360
黑龙江 Heilongjiang	188 442	270 240	133 146	187 756
上海 Shanghai	847	1 193	913	1 357
江苏 Jiangsu	72 043	119 734	208 979	297 984
浙江 Zhejiang	18 299	26 715	130 223	146 249
安徽 Anhui	24 432	49 515	424 120	577 913
福建 Fujian	1 946	4 008	96 884	118 279
江西 Jiangxi	8 398	15 934	347 413	528 517
山东 Shandong	59 493	112 257	588 416	796 240
河南 Henan	31 576	61 776	238 167	379 441
湖北 Hubei	15 682	39 891	160 105	329 101
湖南 Hunan	14 917	31 642	181 543	274 324
广东 Guangdong	6 897	13 765	170 592	223 246
广西 Guangxi	11 761	28 680	31 620	63 634
海南 Hainan	2 405	3 841	43 024	51 562
重庆 Chongqing	1 155	3 345	158 036	180 212
四川 Sichuan	21 249	32 456	208 480	263 370
贵州 Guizhou	418	1 202	181 376	248 915
云南 Yunnan	2 895	4 901	55 655	72 513
西藏 Tibet	39	261	9	81
陕西 Shaanxi	7 134	16 141	252 750	264 812
甘肃 Gansu	13 491	22 213	167 424	193 306
青海 Qinghai	2 033	3 222	5 890	7 773
宁夏 Ningxia	4 747	7 893	49 367	62 042
新疆 Xinjiang	31 751	41 262	101 233	118 530
新疆建设兵团 Xinjiang Construction Corps	20 694	31 041	8 006	12 122

（续）

二、农业机械维修厂及维修点 maintenance factories and depots of agricultural machinery		三、乡村农业机械从业人员 Rural agricultural machinery operators	其中：拖拉机驾驶从业人员 In which: tractor drivers	联合收获机驾驶员 Combine drivers	同时持有拖拉机、联合收割机驾驶证人员 drivers with tractor and combine driver's licenses
年末机构数（个） Number of organizations at the end of year（unit）	年末人数（人） Number of personnel at the end of year （person）	年末人数（人） Number of personnel at the end of year （person）	年末人数（人） Number of personnel at the end of year （person）	年末人数（人） Number of personnel at the end of year （person）	年末人数（人） Number of personnel at the end of year （person）
161 815	392 155	47 586 002	11 413 661	1 122 758	795 364
232	489	18 138	9 390	789	504
208	431	67 039	9 911	1 822	972
14 222	34 180	3 316 416	537 774	76 144	34 549
5 435	13 326	468 045	73 765	10 428	4 604
6 675	13 900	1 723 480	674 420	33 191	27 402
3 735	8 286	868 024	262 583	17 847	22 234
7 024	16 094	1 382 341	453 569	20 497	5 917
6 764	19 597	1 766 702	1 075 123	84 060	126 105
25	85	14 372	6 411	3 070	2 956
3 651	11 412	1 354 942	325 200	94 257	49 869
2 562	4 502	649 327	154 651	10 363	5 973
9 696	22 287	3 758 078	573 203	124 136	83 235
1 539	3 178	682 184	96 420	5 791	2 752
9 763	29 797	1 268 614	115 320	31 316	11 625
4 629	12 958	5 416 816	1 024 508	95 503	83 762
21 231	42 328	5 568 341	1 935 240	203 184	157 391
5 119	15 957	2 300 787	608 240	100 216	34 819
5 154	13 984	2 621 105	292 956	90 016	47 241
7 405	19 397	1 033 911	205 386	15 394	11 460
3 767	9 080	3 029 488	367 510	6 823	6 287
923	2 541	233 925	77 064	4 767	2 009
2 668	7 346	882 552	38 811	4 265	4 868
8 887	26 265	2 736 334	208 128	19 616	20 167
5 184	13 684	878 231	163 308	777	1 492
10 623	23 375	1 755 990	520 657	4 582	2 982
166	562	236 448	0	0	0
3 804	7 674	927 661	195 974	26 834	17 258
5 287	9 164	1 218 848	477 291	10 980	8 042
1 121	1 697	297 644	156 993	2 466	1 182
1 767	3 568	351 348	127 508	6 514	3 513
2 212	4 146	697 948	595 555	12 301	11 144
337	865	60 923	50 792	4 809	3 050

地区 Region	农业机械维修人员 Agricultural machinery maintenance personnel	获得农业机械职业技能鉴定证书人员 People who have obtained certificates of agricultural technic	四、财政资金（万元） Financial resources（10⁴yuan）	1. 科研（万元） Scientific research（10⁴yuan）
	年末人数（人） Number of personnel at the end of year （person）	年末人数（人） Number of personnel at the end of year （person）		
全国 National	930 711	289 512	3 358 813.52	26 767.74
北京 Beijing	2 789	2 223	5 185.39	66.80
天津 Tianjin	2 946	2 167	6 970.49	0.00
河北 Hebei	80 139	17 639	68 198.64	806.50
山西 Shanxi	24 712	9 225	1 419 943.94	1.00
内蒙古 Inner Mongolia	30 114	9 171	54 089.92	20.00
辽宁 Liaoning	17 237	6 951	52 740.26	111.00
吉林 Jilin	16 177	5 197	24 551.85	150.00
黑龙江 Heilongjiang	36 659	11 487	46 479.40	165.50
上海 Shanghai	765	501	18 412.85	876.00
江苏 Jiangsu	86 095	63 597	901 206.69	4 323.81
浙江 Zhejiang	7 991	3 680	68 233.93	109.20
安徽 Anhui	33 561	16 325	58 470.05	1.20
福建 Fujian	7 962	3 095	8 190.73	0.20
江西 Jiangxi	55 355	11 327	14 412.16	81.00
山东 Shandong	94 162	18 343	53 310.51	10 236.41
河南 Henan	88 282	22 034	64 530.14	111.00
湖北 Hubei	30 505	4 827	174 347.02	572.00
湖南 Hunan	44 366	5 278	41 046.62	1 218.02
广东 Guangdong	33 799	2 302	20 831.68	5 801.00
广西 Guangxi	38 733	6 571	50 214.00	35.10
海南 Hainan	4 519	593	4 953.10	160.00
重庆 Chongqing	17 506	8 093	9 315.13	119.00
四川 Sichuan	50 885	15 855	32 900.21	742.50
贵州 Guizhou	20 534	949	615.00	5.00
云南 Yunnan	30 807	12 162	6 770.08	26.00
西藏 Tibet	3 603	0	100.00	0.00
陕西 Shaanxi	21 747	9 131	32 275.55	170.00
甘肃 Gansu	22 256	7 875	20 489.21	12.50
青海 Qinghai	6 084	1 197	4 990.36	51.00
宁夏 Ningxia	5 756	1 971	9 884.18	203.00
新疆 Xinjiang	12 393	8 407	84 204.43	183.00
新疆建设兵团 Xinjiang Construction Corps	2 272	1 339	950.00	410.00

（续）

2. 推广（万元）Dissemination（10^4yuan）	3. 安全监理（万元）Safety supervision（10^4yuan）	4. 试验鉴定（万元）Test and appraisal（10^4yuan）	5. 基本建设支出（万元）Capital construction expenditures（10^4yuan）	6. 农业机械购置（万元）Purchase of agricultural machinery（10^4yuan）	五、农机服务收入（万元）Income from agricultural machinery services（10^4yuan）	其中：农机作业服务收入（万元）In which: income from agricultural machinery operation services（10^4yuan）
272 195.04	335 816.89	1 118 708.30	435 260.79	6 634 864.32	47 177 547.33	35 313 803.62
1 693.75	1 198.06	32.02	73.00	5 061.91	22 171.68	17 760.28
397.62	539.97	30.90	609.38	30 768.52	109 060.84	60 867.19
25 664.81	2 819.97	124.00	4 111.95	403 361.96	1 972 504.95	1 468 394.23
15 166.74	288 446.94	1 110 060.00	2 859.00	124 455.14	835 499.92	589 141.09
13 895.00	823.90	166.00	1 893.00	416 092.52	1 671 491.70	1 237 502.40
6 048.75	381.22	13.00	34 931.10	192 657.76	1 070 094.38	868 112.61
22 564.54	406.01	76.00	5 585.00	454 403.11	1 528 592.79	1 141 730.16
2 062.13	937.11	190.00	19 701.57	633 414.83	2 227 572.06	1 645 413.05
2 404.00	606.00	49.00	825.00	28 650.00	32 652.00	25 026.00
74 724.67	5 300.16	1 831.45	67 195.14	395 843.25	3 123 730.71	2 437 181.67
3 023.23	2 589.02	0.00	9 183.46	124 018.93	677 472.00	451 257.00
4 151.59	5 620.24	12.00	9 588.81	533 343.10	5 108 779.49	4 174 982.89
739.12	335.87	74.00	109.50	59 710.85	684 102.00	408 619.17
1 900.17	826.55	147.00	6 011.17	195 859.81	1 693 170.14	1 141 484.22
30 450.20	1 590.91	148.05	5 869.99	665 604.14	4 586 264.40	3 614 242.55
6 826.40	3 285.11	214.40	7 322.26	534 899.57	2 657 885.63	2 095 470.76
5 024.83	3 521.99	103.00	18 767.58	323 099.71	2 583 058.96	1 955 025.14
9 741.66	3 015.72	4 161.59	11 604.30	250 388.90	3 678 265.24	2 513 245.40
6 631.77	1 519.11	311.73	5 311.36	58 553.02	1 437 842.50	1 053 656.34
2 820.90	923.86	4.00	589.10	97 300.10	3 215 063.82	2 748 101.19
218.60	137.85	2.00	143.00	23 502.30	373 854.67	294 028.40
1 549.25	429.84	87.29	8 323.37	85 432.97	628 263.84	228 263.84
6 971.48	2 779.10	215.50	188 348.15	114 153.45	1 936 274.28	1 118 768.03
426.00	183.50	0.00	1 103.00	86 847.00	238 703.00	161 804.00
4 244.63	554.48	10.00	2 656.57	143 893.95	1 130 097.72	654 049.66
100.00	0.00	0.00	0.00	41 683.90	21 210.00	21 210.00
10 639.19	1 597.39	75.00	3 728.98	110 813.53	1 095 552.73	793 069.70
5 962.10	1 422.25	114.27	3 170.60	154 123.01	867 970.79	641 316.42
1 369.36	676.49	80.00	396.00	18 071.19	88 606.32	54 767.22
2 309.10	597.08	21.10	2 409.97	62 497.33	239 467.03	177 246.52
2 133.45	2 551.19	355.00	2 464.48	182 863.56	1 251 307.74	1 131 102.49
340.00	200.00	0.00	10 375.00	83 495.00	390 964.00	390 964.00

2018 年各地区农业机械

Ownership of agricultural machinery

地区 Region	一、农业机械总动力（万 kW） Total power of agricultural machinery (10^4kW)	1. 柴油发动机动力（万 kW） Power of diesel engines (10^4kW)	2. 汽油发动机动力（万 kW） Power of gasoline engines (10^4kW)	3. 电动机动力（万 kW） Power of motors (10^4kW)	4. 其他机械动力（万 kW） Power of other machines (10^4kW)
全国 National	100 371.74	77 892.97	4 018.15	18 341.92	118.71
北京 Beijing	125.65	49.71	7.59	66.78	1.57
天津 Tianjin	347.98	232.44	25.08	90.46	0.00
河北 Hebei	7 706.20	5 361.58	136.03	2 208.49	0.10
山西 Shanxi	1 441.09	1 160.38	28.05	252.63	0.02
内蒙古 Inner Mongolia	3 663.66	3 265.03	20.48	370.99	7.17
辽宁 Liaoning	2 243.72	1 739.09	79.17	425.13	0.32
吉林 Jilin	3 466.00	3 184.49	47.00	234.52	0.00
黑龙江 Heilongjiang	6 084.65	5 739.90	119.07	224.48	1.21
上海 Shanghai	93.97	76.45	5.93	11.43	0.16
江苏 Jiangsu	5 017.71	3 709.60	222.35	1 085.77	0.00
浙江 Zhejiang	2 009.33	1 271.04	124.38	612.31	1.61
安徽 Anhui	6 543.81	5 613.86	162.24	767.67	0.04
福建 Fujian	1 228.27	778.26	162.47	287.51	0.02
江西 Jiangxi	2 381.97	1 847.74	107.20	426.22	0.81
山东 Shandong	10 415.22	8 463.19	269.72	1 682.31	0.00
河南 Henan	10 204.46	8 877.21	86.49	1 240.28	0.48
湖北 Hubei	4 424.61	3 070.06	168.15	1 173.41	12.99
湖南 Hunan	6 338.57	4 785.65	391.54	1 119.56	41.82
广东 Guangdong	2 429.94	1 550.36	206.30	663.56	9.71
广西 Guangxi	3 750.82	2 835.92	250.73	654.19	9.98
海南 Hainan	565.82	452.18	33.59	61.85	18.20
重庆 Chongqing	1 428.12	681.45	283.81	461.95	0.91
四川 Sichuan	4 603.88	2 991.01	412.55	1 195.86	4.47
贵州 Guizhou	2 376.65	1 547.68	281.47	547.50	0.00
云南 Yunnan	2 693.51	1 715.72	132.35	844.95	0.49
西藏 Tibet	545.78	491.76	15.29	38.73	0.00
陕西 Shaanxi	2 311.79	1 577.89	136.94	595.94	1.01
甘肃 Gansu	2 102.80	1 530.70	42.64	528.47	0.99
青海 Qinghai	472.09	405.86	23.32	40.57	2.34
宁夏 Ningxia	621.88	496.34	10.25	114.80	0.49
新疆 Xinjiang	2 226.67	1 992.40	25.25	208.08	0.94
新疆建设兵团 Xinjiang Construction Corps	505.12	398.03	0.72	105.52	0.85

保有量
in different regions of China in 2018

二、拖拉机及配套机械 Tractors and associated machinery (一) 拖拉机 Tractors		1. 小型 (22.1kW 及以下) Small tractors (22.1kW and below)		2. 中型 (22.1 ~ 73.5kW) Medium tractors (22.1 ~ 73.5kW)		其中: 58.8kW 及以上 In which: 58.8kW and above	
数量 (万台) Quantity (10^4 unit)	功率 (万 kW) Power (10^4 kW)	数量 (万台) Quantity (10^4 unit)	功率 (万 kW) Power (10^4 kW)	数量 (万台) Quantity (10^4 unit)	功率 (万 kW) Power (10^4 kW)	数量 (万台) Quantity (10^4 unit)	功率 (万 kW) Power (10^4 kW)
2 240.26	39 113.51	1 818.26	19 820.88	370.15	14 625.78	61.01	3 950.19
0.69	26.41	0.22	3.86	0.40	15.89	0.03	2.16
1.69	80.47	0.31	4.39	1.07	48.37	0.18	11.15
149.60	2 803.13	122.30	1 409.78	22.43	974.91	4.03	281.97
37.94	726.85	28.07	275.40	8.61	340.61	1.89	122.67
117.39	2 575.42	85.74	1 291.74	29.17	1 051.43	2.83	185.88
57.77	1 136.04	40.77	483.19	15.42	521.46	1.97	127.85
121.74	2 289.67	90.15	1 075.51	29.54	1 018.54	1.75	103.07
160.89	3 872.12	105.71	1 519.10	50.96	1 862.01	5.61	364.55
1.00	40.29	0.26	2.93	0.71	34.05	0.09	6.05
83.98	1 791.72	67.44	714.29	11.81	679.30	5.47	382.74
11.56	162.46	10.25	94.16	1.26	63.65	0.26	16.71
230.63	3 041.62	207.87	1 748.54	17.64	873.48	6.73	441.56
9.28	116.94	8.75	95.15	0.51	19.72	0.11	6.83
37.91	561.86	34.07	373.17	3.60	169.23	0.95	59.07
249.23	4 164.14	201.29	1 848.50	39.96	1 605.99	7.30	464.51
353.80	5 637.52	318.45	3 603.11	25.27	1 187.81	8.23	511.28
132.66	1 641.83	116.49	908.38	15.37	669.87	2.51	155.73
39.70	697.17	28.43	310.96	11.08	370.68	1.05	68.28
34.49	396.06	32.05	284.42	2.30	100.44	0.38	23.51
56.86	796.72	51.78	532.43	4.55	215.75	1.19	83.18
8.75	131.01	6.71	74.17	2.02	55.63	0.22	13.29
0.68	16.70	0.48	7.25	0.19	8.07	0.03	2.11
22.78	465.69	15.34	220.01	7.34	237.68	0.69	41.37
14.22	219.48	12.41	160.59	1.79	57.61	0.09	5.52
38.46	651.47	30.54	369.35	7.43	242.14	0.86	55.81
27.38	448.60	20.64	195.24	6.72	252.11	0.03	1.86
31.83	691.03	21.99	264.80	8.96	344.65	1.52	103.24
82.38	1 184.70	73.50	829.24	8.14	285.02	0.95	62.98
26.99	296.73	25.77	255.76	1.15	33.60	0.15	9.30
21.15	379.72	17.28	219.28	3.61	137.67	0.41	26.67
69.01	1 756.34	39.97	604.32	27.47	989.24	2.69	160.20
7.82	313.59	3.23	41.85	3.67	159.17	0.78	49.11

地区 Region	3. 大型及以上（73.5kW 及以上）Large tractors（73.5kW and above）		（二）拖拉机配套农具（万部）Associated farm implements of tractors（10^4 set）	其中：58.8kW 及以上（万部）In which：58.8kW and above（10^4 unit）
	数量（万台）Quantity（10^4 unit）	功率（万 kW）Power（10^4 kW）		
全国 National	51.84	4 666.81	3 940.06	422.57
北京 Beijing	0.07	6.66	1.23	0.16
天津 Tianjin	0.31	27.72	4.67	1.88
河北 Hebei	4.87	418.44	219.92	40.57
山西 Shanxi	1.26	110.83	54.35	8.92
内蒙古 Inner Mongolia	2.48	232.24	213.34	17.88
辽宁 Liaoning	1.58	131.39	81.86	15.97
吉林 Jilin	2.05	195.62	269.52	12.36
黑龙江 Heilongjiang	4.21	491.02	268.30	41.61
上海 Shanghai	0.03	3.31	1.76	0.38
江苏 Jiangsu	4.73	398.12	152.66	25.76
浙江 Zhejiang	0.06	4.65	14.68	0.57
安徽 Anhui	5.12	419.60	541.04	40.20
福建 Fujian	0.02	2.07	14.48	0.29
江西 Jiangxi	0.24	19.46	38.92	3.31
山东 Shandong	7.98	709.65	426.91	58.40
河南 Henan	10.08	846.60	724.15	63.19
湖北 Hubei	0.80	63.58	256.62	18.40
湖南 Hunan	0.19	15.53	20.05	4.26
广东 Guangdong	0.15	11.21	40.50	2.06
广西 Guangxi	0.53	48.54	57.37	3.04
海南 Hainan	0.02	1.21	9.26	1.50
重庆 Chongqing	0.01	1.38	0.66	0.18
四川 Sichuan	0.10	8.00	17.42	2.34
贵州 Guizhou	0.02	1.27	2.39	0.17
云南 Yunnan	0.48	39.98	36.98	3.46
西藏 Tibet	0.02	1.25	22.48	0.07
陕西 Shaanxi	0.88	81.58	53.67	11.48
甘肃 Gansu	0.74	70.43	184.83	6.64
青海 Qinghai	0.07	7.37	31.17	0.88
宁夏 Ningxia	0.26	22.76	33.27	2.47
新疆 Xinjiang	1.56	162.78	135.85	32.18
新疆建设兵团 Xinjiang Construction Corps	0.92	112.57	9.75	1.98

（续）

三、种植业机械 Planting machinery / （一）耕整地机械 Tilling land machines / 1. 耕整机 Tilling machines		2. 微耕机 Tiller		3. 机引犁（万台）Tractor propelled ploughs（10^4 unit）	4. 旋耕机（万台）Rotary tillers（10^4 unit）	5. 深松机（万台）Subsoilers（10^4 unit）
数量（万台）Quantity（10^4 unit）	功率（万 kW）Power（10^4kW）	数量（万台）Quantity（10^4 unit）	功率（万 kW）Power（10^4kW）			
521.11	2 435.24	686.97	3 480.08	1 271.04	642.03	28.87
0.00	0.00	1.06	4.71	0.13	0.29	0.02
0.32	1.52	0.78	3.01	0.43	1.88	0.10
1.74	9.79	3.47	18.70	43.91	29.71	3.35
4.92	22.34	9.64	48.00	12.96	17.06	0.95
2.05	10.04	0.29	1.48	61.78	10.64	2.02
6.08	28.00	4.44	18.95	10.20	10.34	0.90
0.45	2.50	0.20	1.20	66.04	27.25	4.20
4.02	25.27	0.06	0.40	50.14	26.00	3.33
0.01	0.03	0.04	0.19	0.24	0.72	0.01
3.00	18.11	2.49	13.29	18.49	90.11	0.57
1.27	6.76	6.34	29.15	2.33	9.78	0.00
12.47	61.76	4.57	21.24	173.39	72.00	1.89
1.24	6.25	20.89	94.56	1.21	10.89	0.00
9.87	43.55	27.72	109.38	4.23	31.01	0.16
19.62	87.92	19.23	82.62	140.63	34.72	3.79
2.54	11.53	4.14	16.87	309.36	32.14	1.94
22.67	124.80	30.10	159.43	84.06	69.02	0.24
188.20	749.32	38.12	152.57	104.15	18.53	1.60
13.56	61.49	24.82	112.81	6.49	19.01	0.12
66.14	294.24	75.07	337.96	22.14	19.56	0.31
4.57	10.99	1.46	3.20	1.66	1.62	0.08
0.00	0.00	68.67	316.60	0.05	0.58	0.06
93.51	497.09	94.58	479.45	8.00	20.71	0.03
3.25	20.86	110.12	647.56	0.60	1.17	0.00
36.71	217.32	86.17	512.38	14.08	21.17	0.67
0.73	3.28	0.31	1.38	9.12	0.68	0.02
10.53	55.07	21.11	109.96	14.47	21.60	0.39
6.80	37.73	26.75	158.67	53.91	27.16	1.44
2.52	15.24	1.46	8.55	16.24	7.28	0.14
0.37	2.12	1.38	7.57	14.65	3.01	0.14
1.96	10.29	1.14	6.75	25.27	5.84	0.27
0.00	0.00	0.35	1.49	0.68	0.55	0.13

地区 Region	6. 机引耙（万台）Tractor propelled harrows（10^4 unit）	7. 地膜覆盖机（万台）Tractor propelled plastic mulchers（10^4unit）	8. 联合整地机（万台）Combined cultivating machine（10^4unit）	（1）免耕播种机（万台）No-tillage seeders（10^4 unit）	（2）精少量播种机（万台）Precision and small quantity seeders（10^4unit）
全国 National	690.71	58.09	26.68	100.28	406.24
北京 Beijing	0.06	0.01	0.00	0.19	0.18
天津 Tianjin	0.08	0.30	0.00	0.88	0.60
河北 Hebei	5.93	4.11	0.35	18.93	21.22
山西 Shanxi	1.64	2.24	0.13	2.20	5.53
内蒙古 Inner Mongolia	15.16	5.58	0.64	11.07	45.76
辽宁 Liaoning	2.38	0.79	4.19	2.03	15.51
吉林 Jilin	23.62	1.06	10.92	2.63	51.23
黑龙江 Heilongjiang	11.76	1.26	3.45	1.28	62.69
上海 Shanghai	0.30	0.00	0.01	0.00	0.01
江苏 Jiangsu	2.47	0.20	0.21	11.95	12.33
浙江 Zhejiang	1.66	0.00	0.08	0.01	0.03
安徽 Anhui	141.73	1.03	0.06	4.10	36.48
福建 Fujian	0.32	0.04	0.00	0.00	0.01
江西 Jiangxi	4.12	0.01	0.01	0.04	0.06
山东 Shandong	69.69	12.23	1.21	16.61	34.72
河南 Henan	203.21	1.95	0.28	18.65	82.87
湖北 Hubei	57.83	0.48	0.71	1.06	4.36
湖南 Hunan	69.25	0.18	0.56	0.19	0.15
广东 Guangdong	5.34	0.01	0.02	0.00	0.01
广西 Guangxi	21.22	0.26	0.12	0.02	0.02
海南 Hainan	1.49	0.00	0.00	0.00	0.00
重庆 Chongqing	0.05	0.01	0.00	0.00	0.05
四川 Sichuan	2.54	0.27	0.07	0.30	1.55
贵州 Guizhou	0.08	0.06	0.00	0.00	0.02
云南 Yunnan	7.20	0.09	0.03	0.02	0.11
西藏 Tibet	2.14	0.02	0.01	0.01	0.17
陕西 Shaanxi	0.20	1.53	0.05	5.13	4.59
甘肃 Gansu	26.64	13.89	0.16	1.94	12.88
青海 Qinghai	1.15	0.09	0.04	0.32	1.46
宁夏 Ningxia	3.75	0.92	0.04	0.20	0.69
新疆 Xinjiang	6.99	8.97	2.75	0.47	9.94
新疆建设兵团 Xinjiang Construction Corps	0.71	0.50	0.58	0.05	1.01

（续）

（3）整地施肥播种机（万台）Tilling and fertilizing seeders（10^4unit）	（4）水稻直播机（万台）Rice direct seeders（10^4unit）	（二）水稻种植机械 Rice planting machinery （1）水稻插秧机 Rice transplanters 数量（万台）Quantity（10^4unit）	功率（万 kW）Power（10^4kW）	其中：乘坐式 In which: riding 数量（万台）Quantity（10^4unit）	功率（万 kW）Power（10^4kW）	（2）秧苗移栽机（万台）Seedling machine（10^4unit）	（三）农用排灌机械 Agricultural drainage and irrigation machinery 1. 农用水泵（万台）Farm pumps（10^4unit）	2. 节水灌溉类机械（万套）Watersaving irrigation machinery（10^4unit）
22.61	3.00	85.65	465.75	27.44	233.03	1.16	2 289.17	240.19
0.00	0.00	0.00	0.00	0.00	0.00	0.00	2.88	1.45
0.02	0.00	0.08	0.94	0.07	0.85	0.00	8.31	0.27
1.86	0.01	0.23	2.16	0.13	1.31	0.02	155.23	5.79
1.12	0.00	0.00	0.00	0.00	0.00	0.00	10.25	1.28
2.11	0.00	1.18	7.69	0.24	1.84	0.01	43.41	7.85
0.24	0.02	3.80	20.66	1.08	10.30	0.03	116.33	12.53
0.00	0.00	9.05	45.56	1.18	8.64	0.01	60.47	4.79
1.35	0.02	30.41	183.58	16.16	115.41	0.02	48.34	5.37
0.01	0.13	0.17	2.20	0.17	2.20	0.00	0.00	0.00
2.23	0.72	14.14	80.58	4.10	49.58	0.16	67.51	7.61
0.08	0.10	1.37	11.87	1.01	10.26	0.01	76.91	2.98
2.67	0.28	3.62	16.10	0.76	7.92	0.00	178.85	21.16
0.00	0.00	1.20	4.99	0.13	1.30	0.00	20.86	2.52
0.01	0.03	1.71	7.02	0.18	2.18	0.03	47.54	13.74
0.53	0.02	0.22	1.36	0.08	0.66	0.02	294.58	53.28
3.42	0.05	0.86	5.56	0.24	2.29	0.30	219.45	22.71
0.97	0.68	7.64	24.98	0.39	3.65	0.04	108.96	11.67
0.11	0.18	3.56	19.55	0.73	6.71	0.03	235.10	9.27
0.00	0.00	1.28	7.13	0.24	2.78	0.00	77.06	13.88
0.00	0.01	1.96	6.81	0.12	0.88	0.01	96.18	13.61
0.00	0.02	0.04	0.22	0.01	0.09	0.00	17.33	1.26
0.00	0.00	1.30	4.62	0.01	0.04	0.01	94.22	0.20
0.05	0.02	0.93	5.57	0.23	2.66	0.41	132.22	3.35
0.00	0.00	0.19	0.62	0.01	0.12	0.00	61.53	2.40
0.02	0.00	0.25	1.36	0.04	0.47	0.01	57.09	5.36
0.08	0.00	0.00	0.00	0.00	0.00	0.00	0.58	0.00
0.45	0.00	0.03	0.32	0.02	0.21	0.01	34.05	6.14
2.49	0.00	0.00	0.01	0.00	0.00	0.00	12.72	2.40
1.09	0.00	0.00	0.00	0.00	0.00	0.00	0.20	0.20
0.57	0.64	0.14	0.55	0.05	0.22	0.00	3.62	0.79
0.90	0.01	0.22	3.35	0.02	0.20	0.01	5.69	4.94
0.23	0.05	0.07	0.39	0.04	0.26	0.02	1.70	1.39

地区 Region	（四）田间管理机械 Field managing machines 1. 田园管理机 Garden managing machines		2. 机动植保机械 Motor-driven machines for plant-protecting		其中：自走式 In which: self-propelled	
	数量（万台）Quantity（10^4unit）	功率（万 kW）Power（10^4kW）	数量（万台）Quantity（10^4unit）	功率（万 kW）Power（10^4kW）	数量（万台）Quantity（10^4unit）	功率（万 kW）Power（10^4kW）
全国 National	54.24	215.76	615.26	1 177.63	26.43	147.65
北京 Beijing	0.50	2.61	1.14	1.36	0.03	0.06
天津 Tianjin	0.54	2.27	0.73	3.06	0.29	2.07
河北 Hebei	1.73	8.26	50.49	91.04	2.78	7.63
山西 Shanxi	2.96	12.43	4.41	8.64	0.10	0.38
内蒙古 Inner Mongolia	1.21	6.20	9.13	20.19	0.18	3.04
辽宁 Liaoning	4.26	21.79	10.55	22.13	0.04	0.94
吉林 Jilin	0.04	0.18	2.06	4.18	0.23	0.45
黑龙江 Heilongjiang	0.30	1.40	10.17	29.19	0.30	7.16
上海 Shanghai	0.05	0.24	2.07	5.59	0.03	0.71
江苏 Jiangsu	3.89	11.54	60.57	119.75	1.94	37.69
浙江 Zhejiang	2.53	11.73	21.34	40.42	0.16	1.62
安徽 Anhui	0.33	1.02	46.62	72.60	0.75	13.06
福建 Fujian	1.45	6.72	39.86	83.03	0.48	2.64
江西 Jiangxi	0.43	2.08	14.93	34.59	0.30	2.05
山东 Shandong	9.36	41.56	47.77	117.39	6.29	29.56
河南 Henan	0.75	1.91	33.48	59.84	1.84	8.79
湖北 Hubei	1.98	6.45	66.92	86.47	5.31	10.86
湖南 Hunan	3.68	8.79	40.06	59.63	1.54	3.07
广东 Guangdong	2.38	4.76	23.92	46.51	0.94	2.88
广西 Guangxi	0.40	1.55	14.51	37.67	0.69	1.97
海南 Hainan	0.97	1.68	8.73	19.87	0.15	0.27
重庆 Chongqing	0.38	1.06	8.06	10.69	0.01	0.08
四川 Sichuan	2.33	7.45	37.78	67.59	0.63	1.40
贵州 Guizhou	2.66	11.04	5.71	8.89	0.00	0.02
云南 Yunnan	1.46	6.77	16.72	31.17	0.02	0.10
西藏 Tibet	0.00	0.00	1.32	5.43	0.01	0.19
陕西 Shaanxi	4.14	15.64	19.68	50.42	0.27	2.04
甘肃 Gansu	1.79	9.75	5.75	14.74	0.31	1.02
青海 Qinghai	0.12	0.51	0.73	5.68	0.11	0.94
宁夏 Ningxia	0.52	1.86	0.49	2.38	0.12	1.23
新疆 Xinjiang	0.92	5.45	8.57	15.37	0.39	1.98
新疆建设兵团 Xinjiang Construction Corps	0.18	1.08	0.98	2.12	0.19	1.75

（续）

（1）茶叶修剪机（万台）Tea cropper（10^4unit）	（2）果树修剪机 Fruit tree cropper 数量（万台）Quantity（10^4unit）	（2）果树修剪机 Fruit tree cropper 功率（万kW）Power（10^4kW）	（五）收获机械 Harvesting machines 1. 谷物联合收割机 Grain combine harvester 数量（万台）Quantity（10^4unit）	1. 谷物联合收割机 Grain combine harvester 功率（万kW）Power（10^4kW）	（1）稻麦联合收割机 Rice & wheat combines 数量（万台）Quantity（10^4unit）	（1）稻麦联合收割机 Rice & wheat combines 功率（万kW）Power（10^4kW）	（2）玉米联合收获机 Corn combines 数量（万台）Quantity（10^4unit）	（2）玉米联合收获机 Corn combines 功率（万kW）Power（10^4kW）	其中：自走式（万台）In which: self-propelled（10^4unit）
48.82	23.43	45.89	205.92	11 332.05	152.90	7 886.05	53.01	3 446.02	43.08
0.00	0.07	0.40	0.11	9.24	0.05	4.15	0.06	5.10	0.06
0.00	0.00	0.00	0.54	46.36	0.28	22.09	0.26	24.27	0.25
0.00	0.08	0.47	16.05	1 090.10	9.00	573.17	7.05	516.93	6.77
0.00	0.11	0.29	3.06	226.37	0.97	68.69	2.09	157.69	1.97
0.00	0.01	0.03	3.86	261.63	0.87	66.86	3.00	194.77	2.14
0.00	0.14	0.20	3.08	198.26	0.85	40.73	2.22	157.54	1.90
0.00	0.02	0.03	9.14	497.43	2.96	130.43	6.17	367.00	5.15
0.00	0.02	0.22	15.14	1 136.65	10.95	704.53	4.19	432.12	3.21
0.00	0.03	0.06	0.22	12.60	0.22	12.59	0.00	0.01	0.00
0.94	1.49	4.31	17.69	977.22	16.41	903.83	1.28	73.39	1.16
5.56	0.86	1.22	1.79	76.30	1.79	76.30	0.00	0.00	0.00
8.95	0.24	0.45	21.50	1 223.21	19.06	1 055.00	2.44	168.20	2.30
8.31	1.51	3.58	1.01	41.02	1.01	41.02	0.00	0.00	0.00
0.36	0.46	1.95	8.15	354.49	8.15	354.49	0.00	0.00	0.00
0.46	0.44	0.49	31.52	1 546.56	18.51	896.73	13.01	649.83	8.88
1.34	0.11	0.54	28.77	1 698.08	20.52	1 215.37	8.24	482.71	6.89
9.47	8.32	15.43	10.20	514.97	9.96	502.59	0.24	12.38	0.20
0.53	0.32	0.90	12.96	473.65	12.94	472.82	0.02	0.83	0.01
0.63	1.01	3.65	2.80	86.40	2.80	86.40	0.00	0.00	0.00
1.11	0.67	1.16	3.56	129.71	3.56	129.66	0.00	0.05	0.00
0.10	0.08	0.14	0.53	13.40	0.53	13.39	0.00	0.01	0.00
0.24	0.11	0.15	1.09	19.93	1.09	19.88	0.00	0.05	0.00
3.66	1.00	2.30	3.73	104.75	3.69	103.60	0.04	1.15	0.02
1.93	0.53	1.16	0.31	8.34	0.30	8.12	0.01	0.22	0.00
4.19	0.53	1.21	0.85	30.28	0.82	28.94	0.03	1.34	0.02
0.00	0.00	0.00	0.46	21.67	0.45	21.47	0.01	0.20	0.00
0.84	2.44	4.06	4.16	272.26	2.74	173.24	1.43	99.02	1.16
0.20	0.07	0.18	1.07	73.21	0.59	34.31	0.48	38.90	0.39
0.00	0.00	0.00	0.31	17.23	0.31	17.09	0.00	0.14	0.00
0.00	0.57	0.74	0.94	54.28	0.58	29.87	0.36	24.41	0.28
0.00	2.17	0.55	1.15	102.25	0.82	68.49	0.33	33.76	0.29
0.00	0.01	0.01	0.17	14.20	0.12	10.20	0.05	4.00	0.03

地区 Region	2. 大豆收获机 Soybean harvesters		3. 油菜籽收获机 Rapeseed harvesters		4. 马铃薯收获机 Potato harvesters		5. 花生收获机 Peanut harvesters	
	数量（万台） Quantity（10^4unit）	功率（万 kW） Power（10^4kW）	数量（万台） Quantity（10^4unit）	功率（万 kW） Power（10^4kW）	数量（万台） Quantity（10^4unit）	功率（万 kW） Power（10^4kW）	数量（万台） Quantity（10^4unit）	功率（万 kW） Power（10^4kW）
全国 National	2.15	161.20	2.27	109.18	7.92	15.82	17.82	35.09
北京 Beijing	0.00	0.00	0.00	0.00	0.00	0.01	0.00	0.02
天津 Tianjin	0.02	0.76	0.00	0.00	0.00	0.00	0.00	0.04
河北 Hebei	0.03	3.27	0.03	3.27	0.32	0.57	0.41	3.51
山西 Shanxi	0.00	0.00	0.00	0.00	0.61	0.05	0.00	0.00
内蒙古 Inner Mongolia	0.32	18.92	0.07	3.45	1.71	0.33	0.10	0.00
辽宁 Liaoning	0.03	0.53	0.00	0.00	0.11	0.39	2.99	0.36
吉林 Jilin	0.10	3.94	0.00	0.00	0.08	0.02	0.37	0.12
黑龙江 Heilongjiang	1.58	131.34	0.00	0.00	0.17	3.20	0.01	0.30
上海 Shanghai	0.00	0.00	0.00	0.10	0.00	0.00	0.00	0.00
江苏 Jiangsu	0.00	0.23	0.34	17.32	0.00	0.02	0.10	1.19
浙江 Zhejiang	0.00	0.00	0.08	3.68	0.00	0.05	0.00	0.00
安徽 Anhui	0.03	1.21	0.27	11.45	0.00	0.01	0.20	0.28
福建 Fujian	0.00	0.00	0.00	0.24	0.03	0.10	0.02	0.13
江西 Jiangxi	0.00	0.01	0.10	3.48	0.00	0.02	0.25	0.92
山东 Shandong	0.01	0.12	0.00	0.06	2.48	3.90	5.13	6.40
河南 Henan	0.01	0.34	0.13	7.50	0.33	0.76	7.88	19.12
湖北 Hubei	0.01	0.37	0.65	33.01	0.12	0.63	0.32	2.12
湖南 Hunan	0.01	0.11	0.26	10.15	0.01	0.10	0.00	0.02
广东 Guangdong	0.00	0.00	0.00	0.00	0.02	0.29	0.00	0.06
广西 Guangxi	0.00	0.00	0.00	0.00	0.00	0.07	0.02	0.07
海南 Hainan	0.00	0.00	0.00	0.00	0.00	0.00	0.00	0.00
重庆 Chongqing	0.00	0.00	0.00	0.06	0.00	0.05	0.00	0.00
四川 Sichuan	0.00	0.00	0.20	8.52	0.01	0.25	0.02	0.28
贵州 Guizhou	0.00	0.00	0.00	0.19	0.05	0.55	0.00	0.00
云南 Yunnan	0.00	0.00	0.02	0.93	0.20	1.34	0.00	0.00
西藏 Tibet	0.00	0.00	0.00	0.00	0.03	0.70	0.00	0.00
陕西 Shaanxi	0.00	0.00	0.01	0.59	0.26	0.89	0.00	0.01
甘肃 Gansu	0.00	0.01	0.02	1.25	0.71	0.31	0.00	0.00
青海 Qinghai	0.00	0.00	0.07	3.14	0.22	0.82	0.00	0.00
宁夏 Ningxia	0.00	0.00	0.00	0.00	0.35	0.00	0.00	0.00
新疆 Xinjiang	0.00	0.02	0.01	0.55	0.08	0.20	0.00	0.13
新疆建设兵团 Xinjiang Construction Corps	0.00	0.02	0.01	0.24	0.02	0.19	0.00	0.01

（续）

6. 甜菜收获机 Beet harvesters		7. 甘蔗收获机 Sugar cane harvesters		8. 棉花收获机 Cotton harvesters		9. 蔬菜收获机 Vegetable harvesters		10. 茶叶采摘机 Tea picking machines	
数量（万台） Quantity （10^4 unit）	功率（万 kW） Power （10^4 kW）	数量（万台） Quantity （10^4 unit）	功率（万 kW） Power （10^4 kW）	数量（万台） Quantity （10^4 unit）	功率（万 kW） Power （10^4 kW）	数量（万台） Quantity （10^4 unit）	功率（万 kW） Power （10^4 kW）	数量（万台） Quantity （10^4 unit）	功率（万 kW） Power （10^4 kW）
0.20	2.79	0.07	8.60	0.49	77.35	1.35	5.56	15.63	19.94
0.00	0.00	0.00	0.00	0.00	0.00	0.00	0.00	0.00	0.00
0.00	0.00	0.00	0.00	0.00	0.00	0.00	0.00	0.00	0.00
0.03	0.07	0.00	0.00	0.02	0.06	0.01	0.00	0.00	0.00
0.03	0.00	0.00	0.00	0.00	0.00	0.00	0.00	0.00	0.00
0.08	0.15	0.00	0.00	0.00	0.02	0.07	0.00	0.00	0.06
0.00	0.01	0.00	0.00	0.00	0.00	0.01	0.06	0.00	0.00
0.00	0.00	0.00	0.00	0.00	0.00	0.00	0.00	0.00	0.00
0.01	0.67	0.00	0.00	0.00	0.00	0.00	0.03	0.00	0.00
0.00	0.00	0.00	0.00	0.00	0.00	0.00	0.00	0.00	0.00
0.00	0.00	0.00	0.00	0.00	0.00	0.32	0.51	0.12	0.33
0.00	0.00	0.00	0.00	0.00	0.00	0.00	0.05	0.92	1.46
0.00	0.00	0.00	0.00	0.00	0.00	0.00	0.00	0.92	1.00
0.00	0.00	0.00	0.00	0.00	0.00	0.00	0.00	4.34	5.58
0.00	0.00	0.00	0.00	0.00	0.00	0.00	0.00	0.21	0.44
0.00	0.00	0.00	0.00	0.00	0.28	0.89	3.60	0.08	0.21
0.00	0.00	0.00	0.00	0.00	0.00	0.00	0.00	0.17	0.33
0.00	0.00	0.00	0.00	0.00	0.02	0.00	0.04	4.40	4.73
0.00	0.04	0.00	0.00	0.06	0.19	0.02	0.28	0.98	1.57
0.00	0.00	0.01	1.33	0.00	0.00	0.00	0.00	0.23	0.43
0.00	0.00	0.06	6.99	0.00	0.00	0.00	0.00	0.13	0.19
0.00	0.00	0.00	0.00	0.00	0.00	0.00	0.00	0.00	0.00
0.00	0.00	0.00	0.00	0.00	0.00	0.00	0.00	0.03	0.06
0.00	0.00	0.00	0.00	0.00	0.00	0.00	0.08	0.61	0.96
0.00	0.00	0.00	0.00	0.00	0.00	0.00	0.00	1.91	1.64
0.00	0.00	0.00	0.28	0.00	0.00	0.00	0.00	0.46	0.77
0.00	0.00	0.00	0.00	0.00	0.00	0.00	0.00	0.00	0.00
0.00	0.00	0.00	0.00	0.00	0.00	0.00	0.03	0.12	0.18
0.00	0.00	0.00	0.00	0.00	0.14	0.01	0.05	0.00	0.00
0.00	0.00	0.00	0.00	0.00	0.00	0.00	0.02	0.00	0.00
0.00	0.00	0.00	0.00	0.00	0.00	0.00	0.00	0.00	0.00
0.04	1.17	0.00	0.00	0.17	24.13	0.02	0.72	0.00	0.00
0.01	0.68	0.00	0.00	0.24	52.51	0.00	0.09	0.00	0.00

地区 Region	11. 青饲料收获机 Silage harvesters		12. 牧草收获机 Grass harvesters		13. 秸秆粉碎还田机 （万台） Stalk crushing and distributing machines （10^4 unit）
	数量 （万台） Quantity （10^4 unit）	功率 （万 kW） Power （10^4 kW）	数量 （万台） Quantity （10^4 unit）	功率 （万 kW） Power （10^4 kW）	
全国 National	4.86	146.66	20.21	39.19	92.63
北京 Beijing	0.01	3.29	0.00	0.00	0.10
天津 Tianjin	0.04	4.40	0.00	0.11	0.46
河北 Hebei	0.50	27.73	0.15	0.94	12.48
山西 Shanxi	0.18	6.28	0.14	1.31	2.64
内蒙古 Inner Mongolia	0.77	21.45	11.19	3.09	1.80
辽宁 Liaoning	0.13	1.68	0.07	0.46	0.55
吉林 Jilin	0.11	4.36	0.21	4.33	0.22
黑龙江 Heilongjiang	0.29	20.81	0.22	0.96	5.57
上海 Shanghai	0.00	0.55	0.00	0.00	0.05
江苏 Jiangsu	0.19	3.69	0.06	1.89	15.70
浙江 Zhejiang	0.12	0.35	0.12	0.60	0.29
安徽 Anhui	0.01	0.80	0.00	0.01	6.74
福建 Fujian	0.00	0.01	0.00	0.02	0.00
江西 Jiangxi	0.01	0.04	0.02	0.11	0.31
山东 Shandong	0.53	11.66	0.03	0.15	12.93
河南 Henan	0.17	6.39	0.03	0.19	20.49
湖北 Hubei	0.95	2.70	0.13	0.73	2.80
湖南 Hunan	0.06	0.74	0.03	1.13	0.73
广东 Guangdong	0.04	0.08	0.01	0.04	0.64
广西 Guangxi	0.18	0.93	0.04	0.93	0.45
海南 Hainan	0.00	0.00	0.00	0.00	0.01
重庆 Chongqing	0.00	0.02	0.00	0.09	0.04
四川 Sichuan	0.03	0.33	0.27	0.64	1.53
贵州 Guizhou	0.00	0.07	1.51	1.68	0.15
云南 Yunnan	0.01	0.43	0.01	0.19	0.07
西藏 Tibet	0.00	0.13	0.42	1.40	0.00
陕西 Shaanxi	0.06	4.05	0.41	1.02	2.50
甘肃 Gansu	0.27	8.20	2.21	9.41	0.39
青海 Qinghai	0.04	1.39	0.17	0.88	0.02
宁夏 Ningxia	0.03	4.12	0.97	1.95	0.07
新疆 Xinjiang	0.12	8.64	1.72	4.70	2.28
新疆建设兵团 Xinjiang Construction Corps	0.01	1.34	0.07	0.23	0.62

（续）

14. 秸秆捡拾打捆机 Stalk binding machines		（六）收获后处理机械 Postharvest processing machines 1. 机动脱粒机 Power threshers		2. 干燥机械 Drying machinery		（1）谷物烘干机 Grain driers		其中：30t 以上 In which: 30 tons above	
数量（万台）Quantity（10^4unit）	功率（万 kW）Power（10^4kW）	数量（万台）Quantity（10^4unit）	功率（万 kW）Power（10^4kW）	数量（万台）Quantity（10^4unit）	功率（万 kW）Power（10^4kW）	数量（万台）Quantity（10^4unit）	功率（万 kW）Power（10^4kW）	数量（万台）Quantity（10^4unit）	功率（万 kW）Power（10^4kW）
8.55	58.61	1 039.52	2 194.61	21.62	229.91	11.97	176.28	1.62	47.53
0.01	0.00	0.38	2.71	0.01	0.12	0.01	0.12	0.00	0.10
0.04	0.03	1.73	3.65	0.00	0.28	0.00	0.22	0.00	0.07
0.20	2.83	15.96	23.86	0.21	4.69	0.10	4.17	0.04	2.54
0.13	0.29	5.21	9.28	0.11	2.02	0.06	1.45	0.01	0.70
1.54	0.85	12.79	5.00	0.08	2.98	0.08	2.97	0.04	2.58
0.23	4.09	13.89	61.18	0.17	7.17	0.16	7.16	0.08	3.68
0.50	6.36	5.99	19.33	0.20	5.89	0.20	5.89	0.10	4.52
1.12	13.35	15.95	36.18	0.33	6.90	0.32	6.90	0.14	3.64
0.01	0.29	0.01	0.08	0.12	1.55	0.12	1.52	0.03	0.65
0.44	9.01	7.71	23.28	2.77	36.36	2.71	35.82	0.26	4.10
0.06	1.19	17.47	31.90	0.99	9.07	0.97	8.98	0.03	0.45
1.41	3.79	33.26	41.47	1.41	15.16	1.38	14.98	0.14	2.61
0.00	0.00	9.75	25.46	0.57	3.09	0.17	1.73	0.03	0.31
0.03	0.07	27.44	68.64	1.15	15.18	1.05	13.79	0.11	1.65
0.39	1.33	39.69	54.43	0.29	8.14	0.27	7.87	0.08	4.45
0.87	1.76	51.75	60.82	1.17	9.80	0.30	5.42	0.10	2.18
0.25	4.49	40.60	89.33	0.65	16.98	0.58	11.92	0.18	6.74
0.03	0.51	118.90	325.87	1.17	16.82	0.97	11.79	0.13	2.07
0.00	0.03	54.58	115.31	0.33	3.72	0.27	3.27	0.03	0.65
0.00	0.11	99.33	238.90	1.02	5.28	0.26	3.12	0.02	0.31
0.00	1.00	4.98	15.70	0.12	0.85	0.03	0.85	0.00	0.00
0.00	0.02	72.51	10.78	0.29	5.53	0.20	5.35	0.01	0.16
0.06	0.31	168.82	348.44	0.42	3.22	0.32	2.73	0.02	0.27
0.00	0.08	76.73	134.94	0.33	1.34	0.13	0.70	0.00	0.03
0.03	0.27	48.44	144.76	5.40	20.85	0.29	3.59	0.00	0.03
0.00	0.00	5.62	25.29	0.00	0.00	0.00	0.00	0.00	0.00
0.12	1.56	49.30	121.09	0.64	2.94	0.36	1.35	0.00	0.16
0.27	2.26	28.64	98.71	0.27	2.24	0.16	1.29	0.00	0.14
0.05	0.20	4.44	34.39	0.11	0.26	0.01	0.06	0.00	0.00
0.07	0.90	2.03	7.59	0.19	2.63	0.15	2.20	0.03	1.24
0.64	1.31	5.50	15.21	1.04	17.97	0.33	8.98	0.01	1.44
0.05	0.32	0.12	1.02	0.06	0.89	0.01	0.09	0.00	0.06

地区 Region	(2) 果蔬烘干机 Fruits and vegetables driers		3. 种子加工机械 Seed processing equipment		4. 保鲜储藏设备 Fresh storage facilities	
	数量（万台）Quantity（10^4 unit）	功率（万 kW）Power（10^4 kW）	数量（万台）Quantity（10^4 unit）	功率（万 kW）Power（10^4 kW）	数量（万台套）Quantity（10^4 unit）	功率（万 kW）Power（10^4 kW）
全国 National	8.35	30.83	4.30	17.93	13.95	157.90
北京 Beijing	0.00	0.00	0.00	0.00	0.31	3.47
天津 Tianjin	0.00	0.00	0.00	0.01	0.04	0.48
河北 Hebei	0.11	0.42	0.12	0.66	0.15	2.18
山西 Shanxi	0.02	0.50	0.03	0.11	0.17	4.13
内蒙古 Inner Mongolia	0.00	0.00	0.74	0.46	0.02	0.73
辽宁 Liaoning	0.00	0.00	0.03	0.32	0.62	13.52
吉林 Jilin	0.00	0.00	0.20	2.56	0.01	0.10
黑龙江 Heilongjiang	0.00	0.00	0.55	1.74	0.01	0.08
上海 Shanghai	0.00	0.00	0.00	0.07	0.24	1.28
江苏 Jiangsu	0.01	0.25	0.09	1.11	1.29	15.16
浙江 Zhejiang	0.02	0.09	0.01	0.06	0.63	12.33
安徽 Anhui	0.02	0.08	0.13	0.35	0.43	3.91
福建 Fujian	0.40	1.09	0.02	0.14	1.32	7.17
江西 Jiangxi	0.01	0.07	0.05	0.24	0.10	0.53
山东 Shandong	0.02	0.15	0.26	0.70	0.70	9.23
河南 Henan	0.86	3.15	0.16	0.21	0.44	1.20
湖北 Hubei	0.04	0.25	0.08	0.52	1.74	16.49
湖南 Hunan	0.13	0.94	0.10	0.27	1.09	1.89
广东 Guangdong	0.06	0.24	0.00	0.01	0.53	4.18
广西 Guangxi	0.76	2.16	0.00	0.00	0.29	2.29
海南 Hainan	0.00	0.00	0.24	0.18	0.24	0.45
重庆 Chongqing	0.03	0.15	0.05	0.08	0.24	1.87
四川 Sichuan	0.09	0.24	0.01	0.03	0.45	7.13
贵州 Guizhou	0.20	0.64	0.00	0.01	0.14	1.47
云南 Yunnan	4.74	16.41	0.03	0.13	0.49	10.65
西藏 Tibet	0.00	0.00	0.03	0.17	0.00	0.00
陕西 Shaanxi	0.36	0.73	0.06	0.44	1.13	13.87
甘肃 Gansu	0.11	0.95	0.97	4.29	0.34	7.43
青海 Qinghai	0.10	0.20	0.11	0.21	0.01	0.21
宁夏 Ningxia	0.04	0.41	0.03	0.43	0.02	0.38
新疆 Xinjiang	0.17	0.91	0.14	2.23	0.76	13.85
新疆建设兵团 Xinjiang Construction Corps	0.05	0.80	0.06	0.19	0.02	0.24

（续）

5. 温室（万 m^2）Greenhouses（10^4m^2）	其中：连栋温室（万 m^2）In which: gutterconnected greenhouses（10^4m^2）	日光温室（万 m^2）Sunlight greenhouses（10^4m^2）	塑料大棚温室（万 m^2）Plastic-covered tunnel greenhouses（10^4m^2）	四、农产品初加工机械 Farm and sideline products primary processing machineries（一）农产品初加工动力机械 Power machinery for primary processing of farm products		其中：1. 柴油机 In which: diesel engines	
				数量（万台）Quantity（10^4 unit）	功率（万 kW）Power（10^4 kW）	数量（万台）Quantity（10^4 unit）	功率（万 kW）Power（10^4 kW）
1 963.71	54.34	577.46	1 262.42	1 610.02	8 906.00	300.00	2 566.11
14.38	0.70	7.20	6.48	0.46	3.57	0.00	0.03
25.85	1.29	13.16	11.00	2.28	7.75	1.12	1.16
157.39	0.34	63.27	89.94	89.44	824.61	9.98	114.16
50.87	0.24	27.86	22.74	10.99	90.40	0.88	10.57
86.67	6.81	49.72	26.67	11.02	105.28	3.16	34.96
183.81	3.79	120.33	55.94	20.51	130.90	1.93	28.28
25.13	0.25	6.42	17.58	16.52	156.28	4.26	44.75
24.66	1.00	1.12	22.55	13.33	142.95	5.60	64.03
4.94	0.42	0.00	4.52	0.21	2.21	0.02	0.21
354.08	19.69	25.18	294.54	26.15	275.02	5.59	59.59
55.67	3.85	0.03	51.78	18.51	123.17	3.70	35.37
55.79	1.37	6.74	44.95	55.35	372.14	12.96	129.30
12.74	0.59	0.00	12.14	70.19	220.21	4.23	34.07
3.85	0.10	0.02	3.44	33.32	319.06	15.74	158.83
316.96	4.52	116.09	170.05	101.08	922.89	36.55	351.54
78.77	0.47	21.21	55.73	85.21	608.67	15.91	150.66
88.31	1.64	1.68	80.06	98.14	476.02	12.76	109.55
7.75	0.11	0.04	6.99	151.75	780.16	51.44	361.79
14.27	2.52	0.35	11.22	30.35	246.12	7.98	73.48
0.43	0.01	0.01	0.42	123.59	698.75	38.65	314.61
3.12	0.01	0.02	3.07	2.70	28.48	1.36	14.34
34.68	0.01	0.00	34.66	81.40	246.46	11.45	79.12
74.61	3.24	0.11	67.71	190.25	729.64	37.92	249.89
0.85	0.00	0.00	0.85	208.29	455.87	0.00	0.00
30.59	0.24	0.24	29.46	95.15	473.62	9.33	74.49
3.17	0.07	0.34	2.68	1.46	6.25	0.16	0.64
93.90	0.18	25.68	67.96	46.46	227.99	5.71	51.25
88.07	0.30	49.93	37.18	16.82	131.49	1.03	10.35
7.04	0.41	4.13	2.48	1.30	10.12	0.01	0.10
31.05	0.01	18.74	12.07	2.36	24.64	0.02	0.20
28.99	0.13	14.08	14.07	3.69	41.81	0.45	6.17
5.32	0.04	3.78	1.51	1.74	23.47	0.10	2.62

地区 Region	2. 电动机 Motors		（二）农产品初加工作业机械 （万台 / 套） Primary processing madinery of farm produts （10^4 unit/set）	其中：1. 粮食初加工机械 （万台 / 套） In which: grain processing machines （10^4 unit/set）	2. 油料初加工机械 （万台 / 套） Oil crop processing machines （10^4 unit/set）	3. 棉花初加工机械 （万台 / 套） Cotton processing machines （10^4 unit/set）
	数量 （万台） Quantity （10^4 unit）	功率 （万 kW） Power （10^4 kW）				
全国 National	1 272.88	6 226.29	1 506.18	1 193.51	79.38	21.65
北京 Beijing	0.46	3.54	0.48	0.38	0.01	0.00
天津 Tianjin	1.16	6.59	0.59	0.50	0.06	0.03
河北 Hebei	79.30	707.22	46.59	35.12	7.67	3.13
山西 Shanxi	10.05	79.04	6.27	5.22	0.74	0.11
内蒙古 Inner Mongolia	7.86	70.32	6.95	6.16	0.67	0.00
辽宁 Liaoning	17.10	102.82	15.49	14.91	0.73	0.01
吉林 Jilin	11.41	111.53	13.35	12.27	1.06	0.00
黑龙江 Heilongjiang	7.41	76.14	6.19	5.26	0.85	0.00
上海 Shanghai	0.19	2.00	0.21	0.19	0.00	0.00
江苏 Jiangsu	20.38	211.05	24.00	17.37	2.75	0.99
浙江 Zhejiang	14.49	87.06	51.01	11.32	0.85	0.39
安徽 Anhui	39.61	240.35	59.29	24.73	4.97	2.25
福建 Fujian	65.20	185.38	60.76	11.41	1.52	0.00
江西 Jiangxi	17.19	157.72	29.37	20.53	3.70	1.58
山东 Shandong	63.23	553.25	51.61	37.71	6.64	2.91
河南 Henan	68.98	453.53	56.97	37.20	9.29	4.24
湖北 Hubei	84.76	361.50	96.03	72.81	4.72	1.38
湖南 Hunan	98.00	407.12	157.61	128.04	6.90	3.01
广东 Guangdong	22.01	167.98	25.39	18.74	3.12	0.00
广西 Guangxi	82.14	372.27	107.34	94.19	4.00	0.20
海南 Hainan	1.26	12.92	2.17	1.80	0.16	0.00
重庆 Chongqing	66.48	162.20	131.23	124.62	1.60	0.05
四川 Sichuan	135.78	465.91	212.54	196.03	7.21	0.45
贵州 Guizhou	208.19	455.87	209.29	202.21	2.74	0.00
云南 Yunnan	84.91	389.11	83.86	76.07	1.01	0.01
西藏 Tibet	1.30	5.35	1.47	1.24	0.24	0.00
陕西 Shaanxi	40.01	167.73	28.17	22.38	1.68	0.25
甘肃 Gansu	15.79	121.14	14.74	11.32	2.85	0.22
青海 Qinghai	1.10	9.32	1.53	0.63	0.47	0.00
宁夏 Ningxia	2.34	24.35	2.14	1.54	0.52	0.00
新疆 Xinjiang	3.15	35.13	3.41	1.58	0.63	0.41
新疆建设兵团 Xinjiang Construction Corps	1.64	20.85	0.13	0.03	0.02	0.03

（续）

4. 果蔬初加工机械（万台 / 套）Fruit and vegetable processing machines（10^4 unit/set）	5. 茶叶初加工机械（万台 / 套）Tea processing machines（10^4 unit/set）	五、畜牧养殖机械 Animal husbandry machineries		（一）饲草料加工机械 Fodder grass processing machines		其中：1. 铡草机（万台）Straw cutter（10^4 unit）	2. 饲料（草）粉碎机（万台）Feed mill（10^4 unit）
		数量（万台）Quantity（10^4 unit）	功率（万 kW）Power（10^4 kW）	数量（万台）Quantity（10^4 unit）	功率（万 kW）Power（10^4 kW）		
26.62	151.25	780.95	2 442.85	652.09	2 020.86	99.51	278.04
0.05	0.00	1.02	9.48	0.53	3.76	0.24	0.25
0.00	0.00	0.73	6.06	0.62	5.34	0.17	0.22
0.27	0.00	15.90	113.99	9.42	70.61	2.67	2.75
0.18	0.00	11.94	41.52	5.79	32.82	2.40	1.53
0.02	0.00	28.47	163.94	24.52	152.71	4.72	13.27
0.07	0.00	19.77	78.69	15.98	62.33	5.15	5.63
0.03	0.00	16.63	93.63	10.69	71.33	2.35	2.83
0.01	0.00	10.76	30.14	5.21	21.45	0.69	1.39
0.01	0.00	0.68	1.34	0.09	0.95		
0.79	0.99	16.42	105.88	12.15	81.89	1.29	4.60
0.54	37.91	5.00	22.73	2.49	13.13	0.57	0.86
0.32	26.08	8.71	53.04	6.81	42.72	0.90	3.18
1.37	45.81	5.29	33.42	3.43	24.40	0.25	1.37
0.65	1.01	5.02	39.71	3.49	28.10	0.65	1.38
2.26	0.99	24.19	139.11	19.23	108.53	2.48	3.64
0.47	4.85	23.53	90.77	18.30	65.74	2.74	4.89
1.27	10.39	49.22	112.02	35.46	82.10	5.09	15.81
0.97	2.91	25.37	113.93	20.90	93.23	4.61	7.06
1.21	1.80	16.53	83.27	9.31	62.21	1.30	3.87
7.96	0.99	36.75	89.77	35.32	82.65	1.05	10.32
0.05	0.14	0.94	4.96	0.56	3.80	0.10	0.18
0.33	0.40	62.84	78.32	54.51	69.99	4.40	12.31
0.95	5.61	78.38	169.24	70.66	148.50	4.88	23.27
0.06	4.28	60.05	87.96	56.68	82.43	0.19	56.49
4.99	4.79	147.00	230.00	130.15	202.58	9.04	69.65
0.00	0.00	2.21	5.92	1.00	2.00	0.23	0.14
0.85	2.19	38.76	148.53	35.36	137.82	12.65	11.77
0.19	0.11	35.54	164.98	32.49	153.41	13.62	10.88
0.05	0.00	2.01	16.79	1.65	13.76	0.04	0.42
0.03	0.00	20.76	76.67	20.18	73.29	12.82	4.26
0.66	0.00	9.89	32.80	8.70	26.14	2.15	3.63
0.02	0.00	0.63	4.24	0.41	1.14	0.07	0.20

地区 Region	（二）畜牧饲养机械 Animal husbandry machines		其中：畜禽粪污处理机械（万台/套）Animal manure treatment machinery（10^4 unit/set）	（三）畜产品采集加工机械 Animal product collecting and processing machines	
	数量（万台）Quantity（10^4 unit）	功率（万 kW）Power（10^4 kW）		数量（万台/套）Quantity（10^4 unit/set）	功率（万 kW）Power（10^4 kW）
全国 National	62.70	218.65	6.51	20.90	77.14
北京 Beijing	0.33	2.39	0.01	0.16	3.34
天津 Tianjin	0.04	0.22	0.01	0.07	0.48
河北 Hebei	3.71	30.09	0.29	2.33	10.72
山西 Shanxi	5.06	5.24	0.06	0.77	2.76
内蒙古 Inner Mongolia	0.89	6.27	0.03	2.28	4.41
辽宁 Liaoning	2.68	10.94	0.51	0.54	2.16
吉林 Jilin	1.11	8.89	0.05	4.82	13.17
黑龙江 Heilongjiang	1.42	3.31	0.01	1.30	4.27
上海 Shanghai	0.55	0.20	0.01	0.04	0.19
江苏 Jiangsu	2.40	14.13	0.95	0.91	4.11
浙江 Zhejiang	1.71	3.48	0.22	0.07	0.15
安徽 Anhui	1.37	7.69	0.35	0.04	0.12
福建 Fujian	1.66	7.72	0.12	0.08	0.71
江西 Jiangxi	0.71	4.96	0.06	0.13	1.21
山东 Shandong	2.23	11.71	0.34	1.20	5.78
河南 Henan	3.48	8.46	0.11	0.67	4.68
湖北 Hubei	11.14	23.54	1.31	0.52	1.11
湖南 Hunan	1.04	4.23	0.16	0.25	1.46
广东 Guangdong	6.77	16.53	0.34	0.21	1.89
广西 Guangxi	1.34	6.88	0.04	0.09	0.23
海南 Hainan	0.32	0.95		0.06	0.19
重庆 Chongqing	0.60	1.90	0.43	0.16	0.36
四川 Sichuan	3.70	9.26	0.52	0.99	1.71
贵州 Guizhou	2.80	5.25	0.05	0.07	0.29
云南 Yunnan	1.26	4.78	0.17	0.18	0.89
西藏 Tibet	0.78	3.14	0.12	0.43	0.87
陕西 Shaanxi	1.48	4.63	0.16	0.63	2.46
甘肃 Gansu	1.58	7.70	0.03	0.76	2.15
青海 Qinghai	0.05	0.40		0.26	0.58
宁夏 Ningxia	0.25	1.75	0.01	0.31	1.46
新疆 Xinjiang	0.19	1.44	0.01	0.44	1.92
新疆建设兵团 Xinjiang Construction Corps	0.05	0.57	0.03	0.13	1.31

（续）

其中：1. 挤奶机 In which: Milking machines		2. 剪羊毛机 Shearing machines		六、渔业机械 Fishery machinery		（一）水产养殖机械 Aquaculture machinery		其中：1. 增氧机 In which: Automatic aerator	
数量（万台）Quantity（10^4 unit）	功率（万 kW）Power（10^4 kW）	数量（万台）Quantity（10^4 unit）	功率（万 kW）Power（10^4 kW）	数量（万台）Quantity（10^4 unit）	功率（万 kW）Power（10^4 kW）	数量（万台）Quantity（10^4 unit）	功率（万 kW）Power（10^4 kW）	数量（万台）Quantity（10^4 unit）	功率（万 kW）Power（10^4 kW）
9.72	46.57	6.98	7.29	447.32	1 593.00	431.25	853.97	315.36	631.64
0.16	3.00			1.21	4.02	1.20	3.45	0.91	3.03
0.03	0.34	0.03	0.01	6.07	12.75	6.07	12.74	4.59	11.99
1.44	6.62	0.06	0.07	6.45	58.60	5.47	19.16	3.74	13.25
0.48	1.62	0.06	0.13	0.27	0.99	0.27	0.99	0.19	0.72
1.35	3.58	0.91	0.80	0.32	1.76	0.32	1.72	0.17	0.88
0.28	1.72	0.24	0.17	7.22	20.92	7.13	18.99	5.21	14.39
0.19	8.53	4.63	4.63	1.00	3.89	0.89	2.27	0.43	1.53
1.20	3.80		0.01	0.50	2.07	0.56	1.57	0.28	1.11
0.02	0.09			2.93	22.61	2.85	6.40	2.68	6.29
0.45	1.60		0.02	100.48	213.77	98.78	177.13	56.21	126.24
0.05	0.12			30.84	420.47	28.36	63.76	24.86	47.20
0.03	0.08			8.06	26.39	7.28	15.92	4.30	10.00
0.03	0.45			17.89	179.67	14.43	31.80	12.48	21.22
0.01	0.08		0.00	6.95	22.66	6.20	15.60	3.20	10.59
0.81	2.91	0.09	0.10	8.36	24.34	11.65	28.18	5.50	14.16
0.51	2.11	0.01	0.02	4.13	17.62	3.88	15.18	2.33	10.77
0.03	0.12			47.60	91.10	46.26	84.94	28.14	62.61
0.05	0.22			16.40	38.67	15.89	34.89	11.17	23.47
0.06	0.70			119.95	301.61	117.25	221.55	104.00	176.42
0.03	0.07			11.66	22.51	11.30	18.22	10.73	17.17
0.03	0.09	0.03	0.10	7.87	28.49	7.09	14.57	6.22	7.26
0.09	0.26			9.28	18.94	7.71	12.65	6.14	10.96
0.32	0.66	0.30	0.18	25.61	40.16	24.28	34.29	17.81	28.06
0.06	0.22			0.10	0.20	0.10	0.20	0.09	0.14
0.17	0.80			2.82	9.65	2.81	9.53	2.09	7.25
0.09	0.20	0.02	0.03	0.00	0.00	0.00	0.00	0.00	0.00
0.54	2.00	0.06	0.08	1.58	4.15	1.56	3.87	0.99	2.67
0.44	1.43	0.30	0.47	0.20	0.78	0.20	0.78	0.10	0.41
0.09	0.20	0.08	0.12	0.04	0.24	0.02	0.08	0.01	0.04
0.28	0.97		0.01	0.76	1.59	0.75	1.59	0.43	1.05
0.30	1.56	0.13	0.17	0.69	1.81	0.65	1.62	0.33	0.69
0.09	0.41	0.04	0.17	0.08	0.56	0.06	0.33	0.04	0.07

地区 Region	2. 投饵机 Feeder		（二）水产捕捞机械 Fishing machinery	
	数量 （万台） Quantity （10^4 unit）	功率 （万 kW） Power （10^4 kW）	数量 （万台） Quantity （10^4 unit）	功率 （万 kW） Power （10^4 kW）
全国 National	102.76	111.21	12.05	261.95
北京 Beijing	0.29	0.42	0.00	0.01
天津 Tianjin	1.46	0.58	0.01	0.01
河北 Hebei	1.71	4.77	0.61	17.93
山西 Shanxi	0.08	0.27	0.00	0.00
内蒙古 Inner Mongolia	0.15	0.70	0.00	0.03
辽宁 Liaoning	1.91	2.78	0.08	1.93
吉林 Jilin	0.46	0.74	0.11	1.62
黑龙江 Heilongjiang	0.19	0.32	0.02	0.13
上海 Shanghai	0.17	0.11	0.00	0.00
江苏 Jiangsu	40.80	32.58	1.18	21.75
浙江 Zhejiang	1.64	1.37	0.49	57.29
安徽 Anhui	2.61	1.50	0.28	7.52
福建 Fujian	1.30	1.55	3.01	121.44
江西 Jiangxi	2.86	4.07	0.06	0.56
山东 Shandong	2.24	2.88	4.34	4.37
河南 Henan	1.39	2.37	0.14	0.55
湖北 Hubei	17.79	20.71	0.25	2.56
湖南 Hunan	4.04	5.25	0.19	1.38
广东 Guangdong	11.17	16.92	0.53	10.94
广西 Guangxi	0.57	1.05	0.36	4.29
海南 Hainan	0.80	0.33	0.16	5.41
重庆 Chongqing	1.21	1.47	0.06	0.65
四川 Sichuan	5.89	4.12	0.11	0.80
贵州 Guizhou	0.02	0.06	0.00	0.00
云南 Yunnan	0.71	1.83	0.01	0.12
西藏 Tibet	0.00	0.00	0.00	0.00
陕西 Shaanxi	0.57	1.18	0.01	0.27
甘肃 Gansu	0.09	0.30	0.00	0.00
青海 Qinghai	0.00	0.03	0.02	0.16
宁夏 Ningxia	0.32	0.50	0.00	0.00
新疆 Xinjiang	0.31	0.42	0.00	0.00
新疆建设兵团 Xinjiang Construction Corps	0.02	0.03	0.02	0.23

（续）

七、农田基本建设机械 Farmland capital construction machinery		八、农用航空器（架） Agricultural aircraft (planes)	（一）有人驾驶农用飞机（架） Farm manned aircraft (planes)	（二）植保无人机（架） Plant protection UAV (planes)
数量（万台） Quantity (10^4 unit)	功率（万 kW） Power (10^4kW)			
55.11	2 727.92	23 738.00	236.00	23 322.00
0.06	5.50	5.00	0.00	5.00
0.24	16.11	38.00	3.00	35.00
3.31	331.81	1 008.00	1.00	1 004.00
1.36	97.10	323.00	1.00	321.00
1.15	58.28	189.00	0.00	188.00
1.30	68.25	85.00	4.00	81.00
0.38	19.46	415.00	2.00	408.00
0.51	32.81	1 605.00	103.00	1 502.00
0.01	0.53	17.00	0.00	17.00
8.80	186.71	2 791.00	4.00	2 782.00
2.55	207.74	556.00	0.00	556.00
1.54	81.28	2 300.00	1.00	2 299.00
1.03	78.86	734.00	0.00	734.00
1.93	111.93	2 486.00	0.00	2 417.00
8.75	288.53	2 093.00	26.00	2 056.00
1.93	114.08	2 612.00	3.00	2 585.00
2.90	136.12	1 362.00	9.00	1 310.00
2.00	124.84	2 015.00	21.00	1 988.00
1.91	93.50	379.00	0.00	379.00
1.94	103.27	281.00	1.00	280.00
0.14	9.15	208.00	0.00	208.00
0.88	35.18	82.00	0.00	82.00
1.79	114.05	418.00	2.00	416.00
1.63	53.80	73.00	0.00	73.00
0.84	53.63	92.00	0.00	92.00
0.02	1.30	0.00	0.00	0.00
1.72	106.92	394.00	4.00	378.00
1.61	40.88	213.00	0.00	213.00
0.09	5.21	21.00	1.00	20.00
0.45	31.87	230.00	0.00	230.00
1.41	116.31	529.00	17.00	512.00
0.93	2.91	184.00	33.00	151.00

2018 年各地区农业机械化

Agricultural mechanized operation in different

地区 Region	一、农业机械化作业总体情况 General status of agricultural mechanized operation （一）机耕面积（khm^2）Area of machine-plowed（khm^2）	（二）机播面积（khm^2）Area of machine-sown（khm^2）	（三）机电灌溉面积（khm^2）Area of electro mechanically irrigated（khm^2）	（四）机械植保面积（khm^2）Area of mechanical crop protection（khm^2）	（五）机收面积（khm^2）Area of mechanical harvesting（khm^2）
全国 National	123 611.07	94 440.58	54 509.57	71 966.76	100 260.53
北京 Beijing	20.08	51.82	47.75	63.18	42.08
天津 Tianjin	308.41	397.14	289.34	199.88	354.38
河北 Hebei	4 984.54	6 747.89	5 023.31	3 826.13	5 815.78
山西 Shanxi	2 669.84	2 634.34	982.58	888.45	1 896.29
内蒙古 Inner	6 882.02	7 824.34	2 369.30	3 198.41	6 150.02
辽宁 Liaoning	4 309.31	3 947.62	882.94	1 583.81	2 915.92
吉林 Jilin	4 911.30	5 449.02	1 148.97	3 459.36	4 563.14
黑龙江 Heilongjiang	14 211.32	14 251.64	3 894.67	11 715.38	13 812.80
上海 Shanghai	280.05	85.64	188.23	273.89	104.93
江苏 Jiangsu	6 204.10	4 587.03	3 872.86	5 445.15	5 097.01
浙江 Zhejiang	1 351.82	349.29	840.23	878.87	768.53
安徽 Anhui	7 489.51	5 750.12	3 659.90	5 099.96	7 248.94
福建 Fujian	901.55	174.67	324.66	570.36	509.90
江西 Jiangxi	4 347.26	1 427.35	1 388.29	1 245.73	3 768.08
山东 Shandong	6 426.03	9 649.24	6 038.45	5 036.67	9 127.93
河南 Henan	9 614.59	11 561.80	5 891.09	5 920.22	11 189.75
湖北 Hubei	6 064.95	3 035.88	3 126.14	5 002.67	4 569.17
湖南 Hunan	6 459.09	1 863.99	2 620.30	2 453.10	4 725.38
广东 Guangdong	3 614.85	368.28	1 697.40	1 496.97	1 747.70
广西 Guangxi	5 148.89	1 276.01	644.36	401.87	2 946.34
海南 Hainan	403.99	5.89	156.00	131.56	225.49
重庆 Chongqing	2 173.57	211.62	450.01	450.18	588.01
四川 Sichuan	5 142.29	1 434.18	1 871.61	3 033.32	2 590.62
贵州 Guizhou	3 398.30	120.62	460.02	289.27	620.27
云南 Yunnan	2 919.13	238.46	1 056.41	1 724.86	648.96
西藏 Tibet	157.13	135.06	12.72	28.02	118.22
陕西 Shaanxi	2 848.09	2 064.51	918.51	1 713.05	1 936.19
甘肃 Gansu	3 014.33	1 805.95	671.99	868.86	1 388.72
青海 Qinghai	404.15	302.79	34.23	159.38	243.95
宁夏 Ningxia	932.32	717.48	143.34	333.21	610.40
新疆 Xinjiang	4 700.10	4 588.09	1 901.98	3 346.80	2 824.76
新疆建设兵团 Xinjiang Construction Corps	1 318.16	1 382.83	1 901.98	1 128.19	1 110.87

作业情况

regions of China in 2018

二、主要农作物机械化作业情况 Mechanized operation of main crop			（二）水稻 Rice			
（一）小麦 wheat 1. 小麦机耕面积（khm^2）Area of wheat machine-plowed（khm^2）	2. 小麦机播面积（khm^2）Area of wheat machine-sown（khm^2）	3. 小麦机收面积（khm^2）Area of wheat mechanical harvesting（khm^2）	1. 水稻机耕面积（khm^2）Area of rice machine-plowed（khm^2）	2. 水稻机械种植面积（khm^2）Area of rice machine-planted（khm^2）	其中：水稻机播面积（khm^2）In which: area of rice machine-sown（khm^2）	水稻机插面积（khm^2）Area of rice machine planting（khm^2）
22 275.41	22 053.93	23 264.01	29 402.19	15 354.65	1 509.56	13 574.62
1.94	8.27	8.99	0.15	0.14	0.00	0.13
106.72	112.94	114.70	40.45	39.84	0.70	39.07
2 301.49	2 347.80	2 350.92	73.10	65.32	2.24	62.83
479.40	499.75	486.37	0.36	0.32	0.00	0.12
430.67	590.64	578.60	147.86	148.88	0.19	148.52
4.50	3.72	2.72	537.56	501.74	8.95	485.57
6.10	5.49	6.17	847.34	755.07	0.00	754.26
123.36	123.36	123.36	3 785.01	3 741.37	61.99	3 676.42
12.47	7.73	12.46	91.63	75.57	39.88	35.67
2 318.48	2 084.75	2 324.90	2 135.19	1 832.15	239.00	1 578.30
71.92	39.05	77.55	621.78	281.30	69.75	200.13
2 772.65	2 568.43	2 794.64	2 549.08	1 414.50	422.81	902.50
0.08	0.00	0.00	604.62	161.94	0.00	161.65
11.09	6.61	9.71	3 385.03	1 157.88	137.79	973.42
3 144.46	4 031.04	4 038.61	112.80	93.45	30.33	63.12
5 346.19	5 616.91	5 635.03	600.22	322.02	23.57	297.84
1 066.70	739.98	1 073.66	2 323.64	1 277.60	221.36	1 024.47
20.78	5.22	20.16	3 791.82	1 340.84	52.81	1 258.95
0.03	0.00	0.00	1 745.89	336.79	5.25	331.54
2.43	0.00	1.29	1 942.26	769.82	54.79	714.91
0.00	0.00	0.00	242.93	4.38	1.10	3.20
22.20	0.04	6.82	625.98	131.14	0.07	128.94
586.10	322.19	587.64	1 800.97	674.77	56.78	588.84
120.78	3.70	32.76	579.97	46.26	0.58	45.49
319.46	66.98	158.54	563.62	44.05	0.67	42.92
115.97	114.39	109.80	0.60	0.31	0.00	0.31
952.42	911.80	915.10	108.10	11.07	1.76	9.25
715.74	606.32	599.31	3.27	0.65	0.62	0.01
152.00	123.21	105.70	0.00	0.00	0.00	0.00
124.40	124.40	121.24	77.20	75.41	64.80	7.35
856.43	880.37	858.41	40.10	26.41	0.97	26.04
88.46	108.84	108.84	23.66	23.66	10.81	12.85

地区 Region	水稻机浅栽面积 （khm^2） Area of rice mechanical shallow transplanted （khm^2）	3. 水稻机收面积 （khm^2） Area of rice mechanical harvesting （khm^2）	（三）玉米 Corn 1. 玉米机耕面积 （khm^2） Area of corn machine-plowed （khm^2）	2. 玉米机播面积 （khm^2） Area of corn machine-sown （khm^2）	3. 玉米机收面积 （khm^2） Area of corn mechanical harvesting （khm^2）
全国 National	51.33	27 628.62	25 993.24	32 623.56	27 888.23
北京 Beijing	0.00	0.15	14.74	40.57	31.30
天津 Tianjin	0.00	41.49	125.34	198.83	191.32
河北 Hebei	0.00	67.62	1 026.57	3 192.43	2 792.34
山西 Shanxi	0.12	0.30	1 438.78	1 583.82	1 116.99
内蒙古 Inner	0.16	146.42	2 967.19	3 546.71	2 714.06
辽宁 Liaoning	0.00	493.71	2 128.84	2 080.79	1 325.86
吉林 Jilin	0.80	782.52	3 068.32	3 832.03	3 120.69
黑龙江 Heilongjiang	0.05	3 725.02	6 030.37	6 223.76	5 874.19
上海 Shanghai	0.00	91.60	0.36	0.13	0.15
江苏 Jiangsu	0.10	2 119.86	412.61	348.61	338.64
浙江 Zhejiang	1.00	595.57	26.93	0.23	0.11
安徽 Anhui	4.53	2 548.29	562.71	1 064.89	983.81
福建 Fujian	0.00	494.27	17.04	0.00	0.12
江西 Jiangxi	16.58	3 283.91	32.39	8.07	8.24
山东 Shandong	0.00	105.89	399.79	3 827.93	3 720.32
河南 Henan	0.00	583.77	735.31	3 504.40	3 135.94
湖北 Hubei	2.31	2 306.89	655.03	305.74	315.78
湖南 Hunan	4.86	3 697.91	125.09	14.42	20.36
广东 Guangdong	0.00	1 609.84	95.64	0.34	0.19
广西 Guangxi	0.12	1 900.82	459.37	13.87	36.86
海南 Hainan	0.00	207.00	13.80	0.00	1.14
重庆 Chongqing	0.19	398.22	107.93	0.06	0.12
四川 Sichuan	20.21	1 488.59	1 257.02	75.96	60.88
贵州 Guizhou	0.20	411.74	438.92	2.65	20.09
云南 Yunnan	0.00	301.42	871.08	56.96	39.58
西藏 Tibet	0.00	0.41	3.41	2.72	3.02
陕西 Shaanxi	0.00	84.84	750.79	860.02	711.44
甘肃 Gansu	0.00	2.79	869.39	515.10	370.09
青海 Qinghai	0.00	0.00	29.57	19.48	6.12
宁夏 Ningxia	0.10	77.20	291.10	277.68	223.61
新疆 Xinjiang	0.00	36.90	939.66	923.37	622.87
新疆建设兵团 Xinjiang Construction Corps	0.00	23.66	98.16	102.00	102.00

（续）

（四）大豆 Soybean 1. 大豆机耕面积（khm^2）Area of soybean machine-plowed（khm^2）	2. 大豆机播面积（khm^2）Area of soybean machine-sown（khm^2）	3. 大豆机收面积（khm^2）Area of soybean mechanical harvesting（khm^2）	（五）油菜 Rape 1. 油菜机耕面积（khm^2）Area of rape machine-plowed（khm^2）	2. 油菜机播面积（khm^2）Area of rape machine-sown（khm^2）	3. 油菜机收面积（khm^2）Area of rape mechanical harvesting（khm^2）
6 247.99	6 130.40	5 730.03	5 391.29	1 953.15	2 636.57
1.48	1.65	0.96	0.09	0.07	0.00
6.19	6.20	6.10	0.00	0.00	0.00
51.94	54.20	35.75	7.63	6.29	2.05
60.10	48.56	16.17	5.21	3.20	2.22
807.17	1 067.68	988.97	97.30	201.11	191.72
134.44	119.33	79.39	0.54	0.54	0.47
312.04	288.62	227.48	0.08	0.08	0.08
3 367.25	3 393.62	3 371.02	0.05	0.02	0.02
0.00	0.00	0.00	0.71	0.68	0.68
136.11	67.36	49.77	165.80	51.75	57.15
35.18	1.48	1.26	66.14	5.43	22.36
335.27	496.06	492.22	318.42	127.68	212.39
20.45	0.00	0.00	4.18	0.00	0.49
93.50	12.15	13.38	418.05	189.81	309.89
141.17	119.79	71.42	7.18	4.50	4.45
97.99	314.14	270.07	142.00	57.45	68.08
143.88	56.84	66.22	896.49	388.09	530.85
37.92	0.81	4.08	1 114.30	359.82	586.31
24.60	0.00	0.00	7.04	0.03	0.00
57.75	2.30	1.79	3.11	0.00	0.00
0.25	0.00	0.00	0.00	0.00	0.00
49.87	0.13	0.14	198.64	2.61	2.60
35.47	0.59	0.22	965.10	299.43	394.83
138.35	0.62	0.00	374.76	10.91	15.08
40.20	0.49	0.06	158.84	4.95	36.41
2.06	1.02	0.00	19.28	10.34	1.79
58.73	23.93	3.85	144.43	24.40	32.28
26.26	15.95	4.59	135.99	58.45	37.17
0.00	0.00	0.00	100.82	84.35	69.37
6.59	5.90	3.77	0.37	0.35	0.00
22.38	27.58	17.95	32.23	38.26	35.28
3.40	3.40	3.40	6.52	22.55	22.55

地区 Region	（六）马铃薯 Potato 1. 马铃薯机耕面积 （khm^2） Area of potato machine-plowed （khm^2）	2. 马铃薯机播面积 （khm^2） Area of potato machine-sown （khm^2）	3. 马铃薯机收面积 （khm^2） Area of potato mechanical harvesting （khm^2）	（七）花生 Peanut 1. 花生机耕面积 （khm^2） Area of peanut machine-plowed （khm^2）	2. 花生机播面积 （khm^2） Area of peanut machine-sown （khm^2）
全国 National	3 445.15	1 285.18	1 296.83	3 541.05	2 354.95
北京 Beijing	0.42	0.09	0.16	1.22	1.01
天津 Tianjin	0.00	0.00	0.00	1.07	1.07
河北 Hebei	144.15	112.90	112.42	252.52	212.26
山西 Shanxi	145.57	106.26	85.03	2.75	1.47
内蒙古 Inner	342.59	327.00	279.24	10.87	10.87
辽宁 Liaoning	50.43	32.35	33.93	261.22	238.23
吉林 Jilin	58.88	45.11	42.22	200.94	198.03
黑龙江 Heilongjiang	148.90	128.75	128.89	7.76	7.72
上海 Shanghai	0.00	0.00	0.00	0.00	0.00
江苏 Jiangsu	9.34	0.25	0.67	93.31	36.18
浙江 Zhejiang	19.02	0.36	1.10	7.27	0.00
安徽 Anhui	2.20	0.10	1.16	132.53	62.33
福建 Fujian	34.95	0.59	3.72	51.22	9.93
江西 Jiangxi	21.00	0.96	1.63	152.00	14.51
山东 Shandong	130.15	92.14	98.84	677.17	578.99
河南 Henan	22.41	0.00	8.09	888.03	883.59
湖北 Hubei	190.87	13.26	24.18	172.59	72.28
湖南 Hunan	45.75	0.47	1.43	26.28	0.31
广东 Guangdong	38.08	1.42	3.64	248.12	0.29
广西 Guangxi	46.96	1.10	1.35	186.00	10.35
海南 Hainan	0.17	0.00	0.00	23.55	0.08
重庆 Chongqing	208.24	0.16	0.15	23.81	0.18
四川 Sichuan	178.60	3.86	9.13	39.56	1.02
贵州 Guizhou	446.07	12.13	53.38	36.38	0.85
云南 Yunnan	241.12	19.75	32.85	24.65	0.10
西藏 Tibet	11.21	6.67	3.19	0.00	0.00
陕西 Shaanxi	259.76	82.79	94.38	14.31	7.37
甘肃 Gansu	462.20	174.81	159.58	0.00	0.00
青海 Qinghai	59.49	19.15	20.63	0.00	0.00
宁夏 Ningxia	109.39	86.67	82.37	0.00	0.00
新疆 Xinjiang	13.58	12.42	9.81	5.27	5.27
新疆建设兵团 Xinjiang Construction Corps	3.66	3.66	3.66	0.66	0.66

（续）

3. 花生机收面积（khm²）Area of peanut mechanical harvesting（khm²）	（八）棉花 Cotton 1. 棉花机耕面积（khm²）Area of cotton machine-plowed（khm²）	2. 棉花机播面积（khm²）Area of cotton machine-sown（khm²）	3. 棉花机收面积（khm²）Area of cotton mechanical harvesting（khm²）	（九）水果 Fruit 1. 水果机械中耕面积（khm²）Area of fruit mechanical intertillage（khm²）	2. 水果机械施肥面积（khm²）Area of fruit mechanical fertilizing（khm²）	3. 水果机械植保面积（khm²）Area of fruit mechanical plant protection（khm²）
2 067.65	3 454.89	3 007.64	1 379.31	4 087.28	2 589.94	6 124.24
0.51	0.05	0.02	0.00	31.44	14.32	45.26
0.58	16.64	16.64	0.00	9.54	5.60	13.18
128.61	205.34	209.77	0.01	248.62	148.54	405.44
0.79	5.35	5.02	0.58	179.91	140.53	134.79
10.55	0.08	0.08	0.08	65.51	22.60	33.00
251.43	0.00	0.00	0.00	60.51	40.33	72.73
174.54	0.00	0.00	0.00	27.56	18.17	34.56
7.72	0.00	0.00	0.00	6.79	10.24	16.50
0.00	0.09	0.00	0.00	11.60	8.56	14.36
25.36	27.66	2.06	0.10	154.99	87.94	161.01
0.00	2.57	0.06	0.02	52.24	45.91	135.21
49.26	74.84	0.00	0.00	57.56	23.00	91.31
6.15	0.00	0.00	0.00	112.75	60.56	183.05
16.56	13.60	0.69	0.00	86.60	35.90	157.05
518.64	193.60	102.71	2.28	297.70	189.32	328.32
808.90	22.64	4.86	0.00	114.85	81.81	212.68
48.94	154.96	3.34	0.50	183.48	202.84	332.33
0.56	59.58	2.67	2.84	101.23	43.42	215.90
1.65	0.00	0.00	0.00	186.70	138.09	465.51
8.63	0.00	0.00	0.00	62.59	53.44	93.22
1.13	5.74	0.00	0.00	10.21	6.79	65.38
0.17	0.00	0.00	0.00	58.91	26.46	127.13
0.42	0.00	0.00	0.00	120.26	53.08	318.30
0.00	0.00	0.00	0.00	146.32	4.55	96.96
0.00	0.00	0.00	0.00	159.46	27.20	206.57
0.00	0.00	0.00	0.00	0.00	0.00	0.80
4.74	13.60	6.16	0.11	424.12	223.99	780.92
0.00	16.72	16.72	1.77	112.95	117.24	140.06
0.00	0.00	0.00	0.00	0.68	0.68	0.07
0.00	0.00	0.00	0.00	72.34	23.78	65.29
1.15	1 797.81	1 792.81	684.35	725.47	531.85	981.25
0.66	844.03	844.03	686.67	204.40	203.20	196.10

地区 Region	4. 水果机械修剪面积（khm^2） Area of fruit mechanical pruning（khm^2）	5. 水果机械采收产量（万 t） Production of fruit mechanical harvesting（10^4 tons）	6. 水果机械田间转运产量（万 t） Production of fruit mechanical field transport（10^4 tons）	（十）茶叶 Tea 1. 茶叶机械中耕面积（khm^2） Area of tea mechanical intertillage（khm^2）	2. 茶叶机械施肥面积（khm^2） Area of tea mechanical fertilizing（khm^2）
全国 National	1 134.23	329.86	8 551.59	561.53	297.96
北京 Beijing	4.54	0.01	75.90	0.00	0.00
天津 Tianjin	0.00	0.00	28.73	0.00	0.00
河北 Hebei	18.38	14.69	503.28	0.00	0.00
山西 Shanxi	49.24	2.75	407.38	0.00	0.00
内蒙古 Inner	1.53	4.41	12.24	0.00	0.00
辽宁 Liaoning	3.29	0.47	217.64	0.00	0.00
吉林 Jilin	0.84	0.02	31.68	0.00	0.00
黑龙江 Heilongjiang	4.68	0.10	6.02	0.00	0.00
上海 Shanghai	4.13	0.00	15.94	0.00	0.00
江苏 Jiangsu	44.58	28.21	177.57	15.30	8.78
浙江 Zhejiang	72.74	29.17	330.00	27.79	25.36
安徽 Anhui	10.66	23.24	227.65	38.80	21.97
福建 Fujian	48.33	31.10	221.38	42.93	25.40
江西 Jiangxi	15.80	0.89	43.52	19.34	7.74
山东 Shandong	39.45	64.00	885.75	16.38	9.33
河南 Henan	21.50	7.81	392.14	9.42	4.06
湖北 Hubei	87.17	7.59	356.70	137.52	80.09
湖南 Hunan	28.18	24.21	197.32	44.63	37.80
广东 Guangdong	60.98	25.60	713.39	12.25	6.79
广西 Guangxi	113.10	8.57	1 114.11	3.05	1.16
海南 Hainan	3.58	0.70	27.32	0.06	0.00
重庆 Chongqing	25.01	3.52	167.84	5.87	1.84
四川 Sichuan	28.32	7.07	251.13	40.09	10.90
贵州 Guizhou	15.50	0.00	36.65	95.25	8.46
云南 Yunnan	64.55	9.35	288.80	33.32	2.15
西藏 Tibet	0.00	0.00	0.00	0.00	0.00
陕西 Shaanxi	108.58	28.30	885.19	16.50	43.64
甘肃 Gansu	15.97	4.20	194.14	3.02	2.49
青海 Qinghai	0.01	0.00	1.48	0.00	0.00
宁夏 Ningxia	5.80	0.46	94.40	0.00	0.00
新疆 Xinjiang	224.89	0.22	511.39	0.00	0.00
新疆建设兵团 Xinjiang Construction Corps	12.90	3.20	134.91	0.00	0.00

（续）

3. 茶叶机械植保面积（khm^2） Area of tea mechanical plant protection （khm^2）	4. 茶叶机械修剪面积（khm^2） Area of tea mechanical pruning （khm^2）	5. 茶叶机械采收产量（万 t） Production of tea mechanical harvesting （10^4 tons）	6. 茶叶机械田间转运产量（万 t） Production of tea mechanical field tranport （10^4 tons）	三、单项农业机械化作业情况 Single mechanized operations 1. 机械深耕面积（khm^2） Area of mechanical deep-plowed （khm^2）	其中：机械深松面积（khm^2） In which:Area of mechanical deep-loosened （khm^2）	2. 机械化免耕播种面积（khm^2） Area of mechanized no-tillage sown （khm^2）
956.05	1 020.33	114.85	150.53	29 417.66	10 612.52	14 718.16
0.00	0.00	0.00	0.00	8.92	8.47	33.09
0.00	0.00	0.00	0.00	48.98	37.99	81.95
0.00	0.00	0.00	0.00	1 269.31	699.12	2 272.49
0.00	0.06	0.00	0.00	956.62	369.45	216.14
0.00	0.00	0.00	0.00	3 297.87	1 076.07	1 391.02
0.00	0.00	0.00	0.00	686.95	468.01	280.80
0.00	0.00	0.00	0.00	1 672.40	1 195.13	899.66
0.00	0.00	0.00	0.00	3 653.77	2 518.67	239.47
0.00	0.00	0.00	0.00	62.69	0.00	2.22
21.55	13.24	0.42	3.30	574.49	109.16	70.50
77.59	107.20	6.78	8.74	68.92	0.00	2.94
77.81	99.89	3.06	5.00	986.45	437.50	959.98
63.50	65.46	11.88	18.99	98.45	0.00	0.00
28.62	16.98	1.42	1.48	449.39	61.65	67.56
10.12	14.58	3.35	5.70	2 047.57	996.99	3 966.11
17.37	23.82	0.14	0.44	3 156.59	863.51	3 237.52
199.12	179.48	19.60	28.23	680.98	148.00	158.59
31.85	32.29	4.19	4.21	815.48	89.37	35.33
40.67	15.59	2.99	30.35	462.61	5.46	0.04
5.43	28.97	0.04	3.82	320.62	21.54	45.73
0.00	0.00	0.00	0.00	52.85	14.58	0.45
20.81	15.47	0.15	0.73	38.22	9.18	0.00
138.88	113.90	27.59	18.36	58.81	13.16	36.56
96.10	182.42	13.81	4.06	0.01	0.01	0.09
98.37	59.02	19.08	15.65	813.96	135.96	6.18
0.62	0.00	0.00	0.00	81.72	21.93	0.13
20.64	46.54	0.33	1.41	820.00	233.56	464.15
6.99	5.43	0.00	0.00	1 474.55	388.05	71.44
0.00	0.00	0.00	0.00	233.84	46.75	31.46
0.00	0.00	0.00	0.00	464.54	67.01	34.74
0.00	0.00	0.04	0.05	2 741.95	302.91	47.15
0.00	0.00	0.00	0.00	1 318.16	273.33	64.67

地区 Region	3. 精少量播种面积（khm^2） Area of precision and small quatity sown（khm^2）	4. 机械深施化肥面积（khm^2） Area of mechanical fertilizer deep distributed（khm^2）	5. 机械铺膜面积（khm^2） Area of mechanical plastic mulching（khm^2）	6. 农田机械节水灌溉面积（khm^2） Area of farmland under water saving irrigation（khm^2）	7. 机械播种牧草面积（khm^2） Area of grass machine-sown（khm^2）
全国 National	42 621.77	35 269.99	9 364.04	16 699.49	1 217.73
北京 Beijing	19.58	10.93	0.36	35.40	0.00
天津 Tianjin	184.21	231.12	29.00	42.74	0.54
河北 Hebei	2 182.18	2 067.43	534.05	866.65	15.60
山西 Shanxi	1 264.70	1 922.97	570.64	248.70	52.56
内蒙古 Inner	4 703.42	4 529.82	1 476.19	1 900.48	262.42
辽宁 Liaoning	2 291.76	2 283.74	84.17	247.98	6.08
吉林 Jilin	3 677.07	3 537.11	226.18	1 148.97	112.05
黑龙江 Heilongjiang	9 742.03	7 981.41	191.44	1 917.52	282.74
上海 Shanghai	29.88	34.92	0.01	188.23	0.00
江苏 Jiangsu	1 145.29	334.56	29.87	536.78	1.07
浙江 Zhejiang	4.02	61.62	1.63	150.49	0.59
安徽 Anhui	2 147.20	1 480.74	112.81	1 255.14	11.89
福建 Fujian	0.00	33.79	5.71	61.69	0.00
江西 Jiangxi	2.57	251.67	1.43	145.14	9.45
山东 Shandong	3 865.92	1 630.68	779.83	1 816.05	11.51
河南 Henan	5 188.49	2 558.58	186.30	1 178.50	13.97
湖北 Hubei	556.79	249.18	35.98	511.30	17.73
湖南 Hunan	55.21	191.38	4.70	349.03	0.15
广东 Guangdong	0.06	11.54	2.12	263.11	0.00
广西 Guangxi	7.56	419.24	68.12	197.92	1.03
海南 Hainan	0.00	4.41	0.00	30.77	0.00
重庆 Chongqing	1.52	17.85	1.78	33.51	0.40
四川 Sichuan	131.69	65.52	7.73	275.03	6.51
贵州 Guizhou	0.92	0.00	10.80	23.92	1.55
云南 Yunnan	21.29	38.49	20.20	198.00	0.18
西藏 Tibet	3.18	0.00	2.84	1.88	11.85
陕西 Shaanxi	678.78	551.11	139.13	226.52	19.72
甘肃 Gansu	585.04	1 171.62	1 009.92	219.51	90.29
青海 Qinghai	82.94	134.19	30.72	11.72	35.82
宁夏 Ningxia	161.69	251.92	175.22	54.07	54.48
新疆 Xinjiang	3 004.48	2 550.96	2 697.07	1 624.14	156.53
新疆建设兵团 Xinjiang Construction Corps	882.30	661.49	928.10	938.60	41.03

（续）

8. 机械化秸秆还田面积 (khm²) Area of mechanized returning stalk into soil (khm²)	9. 秸秆捡拾打捆面积 (khm²) Area of mechanized binding stalk (khm²)	10. 农用航空器作业面积 (khm²) Working area of agricultural aircraft (khm²)	其中：植保无人机作业面积 (khm²) In which: UAV (khm²)	11. 机械化青贮秸秆数量 (万 t) Quantity of mechanized silage straw (10^4 tons)	四、农机专业合作社作业服务面积 (khm²) Service area of Agricultural machinery Cooperatives (khm²)	(一) 农机跨区作业面积 (khm²) Crossing operation area of agricultural machinery (khm²)	1. 跨区机耕面积 (khm²) Area of inter regional machine farming (khm²)
51 326.87	7 874.05	7 896.80	5 824.57	9 056.68	51 765.08	20 711.78	3 898.62
33.43	8.83	5.06	0.51	0.00	62.00	2.91	0.23
281.87	62.94	18.95	18.95	83.32	387.02	96.17	13.20
4 249.86	89.01	260.00	243.10	847.66	1 628.12	1 561.62	277.58
1 606.09	61.74	69.30	68.38	291.56	1 155.24	76.19	13.90
1 873.25	1 302.46	95.80	95.12	2 157.86	2 062.47	569.30	88.31
706.62	350.46	128.40	99.70	161.25	1 557.91	363.24	60.16
2 307.98	615.98	129.00	118.51	729.62	1 440.37	592.00	136.73
5 542.39	1 767.09	2 115.50	694.31	541.63	3 391.96	668.38	146.75
81.71	13.89	4.20	4.15	4.73	335.40	15.83	0.37
3 794.04	197.67	388.60	324.02	98.03	12 245.78	2 106.62	310.12
506.14	25.19	51.00	51.03	29.96	370.70	250.00	29.94
3 918.01	871.06	556.10	544.55	216.81	3 572.85	3 103.35	612.99
189.38	1.60	30.40	30.44	9.22	214.16	78.95	3.12
2 847.36	14.68	291.50	269.06	0.21	537.89	284.83	24.51
6 530.72	227.54	775.20	647.34	734.02	7 044.77	2 158.23	400.63
6 921.77	404.46	577.00	557.44	398.53	5 124.10	2 987.73	478.01
2 384.27	372.25	513.60	458.27	192.65	1 989.48	1 093.18	281.98
956.18	91.35	911.89	888.43	6.42	1 640.82	589.56	124.31
576.91	0.41	45.90	45.85	2.75	393.55	368.32	49.61
828.32	3.26	27.90	27.94	0.46	629.30	378.20	41.46
110.15	1.33	0.20	0.20	0.01	7.19	31.33	10.72
111.31	0.08	1.10	1.09	5.23	429.82	63.35	6.10
922.52	14.86	107.40	103.25	57.32	959.94	613.96	123.30
78.65	1.30	5.40	5.44	33.11	154.48	82.41	25.42
117.15	0.70	15.10	14.69	120.93	376.78	131.85	56.52
0.00	1.13	0.00	0.00	0.00	61.94	12.92	11.77
1 046.37	71.33	176.80	176.10	369.98	1 010.69	604.98	114.03
256.02	231.99	55.20	54.75	596.66	1 515.44	555.29	137.07
75.93	49.25	1.20	1.24	20.51	76.06	50.28	16.57
165.74	116.31	51.60	47.64	200.82	332.61	104.52	25.44
1 395.85	757.38	209.10	199.61	1 046.03	989.18	727.76	177.18
910.88	146.52	278.40	33.46	99.37	67.09	388.52	100.59

地区 Region	2. 跨区机播面积（khm^2） Area of inter regional machine seeding（khm^2）	3. 跨区机收面积（khm^2） Area of inter regional machine harvesting（khm^2）	其中：跨区机收小麦（khm^2） In which：cross regional wheat harvesting area by machine（khm^2）	跨区机收水稻（khm^2） Cross regional rice harvesting area by machine（khm^2）	跨区机收玉米（khm^2） Cross regional corn harvesting area by machine（khm^2）
全国 National	1 873.38	13 747.55	6 204.17	4 310.90	2 582.08
北京 Beijing	0.30	2.38	0.70	0.00	1.68
天津 Tianjin	15.77	54.55	24.64	10.76	18.63
河北 Hebei	195.74	898.26	581.89	19.61	255.64
山西 Shanxi	7.82	48.84	17.77	0.00	28.80
内蒙古 Inner	22.45	457.53	72.72	17.73	277.22
辽宁 Liaoning	24.17	263.41	0.67	141.23	106.86
吉林 Jilin	78.10	377.18	0.00	170.94	206.24
黑龙江 Heilongjiang	59.66	460.36	1.42	221.71	229.34
上海 Shanghai	0.01	15.44	0.21	15.23	0.00
江苏 Jiangsu	134.08	1 387.56	669.49	645.41	51.89
浙江 Zhejiang	4.70	182.70	59.49	119.26	0.00
安徽 Anhui	259.22	2 027.45	1 066.90	668.81	197.38
福建 Fujian	3.55	59.95	0.00	59.95	0.00
江西 Jiangxi	8.99	231.24	1.55	208.08	0.32
山东 Shandong	248.77	1 508.83	1 030.98	12.34	465.51
河南 Henan	309.46	2 069.69	1 469.35	152.90	377.92
湖北 Hubei	55.09	706.90	236.10	423.86	16.10
湖南 Hunan	26.98	408.60	12.52	278.38	0.31
广东 Guangdong	11.25	302.77	0.00	299.15	0.00
广西 Guangxi	22.03	314.71	0.18	310.87	0.37
海南 Hainan	0.37	17.48	0.00	15.91	0.00
重庆 Chongqing	0.32	53.98	1.90	50.23	0.00
四川 Sichuan	37.18	432.94	84.66	325.68	6.40
贵州 Guizhou	1.96	55.02	1.07	53.45	0.50
云南 Yunnan	0.40	61.92	23.37	28.19	2.65
西藏 Tibet	0.33	0.77	0.75	0.00	0.00
陕西 Shaanxi	95.12	390.17	253.92	35.90	93.25
甘肃 Gansu	52.64	343.91	250.12	0.33	69.47
青海 Qinghai	10.87	19.25	12.42	0.00	0.00
宁夏 Ningxia	3.80	73.41	23.22	14.41	35.75
新疆 Xinjiang	113.76	396.20	226.46	4.27	107.71
新疆建设兵团 Xinjiang Construction Corps	68.49	124.15	79.70	6.29	32.16

（续）

（二）生产托管作业面积（khm²）Entrusted production area（khm²）	五、机械脱出农产品数量（万 t）Quantity of agricultural products produced by machinery（10^4 tons）	其中：1. 机械脱出粮食数量（万 t）In which：Quantity of grain produced by machinery（10^4 tons）	2. 机械脱出油料数量（万 t）Quantity of oil materials produced by machinery（10^4 tons）	六、机械清选农产品数量（万 t）Quantity of agricultural products for mechanical cleaning and choosing（10^4 tons）	其中：1. 机械清选蔬菜数量（万 t）In which：weight of vegetables selected by mechanical cleaning（10^4 tons）	2. 机械清选水果数量（万 t）Weight of fruits selected by mechanical cleaning（10^4 tons）
5 810 814.71	77 223.31	52 705.70	2 764.16	41 748.50	8 915.16	4 255.78
746.66	75.30	33.60	0.15	93.34	7.08	8.35
4 090.66	189.45	163.89	1.09	76.42	10.00	1.50
168 196.00	3 615.53	2 746.19	128.83	1 586.93	131.17	29.40
73 930.00	1 943.85	1 077.23	6.81	788.56	103.12	149.82
176 161.19	4 957.92	3 401.74	234.52	1 806.55	191.00	76.29
72 108.54	2 130.46	1 679.37	111.31	892.42	124.73	84.86
152 926.70	3 303.32	2 845.86	15.86	2 267.03	506.98	4.21
188 626.00	6 402.35	6 024.50	8.21	4 086.31	614.50	9.50
1 949.00	135.01	103.74	0.54	91.85	2.36	0.00
447 600.10	4 847.39	3 691.84	120.23	3 449.97	1 147.17	359.88
99 865.00	1 468.74	556.11	13.22	1 098.76	186.11	126.82
1 260 840.00	3 212.17	2 340.38	126.39	1 301.35	111.33	42.61
1 647.00	764.73	424.90	13.55	764.50	189.26	247.53
40 497.00	1 895.72	1 677.40	63.22	1 145.53	263.99	259.77
1 365 691.99	7 997.80	4 847.93	176.81	3 161.16	351.99	153.03
387 573.00	6 966.36	5 336.25	615.10	4 995.42	1 175.72	252.70
241 467.33	3 871.49	2 378.80	191.57	3 228.47	1 788.62	488.83
95 347.00	3 622.78	3 061.84	225.37	1 445.62	508.99	199.94
36 564.00	2 079.71	1 255.07	95.73	1 758.10	234.82	1 064.85
0.00	4 522.30	1 110.37	63.75	1 105.30	48.36	120.29
0.00	246.63	180.27	2.95	181.21	9.29	0.03
12 688.35	1 211.82	645.95	48.41	669.02	56.44	40.84
109 678.97	2 775.98	2 188.22	263.18	488.59	110.99	112.65
600.00	673.68	449.14	28.13	230.50	8.75	9.16
3 667.00	2 004.27	763.34	42.23	1 037.82	499.40	55.18
0.00	53.12	51.50	1.62	0.21	0.20	0.00
755 865.60	1 374.24	793.91	34.58	766.00	170.11	163.10
40 992.95	1 598.88	883.19	50.31	655.51	63.95	46.63
3 400.00	147.30	76.05	17.65	42.00	0.00	0.00
9 865.00	400.69	360.59	5.83	196.40	69.36	2.00
44 886.67	2 066.84	1 318.07	34.76	1 511.60	106.80	127.61
13 343.00	667.50	238.46	22.23	826.06	122.55	18.41

地区 Region	3. 机械清选棉花数量（万 t） Weight of cotton selected by mechanical cleaning （10^4 tons）	七、蓄牧饲养机械化情况 Mechanized operation of animal husbandry machineries （一）机械收获饲草秸秆量（万 t） Weight of straw harvested mechanically （10^4 tons）	其中：机械收获牧草数量（万 t） In which: weight of hay harvested mechanically （10^4 tons）	（二）机械化饲草料加工数量（万 t） Weight of mechanically processed forage （10^4 tons）	（三）机械饲喂的畜禽数量（折算为羊单位）（万个） Number of livestock and poultry fed by machinery （Convert to sheep） （10^4 unit）
全国 National	411.45	26 970.83	6 455.11	31 105.42	46 788.57
北京 Beijing	0.00	71.35	31.63	113.80	126.84
天津 Tianjin	0.00	183.65	9.79	197.91	158.59
河北 Hebei	3.39	1 179.13	286.55	1 573.88	2 083.59
山西 Shanxi	0.10	513.27	184.88	937.51	635.60
内蒙古 Inner	0.00	4 289.95	1 118.33	4 634.13	1 663.12
辽宁 Liaoning	0.00	641.73	218.44	907.35	2 892.07
吉林 Jilin	0.00	1 904.88	1 116.96	1 858.60	1 993.86
黑龙江 Heilongjiang	0.00	3 607.70	199.39	2 586.42	1 437.60
上海 Shanghai	0.00	9.34	9.34	49.58	108.30
江苏 Jiangsu	0.20	1 026.95	448.45	1 878.50	4 069.41
浙江 Zhejiang	0.00	2.12	2.12	50.98	200.80
安徽 Anhui	3.40	969.97	22.73	699.48	2 747.72
福建 Fujian	0.00	46.45	4.32	437.84	1 324.14
江西 Jiangxi	0.17	206.21	60.95	3.22	863.79
山东 Shandong	17.48	2 896.69	9.83	2 286.73	5 232.59
河南 Henan	0.25	1 892.98	88.52	1 714.62	3 788.25
湖北 Hubei	11.05	1 459.82	21.67	1 332.97	4 595.75
湖南 Hunan	10.05	197.46	0.35	611.67	1 489.43
广东 Guangdong	0.00	289.90	62.82	475.30	1 807.65
广西 Guangxi	0.01	91.03	1.10	107.88	275.61
海南 Hainan	0.00	0.58	0.09	2.54	6.86
重庆 Chongqing	0.00	208.17	0.08	1 133.48	609.16
四川 Sichuan	0.00	547.76	134.05	1 344.36	1 928.20
贵州 Guizhou	0.00	95.46	7.54	112.39	240.36
云南 Yunnan	0.00	328.46	78.95	1 179.10	575.00
西藏 Tibet	0.00	80.18	21.30	0.06	0.00
陕西 Shaanxi	0.08	568.41	38.68	768.74	824.67
甘肃 Gansu	3.24	775.72	305.52	1 056.32	398.14
青海 Qinghai	0.00	32.33	16.41	104.61	33.26
宁夏 Ningxia	0.00	586.24	337.23	600.26	390.26
新疆 Xinjiang	157.39	1 872.62	1 224.39	1 952.17	3 704.54
新疆建设兵团 Xinjiang Construction Corps	204.65	394.33	392.70	393.01	583.39

（续）

（四）机械清粪的畜禽数量（折算为羊单位）（万个） Number of livestock and poultry that have been mechanically cleaned of manure（Convert to sheep）（10^4 unit）	（五）机械挤奶的家畜数量（折算为羊单位）（万个） Number of livestock milked mechanically（Convert to sheep）（10^4 unit）	（六）机械剪毛的畜禽数量（折算为羊单位）（万个） Number of livestock and poultry sheared mechanically（Convert to sheep）（10^4 unit）	（七）机械捡蛋的蛋禽数量（折算为羊单位）（万个） Laying fowl number of eggs collected mechanically（Convert to sheep）（10^4 unit）	1. 机械投饲池塘养殖产量（万 t） Output of pond feed machine（10^4 tons）	2. 机械水质调控池塘养殖产量（万 t） Output of pond Regulated water quality machine（10^4 tons）	3. 机械起捕池塘养殖产量（万 t） Output of pond caught by machine（10^4 tons）
41 497.20	4 071.09	2 765.92	3 606.06	1 206.44	1 062.27	204.59
128.61	53.59	0.00	3.85	1.83	1.31	0.04
208.20	40.84	6.07	5.53	23.93	23.15	2.43
1 499.43	539.36	74.84	334.68	19.22	11.51	0.92
824.44	82.47	369.19	69.77	0.48	0.58	0.05
925.72	537.89	573.10	74.42	2.61	2.47	0.12
3 269.02	157.04	122.79	157.43	53.94	38.04	12.49
2 038.94	134.82	381.68	72.33	5.68	4.79	0.97
872.68	335.98	196.08	39.86	12.58	12.78	1.00
87.76	13.50	0.00	4.70	4.77	8.99	0.00
4 355.93	78.86	7.05	356.12	225.90	186.90	37.65
154.26	15.90	9.58	10.68	31.39	41.26	14.83
1 677.79	48.43	1.94	331.83	88.47	64.80	18.69
945.32	13.22	0.00	12.02	30.20	35.69	9.02
2 424.65	16.68	0.00	70.85	58.23	29.43	2.01
4 065.32	385.84	103.13	594.86	62.36	49.43	16.32
2 951.46	197.76	3.09	404.65	25.26	23.48	2.54
3 900.93	9.80	0.21	182.89	161.22	139.13	35.73
1 250.87	2.65	0.50	411.34	87.75	67.22	9.43
1 642.36	15.74	0.05	25.56	183.32	226.74	22.02
52.17	0.00	0.00	6.27	3.15	4.21	2.20
10.54	0.37	0.00	1.57	16.53	4.92	0.18
541.53	7.51	0.70	64.56	28.69	19.78	9.22
1 834.64	40.41	6.51	134.11	42.67	38.99	3.85
145.61	5.91	0.03	2.56	0.13	0.21	0.01
466.50	20.60	2.56	13.32	15.58	11.55	0.64
0.00	0.00	0.00	0.00	0.00	0.00	0.00
505.75	229.82	82.56	75.51	3.87	2.81	0.06
295.49	59.91	79.60	21.57	0.43	0.26	0.06
42.12	3.95	3.48	2.01	0.00	0.00	0.00
181.25	155.29	31.32	3.87	11.71	8.14	0.23
3 600.02	772.12	620.67	95.22	4.56	3.71	1.89
597.89	94.82	89.20	22.10	0.00	0.00	0.00

地区 Region	4. 机械清淤池塘养殖产量（万 t） Output of pond cleared by machine（10^4 tons）	5. 机械投饲网箱养殖产量（万 t） Output of cage farming with mechanically feeding（10^4 tons）	6. 机械清洗网箱养殖产量（万 t） Output of cage farming with mechanically cleaning（10^4 tons）	7. 机械起捕网箱养殖产量（万 t） Output of cage farming with mechanically fishing（10^4 tons）	8. 机械投饲工厂化养殖产量（万 t） Output of Factory farming with mechanically feeding（10^4 tons）
全国 National	720.30	45.49	22.50	17.46	24.70
北京 Beijing	0.17	0.00	0.00	0.00	0.12
天津 Tianjin	13.59	0.00	0.00	0.00	0.55
河北 Hebei	5.49	0.18	0.04	0.15	2.10
山西 Shanxi	0.85	0.08	0.00	0.01	0.00
内蒙古 Inner	0.35	0.01	0.01	0.01	0.01
辽宁 Liaoning	21.27	2.93	0.00	0.46	1.21
吉林 Jilin	1.15	0.16	0.10	0.08	0.14
黑龙江 Heilongjiang	1.02	0.13	0.00	0.03	0.00
上海 Shanghai	8.54	0.00	0.00	0.00	0.01
江苏 Jiangsu	231.56	5.31	3.03	1.56	2.68
浙江 Zhejiang	44.82	1.84	1.52	0.57	2.97
安徽 Anhui	83.49	1.39	0.77	0.60	1.09
福建 Fujian	33.16	6.52	6.34	4.12	7.52
江西 Jiangxi	8.75	2.27	0.08	0.70	1.14
山东 Shandong	30.39	1.02	0.59	3.32	3.10
河南 Henan	2.94	0.88	0.00	0.24	0.03
湖北 Hubei	93.10	3.58	0.40	0.54	0.18
湖南 Hunan	25.15	5.79	0.78	2.80	0.89
广东 Guangdong	76.27	2.74	7.31	2.14	0.38
广西 Guangxi	4.77	4.79	0.72	0.00	0.00
海南 Hainan	19.55	1.15	0.16	0.00	0.00
重庆 Chongqing	4.39	0.06	0.00	0.03	0.03
四川 Sichuan	3.63	0.11	0.00	0.00	0.11
贵州 Guizhou	0.00	0.01	0.04	0.00	0.00
云南 Yunnan	2.09	3.27	0.57	0.12	0.35
西藏 Tibet	0.00	0.00	0.00	0.00	0.00
陕西 Shaanxi	0.38	0.15	0.00	0.00	0.05
甘肃 Gansu	0.04	0.00	0.00	0.00	0.00
青海 Qinghai	0.00	1.13	0.03	0.00	0.00
宁夏 Ningxia	1.24	0.00	0.00	0.00	0.06
新疆 Xinjiang	2.16	0.00	0.00	0.00	0.00
新疆建设兵团 Xinjiang Construction Corps	0.00	0.00	0.00	0.00	0.00

（续）

9. 机械起捕工厂化养殖产量（万 t）Output of mechanically catching and factory culture（10^4 tons）	10. 机械采收养殖产量（万 t）Output of mechanically harvesting and cultivation（10^4 tons）	八、其他 Other（一）耕整地机械化面积（khm^2）Mechanized cultivated area（khm^2）	（二）种植机械化面积（khm^2）Mechanized planting area（khm^2）	（三）采运机械化面积（khm^2）Mechanized area for collection and transportation（khm^2）	（四）灌溉施肥机械化面积（khm^2）Mechanized area for irrigation and fertilization（khm^2）	（五）环境调控机械化面积（khm^2）Environmental regulation mechanized area（khm^2）
11.58	313.58	1 499.99	398.38	180.09	1 147.14	522.83
0.00	0.00	13.51	0.12	0.55	9.27	4.96
0.05	0.00	19.91	0.10	0.10	13.11	5.28
0.08	0.04	130.49	37.76	11.83	95.86	52.07
0.00	0.00	39.49	11.47	0.30	25.01	16.58
0.01	0.00	41.52	22.00	1.22	54.00	32.02
1.50	79.31	143.99	29.62	9.97	116.54	31.63
0.07	0.00	15.54	5.08	0.73	13.41	6.44
0.00	0.00	10.19	5.28	1.41	14.75	12.08
0.01	0.00	4.94	0.30	0.30	3.90	0.36
1.76	14.62	322.34	136.66	78.81	299.63	146.18
0.60	9.22	44.77	3.93	2.56	26.76	4.64
0.30	0.00	29.82	4.46	3.89	19.98	4.62
1.38	55.66	6.58	1.09	0.58	6.42	1.46
0.13	0.90	3.53	0.45	0.38	1.84	0.52
5.21	143.62	221.70	51.52	29.43	161.74	79.52
0.00	0.00	70.84	24.88	6.21	50.73	18.73
0.12	0.23	78.25	15.48	6.53	45.44	12.67
0.20	0.42	4.81	1.17	1.28	4.49	0.80
0.02	8.10	13.01	2.67	1.45	9.72	2.46
0.00	0.91	0.23	0.02	0.02	0.27	0.10
0.00	0.44	1.43	0.29	0.11	0.90	0.28
0.01	0.00	24.24	3.85	1.53	16.87	8.08
0.12	0.09	64.61	16.60	10.38	28.20	3.05
0.00	0.00	0.53	0.01	0.00	0.23	0.07
0.00	0.00	22.55	3.79	1.79	17.69	5.02
0.00	0.00	0.00	0.00	0.00	0.00	0.00
0.00	0.01	74.99	9.93	2.96	49.47	32.26
0.00	0.00	37.72	5.00	1.62	25.07	15.95
0.00	0.00	4.97	1.54	0.44	1.34	0.26
0.00	0.00	28.69	1.20	0.96	12.80	7.93
0.00	0.00	22.01	1.93	2.71	16.71	13.60
0.00	0.00	2.78	0.19	0.04	5.00	3.21

地区 Region	1. 保护性耕作面积（khm^2） Area of farm protect（khm^2）	2. 免耕播种面积（khm^2） Area of no-tillage sown（khm^2）	其中：小麦免耕播种面积（khm^2） In which: area of no-tillage wheat sown（khm^2）	水稻免耕播种面积（khm^2） Area of no-tillage rice sown（khm^2）	玉米免耕播种面积（khm^2） Area of no-tillage corn sown（khm^2）	3. 农田基本建设作业量（万立方米） Work volume of farmland capital construction（$10^4 m^3$）
全国 National	8 242.00	18 791.12	1 916.19	182.39	12 758.77	284 742.17
北京 Beijing	43.45	33.09	6.33	0.00	26.37	31.30
天津 Tianjin	37.09	83.63	7.71	0.00	74.25	2 198.41
河北 Hebei	146.19	2 439.84	51.80	0.00	2 351.81	3 325.77
山西 Shanxi	567.31	276.39	30.13	0.00	236.78	12 604.11
内蒙古 Inner	1 394.55	1 396.39	162.43	0.00	689.12	23 190.06
辽宁 Liaoning	286.02	304.22	0.00	0.10	291.82	7 659.23
吉林 Jilin	924.50	901.35	0.00	0.00	899.55	9 558.40
黑龙江 Heilongjiang	781.42	267.97	0.00	0.30	210.62	8 212.06
上海 Shanghai	0.00	2.22	2.22	0.00	0.00	0.00
江苏 Jiangsu	585.16	578.19	94.46	32.01	16.72	17 402.64
浙江 Zhejiang	0.00	47.34	11.21	10.51	1.57	42 127.77
安徽 Anhui	91.66	964.61	36.90	16.69	575.97	43 740.00
福建 Fujian	168.52	3.82	0.00	3.82	0.00	5 031.10
江西 Jiangxi	17.17	94.58	0.01	9.82	0.02	14 694.37
山东 Shandong	1 213.68	4 443.00	902.19	0.00	3 515.79	26 248.19
河南 Henan	618.67	4 119.66	365.07	6.59	2 985.43	7 265.76
湖北 Hubei	227.27	191.77	24.03	11.05	18.80	14 731.03
湖南 Hunan	41.68	117.11	1.79	47.08	1.32	6 978.64
广东 Guangdong	0.17	4.55	0.00	0.30	0.01	6 458.38
广西 Guangxi	0.00	152.25	0.00	0.00	0.00	0.00
海南 Hainan	0.00	3.08	0.00	3.08	0.00	234.94
重庆 Chongqing	0.00	1 251.24	2.24	3.72	330.52	4 469.17
四川 Sichuan	194.52	178.74	33.67	36.97	50.75	6 052.41
贵州 Guizhou	0.00	75.87	0.00	0.00	0.00	2 266.89
云南 Yunnan	13.68	40.65	11.71	0.25	23.67	11 574.62
西藏 Tibet	0.54	0.13	0.13	0.00	0.00	398.14
陕西 Shaanxi	516.87	538.43	88.41	0.10	388.10	5 628.88
甘肃 Gansu	126.08	86.61	33.33	0.00	39.15	482.68
青海 Qinghai	41.22	39.77	0.00	0.00	1.45	72.16
宁夏 Ningxia	25.56	37.94	3.50	0.00	19.24	151.31
新疆 Xinjiang	114.36	52.00	26.55	0.00	7.11	386.82
新疆建设兵团 Xinjiang Construction Corps	64.67	64.67	20.38	0.00	2.84	1 566.94

（续）

4. 实际脱出农产品总量（万 t）Actual output of agricultural products (10^4 tons)	5. 实际清选农产品总量（万 t）Amount of agricultural products for actual cleaning and chocsing (10^4 tons)	6. 收获的饲草秸秆总量（万 t）Total forage straw harvested (10^4 tons)	7. 饲草料加工总量（万 t）Feed processing volume (10^4 tons)	8. 畜禽总数（折算为羊单位）（万个）Total livestock and poultry (10^4 unit)	9. 产奶家畜数量（折算为羊单位）（万个）Number of dairy livestock (Convert to sheep) (10^4 unit)	10. 产毛畜禽数量（折算为羊单位）（万个）Number of wool-producing livestock (Convert to sheep) (10^4 unit)	11. 蛋禽数量（折算为羊单位）（万个）Number of laying fowl (Convert to sheep) (10^4 unit)
159 456.53	131 831.83	59 212.95	44 653.85	333 587.29	10 620.80	22 228.96	25 894.19
262.51	324.89	73.54	119.50	282.49	68.13	0.00	32.47
366.84	324.89	186.45	203.34	1 409.05	40.88	25.63	63.13
10 480.16	4 870.67	2 763.70	1 979.94	12 636.95	636.78	827.29	2 063.78
3 249.86	2 888.43	1 385.87	1 180.60	6 785.47	105.88	2 086.56	374.59
6 407.85	3 901.73	5 796.57	4 996.00	15 859.75	1 531.11	5 865.33	545.32
3 826.51	3 295.80	1 441.75	1 099.17	16 248.02	186.73	911.75	1 468.84
4 859.04	4 213.79	2 651.03	2 245.78	13 804.87	185.69	1 156.38	806.43
7 456.26	5 407.43	4 741.44	4 026.91	5 588.25	478.96	1 346.32	341.17
421.91	399.34	9.34	49.58	186.72	13.50	0.30	9.40
6 682.05	6 182.64	1 287.90	2 054.25	35 074.89	83.89	31.77	1 893.16
3 980.43	4 002.68	3.65	95.47	1 407.63	16.32	119.09	142.42
5 767.91	4 066.25	1 570.10	1 259.70	13 516.35	68.73	30.61	2 310.01
2 674.43	2 877.16	102.74	695.97	6 448.36	16.64	0.00	248.52
3 452.40	3 057.20	305.75	6.98	10 200.16	22.30	0.42	505.71
14 935.94	12 640.22	4 289.83	3 416.88	20 593.17	685.76	1 019.12	3 163.03
13 539.44	12 969.92	3 961.54	2 937.35	28 672.31	455.12	503.29	3 382.09
7 659.74	7 079.06	6 060.34	3 714.40	20 340.79	27.63	7.75	1 281.73
7 361.30	5 953.12	1 013.69	872.24	12 287.92	5.73	37.02	1 413.60
9 008.74	7 865.60	661.01	591.53	12 156.00	39.18	0.64	234.96
14 721.64	13 150.84	275.87	339.34	10 479.55	6.51	16.55	119.62
1 423.56	1 423.56	15.39	2.96	1 288.84	0.56	0.52	21.96
3 469.71	3 461.28	3 588.66	1 610.50	10 240.90	18.77	21.61	613.69
6 124.10	2 635.84	3 638.84	2 670.47	21 809.95	698.19	631.35	1 966.62
1 932.50	1 510.50	1 462.70	377.74	6 486.51	9.08	13.42	314.41
5 572.81	5 094.48	2 833.07	1 856.64	11 584.13	102.65	119.64	743.29
147.48	21.03	80.18	0.06	4 556.33	1 558.24	1 656.32	82.53
4 106.99	3 008.22	1 878.06	1 119.55	6 770.01	338.44	694.35	597.94
3 275.52	3 295.27	2 562.05	1 661.23	6 927.63	418.83	721.48	200.51
178.05	105.35	326.99	147.41	1 294.52	163.55	589.83	34.66
713.87	654.87	750.40	743.23	3 073.17	200.75	1 216.17	124.18
3 927.60	3 594.23	3 093.42	2 178.03	14 521.61	2 319.19	2 127.31	749.82
1 469.36	1 555.54	401.10	401.10	1 055.01	117.05	451.13	44.60

（续）

地区 Region	12. 池塘养殖总产量（万 t） Pond cultivation output（10^4 tons）	13. 网箱养殖总产量（万 t） Output of cage farming（10^4 tons）	14. 工厂化养殖总产量（万 t） Factory cultivation output（10^4 tons）	15. 果园面积（khm^2） Orchard area（khm^2）	16. 水果采收产量（万 t） Fruit harvesting output（10^4 tons）	17. 茶园面积（khm^2） Area of tea plantation（khm^2）	18. 茶叶采收产量（万 t） Tea harvesting output（10^4 tons）
全国 National	2 709.71	177.65	63.80	12 756.00	16 574.06	2 902.56	383.30
北京 Beijing	2.47	0.00	0.12	73.63	78.34	0.00	0.00
天津 Tianjin	25.84	0.00	0.56	20.96	33.06	0.00	0.00
河北 Hebei	33.29	0.82	16.01	996.83	770.61	0.00	0.00
山西 Shanxi	4.13	0.13	0.01	347.05	746.33	0.06	0.00
内蒙古 Inner	5.50	0.01	0.01	108.44	26.27	0.00	0.00
辽宁 Liaoning	88.10	6.56	7.02	274.61	529.97	0.00	0.00
吉林 Jilin	14.10	0.34	0.28	81.39	65.06	0.00	0.00
黑龙江 Heilongjiang	36.74	0.34	0.00	27.20	16.39	0.00	0.00
上海 Shanghai	9.18	0.00	0.01	14.50	29.51	0.02	0.00
江苏 Jiangsu	286.68	7.46	3.31	291.26	365.82	27.39	4.34
浙江 Zhejiang	118.89	4.51	3.05	323.47	457.90	200.47	17.50
安徽 Anhui	124.61	3.24	1.12	139.85	326.03	178.14	11.29
福建 Fujian	81.52	32.71	12.09	350.23	558.33	204.22	47.68
江西 Jiangxi	127.87	5.82	1.46	405.60	439.38	93.39	4.63
山东 Shandong	117.83	6.17	12.58	574.74	1 506.73	23.14	13.14
河南 Henan	70.69	4.03	0.04	434.07	842.71	115.67	10.36
湖北 Hubei	411.96	15.14	0.45	366.17	655.46	321.50	32.98
湖南 Hunan	319.77	18.24	1.61	421.11	594.34	167.45	30.22
广东 Guangdong	418.18	15.04	0.84	977.98	1 451.63	63.30	40.64
广西 Guangxi	119.13	25.36	0.00	1 174.40	1 731.30	74.70	7.33
海南 Hainan	52.20	8.06	0.71	165.50	161.35	15.27	0.01
重庆 Chongqing	45.90	0.13	0.06	356.93	516.12	45.95	14.50
四川 Sichuan	112.35	2.14	0.25	743.23	929.68	309.47	48.25
贵州 Guizhou	4.73	4.32	0.08	562.50	291.66	465.06	18.09
云南 Yunnan	48.02	15.39	1.67	570.00	565.28	437.96	60.06
西藏 Tibet	0.00	0.00	0.00	2.70	1.21	0.80	0.01
陕西 Shaanxi	7.81	0.18	0.08	1 210.60	1 314.62	146.46	22.16
甘肃 Gansu	1.33	0.02	0.06	313.83	395.71	12.14	0.07
青海 Qinghai	0.05	1.48	0.00	7.61	2.40	0.00	0.00
宁夏 Ningxia	12.10	0.00	0.08	92.36	109.60	0.00	0.00
新疆 Xinjiang	8.79	0.00	0.25	1 112.51	664.68	0.00	0.06
新疆建设兵团 Xinjiang Construction Corps	0.00	0.00	0.00	214.75	396.58	0.00	0.00

〔撰稿人：农业农村部农业机械化管理司滕雪飞〕

农田水利化统计资料
Statistical data of farmland under irrigation

2018 年各地区灌溉面积
Area of irrigated land in different regions of china in 2018

（单位：khm^2）

地区 Region	灌溉面积 Irrigation area					耕地实灌面积 Actual irrigated area
	合计 Total	耕地 farmland	林地 Forest	园地 Orchard	牧草地 Grass	
全国 National	74 541.78	68 271.64	2 509.99	2 645.57	1 114.58	58 573.55
北京 Beijing	212.07	109.67	59.47	41.72	1.21	96.98
天津 Tianjin	329.65	304.66	18.21	6.78		275.06
河北 Hebei	4 835.58	4 492.33	124.66	210.69	7.90	4 066.43
山西 Shanxi	1 625.19	1 518.68	47.87	53.22	5.42	1 481.79
内蒙古 Inner Mongolia	3 816.33	3 196.52	85.21	10.27	524.33	2 621.86
辽宁 Liaoning	1 762.05	1 619.33	29.73	106.48	6.51	1 374.91
吉林 Jilin	1 922.22	1 893.05	2.85	12.31	14.01	1 431.31
黑龙江 Heilongjiang	6 146.85	6 119.57	9.92	6.62	10.74	4 896.52
上海 Shanghai	207.19	190.76	16.14	0.29		190.76
江苏 Jiangsu	4 468.03	4 179.83	149.24	129.44	9.53	3 777.25
浙江 Zhejiang	1 564.99	1 440.80	49.92	73.49	0.79	1 323.74
安徽 Anhui	4 625.62	4 538.29	36.92	49.71	0.70	3 633.04
福建 Fujian	1 233.95	1 085.18	54.81	90.02	3.95	891.68
江西 Jiangxi	2 119.16	2 032.02	26.83	60.31		1 732.78
山东 Shandong	5 832.34	5 235.99	213.82	375.36	7.17	4 805.38
河南 Henan	5 408.31	5 288.69	62.80	56.52	0.30	4 549.07
湖北 Hubei	3 122.79	2 931.90	115.16	69.18	6.55	2 479.87
湖南 Hunan	3 261.36	3 164.00	47.87	48.88	0.61	2 440.39
广东 Guangdong	2 070.47	1 775.21	57.56	237.70		1 628.00
广西 Guangxi	1 786.21	1 706.88	12.75	66.58		1 461.04
海南 Hainan	350.65	290.48	38.94	20.36	0.87	217.06
重庆 Chongqing	696.94	696.94				423.74
四川 Sichuan	3 181.46	2 932.54	100.57	139.14	9.21	2 406.51
贵州 Guizhou	1 139.13	1 132.24	1.70	4.54	0.65	940.97

（续）

地区 Region	灌溉面积 Irrigation area					耕地实灌面积 Actual irrigated area
	合计 Total	耕地 farmland	林地 Forest	园地 Orchard	牧草地 Grass	
云南 Yunnan	2 011.69	1 898.07	28.96	77.10	7.55	1 584.54
西藏 Tibet	467.85	264.53	35.23	24.93	143.16	249.95
陕西 Shaanxi	1 431.79	1 274.99	19.92	135.60	1.28	1 045.56
甘肃 Gansu	1 550.19	1 337.54	150.64	44.64	17.36	1 168.60
青海 Qinghai	295.82	214.04	38.02	3.51	40.25	190.46
宁夏 Ningxia	622.97	523.45	43.80	39.46	16.26	473.22
新疆 Xinjiang	6 442.94	4 883.46	830.49	450.73	278.26	4 715.12

2018 年各地区耕地灌溉面积变化情况
Area change of irrigated farmland in different regions of China in 2018

（单位：khm^2）

地区 Region	耕地灌溉面积 Area of irrigated farmland		本年耕地灌溉面积减少原因 Causes of decrease this year				
	新增 Increase	减少 Decrease	工程损毁 Damage of construction facilities	建设占地 Land occupied by construction	水源不足 Water source insufficiency	退耕 Grain plots returned to original use	其他 Others
全国 National	828.48	355.80	42.29	42.83	37.74	109.58	123.36
北京 Beijing	0.48	6.29				5.04	1.24
天津 Tianjin		1.96				1.96	
河北 Hebei	60.44	40.28	4.99	1.89	3.41	2.09	27.90
山西 Shanxi	20.02	12.55	0.38	4.48	1.04		6.66
内蒙古 Inner Mongolia	25.02	3.33				3.33	
辽宁 Liaoning	26.51	17.74	2.29	0.65	3.65	2.19	8.96
吉林 Jilin							
黑龙江 Heilongjiang	115.90	27.30	4.38	5.61	2.49	3.60	11.22
上海 Shanghai							
江苏 Jiangsu	56.46	8.51	1.10	0.02		3.65	3.74
浙江 Zhejiang	10.52	14.42	1.25	0.04	0.15	3.67	9.31
安徽 Anhui	42.40	8.25	5.72	2.23		0.30	
福建 Fujian	22.49	2.16	0.16		1.82	0.05	0.13
江西 Jiangxi	14.17	7.47			0.34	0.50	6.63

（续）

地区 Region	耕地灌溉面积 Area of irrigated farmland		本年耕地灌溉面积减少原因 Causes of decrease this year				
	新增 Increase	减少 Decrease	工程损毁 Damage of construction facilities	建设占地 Land occupied by construction	水源不足 Water source insufficiency	退耕 Grain plots returned to original use	其他 Others
山东 Shandong	60.92	15.99	0.05	3.38	1.02	0.62	10.92
河南 Henan	45.08	30.02	14.08	3.41	3.43	1.28	7.82
湖北 Hubei	24.72	11.99		0.36	7.28	0.28	4.07
湖南 Hunan	24.13	6.00	0.06			4.35	1.59
广东 Guangdong	0.60						
广西 Guangxi	47.56	10.55	0.16	3.42	6.08		0.89
海南 Hainan	1.46	0.23				0.23	
重庆 Chongqing	4.10	1.42	0.22	0.43			0.77
四川 Sichuan	62.07	2.63	0.52	1.85	0.09	0.18	
贵州 Guizhou	20.43	2.31		0.10		1.21	1.00
云南 Yunnan	66.78	20.13	1.66	8.62	3.15	6.39	0.31
西藏 Tibet	17.52	14.22		1.71			12.51
陕西 Shaanxi	28.01	16.11	5.04	4.28	2.11	1.10	3.58
甘肃 Gansu	10.85	4.74	0.24	0.37		0.43	3.70
青海 Qinghai	7.83	0.40					0.40
宁夏 Ningxia	12.00						
新疆 Xinjiang		68.83			1.69	67.14	

2018 年各地区节水灌溉面积

Water saving irrigated area in different regions of China in 2018

（单位：khm^2）

地区 Region	合计 Total	喷灌 Spray irrigation	微灌 Micro irrigation	低压管灌 Low pressure pipe irrigation
全国 National	36 134.72	4 410.52	6 927.02	10 565.77
北京 Beijing	211.22	31.85	22.27	148.52
天津 Tianjin	245.73	4.49	2.96	178.24

（续）

地区 Region	合计 Total	喷灌 Spray irrigation	微灌 Micro irrigation	低压管灌 Low pressure pipe irrigation
河北 Hebei	3 591.43	252.02	145.00	2 775.15
山西 Shanxi	985.18	78.36	53.34	599.40
内蒙古 Inner Mongolia	2 925.95	637.58	1 103.41	413.69
辽宁 Liaoning	968.00	163.47	367.00	266.50
吉林 Jilin	800.60	373.44	230.35	145.41
黑龙江 Heilongjiang	2 150.97	1 598.56	84.72	11.76
上海 Shanghai	146.84	3.42	1.18	76.90
江苏 Jiangsu	2 767.23	48.92	50.75	185.31
浙江 Zhejiang	1 117.65	72.72	55.29	98.52
安徽 Anhui	1 025.27	138.61	23.47	84.62
福建 Fujian	700.53	138.46	66.72	103.73
江西 Jiangxi	595.61	28.20	42.49	56.06
山东 Shandong	3 372.32	145.80	121.28	2 371.80
河南 Henan	1 997.86	179.89	43.58	1 242.94
湖北 Hubei	488.53	126.06	73.44	187.98
湖南 Hunan	431.05	15.98	10.14	55.73
广东 Guangdong	418.22	21.61	12.99	38.30
广西 Guangxi	1 137.73	42.85	81.83	171.06
海南 Hainan	95.16	8.86	20.13	26.45
重庆 Chongqing	249.20	12.90	4.16	69.76
四川 Sichuan	1 762.71	47.30	38.04	137.61
贵州 Guizhou	341.01	31.72	23.72	89.38
云南 Yunnan	941.18	49.04	142.31	202.71
西藏 Tibet	31.93	2.20	0.76	17.87
陕西 Shaanxi	965.52	35.67	67.21	364.09
甘肃 Gansu	1 066.21	38.51	257.56	231.39
青海 Qinghai	129.38	2.40	11.38	48.68
宁夏 Ningxia	385.69	41.65	151.38	43.47
新疆 Xinjiang	4 088.84	37.97	3 618.17	122.75

2018 年新增 / 减少节水灌溉面积
Increaced and decreased water-saving irrigated area in 2018

（单位：khm²）

地区 Region	新增节水灌溉面积 Increased water-saving irrigated area				减少节水灌溉面积 Decreased water-saving irrigated area	
	合计 Total	喷灌 Spray irrigation	微灌 Micro irrigation	低压管灌 Low pressure pipe irrigation	合计 Total	其中：因设施老化、毁损减少的面积 In which：area reduced due to aging or damage of facilities
全国 National	2 022.41	271.20	433.39	832.08	343.39	158.80
北京 Beijing	19.97	1.39	2.45	15.78	9.44	0.03
天津 Tianjin	10.83		0.12	8.21	0.52	
河北 Hebei	230.38	26.56	11.33	120.55	52.14	11.34
山西 Shanxi	37.80	3.36	0.03	17.28	2.86	1.62
内蒙古 Inner Mongolia	129.47	24.03	87.78	7.06	3.96	
辽宁 Liaoning	47.82	6.03	10.58	22.04	9.40	4.73
吉林 Jilin	41.95	36.29	5.66		0.12	
黑龙江 Heilongjiang	106.65	74.72	5.69	0.21	42.30	37.40
上海 Shanghai	1.55			1.45	0.85	0.10
江苏 Jiangsu	150.26	1.89	6.88	27.23	20.50	5.39
浙江 Zhejiang	35.62	7.10	5.89	22.08	17.53	4.98
安徽 Anhui	49.74	19.11	7.93	9.84	0.47	0.04
福建 Fujian	44.29	7.11	3.59	4.93	1.64	0.11
江西 Jiangxi	50.95	1.03	0.40	14.27		
山东 Shandong	187.76	2.58	8.43	170.25	28.66	9.43
河南 Henan	139.01	11.38	1.62	108.22	34.42	18.87
湖北 Hubei	44.94	5.68	3.18	28.15	0.39	
湖南 Hunan	35.94	4.43	5.45	20.35	0.30	
广东 Guangdong	92.03	2.91	4.94	5.17		
广西 Guangxi	74.09	2.87	12.34	55.60	4.29	3.94
海南 Hainan	6.17		2.97			
重庆 Chongqing	16.97	0.80	1.24	14.93	1.05	0.81
四川 Sichuan	63.73	6.13	11.31	31.42	3.62	0.06
贵州 Guizhou	13.03	1.74	1.12	8.18	4.84	0.10
云南 Yunnan	77.14	11.03	27.40	38.39	3.93	3.38

（续）

地区 Region	新增节水灌溉面积 Increased water-saving irrigated area				减少节水灌溉面积 Decreased water-saving irrigated area	
	合计 Total	喷灌 Spray irrigation	微灌 Micro irrigation	低压管灌 Low pressure pipe irrigation	合计 Total	其中：因设施老化、毁损减少的面积 In which: area reduced due to aging or damage of facilities
西藏 Tibet	1.59	0.68	0.62	0.29		
陕西 Shaanxi	57.11	3.41	9.90	29.14	23.08	18.48
甘肃 Gansu	80.78	5.53	39.60	30.29	35.46	13.55
青海 Qinghai	14.63	0.37	1.22	10.73	0.58	0.58
宁夏 Ningxia	26.54	3.04	26.69	3.39		
新疆 Xinjiang	133.68		127.02	6.66	41.04	23.87

2018 年各地区除涝面积

Area of water logging control in different regions of China in 2018

（单位：khm^2）

地 区 Region	除涝面积 Area of water logging control				本年新增除涝面积 Increased area of water logging control in the year
	合计 Total	3～5 年 3～5 years	5～10 年 5～10 years	10 年以上 10 years and above	
全国 National	24 261.74	9 559.06	8 588.48	6 114.20	480.42
北京 Beijing	12.00			12.00	
天津 Tianjin	364.58	83.87	210.90	69.81	
河北 Hebei	1 638.25	805.79	759.40	73.06	0.22
山西 Shanxi	89.25	60.06	28.76	0.43	
内蒙古 Inner	277.00	157.76	84.87	34.37	
辽宁 Liaoning	931.57	179.75	407.80	344.02	0.01
吉林 Jilin	1 034.77	149.66	355.63	529.48	0.17
黑龙江 Heilongjiang	3 400.10	2 400.06	935.20	64.84	2.83
上海 Shanghai	60.29	13.26	14.68	32.35	0.03
江苏 Jiangsu	4 315.45	285.59	977.63	3 052.23	318.07
浙江 Zhejiang	556.40	125.02	212.69	218.69	2.37
安徽 Anhui	2 414.09	978.77	1 301.17	134.15	19.26
福建 Fujian	157.63	81.74	51.20	24.69	3.76
江西 Jiangxi	431.17	210.56	190.90	29.71	9.08

（续）

地 区 Region	除涝面积 Area of water logging control				本年新增除涝面积 Increased area of water logging control in the year
	合计 Total	3～5年 3～5 years	5～10年 5～10 years	10年以上 10 years and above	
山东 Shandong	3 026.98	1 470.47	1 398.90	157.61	35.39
河南 Henan	2 136.92	1 618.91	494.16	23.85	19.88
湖北 Hubei	1 482.14	218.48	472.47	791.19	49.16
湖南 Hunan	438.41	142.99	226.02	69.40	1.49
广东 Guangdong	541.24	62.01	98.21	381.02	2.08
广西 Guangxi	235.32	126.29	98.49	10.54	1.73
海南 Hainan	25.19	9.70	5.63	9.86	
重庆 Chongqing					
四川 Sichuan	102.25	53.10	44.94	4.21	1.38
贵州 Guizhou	124.07	44.01	66.16	13.90	2.65
云南 Yunnan	293.17	194.45	82.86	15.86	8.40
西藏 Tibet	3.39	0.92	2.13	0.34	
陕西 Shaanxi	133.30	74.42	53.52	5.36	1.66
甘肃 Gansu	14.28	5.43	1.63	7.22	
青海 Qinghai	0.80	0.80			0.80
宁夏 Ningxia					
新疆 Xinjiang	21.73	5.19	12.53	4.01	

2018年各地区水土流失治理面积

Area of land prevented from losing soil and water in different regions of China in 2018

（单位：khm^2）

地 区 Region	水土流失治理面积 Area of land prevented from losing soil and water		新增水土流失治理面积 Increased area of land prevented from losing soil and water							
	合计 total	小流域治理面积 Small watershed management area	合计 Total	梯田 Terrace	坝地 Dike field	水土保持林 Forest for water and soil conservation	经济林 Economic forest	种草 Planting grass	封禁治理 Ban and control	其他 Others
全国 National	131 531.6	42 204.3	6 436.1	365.0	8.3	1 627.2	717.6	420.6	2 115.9	1 181.5
北京 Beijing	813.7	813.7	36.1	0.4		0.0	0.2	0.0	35.3	0.2
天津 Tianjin	100.0	50.4	0.8						0.4	0.4
河北 Hebei	5 532.5	2 964.3	223.5	9.2		85.4	27.5	0.3	79.8	21.3

（续）

地 区 Region	水土流失治理面积 Area of land prevented from losing soil and water		新增水土流失治理面积 Increased area of land prevented from losing soil and water							
	合计 total	小流域治理面积 Small watershed management area	合计 Total	梯田 Terrace	坝地 Dike field	水土保持林 Forest for water and soil conservation	经济林 Economic forest	种草 Planting grass	封禁治理 Ban and control	其他 Others
山西 Shanxi	6 798.5	681.0	356.3	23.3	1.0	167.5	36.4	7.6	84.5	36.0
内蒙古 Inner Mongolia	14 088.6	3 270.4	633.9	17.9		225.0	23.4	77.3	256.1	34.2
辽宁 Liaoning	5 394.5	2 528.2	176.7	4.8		73.5	17.1	0.5	53.0	27.8
吉林 Jilin	2 385.8	196.7	208.4	3.9		51.8	8.2	9.1	15.8	119.8
黑龙江 Heilongjiang	4 895.4	1 154.9	424.5	1.4		37.2	1.0	8.4	72.5	304.0
上海 Shanghai										
江苏 Jiangsu	930.2	333.0	11.4	1.5		2.5	1.1	0.5		5.8
浙江 Zhejiang	3 692.5	673.3	45.5	2.9		6.1	3.5	2.2	21.2	9.6
安徽 Anhui	1 989.2	810.7	49.1	1.6	0.1	7.0	2.4	0.6	29.4	8.1
福建 Fujian	3 778.4	851.3	129.3	2.3	0.7	11.5	2.0	4.1	74.7	34.1
江西 Jiangxi	5 917.9	1 380.2	130.6	1.8		26.7	19.2	3.3	64.8	14.8
山东 Shandong	4 143.0	1 657.6	138.9	33.4	0.2	31.7	19.3	2.3	28.6	23.4
河南 Henan	3 778.3	2 197.6	113.6	8.5	0.6	29.8	19.7	0.8	41.1	13.2
湖北 Hubei	6 134.7	1 962.8	171.7	10.1	0.6	33.6	17.4	3.1	82.1	24.8
湖南 Hunan	3 745.5	1 017.3	153.4	10.4		30.5	20.9	3.2	62.8	25.5
广东 Guangdong	1 757.9	187.1	119.2	3.1		26.4	0.9	6.3	39.8	42.7
广西 Guangxi	2 647.7	592.4	187.3	4.0		21.7	59.2	0.7	94.6	7.1
海南 Hainan	116.7	105.1	8.3	0.1			0.3	0.1	2.0	5.8
重庆 Chongqing	3 580.1	1 676.4	186.7	7.7		27.1	69.3	0.3	37.3	44.9
四川 Sichuan	9 961.8	4 759.7	504.9	50.2	2.3	58.9	90.9	52.3	127.4	122.9
贵州 Guizhou	7 053.0	3 139.2	262.4	6.3		31.3	60.8	9.3	117.3	37.4
云南 Yunnan	9 517.7	2 103.7	523.6	35.0	0.2	100.5	104.9	29.4	169.1	84.5
西藏 Tibet	528.5	119.6	109.4	0.0		22.6	0.1	34.0	51.9	0.9
陕西 Shaanxi	7 918.0	3 047.3	287.1	30.5	1.1	106.9	44.1	2.2	101.1	1.2
甘肃 Gansu	9 090.7	2 518.1	720.9	63.2		218.9	41.9	128.7	177.1	91.1
青海 Qinghai	1 251.7	452.9	137.9	13.2		58.4	0.2	3.4	50.3	12.4
宁夏 Ningxia	2 301.1	708.9	91.2	18.2	1.5	34.5	6.7	4.8	25.4	0.2
新疆 Xinjiang	1 688.1	250.8	293.8			100.4	19.1	26.1	120.8	27.4

2018 年各地区已建成水库
Built reservoirs in different regions of China in 2018

地区 Region	已建成水库 Built reservoirs		大型水库 Large reservoirs		中型水库 Medium reservoirs		小型水库 Small reservoirs	
	数量（座）Number（set）	总库容（亿 m^3）Total capacity（$10^8 m^3$）	数量（座）Number（set）	总库容（亿 m^3）Total capacity（$10^8 m^3$）	数量（座）Number（set）	总库容（亿 m^3）Total capacity（$10^8 m^3$）	数量（座）Number（set）	总库容（亿 m^3）Total capacity（$10^8 m^3$）
全国 National	98 822	8 953	736	7 117	3 954	1 126	94 132	710
北京 Beijing	87	52	3	46	17	5	67	1
天津 Tianjin	27	26	3	22	10	3	14	1
河北 Hebei	1 070	206	23	183	45	16	1 002	8
山西 Shanxi	610	70	11	39	70	22	529	9
内蒙古 Inner mongolia	607	110	16	66	90	33	501	11
辽宁 Liaoning	795	371	35	341	75	21	685	9
吉林 Jilin	1 621	334	20	291	106	30	1 495	13
黑龙江 Heilongjiang	1 031	268	28	218	101	35	902	16
江苏 Jiangsu	952	35	6	13	45	12	901	10
浙江 Zhejiang	4 308	446	34	373	158	45	4 116	28
安徽 Anhui	6 063	204	15	142	111	31	5 937	31
福建 Fujian	3 673	171	21	91	186	50	3 466	30
江西 Jiangxi	10 809	322	30	190	262	65	10 517	66
山东 Shandong	6 192	220	38	129	217	55	5 937	36
河南 Henan	2 654	426	26	370	124	34	2 504	22
湖北 Hubei	6 946	1 264	77	1 135	284	79	6 585	49
湖南 Hunan	14 092	514	45	351	359	93	13 688	71
广东 Guangdong	8 394	450	37	290	343	96	8 014	65
广西 Guangxi	4 537	711	59	594	231	68	4 247	48
海南 Hainan	1 109	112	10	76	76	23	1 023	12
重庆 Chongqing	3 076	126	18	81	103	27	2 955	19
四川 Sichuan	8 239	523	47	414	211	62	7 981	47
贵州 Guizhou	2 414	445	22	390	113	32	2 279	22
云南 Yunnan	6 702	757	36	645	283	70	6 383	43
西藏 Tibet	116	38	8	33	14	5	94	1
陕西 Shaanxi	1 102	94	12	54	77	29	1 013	12

（续）

地区 Region	已建成水库 Built reservoirs		大型水库 Large reservoirs		中型水库 Medium reservoirs		小型水库 Small reservoirs	
	数量（座）Number（set）	总库容（亿 m^3）Total capacity（$10^8 m^3$）	数量（座）Number（set）	总库容（亿 m^3）Total capacity（$10^8 m^3$）	数量（座）Number（set）	总库容（亿 m^3）Total capacity（$10^8 m^3$）	数量（座）Number（set）	总库容（亿 m^3）Total capacity（$10^8 m^3$）
甘肃 Gansu	388	103	9	83	42	14	337	6
青海 Qinghai	207	317	11	309	19	5	177	3
宁夏 Ningxia	327	28	1	6	36	14	290	8
新疆 Xinjiang	674	211	35	144	146	53	493	13

2018 年各地区 $666.7hm^2$ 以上灌区

Irrigated areas of more than $666.7hm^2$ in different regions of China in 2018

地 区 Region	$666.7hm^2$ 以上灌区 Irrigated areas of more than 666.7 hm^2		$33khm^2$ 以上灌区 Irrigated areas of more than 33 khm^2		20～$33khm^2$ 灌区 Irrigated areas of 20 to 33 khm^2	
	数量（处）Number of irrigated areas（unit）	耕地灌溉面积（khm^2）Area of irrigated farmland（khm^2）	数量（处）Number of irrigated areas（unit）	耕地灌溉面积（khm^2）Area of irrigated farmland（khm^2）	数量（处）Number of irrigated areas（unit）	耕地灌溉面积（khm^2）Area of irrigated farmland（khm^2）
全国 National	7 881	33 324	175	12 399	286	5 400
北京 Beijing	10	54	0	0	1	23
天津 Tianjin	80	188	0	0	1	28
河北 Hebei	151	1 148	6	432	15	306
山西 Shanxi	187	876	6	291	6	126
内蒙古 Inner mongolia	210	1 400	10	884	4	97
辽宁 Liaoning	89	449	5	203	6	89
吉林 Jilin	137	413	5	75	5	80
黑龙江 Heilongjiang	390	1 290	3	148	25	256
上海 Shanghai	1	3	0	0	0	0
江苏 Jiangsu	316	2 338	7	336	28	661
浙江 Zhejiang	183	620	3	138	9	128
安徽 Anhui	511	2 078	7	1 002	3	89
福建 Fujian	145	254	0	0	4	96
江西 Jiangxi	313	790	5	176	13	179

（续）

地 区 Region	666.7hm² 以上灌区 Irrigated areas of more than 666.7 hm²		33khm² 以上灌区 Irrigated areas of more than 33 khm²		20 ～ 33khm² 灌区 Irrigated areas of 20 to 33 khm²	
	数量（处） Number of irrigated areas (unit)	耕地灌溉面积 (khm²) Area of irrigated farmland (khm²)	数量（处） Number of irrigated areas (unit)	耕地灌溉面积 (khm²) Area of irrigated farmland (khm²)	数量（处） Number of irrigated areas (unit)	耕地灌溉面积 (khm²) Area of irrigated farmland (khm²)
山东 Shandong	508	3 211	19	1 497	34	570
河南 Henan	335	2 412	18	1 496	19	304
湖北 Hubei	582	2 672	15	795	25	567
湖南 Hunan	683	1 601	5	132	17	371
广东 Guangdong	487	770	2	113	1	7
广西 Guangxi	353	685	3	82	8	127
海南 Hainan	68	353	1	138	0	0
重庆 Chongqing	126	160	0	0	0	0
四川 Sichuan	392	1 380	6	819	4	78
贵州 Guizhou	115	115	0	0	0	0
云南 Yunnan	340	814	2	59	10	183
西藏 Tibet	113	98	0	15	1	19
陕西 Shaanxi	187	829	8	454	4	66
甘肃 Gansu	250	1 190	4	202	20	420
青海 Qinghai	94	135	0	0	0	0
宁夏 Ningxia	33	578	4	490	1	21
新疆 Xinjiang	588	5 541	31	2 419	22	510

2018 年各地区累计达标堤防长度

Accumulated length of dykes up to the standard in different regions of China in 2018

（单位：km）

地 区 Region	合计 Total	按等级分 Graded					本年新增达标堤防长度 Newly increased length of qualified dike this year
		1 级堤防 Class-1 dykes	2 级堤防 Class-2 dykes	3 级堤防 Class-3 dykes	4 级堤防 Class-4 dykes	5 级堤防 Class-5 dykes	
全国 National	217 607	9 684	24 299	24 906	71 345	87 373	8 439
北京 Beijing	1 497	120	450	179	610	139	79

（续）

地 区 Region	合计 Total	按等级分 Graded					本年新增达标堤防长度 Newly increased length of qualified dike this year
		1 级堤防 Class-1 dykes	2 级堤防 Class-2 dykes	3 级堤防 Class-3 dykes	4 级堤防 Class-4 dykes	5 级堤防 Class-5 dykes	
天津 Tianjin	999	246	521	38	194	0	10
河北 Hebei	4 992	272	1 373	925	1 139	1 283	114
山西 Shanxi	5 191	167	346	409	1 807	2 460	170
内蒙古 Inner Mongolia	5 220	178	1 191	1 173	1 875	803	123
辽宁 Liaoning	10 992	754	1 587	526	1 599	6 526	298
吉林 Jilin	4 874	194	1 265	239	1 811	1 365	112
黑龙江 Heilongjiang	6 979	227	1 375	486	2 924	1 967	369
上海 Shanghai	2 215	827	321	630	438	0	16
江苏 Jiangsu	42 012	1 199	3 712	4 828	10 580	21 693	849
浙江 Zhejiang	16 568	342	795	2 183	9 447	3 800	547
安徽 Anhui	14 006	1 126	1 662	2 042	5 038	4 138	525
福建 Fujian	3 854	139	136	577	1 453	1 549	197
江西 Jiangxi	4 594	67	256	159	1 819	2 293	316
山东 Shandong	17 075	1 052	2 985	1 490	7 513	4 035	431
河南 Henan	11 071	796	835	608	4 384	4 448	256
湖北 Hubei	6 030	257	1 293	1 105	1 143	2 232	387
湖南 Hunan	4 721	299	851	728	974	1 867	264
广东 Guangdong	12 639	566	1 699	3 338	5 019	2 017	76
广西 Guangxi	1 979	0	122	23	741	1 093	116
海南 Hainan	515	38	30	49	193	206	16
重庆 Chongqing	2 297	1	68	181	666	1 380	202
四川 Sichuan	5 494	120	96	623	2 164	2 491	316
贵州 Guizhou	3 231	120	88	112	490	2 422	227
云南 Yunnan	6 255	35	83	307	1 425	4 406	417
西藏 Tibet	1 920	16	95	616	104	1 089	156
陕西 Shaanxi	4 895	435	425	818	1 439	1 777	259
甘肃 Gansu	7 478	86	303	71	905	6 113	787
青海 Qinghai	1 908	0	187	137	1 209	375	224
宁夏 Ningxia	881	0	0	23	699	159	110
新疆 Xinjiang	5 224	4	149	281	1 544	3 245	470

2018 年各地区水闸情况
Sluices in various regions in 2018

（单位：座 unit：set）

地区 Region	规模以上 Above scale	按过流量大小分 Divided by size of overflow			按作用分 Divided by function				
		大型 Large	中型 Medium	小型 Small	分洪闸 Flood-diversion sluice	节制闸 Control sluice	排水闸 Drainage sluice	引水闸 Drinking water sluice	挡潮闸 Tide barrier
全国 National	104 403	897	6 534	96 972	8 373	57 972	18 355	14 570	5 133
北京 Beijing	426	11	64	351	6	415	1	4	
天津 Tianjin	1 128	13	54	1 061	53	505	257	301	12
河北 Hebei	3 054	10	255	2 789	268	1 719	459	577	31
山西 Shanxi	746	3	54	689	67	447	100	132	
内蒙古 Inner Mongolia	1 749	7	97	1 645	265	944	63	477	
辽宁 Liaoning	1 347	41	303	1 003	81	467	198	526	75
吉林 Jilin	480	20	63	397	61	229	87	103	
黑龙江 Heilongjiang	1 311	6	75	1 230	234	366	405	306	
上海 Shanghai	2 521		64	2 457		2 521			
江苏 Jiangsu	22 490	37	468	21 985	276	16 116	2 492	3 460	146
浙江 Zhejiang	9 363	18	330	9 015	374	5 556	1 484	284	1 665
安徽 Anhui	4 739	60	351	4 328	594	2 044	1 264	837	
福建 Fujian	2 501	47	279	2 175	578	452	654	94	723
江西 Jiangxi	4 471	25	246	4 200	951	1 770	1 189	561	
山东 Shandong	5 350	96	598	4 656	289	3 039	830	1 133	59
河南 Henan	3 882	39	328	3 515	170	1 710	1 324	678	
湖北 Hubei	6 821	22	166	6 633	657	2 932	1 908	1 324	
湖南 Hunan	11 924	151	1 118	10 655	1 011	9 123	927	863	
广东 Guangdong	8 194	144	729	7 321	821	1 484	3 450	391	2 048
广西 Guangxi	1 586	49	145	1 392	255	276	515	170	370
海南 Hainan	206	3	28	175	57	87	32	26	4
重庆 Chongqing	51	2	19	30	12	13	2	24	
四川 Sichuan	1 329	50	110	1 169	367	677	54	231	
贵州 Guizhou	41	1	2	38				41	
云南 Yunnan	1 679	4	191	1 484	103	1 321	39	216	
西藏 Tibet	37		3	34		15		22	
陕西 Shaanxi	438	2	12	424	42	148	113	135	
甘肃 Gansu	1 180	4	78	1 098	178	782	85	135	
青海 Qinghai	119	6	16	97	3	23	10	83	
宁夏 Ningxia	411		16	395	37	186	100	88	
新疆 Xinjiang	4 829	26	272	4 531	563	2 605	313	1 348	

〔撰稿人：水利部发展研究中心张岚〕

政策法规与标准

介绍与农业机械有关的政策法规和重要文件，介绍与农业机械有关标准的发布、实施情况，通过不断提高标准水平和采用新标准来推动企业产品的进步

Introducing the contents of policies,laws and important documents related to agricultural machinery.Introducing the issue and implementation of standards related to agricultural machinery, thereby pushing the progress of enterprises' products through constantly raising the level of standards and adopting new standards

政策法规

Policies, Laws & Regulations

标准

Standards

政策法规

农业部关于印发《农业技术试验示范与服务支持项目资金管理办法》的通知

（农财发〔2018〕1号）

各省、自治区、直辖市及计划单列市农业（农牧、农村经济）、农机、畜牧、兽医、农垦、农产品加工、渔业（水利）厅（局、委、办），新疆生产建设兵团农业局，部机关有关司局、直属各有关单位：

为进一步加强和规范我部农业技术试验示范与服务支持项目管理，提高项目资金使用效益，我部制定了《农业技术试验示范与服务支持项目资金管理办法》。现印发给你们，请遵照执行。

农业部

2018年1月4日

农业技术试验示范与服务支持项目资金管理办法

第一章　总　则

第一条　为加强和规范农业技术试验示范与服务支持项目管理，提高项目资金使用效益，根据《中央本级项目支出预算管理办法》《农业部部门预算项目管理办法》及其他有关规定，制定本办法。

第二条　本办法所称农业技术试验示范与服务支持项目，是指中央财政在农业部部门预算中设立的，履行农业部职责所必需的，用于种植业、种业、畜牧业、农产品加工业、农垦、农业机械化等重大关键技术试验示范与服务支持，农业科技成果推广与转化，农村实用人才带头人培养等方面的项目支出。

第三条　农业部人事劳动司、科技教育司、种植业管理司、种子管理局、农业机械化管理司、畜牧业司、农垦局、农产品加工局等项目主管司局和有关部属单位是农业技术试验示范与服务支持项目的实施主体，对项目资金的管理和使用承担主体责任，负责归口管理和直接承担项目的组织实施和监督检查。

农业部财务司是农业技术试验示范与服务支持项目的监督主体，对项目资金的管理和使用承担监督责任，负责项目资金的预算管理和监督检查。

第二章　资金使用方向和开支范围

第四条　农业技术试验示范与服务支持项目资金主要用于：

（一）推进农科教结合，探索产、学、研协同开展农技推广服务的机制和模式；事关引领农业发展的重要技术模式的试验示范；开展基层农技推广体系改革创新试点和有关推广方式方法创新等。

（二）化肥减量增效和耕地质量提升技术试点示范；粮油作物绿色高产高效关键技术试点示范；经济作物提质增效关键技术试验示范；低毒生物农药示范推广；病虫害绿色防控技术集成示范等种植业重大关键技术试验示范与服务支持。

（三）绿色优质、高产稳产、特殊用途及类型等农作物品种区域性试验、适应性生产试验；适应农业供给侧结构性改革、农业现代化发展的苗头品种和重大关键技术集成组装、展示示范、推广应用、跟踪评价与服务支持。

（四）主要农作物生产全程机械化技术示范；深耕深松、秸秆机械还田离田、保护性耕作、残膜机械化回收、烘干和机播机收等农业机械化重大关键技术试验示范与服务支持；区域特色作物生产关键环节机械化技术试验示范与服务支持；畜牧水产养殖、设施农业、农产品产后初加工等机械化技术试验示范与服务支持。

（五）全株青贮玉米推广示范；国家草品种区域试验；奶牛生产性能测定等畜牧业重大关键技术试验示范与服务支持。

（六）农产品加工技术先行先试与公共服务、休闲农业和乡村旅游发展、中国重要农业文化遗产发掘保护等农产品加工业重大关键技术试验示范与服务支持。

（七）农垦种植业绿色高效、养殖业高产高效与生态循环、农机标准化管理以及高产高效良种繁育等重大关键技术集成、试验示范与服务支持；热作生产经营示范与产业服务支持、热作新品种新技术推广、天然橡胶标准化抚育技术示范推广、辣木产业示范等热作重大关键技术试验示范与服务支持。

（八）农村实用人才带头人培养等。

（九）其他涉及农业技术试验示范与服务支持的工作。

第五条 农业技术试验示范与服务支持项目资金的开支范围主要包括项目实施过程中发生的水费、电费、邮电费、印刷费、专用材料费、维修（护）费、租赁费、专用设备购置费、差旅费、劳务费、咨询费、委托业务费及其他与项目直接相关的支出。

第六条 农业技术试验示范与服务支持项目资金不得用于编制内人员的基本支出，不得用于基本建设支出，不得用于计提项目管理费及其他与项目无关的支出。

项目主管司局组织实施的农业技术试验示范与服务支持项目资金不得用于因公出国（境）费用、公务接待费、公务用车购置及运行费、会议费支出。

第七条 项目主管司局通过政府购买服务方式支付给承担单位的农业技术试验示范与服务支持项目资金，其开支范围按照政府购买服务有关规定执行。

第三章 项目组织实施和资金使用管理

第八条 项目主管司局应当根据项目支出规划和年度预算，制定农业技术试验示范与服务支持项目年度实施方案，做好组织实施工作。项目年度实施方案主要包括年度绩效目标、重点实施内容和区域、承担单位范围、资金安排意见、监督管理措施等内容。

第九条 对农业技术试验示范与服务支持项目中符合政府购买服务要求的事项，项目主管司局应交由具备承接条件的主体办理，积极推行政府购买服务。

不属于政府购买服务范围、需要由非预算单位配合完成的事项，应通过委托的方式确定承担单位。对带有定向委托性质的任务，应根据实际工作需要，选择确定承担单位，并履行单位领导班子集体研究等程序，减少自由裁量空间。对不具有定向委托性质的任务，应完善申报方式，引入竞争机制，科学择优确定承担单位。

第十条 项目主管司局通过政府购买服务或委托方式确定任务承担单位后，应及时与承担单位签订政府购买服务合同或任务委托书，明确任务内容、实施方案、经费预算、资金结算、违约责任等内容，并纳入项目档案管理。

第十一条 项目主管司局通过政府购买服务方式支付给企业、事业单位、社会组织等单位的资金，应按规定取得发票。不属于政府购买服务范围、通过委托方式支付给行政单位、事业单位的资金，可以资金支付文件、银行结算凭证等作为报销依据。

第十二条 项目主管司局和承担单位应严格执行政府采购管理有关规定，属于政府采购范围的，应按照《中华人民共和国政府采购法》及有关规定执行。

第十三条 项目主管司局应加强项目实施情况的跟踪调度，按照政府购买服务合同或任务委托书的约定，按时验收合同成果。

第十四条 项目承担单位应严格执行国家有关财经法规和财务制度，按照政府购买服务合同或任务委托书的约定实施项目，对农业技术试验示范与服务支持项目资金实行明细核算，科学、合规、有效使用项目资金。

第十五条 农业技术试验示范与服务支持项目资金原则上应在当年内使用完毕，确有结转结余的，按照财政拨款结转和结余资金管理规定执行。

第四章 监督检查和绩效评价

第十六条 农业技术试验示范与服务支持项目资金的管理和使用情况依法接受国家财政、审计、纪检监察等部门的监督检查。项目承担单位应积极配合并提供有关资料。

第十七条 农业部财务司会同项目主管司局对农业技术试验示范与服务支持项目执行情况和资金使用情况进行监督检查和专项审计，并将检查和审计结果与预算安排挂钩。

第十八条 农业技术试验示范与服务支持项目资金使用管理实行绩效评价制度，评价结果作为预算安排的重要依据。

第十九条 项目主管部门或承担单位滞留截留、虚报冒领、挤占挪用农业技术试验示范与服务支持项目资金，以及存在其他违反本办法规定行为的，按照《中华人民共和国预算法》《财政违法行为处罚处分条例》等有关规定追究相应责任。

第二十条 农业部相关部门及其相关工作人员在农业技术试验示范与服务支持项目资金管理中，存在违反规定安排资金以及滥用职权、玩忽职守、徇私舞弊等违法违纪行为的，按照《中华人民共和国公务员法》《财政违法行为处罚处分条例》等有关规定追究相应责任。

第五章 附 则

第二十一条 本办法由农业部财务司负责解释。

第二十二条 本办法自发布之日起施行。

国务院关于加快推进农业机械化和农机装备产业转型升级的指导意见

（国发〔2018〕42号）

各省、自治区、直辖市人民政府，国务院各部委、各直属机构：

农业机械化和农机装备是转变农业发展方式、提高农村生产力的重要基础，是实施乡村振兴战略的重要支撑。没有农业机械化，就没有农业农村现代化。近年来，我国农机制造水平稳步提升，农机装备总量持续增长，农机作业水平快速提高，农业生产已从主要依靠人力畜力转向主要依靠机械动力，进入了机械化为主导的新阶段。但受农机产品需求多样、机具作业环境复杂等因素影响，当前农业机械化和农机装备产业发展不平衡不充分的问题比较突出，特别是农机科技创新能力不强、部分农机装备有效供给不足、农机农艺结合不够紧密、农机作业基础设施建设滞后等问题亟待解决。为加快推进农业机械化和农机装备产业转型升级，现提出以下意见。

一、总体要求

（一）指导思想。以习近平新时代中国特色社会主义思想为指导，全面贯彻党的十九大和十九届二中、三中全会精神，认真落实党中央、国务院决策部署，紧紧围绕统筹推进“五位一体”总体布局和协调推进“四个全面”战略布局，牢固树立和贯彻落实新发展理念，适应供给侧结构性改革要求，以服务乡村振兴战略、满足亿万农民对机械化生产的需要为目标，以农机农艺融合、机械化信息化融合、农机服务模式与农业适度规模经营相适应、机械化生产与农田建设相适应为路径，以科技创新、机制创新、政策创新为动力，补短板、强弱项、促协调，推动农机装备产业向高质量发展转型，推动农业机械化向全程全面高质高效升级，走出一条中国特色农业机械化发展道路，为实现农业农村现代化提供有力支撑。

（二）发展目标。

到2020年，农机装备产业科技创新能力持续提升，主要经济作物薄弱环节“无机可用”问题基本解决。全国农机总动力超过10亿kW，其中灌排机械动力达到1.2亿kW，农机具配置结构进一步优化，农机作业条件加快改善，农机社会化服务领域加快拓展，农机使用效率进一步提升。全国农作物耕种收综合机械化率达到70%，小麦、水稻、玉米等主要粮食作物基本实现生产全程机械化，棉油糖、果菜茶等大宗经济作物全程机械化生产体系基本建立，设施农业、畜牧养殖、水产养殖和农产品初加工机械化取得明显进展。

到2025年，农机装备品类基本齐全，重点农机产品和关键零部件实现协同发展，产品质量可靠性达到国际先进水平，产品和技术供给基本满足需要，农机装备产业迈入高质量发展阶段。全国农机总动力稳定在11亿kW左右，其中灌排机械动力达到1.3亿kW，农机具配置结构趋于合理，农机作业条件显著改善，覆盖农业产前产中产后的农机社会化服务体系基本建立，农机使用效率显著提升，农业机械化进入全程全面高质高效发展时期。全国农作物耕种收综合机械化率达到75%，粮棉油糖主产县（市、区）基本实现农业机械化，丘陵山区县（市、区）农作物耕种收综合机械化率达到55%。薄弱环节机械化全面突破，其中马铃薯种植、收获机械化率均达到45%，棉花收获机械化率达到60%，花生种植、收获机械化率分别达到65%和55%，油菜种植、收获机械化率分别达到50%和65%，甘蔗收获机械化率达到30%，设施农业、畜牧养殖、水产养殖和农产品初加工机械化率总体达到50%左右。

二、加快推动农机装备产业高质量发展

（三）完善农机装备创新体系。瞄准农业机械化需求，加快推进农机装备创新，研发适合国情、农民需要、先进适用的各类农机，既要发展适应多种形式适度规模经营的大中型农机，也要发展适应小农生产、丘陵山区作业的小型农机以及适应特色作物生产、特产养殖需要的高效专用农机。加强顶层设计与动态评估，建立健全部门协调联动、覆盖关联产业的协同创新机制，增强科研院所原始创新能力，完善以企业为主体、市场为导向的农机装备创新体系，研究部署新一代智能农业装备科研项目，支持产学研推用深度融合，推进农机装备创新中心、产业技术创新联盟建设，协同开展基础前沿、关键共性技术研究，促进种养加、粮经饲全程全面机械化创新发展。鼓励企业开展高端农机装备工程化验证，加强与新型农业经营主体对接，探索建立“企业＋合作社＋基地”的农机产品研发、生产、推广新模式，持续提升创新能力。孵化培育一批技术水平高、成长潜力大的农机高新技术企业，促进农机装备领域高新技术产业发展。（工业和信息化部、发展改革委、科技部、农业农村部等负责。列第一位者为牵头单位，下同）

（四）推进农机装备全产业链协同发展。支持农机装备产业链上下游企业加强协同，攻克基础材料、基础工艺、电子信息等“卡脖子”问题。引导零部件企业与整机企业构建成本共担、利益共享的新型合作机制，推进新型高效节能农用发动机、大马力用转向驱动桥和农机装备专用传感器等零部件研发，加快关键技术产业化。推动整机企业加强技术创新和内部管理，提升智能化制造水平和质量管控能力，探索开展个性化定制、网络精准营销、在线支持服务等新型商业模式。建立健全现代农机流通体系和售后服务网络，创新现代农机服务模式。（工业和信息化部、发展改革委、科技部、农业农村部、商务部等负责）

（五）优化农机装备产业结构布局。鼓励大型企业由单机制造为主向成套装备集成为主转变，支持中小企业向“专、精、特、新”方向发展，构建大中小企业协同发展的产业格局。根据我国农业生产布局和区域地势特点等，紧密结合农业产业发展需求，以优势农机装备企业为龙头带动区域特色产业集群建设，推动农机装备均衡协调发展。支持企业加强农机装备研发生产，优化资源配置，积极培育具有国际竞争力的农机装备生产企业集团。推动先进农机技术及产品“走出去”，鼓励优势企业参与对外援助和国际合作项目，提升国际化经营能力，服务“一带一路”建设。（工业和信息化部、发展改革委、农业农村部、商务部、国资委、国际发展合作署等负责）

（六）加强农机装备质量可靠性建设。加快精准农业、智能农机、绿色农机等标准制定，构建现代农机装备标准体系。加强农机装备产业计量测试技术研究，支撑农机装备产业技术创新。建立健全农机装备检验检测认证体系，支持农机装备产业重点地区建立检验检测认证公共服务平台，提升面向农机装备零部件和整机的安全性、环境适应性、设备可靠性以及可维修性等试验测试和鉴定能力。对涉及人身安全的产品依法实施强制性产品认证，大力推动农机装备产品自愿性认证，推进农机购置补贴机具资质采信农机产品认证结果。加强农机产品质量监管，强化企业质量主体责任，对重点产品实施行业规范管理。督促农机装备行业大力开展诚信自律行动和质量提升行动，强化知识产权保护，加大对质量违法和假冒品牌行为的打击和惩处力度，开展增品种、提品质、创品牌“三品”专项行动。（市场监管总局、工业和信息化部、发展改革委、农业农村部等负责）

三、着力推进主要农作物生产全程机械化

（七）加快补齐全程机械化生产短板。聚焦薄弱环节，加大试验示范和服务支持力度，着力提升双季稻地区的水稻机械化种植、长江中下游地区的油菜机械化种植收获以及马铃薯、花生、棉花、苜蓿主产区的机械化采收水平。加快高效植保、产地烘干、秸秆处理等环节与耕种收环节机械化集成配套，探索具有区域特点的主要农作物生产全程机械化解决方案。大力发展甘蔗生产全程机械化，打造特色农产品优势区样板。按规定对新型农业经营主体开展深耕深松、机播机收等生产服务给予补助，大力推进产前产中产后全程机械化。（农业农村部、发展改革委、财政部等负责）

（八）协同构建高效机械化生产体系。加快选育、推广适于机械化作业、轻简化栽培的品种。将适应机械化作为农作物品种审定、耕作制度变革、产后加工工艺改进、农田基本建设等工作的重要目标，促使良种、良法、良地、良机配套，为全程机械化作业、规模化生产创造条件。支持推进现代农业产业技术体系、科技创新联盟、协同创新中心等平台建设，充分发挥现代农业产业园、农业科技园区、返乡创业园的科技支撑引领作用，提高农业机械化科技创新能力，加强产学研推用联合攻关，推动品种栽培装备等多学科、产前产中产后各环节协同联动，加快主要农作物生产全程机械化技术集成与示范。实施主要农作物生产全程机械化推进行动，率先在粮食生产功能区、重要农产品生产保护区、特色农产品优势区、国家现代农业示范区创建一批整体推进示范县（场），引导有条件的省份、市县和垦区整建制率先基本实现主要农作物生产全程机械化。（农业农村部、发展改革委、科技部、工业和信息化部等负责）

四、大力推广先进适用农机装备与机械化技术

（九）加强绿色高效新机具新技术示范推广。围绕农业结构调整，加快果菜茶、牧草、现代种业、畜牧水产、设施农业和农产品初加工等产业的农机装备和技术发展，推进农业生产全面机械化。加强薄弱环节农业机械化技术创新研究和农机装备的研发、推广与应用，攻克制约农业机械化全程全面高质高效发展的技术难题。稳定实施农机购置补贴政策，对购买国内外农机产品一视同仁，最大限度发挥政策效益，大力支持保护性耕作、秸秆还田离田、精量播种、精准施药、高效施肥、水肥一体化、节水灌溉、残膜回收利用、饲草料高效收获加工、病死畜禽无害化处理及畜禽粪污资源化利用等绿色高效机械装备和技术的示范推广。加大农机新产品补贴试点力度，支持大马力、高性能和特色、复式农机新装备示范推广。鼓励金融机构针对权属清晰的大型农机装备开展抵押贷款，鼓励有条件的地方探索对购买大型农机装备贷款进行贴息。积极推进农机报废更新，加快淘汰老旧农机装备，促进新机具新技术推广应用。积极发展农用航空，规范和促进植保无人机推广应用。（农业农村部、科技部、工业和信息化部、财政部、交通运输部、商务部、人民银行、银保监会、民航局等负责）

（十）推动智慧农业示范应用。促进物联网、大数据、移动互联网、智能控制、卫星定位等信息技术在农机装备和农机作业上的应用。编制高端农机装备技术路线图，引导智能高效农机装备加快发展。支持优势企业对接重点用户，形成研发生产与推广应用相互促进机制，实现智能化、绿色化、服务化转型。建设大田作物精准耕作、智慧养殖、园艺作物智能化生产等数字农业示范基地，推进智能农机与智慧农业、云农场建设等融合发展。推进“互联网+农机作业”，加快推广应用农机作业监测、维修诊断、远程调度等信息化服务平台，实现数据信息互联共享，提高农机作业质量与效率。（农业农村部、发展改革委、工业和信息化部、国资委等负责）

（十一）提高农业机械化技术推广能力。强化农业机械化技术推广机构的能力建设，加大新技术试验验证力度。推行政府购买服务，鼓励农机科研推广人员与农机生产企业、新型农业经营主体开展技术合作，支持农机生产企业、科研教学单位、农机服务组织等广泛参与技术推广。运用现代信息技术，创新“田间日”等体验式、参与式推广新方式，切实提升农业机械化技术推广效果。提高农机公益性试验鉴定能力，加快新型农机产品检测鉴定，充分发挥农机试验鉴定的评价推广作用。（农业农村部、工业和信息化部等负责）

五、积极发展农机社会化服务

（十二）发展农机社会化服务组织。培育壮大农机大户、农机专业户以及农机合作社、农机作业公司等新型农机服务组织，支持农机服务组织开展多种形式适度规模经营，鼓励家庭农场、农业企业等新型农业经营主体从事农机作业服务。落实农机服务金融支持政策，引导金融机构加大对农机企业和新型农机服务组织的信贷投放，灵活开发各类信贷产品和提供个性化融资方案；在合规审慎的前提下，按规定程序开展面向家庭农场、农机合作社、农业企业等新型农业经营主体的农机融资租赁业务和信贷担保服务。鼓励发展农机保险，加强业务指导，鼓励有条件的农机大省选择重点农机品种，支持开展农机保险。农机融资租赁服务按规定适用增值税优惠政策，允许租赁农机等设备的实际使用人按规定享受农机购置补贴。农业机械耕作服务按规定适用增值税免征政策。（农业农村部、财政部、人民银行、税务总局、银保监会等负责）

（十三）推进农机服务机制创新。鼓励农机服务主体通过跨区作业、订单作业、农业生产托管等多种形式，开展高效便捷的农机作业服务，促进小农户与现代农业发展有机衔接。对于促进农业绿色发展的农机服务，积极推进按规定通过政府购买服务方式提供。鼓励农机服务主体与家庭农场、种植大户、普通农户及农业企业组建农业生产联合体，实现机具共享、互利共赢。支持农机服务主体及农村集体经济组织按规划建设集中育秧、农机具存放以及农产品产地储藏、烘干、分等分级等设施和区域农机维修中心。推动农机服务业态创新，建设一批“全程机械化+综合农事”服务中心，为周边农户提供全程机械作业、农资统购、技术培训、信息咨询、农产品销售对接等“一站式”综合服务。继续落实有关规定，免收跨区作业的联合收割机、运输联合收割机和插秧机车辆的通行费。（农业农村部、发展改革委、财政部、自然资源部、交通运输部等负责）

六、持续改善农机作业基础条件

（十四）提高农机作业便利程度。加强高标准农田建设、农村土地综合整治等方面制度、标准、规范和实施细则的制修订，进一步明确田间道路、田块长度宽度与平整度等“宜机化”要求，加强建设监理和验收评价。统筹中央和地方各类相关资金及社会资本积极开展高标准农田建设，推动农田地块小并大、短并长、陡变平、弯变直和互联互通，切实改善农机通行和作业条件，提高农机适应性。重点支持丘陵山区开展农田“宜机化”改造，扩展大中型农机运用空间，加快补齐丘陵山区农业机械化基础条件薄弱的短板。（农业农村部、发展改革委、财政部、自然资源部、市场监管总局等负责）

（十五）改善农机作业配套设施条件。落实设施农用地、新型农业经营主体建设用地、农业生产用电等相关政策，支持农机合作社等农机服务组织生产条件建设。加强县级统筹规划，合理布局农机具存放和维修、农作物育秧育苗以及农产品产地烘干和初加工等农机作业服务配套设施。在年度建设用地指标中，优先安排农机合作社等新型农业经营主体用地，并按规定减免相关税费。有条件的地区可以将晒场、烘干、机具库棚等配套设施纳入高标准农田建设范围。鼓励有条件的地区建设区域农机安全应急救援中心，提高农机安全监理执法、快速救援、机具抢修和跨区作业实时监测调度等能力。（农业农村部、发展改革委、财政部、自然资源部、税务总局等负责）

七、切实加强农机人才培养

（十六）健全新型农业工程人才培养体系。加强农业工程学科建设，制定中国特色农业工程类专业认证标准。引导高校积极设置相关专业，培养创新型、应用型、复合型农业机械化人才。支持高等院校招收农业工程类专业学生，扩大硕士、博士研究生培养规模。加大卓越农林人才、卓越工程师教育培养计划对农机人才的支持力度，引导相关高校面向农业机械化、农机装备产业转型升级开展新工科研究与实践，构建产学合作协同育人项目实施体系。推动实施产教融合、校企合作，支持优势农机企业与学校共建共享工程创新基地、实践基地、实训基地。发挥好现代农业装备职业教育集团作用。鼓励农机人才国际交流合作，支持农机专业人才出国留学、联合培养，积极引进国际农机装备高端人才。（教育部、工业和信息化部、农业农村部等负责）

（十七）注重农机实用型人才培养。实施新型职业农民培育工程，加大对农机大户、农机合作社带头人的扶持力度。大力遴选和培养农机生产及使用一线“土专家”，弘扬工匠精神，充分发挥基层实用人才在推动技术进步和机械化生产中的重要作用。通过购买服务、项目支持等方式，支持农机生产企业、农机合作社培养农机操作、维修等实用技能型人才。加强基层农机推广人员岗位技能培养和知识更新，鼓励大中专毕业生、退伍军人、科技人员等返乡下乡创办领办新型农机服务组织，打造一支懂农业、爱农村、爱农民的一线农机人才队伍。（农业农村部、工业和信息化部等负责）

八、强化组织领导

（十八）健全组织实施机制。建立由农业农村部、工业和信息化部牵头的国家农业机械化发展协调推进机制，统筹协调农业机械化和农机装备产业发展工作，认真梳理和解决突出问题，审议有关政策、重大工程专项和重点工作安排，加强战略谋划和工作指导，破除发展中的障碍。重大问题及时向国务院报告。（农业农村部、工业和信息化部牵头负责）

（十九）强化地方政府责任。各省级人民政府要认真研究实施乡村振兴战略对农机装备的需求，充分认识加快推进农业机械化和农机装备产业转型升级的重要性、紧迫性，将其作为推进农业农村现代化的重要内容，纳入本地区经济社会发展规划和议事日程，结合实际制定实施意见。深入贯彻落实《中华人民共和国农业机械化促进法》等法律法规，完善粮食安全省长责任制等政府目标考核中的农业机械化内容，建立协同推进机制，落实部门责任，加强经费保障，形成工作合力。（各省级人民政府负责）

（二十）促进政府与市场良性互动。充分尊重农民意愿，从根本上依靠市场力量和农民的创造性，及时发现和总结推广典型做法，因地制宜推进农业机械化发展。更好地发挥政府在推进农业机械化中的引导作用，重点在公共服务等方面提供支持，为市场创造更多发展空间。深入推进农机装备产业和农业机械化管理领域简政放权、放管结合、优化服务改革，推进政务信息公开，加强规划政策引导，优化鉴定推广服务，保障农机安全生产，切实调动各类市场主体的积极性、主动性和创造性。充分发挥行业协会在行业自律、信息交流、教育培训等方面的作用，服务引导行业转型升级。加强舆论引导，推介典型经验，宣传表彰先进，努力营造加快推进农业机械化和农机装备产业转型升级的良好氛围。（农业农村部、工业和信息化部等负责）

国务院

2018 年 12 月 21 日

农业机械试验鉴定办法

（农业农村部 2018 年第 3 号令）

第一章 总 则

第一条 为了促进先进适用农业机械的推广应用，维护农业机械使用者及生产者、销售者的合法权益，根据《中华人民共和国农业机械化促进法》和《中华人民共和国农业技术推广法》，制定本办法。

第二条 本办法所称农业机械试验鉴定（以下简称农机鉴定），是指农业机械试验鉴定机构（以下简称农机鉴定机构）通过科学试验、检测和考核，对农业机械的适用性、安全性和可靠性作出技术评价，为农业机械的选择和推广提供依据和信息的活动。

根据鉴定目的的不同，农机鉴定分为：

（一）推广鉴定：全面考核农业机械性能，评定是否适于推广；

（二）专项鉴定：考核、评定农业机械创新产品的专项性能。

第三条 农机鉴定由农业机械生产者或者销售者自愿申请。

第四条 农业农村部主管全国农机鉴定工作，制定并公布推广鉴定大纲。省、自治区、直辖市人民政府农业机械化行政主管部门主管本行政区域的农机鉴定工作，制定并公布专项鉴定大纲，报农业农村部备案。

农机鉴定大纲应当根据法规、标准变化或者农机产品技术发展情况进行修订、废止，不断适应农机鉴定工作需要。

第五条 农机鉴定机构应当制定并定期调整、发布农机鉴定产品种类指南，明确可鉴定的产品范围，依据农机鉴定大纲开展农机鉴定工作。

第六条 农机鉴定属公益性服务，应当坚持公正、公开、科学、高效的原则，推行网上申请、受理、审核、发证、注册管理，接受农业机械使用者、生产者、销售者和社会的监督。

第七条 通过农机鉴定的产品，可以依法纳入国家促进农业机械化技术推广的财政补贴、优惠信贷、政府采购等政策支持的范围。

第二章 鉴定机构

第八条 农机鉴定由省级以上人民政府农业机械化行政主管部门所属或者指定的农机鉴定机构实施。

第九条 农机鉴定机构应当具备下列条件：

（一）不以赢利为目的的公益性事业组织；

（二）具有与鉴定工作相适应的工作人员、场所和设施设备；

（三）具有符合鉴定工作要求的工作制度和操作规范。

第十条 农业农村部农业机械试验鉴定总站负责组织协调农机鉴定机构开展国家支持的推广鉴定工作。

鼓励各农机鉴定机构之间开展鉴定合作，共享鉴定资源，提高鉴定能力。

第三章 申请和受理

第十一条 申请农机鉴定的产品应当符合下列条件：

（一）属合格产品；

（二）有一定的生产批量；

（三）列入农机鉴定产品种类指南；

（四 ）实行强制性认证或者生产许可管理的产品，还应当取得相应的证书；

（五）申请前五年内，未违反本办法第二十五条第一项、第五项、第六项、第七项和第三十条的规定。

第十二条 申请农机鉴定的农业机械生产者或者销售者应当向农机鉴定机构提交下列材料：

（一）农机鉴定申请表；

（二）产品执行标准；

（三）产品使用说明书；

（四）农机产品合格和申请材料真实性承诺书。

委托他人代理申请的，还应当提交农业机械生产者或者销售者签署的委托书。

申请专项鉴定的产品，还应当提交农机创新产品的说明材料。

第十三条 农机鉴定机构应当在收到申请之日起10日内对申请材料进行审查，决定是否受理，并通知申请者。不予受理的，应当说明理由。

第四章 鉴定实施

第十四条 农机鉴定机构应当在受理申请后与申请者确定试验鉴定时间，组织人员按鉴定大纲抽取或确认样机，并审核必需的技术文件。

第十五条 鉴定用样机由申请者提供，并按期送到指定试验地点。鉴定结束后，样机由申请者自行处理。

第十六条 农机鉴定内容根据鉴定类型分别确定。

（一）推广鉴定：

1. 安全性评价；

2. 适用性评价；

3. 可靠性评价。

（二）专项鉴定：

1. 创新性评价；

2. 安全性检查；

3. 适用地区性能试验。

第十七条 农机鉴定机构应当在鉴定结束之日起15日内向申请者出具鉴定报告。

第十八条 申请者对鉴定结果有异议的，可以在收到鉴定报告之日起15日内向原鉴定机构申请复验一次。

第五章 鉴定公告

第十九条 农机鉴定机构应当在指定媒体上公布通过鉴定的产品 信息和相应的检测结果。

第二十条 对通过农机鉴定的产品，农机鉴定机构应当在公布后10日内颁发农业机械鉴定证书，产品生产者凭农业机械鉴定证书使用相应的农业机械鉴定标志。

第二十一条 农业机械鉴定证书和标志的式样由农业农村部统一制定、发布。

农机推广鉴定证书的有效期为5年，农机专项鉴定证书的有效期为3年，有效期满仍符合现行鉴定大纲要求的，实行注册管理；不再符合鉴定大纲要求的，证书失效。

禁止伪造、涂改、转让和超范围使用农机鉴定证书和标志。

第六章 监督管理

第二十二条 农机鉴定机构应当组织对通过农机鉴定的产品及农业机械鉴定证书和标志的使用情况进行监督，发现有违反本办法行为的，应当依法处理。

第二十三条 农机鉴定机构应当严格依照鉴定大纲进行农机鉴定，不得伪造鉴定结果或者出具虚假证明，并对鉴定结果承担责任。

第二十四条 通过农机鉴定的产品，其生产企业的名称或者 注册地点发生改变的，应当凭相关证明文件向原发证机构申请变更换证；产品结构、型式和主要技术参数变化超出限定范围的，应当重新申请鉴定。

第二十五条 通过农机鉴定的产品，有下列情形之一的，由原发证机构撤销农机鉴定证书，并予公告：

（一）产品出现重大质量问题，或出现集中的质量投诉后生产者未在规定期限内 解决的；

（二）企业名称或者注册地点发生改变在3个月内未申请变更的；

（三）产品结构、形式和主要技术参数变化超出限定范围未重新申请鉴定的；

（四）在国家产品质量监督抽查或市场质量监督检查中不合格的；

（五）通过欺诈、贿赂等手段获取鉴定结果或者证书的；

（六）涂改、转让、超范围使用农机鉴定证书和标志的；

（七）存在侵犯专利的。

第二十六条 通过农机鉴定的产品，有下列情形之一的，由原发证机构注销农机鉴定证书，并予公告：

（一）生产者申请注销的；

（二）证书有效期届满未实行注册管理的；

（三）国家明令淘汰的；

（四）生产者营业执照被吊销的；

（五）法律法规规定应当注销的其他情形。

第七章 罚 则

第二十七条 县级以上地方人民政府农业机械化行政主管部门强制或者变相强制农业机械生产者、销售者对其生产、销售的农业机械产品进行鉴定的，由上级主管机关或者监察机关责令限期改正，并对直接负责的主管人员和其他直接责任人员给予行政处分。

第二十八条 农机鉴定机构不按规定进行鉴定、伪造鉴定结果或者出具虚假证明的，由农业机械化行政主管部门责令改正，对单位负责人和其他直接责任人员，依法给予处分；给农业机械使用者造成损失的，依法承担赔偿责任。

第二十九条 从事农机鉴定工作的人员徇私舞弊、弄虚作假、滥用职权、玩忽职守的，依法给予处分。

第三十条 伪造、冒用或使用过期的农机鉴定证书和标志的，由农机鉴定机构责令停止违法行为，5年内不受理其农机鉴定申请。

第八章 附 则

第三十一条 本办法所称日，是指工作日。

第三十二条 本办法自2019年4月1日起施行。农业部2005年7月26日发布，2013年12月31日、2015年7月15日修订的《农业机械试验鉴定办法》同时废止。

农业农村部

2018年12月30日

农业农村部办公厅关于进一步做好农机购置补贴机具投档与核验等工作的通知

（农办机〔2019〕7号）

各省、自治区、直辖市及计划单列市农业农村厅（委、局），新疆生产建设兵农业农村局，黑龙江省农垦总局、广东省农垦总局，农业农村部农业机械试验鉴定总站、农业农村部农业机械化技术开发推广总站：

为贯彻落实《农业农村部、财政部关于做好2019年农业生产发展等项目实施工作的通知》（农计财发〔2019〕6号）精神要求，增加畜禽粪污资源化利用补贴机具种类，进一步规范优化农机购置补贴机具信息公开、投档与核验工作，提升政策实施的满意度，经商财政部同意，现就有关事项通知如下。

一、加大对购置畜禽粪污资源化利用机具的支持力度

深入贯彻落实《国务院办公厅关于加快推进畜禽养殖废弃物资源化利用的意见》（国办发〔2017〕48号）精神，在2018?2020年《全国农机购置补贴机具种类范围》中增加有机废弃物好氧发酵翻堆机、畜禽粪便发酵处理机、有机肥加工设备、有机废弃物干式厌氧发酵装置等4个畜禽粪污资源化利用机具品目。鼓励农机新产品补贴试点品目数量尚不足3个的省份，选取废弃物料烘干机、增压沼液施肥设备和粪污罐等有助于畜禽粪污资源化利用的机具，开展新产品补贴试点，补足新产品试点品目数量，按照《农业部办公厅、财政部办公厅关于做好2018—2020年农机新产品购置补贴试点工作的通知》（农办机〔2018〕5号）有关要求，于2019年6月底前完成备案后实施。各省要根据《农业农村部办公厅关于进一步规范农机试验鉴定产品品目归属工作的通知》（农办机〔2019〕4号）要求，于5月底前组织完成《农业机械分类》行业标准NY/T1640—2008和NY/T1640—2015的衔接工作，之后在农机购置补贴辅助管理系统中调整相关品目名称和类别归属，做好本省补贴机具种类范围的调整优化、公布实施等工作。

二、及时公开补贴机具资质信息

指导、监督农机试验鉴定机构和有关农机产品认证机构规范鉴定、认证结果信息公开工作，原则上将每季度前10个工作日作为鉴定、认证结果通告发布期，并在结果通告发布后10个工作日内按有关要求，将规范的结果信息上传全国农业机械试验鉴定管理服务信息化平台（以下简称“鉴定平台”）。加强省级农机购置补贴延伸绩效管理对农机试验鉴定结果公开、上传及时性和规范性等工作情况的考核。农业农村部农业机械试验鉴定总站要加强鉴定平台的运维管理和功能升级工作，组织各机构定期监测信息报送情况和数据质量，及时核验更新数据，确保平台准确推送补贴机具投档所需鉴定、认证信息，动态推送变更、

撤证、失效信息，为补贴机具投档工作提供及时、权威、规范的数据信息。

三、便利企业投送补贴机具信息

认真贯彻落实《农机购置补贴机具投档工作规范（试行）》（附件1），规范和优化补贴机具投档工作。全面运用补贴机具信息化自主投档平台，自动抓取鉴定平台相关信息，便利企业对参与购置补贴的机具信息实行网上投送，提高投档工作效率。清理对企业自身信息和机具信息的报送要求，不再要求企业重复提供鉴定平台已推送的信息。有条件的省份要在全年不少于两次的基础上增加投档工作频次，直至常年受理企业投档，定期发布投档结果。

四、强化补贴机具核验监管

各地要按照《农机购置补贴机具核验工作要点（试行）》（附件2）的精神和要求，组织县级农机化主管部门制定完善补贴机具核验制度，并加强备案审核。重点要指导基层农机化主管部门建立健全补贴机具核验内部控制流程，加强内部监督制约；充分发挥县级农机购置补贴领导小组对补贴机具核验等重大事项的决策、指导、监督作用，加强对异常申请补贴情形的监管。鼓励、支持省级及以下农机化、财政部门探索开展补贴机具第三方独立抽查核验。提高补贴机具核验信息化水平，加快农机试验鉴定、补贴机具投档、牌证管理、补贴资金申领等环节信息系统的互联互通，推动补贴机具由人工核验向信息化核验转变。

全面落实牌证管理机具先办理牌证后申领补贴的规定，实现核验与审核补贴申领分开。对牌证管理机具，购机者凭《拖拉机和联合收割机行驶证》申请补贴免于现场实物核验。优化农机安全监理牌证管理系统功能，推进农机安全监理系统与农机购置补贴辅助管理系统、鉴定平台互联互通，实现已办牌证和已核准补贴的机具信息及时准确相互推送。指导县级农机安全监理机构结合年检工作，加强对享受购置补贴的牌证管理机具的查验。

附件：1. 农机购置补贴机具投档工作规范（试行）

2. 农机购置补贴机具核验工作要点（试行）

农业农村部办公厅

2019 年 4 月 11 日

附件1　农机购置补贴机具投档工作规范（试行）

第一章　总　则

第一条　为规范实施农机购置补贴机具投档（以下简称“投档”）工作，提高投档工作效率，根据农业农村部、财政部关于农机购置补贴政策实施有关文件精神，制定本规范。

第二条　本规范所称投档，是指农机生产企业通过农机购置补贴机具信息化自主投档平台（以下简称“投档平台”）投送投档信息，经省级农机化主管部门组织形式审核、汇总公示后整理公布，为补贴政策实施提供信息的活动。

第三条　农业农村部农业机械化管理司负责指导全国投档工作。省级农机化主管部门负责组织区域内投档工作。

第四条　投档实行网上投送，由农机生产企业按照“自愿参加、自主投档、承诺践诺”原则，根据本规范要求进行。

第五条　投档机具主要信息来源于全国农业机械试验鉴定管理服务信息化平台（以下简称“鉴定平台”），参与投档的农机生产企业对投档信息的真实性、有效性、合法性、合规性、准确性和完整性负责并承担相应法律责任。

第二章　信息投送、审核与公布

第六条　省级农机化主管部门及时公布补贴机具种类范围和补贴额一览表，于每年一季度内发布年度投档工作安排，并与农机鉴定、认证结果通告集中发布时间相互衔接。

第七条　农机生产企业登录投档平台，填写企业信息，选择符合要求的机具，逐项核对鉴定平台传输的信息，依据机具的性能、结构、基本配置和参数以及价格等，按照“就低不就高”的原则选定所属档次，并在不高于该档次补贴标准基础上选择（填写）补贴额，经其确认无误后投送。

第八条　农机生产企业应投送或提交以下资料和信息：

（一）企业信息，包括企业营业执照扫描页、获证（鉴定、认证）企业名称、统一社会信用代码、生产厂注册地址、法定代表人和主要从业人员姓名及身份证件号码、联系方式等信息；

（二）鉴定（认证）信息，包括鉴定（认证）证书颁发单位、证书编号、发证日期、证书有效日期、鉴定（检验、认证、检测）报告以及采信的第三方报告等；

（三）机具信息，包括大类、小类与品目，名称与型号，基本配置和参数，机具正前、正侧、正后照片和整机铭牌照片，其中轮式拖拉机还应含翻倾防护装置侧面照片；

（四）企业投档承诺书（格式附后，开展投档工作的同时，需邮寄纸质件或通过投档平台上传电子版）；

（五）企业认为需补充的信息；

（六）省级农机化主管部门规定的其他资料和信息（不包括鉴定平台已推送的信息）。

第九条 省级农机化主管部门组织专家审核或通过政府购买服务委托第三方审核等方式，组织对已投档机具的资料和信息进行形式审核，作出通过或不通过的审核结果。对审核不通过的，应注明理由。

第十条 省级农机化主管部门组织汇总审核结果并公示，接受社会监督。公示内容应包含：机具的大类、小类、品目、档次、企业名称、机具名称、机具型号、基本配置和参数、补贴额、鉴定（认证）证书编号、审核结果等。

第十一条 农机生产企业对于投档机具审核结果有异议的，可在公示期间向省级农机化主管部门提出意见，省级农机化主管部门组织对原申报信息、补充资料等进行复核，确属审核结果有误的，予以更正。

第十二条 省级农机化主管部门汇总公布补贴机具信息表，并留存相关资料5年。

第三章 监督管理

第十三条 有下列情形之一的，不得参与投档。若继续投档，由此引发的一切损失由相关企业负责。

（一）列入全国农机购置补贴黑名单数据库的生产企业、法定代表人、主要从业人员及机具；

（二）列入全国农机购置补贴违规通报数据库且尚未恢复或已取消补贴资格的机具；

（三）国家产品质量监督抽查或市场质量监督检查中不合格的机具；

（四）省级农机化主管部门列明的不应投档的情形。

第十四条 农机生产企业参与投档，应严格遵守投档规定，主动接受相关部门的监督、检查。

第十五条 对农机生产企业在投档过程中发生的违规行为，由相关部门依照《农业部办公厅、财政部办公厅关于印发〈农业机械购置补贴产品违规经营行为处理办法（试行）〉的通知》（农办财〔2017〕26号）和有关规定处理。

第四章 附 则

第十六条 各省、自治区、直辖市及计划单列市农机化主管部门和新疆生产建设兵团农业农村局、黑龙江省农垦总局、广东省农垦总局根据本规范，制定投档工作方案。

第十七条 本规范自发布之日起施行。

生产企业自主投档承诺书（参考件）

本企业自愿参与XXX省农机购置补贴政策实施，自觉遵守农机购置补贴政策规定，自愿申请补贴机具投档，同时郑重作出如下承诺。

一、本企业自主完成补贴机具投档信息填报，据实将补贴机具归入相应档次并选择（填）补贴额，投送的所有信息均与产销实际相符、准确无误，且与农机鉴定（认证、检测）机构所发布的相关信息一致，不存在有关规定所列的不得参与投档的情形，无任何虚假、误投或者重大遗漏等影响政策规范实施的问题。

二、本企业主动加强投档信息审核，对审核、公示期间以及公布后所发现的各类问题，将主动报告XXX省农机化主管部门和投档工作组织单位，并积极整改。

三、如违反投档相关规定，本企业将完全接受相关部门的处理处罚，并自行承担由此引发的全部经济纠纷和损失。

法定代表人（签字）：

生产企业（盖章）：

年 月 日

附件2 农机购置补贴机具核验工作要点（试行）

加强农机购置补贴机具核验管理，是确保补贴资金安全和政策效益充分发挥的关键举措。为指导各地做好农机购置补贴机具核验工作，规范核验行为，防范管理风险，提高办补效率，进一步便民利民，根据农业农村部、财政部农机购置补贴政策实施相关规定，制定工作要点如下。

一、核验内容

补贴机具核验是指县级及以下农机化主管部门对从事农业生产的个人和农业生产经营组织（以下简称“购机者”）

申报农机购置补贴时提供的相关资料进行形式审核、对机具进行核查的工作。核验的主要内容包括：

（一）购机者身份信息。个人身份证件或农业生产经营组织工商营业执照（统一社会信用代码）及其法定代表人身份证件等信息；

（二）购买信息。购买补贴机具税控发票等信息；

（三）机具信息。机具实物上的固定铭牌信息、农机购置补贴辅助管理系统所对应机具的信息、牌证管理机具的行驶证信息等；

（四）其他信息。购机者银行卡（折）账号、开户名等信息，以及政策实施要求提供的其他必要信息。

上述信息的真实性、完整性和有效性由购机者、产销企业和农机安全监理机构分别负责，并承担相应的法律责任。

二、核验程序及要求

（一）受理申请。对购机者自主提出的补贴申请，主管部门应按规定及时受理。鼓励通过手机 APP、“一站式”服务窗口等便捷高效的方式受理申请。

（二）资料核验。一是购机者及其身份、购机税控发票等资料。购机者为个人的，重点核验购机者本人与其身份证件的肖像照片是否相符，购机税控发票所显示的购机者姓名与购机者身份证件所显示的姓名是否一致；购机者为农业生产经营组织的，重点核验该组织法定代表人本人与其身份证件的肖像照片是否相符，法定代表人身份证件所显示的姓名与工商营业执照所显示的法定代表人姓名是否一致，购机税控发票所显示的购机者名称与工商营业执照所显示的农业生产经营组织名称是否一致。二是银行卡（折）等资料。重点核验购机者填写的银行卡（折）账号、开户名等信息与其携带的银行卡（折）所显示的账号、身份证件所显示的购机者姓名、工商营业执照所显示的农业生产经营组织名称是否一致。三是购机价格真实性承诺。提示购机者确认购机税控发票上的购机金额与其实际全部支付给经销企业的资金是否一致，以及隐瞒不报、提供虚假信息需承担的违规责任，提示购机者对购机价格的真实性签字确认。四是政策实施要求提供的其他资料。

未通过核验的，应将所发现的问题一次性告知购机者，并说明完善方法。

（三）机具核验。一是重点机具核验。重点核验购机税控发票所显示的机具名称、生产企业、型号、发动机号（不带动力的可不核验）、出厂编号与所购实物机具铭牌显示信息是否一致，所购实物机具铭牌显示信息与农机购置补贴辅助管理系统内对应的机具信息是否一致，购机税控发票所显示的经销企业与农机购置补贴辅助管理系统内对应的经销信息是否一致。对牌证管理机具，免于现场实物核验，但需核验购机者携带的《拖拉机和联合收割机行驶证》信息与农机安全监理系统推送给辅助管理系统的牌证信息、机具信息是否一致，购机税控发票所显示的经销企业与农机购置补贴辅助管理系统内对应的经销信息是否一致。二是非重点机具核验。对补贴额较低、风险可控度高的机具可采取补贴资金兑付后按比例抽查核验方式进行，抽核内容同重点机具。重点机具和非重点机具的标准以及抽核比例或数量由各省自行规定。

鼓励通过进村入户、提前预约等方式开展核验，便利购机者以及设施安装类机具核验。核验结果由核验人员与购机者双方签字确认。实行双人交叉核验或个人核验、单位内部集体会审双重审核，探索对补贴机具核验结果实行基层农机化、种植业、畜牧业、渔业、农产品初加工等有关方面共同参加的集体会商。加强对单人多台套、短期内大批量、同人连年购置同类机具、区域适应性差的机具购置等异常情形的核验。

未通过核验的，应将所发现的问题一次性告知购机者，并说明完善方法。

（四）复核登记。对资料核验、机具核验的程序、方式和签章的规范性进行集体复核，可与集体会商同步进行，通过后登记立册。

（五）公示报送。对通过复核的补贴申请信息进行为期不少于 30 天的公示，公示无异议后报送同级财政部门。

（六）资料处理。对财政部门未提出疑义的补贴申请，将其核验资料留存备用备查，留存期限不少于 5 年。

三、监督管理

（一）加强核验人员队伍建设。选配责任心强、业务素质高、作风优良的干部从事核验工作，对其每年至少开展一次廉洁从政、业务技能等方面的教育培训。建立健全分管领导监督机制，有条件的地方实行补贴申请受理、补贴机具核验岗位分离，明确岗位职责。

（二）推行购机承诺践诺。加强购机者补贴申请行为的自我约束和信用管理，实行补贴申请资料真实性、完整性和有效性的自主承诺，引导其规范参与补贴政策实施，主动报告所发现的问题，共同维护政策实施良好环境。

（三）全面排查违规线索。对核验中发现的补贴申请违规行为线索，由核机工作人员逐条书面登记，并及时报告分管领导。开展违规线索集体研究，对违规嫌疑较大或反复出现的应启动调查程序，对违规嫌疑较小的留存材料备查。对补贴机具核验争议处理等重大事项，及时报请县级农机购置补贴领导小组研究决策。

（四）严格监督管理。健全内部控制制度，以机具核验流程为主线，逐项工作、逐个环节查找风险点，制定防控措施。鼓励省级及以下农机化、财政部门探索开展补贴机具第三方独立抽查核验和信息化技术核验。

各省要组织县级农机化主管部门结合实际，参照本要点制定具体的工作规范，经县级农机购置补贴领导小组审核同意，报省级或市级农机化主管部门备案后公布实施。

农业农村部农机化司关于修订《2018—2020 年全国农机购置补贴机具种类范围》的函

（农机政〔2019〕120 号）

各省、自治区、直辖市及计划单列市农业农村厅（委、局），新疆生产建设兵团农业农村局，黑龙江省农垦总局，广东省农垦总局：

根据《农业农村部办公厅关于进一步做好农机购置补贴机具投档与核验等工作的通知》（农办机〔2019〕7 号）和《农业农村部办公厅关于进一步规范农机试验鉴定产品品目归属工作的通知》（农办机〔2019〕4 号）精神，我司组织农机推广总站对《2018—2020 年全国农机购置补贴机具种类范围》进行了梳理调整，机具品目、所属种类等主要变化如下：

一、增加的品目

1. 增加有机废弃物好氧发酵翻堆机品目，列入农业废弃物利用处理设备大类废弃物处理设备小类，编号为 11.1.5。

2. 增加有机废弃物干式厌氧发酵装置品目，列入农业废弃物利用处理设备大类废弃物处理设备小类，编号为 11.1.6。

3. 增加畜禽类便发酵处理机品目，列入其他机械大类其他机械小类，编号为 15.2.13。

4. 增加有机肥加工设备品目，列入其他机械大类其他机械小类，编号为 15.2.14。

5. 原旋耕机品目中细分出埋茬起浆机品目，列入耕整地机械大类整地机械小类，编号为 1.2.7。

6. 原穴播机品目中细分出精量播种机品目，列入种植施肥机械大类播种机械小类，编号为 2.1.8。

7. 原条播机品目中细分出整地施肥播种机品目，列入种植施肥机械大类播种机械小类，编号为 2.1.9。

8. 原粮食清选机品目细分出风筛清选机品目、重力清选机品目、窝眼清选机品目、复式清选机品目，列入收获后处理机械大类清选机械小类，编号为分别为 5.2.1、5.2.2、5.2.3、5.2.4。

二、所属类别发生调整的品目

1. 原耕整地机械大类整地机械小类中，编号为 1.2.7 的驱动耙品目，调整到其他机械大类其他机械小类中，品目名称不变，编号为 15.2.6。

2. 原种植施肥机械大类播种机械小类中，编号为 2.1.8 的旋耕播种机品目，调整到其他机械大类其他机械小类中，品目名称不变，编号为 15.2.7。

3. 原收获后处理机械大类清选机械小类中，编号为 5.2.2 的籽棉清理机品目，调整到其他机械大类其他机械小类中，品目名称不变，编号为 15.2.8。

4. 原农用搬运机械大类运输机械小类中，编号为 7.1.1 的甘蔗田间收集搬运机品目，调整到其他机械大类其他机械小类中，品目名称不变，编号为 15.2.9。

5. 原畜牧机械大类饲料（草）加工机械设备小类中，编号为 9.1.9 的秸秆膨化机品目，调整到其他机械大类其他机械小类中，品目名称不变，编号为 15.2.12。

6. 原设施农业设备大类温室大棚设备小类中，编号为 13.1.3 的加温系统（含燃油热风炉、热水加温系统）品目，其中加温系统（含燃油热风炉）归并至热风炉，加温系统（含热水加温系统）调整到其他机械大类其他机械小类中，品目名称调整为热水加温系统，编号为 15.2.11。

7. 原设施农业设备大类温室大棚设备小类中，编号为 13.1.4 的水帘降温设备品目，调整到其他机械大类其他机械小类中，品目名称不变，编号为 15.2.10。

三、取消的品目

1. 原田间管理机械大类中耕机械小类中，编号为 3.1.5 的中耕追肥机品目被取消，将其归并至编号为 3.1.1 的中耕机品目。

2. 原收获后处理机械大类清选机械小类中，编号为 5.2.1 的粮食清选机品目被取消。

此外，原农用搬运机械大类运输机械小类中，编号为 7.1.1 的甘蔗田间收集搬运机品目类别调整后，其所属运输机械小类相应取消。一些品目名称和内容发生了变化，按《农业机械分类》行业标准 NY/T1640—2015 执行，具体情况可查看农办机〔2019〕4 号等相关规定。

根据以上情况修订后的《2018—2020 年全国农机购置补贴机具种类范围》见附件，全面执行 2015 版农业机械分类标准。请各省和有关单位据此对农机购置补贴机具种类范围和农机购置补贴机具补贴额一览表进行更新，并相应调整补贴机具信息化自主投档平台和农机购置补贴辅助管理系统的有关设置。

附件：2018—2020 年全国农机购置补贴机具种类范围（2019 修订）

农业农村部农业机械化管理司

2019 年 7 月 12 日

附件　2018—2020 年全国农机购置补贴机具种类范围（2019 修订）

（15 大类 41 个小类 146 个品目）

1. 耕整地机械

1.1 耕地机械

1.1.1 铧式犁

1.1.2 旋耕机

1.1.3 深松机

1.1.4 开沟机

1.1.5 耕整机

1.1.6 微耕机

1.1.7 机滚船

1.1.8 机耕船

1.2 整地机械

1.2.1 圆盘耙

1.2.2 起垄机

1.2.3 灭茬机

1.2.4 筑埂机

1.2.5 铺膜机

1.2.6 联合整地机

1.2.7 埋茬起浆机

2. 种植施肥机械

2.1 播种机械

2.1.1 条播机

2.1.2 穴播机

2.1.3 小粒种子播种机

2.1.4 根茎作物播种机

2.1.5 免耕播种机

2.1.6 铺膜播种机

2.1.7 水稻直播机

2.1.8 精量播种机

2.1.9 整地施肥播种机

2.2 育苗机械设备

2.2.1 种子播前处理设备

2.2.2 营养钵压制机

2.2.3 秧盘播种成套设备（含床土处理）

2.3 栽植机械

2.3.1 水稻插秧机

2.3.2 秧苗移栽机

2.3.3 甘蔗种植机

2.4 施肥机械

2.4.1 施肥机

2.4.2 撒肥机

2.4.3 追肥机

3. 田间管理机械

3.1 中耕机械

3.1.1 中耕机

3.1.2 培土机

3.1.3 埋藤机

3.1.4 田园管理机

3.2 植保机械

3.2.1 动力喷雾机

3.2.2 喷杆喷雾机

3.2.3 风送喷雾机

3.3 修剪机械

3.3.1 茶树修剪机

4. 收获机械

4.1 谷物收获机械

4.1.1 割晒机

4.1.2 自走轮式谷物联合收割机

4.1.3 自走履带式谷物联合收割机（全喂入）

4.1.4 半喂入联合收割机

4.2 玉米收获机械

4.2.1 自走式玉米收获机

4.2.2 自走式玉米籽粒联合收获机

4.2.3 穗茎兼收玉米收获机

4.2.4 玉米收获专用割台

4.3 棉麻作物收获机械

4.3.1 棉花收获机

4.4 果实收获机械

4.4.1 番茄收获机

4.4.2 辣椒收获机

4.5 蔬菜收获机械

4.5.1 果类蔬菜收获机

4.6 花卉（茶叶）采收机械

4.6.1 采茶机

4.7 籽粒作物收获机械

4.7.1 油菜籽收获机

4.8 根茎作物收获机械

4.8.1 薯类收获机

4.8.2 甜菜收获机

4.8.3 甘蔗收获机
4.8.4 甘蔗割铺机
4.8.5 花生收获机
4.9 饲料作物收获机械
4.9.1 割草机
4.9.2 搂草机
4.9.3 打（压）捆机
4.9.4 圆草捆包膜机
4.9.5 青饲料收获机
4.10 茎秆收集处理机械
4.10.1 秸秆粉碎还田机
4.10.2 高秆作物割晒机
5. 收获后处理机械
5.1 脱粒机械
5.1.1 稻麦脱粒机
5.1.2 玉米脱粒机
5.1.3 花生摘果机
5.2 清选机械
5.2.1 风筛清选机
5.2.2 重力清选机
5.2.3 窝眼清选机
5.2.4 复式清选机
5.3 干燥机械
5.3.1 谷物烘干机
5.3.2 果蔬烘干机
5.3.3 油菜籽烘干机
5.4 种子加工机械
5.4.1 种子清选机
6. 农产品初加工机械
6.1 碾米机械
6.1.1 碾米机
6.1.2 组合米机
6.2 磨粉（浆）机械
6.2.1 磨粉机
6.2.2 磨浆机
6.3 果蔬加工机械
6.3.1 水果分级机
6.3.2 水果清洗机
6.3.3 水果打蜡机
6.3.4 蔬菜清洗机
6.4 茶叶加工机械
6.4.1 茶叶杀青机
6.4.2 茶叶揉捻机
6.4.3 茶叶炒（烘）干机
6.4.4 茶叶筛选机
6.4.5 茶叶理条机
6.5 剥壳（去皮）机械
6.5.1 玉米剥皮机
6.5.2 花生脱壳机
6.5.3 干坚果脱壳机
6.5.4 剥（刮）麻机
7. 农用搬运机械
7.1 装卸机械
7.1.1 抓草机
8. 排灌机械
8.1 水泵
8.1.1 离心泵
8.1.2 潜水电泵
8.2 喷灌机械设备
8.2.1 喷灌机
8.2.2 微灌设备
8.2.3 灌溉首部（含灌溉水增压设备、过滤设备、水质软化设备、灌溉施肥一体化设备以及营养液消毒设备等）
9. 畜牧机械
9.1 饲料（草）加工机械设备
9.1.1 铡草机
9.1.2 青贮切碎机
9.1.3 揉丝机
9.1.4 压块机
9.1.5 饲料（草）粉碎机
9.1.6 饲料混合机
9.1.7 颗粒饲料压制机
9.1.8 饲料制备（搅拌）机
9.2 饲养机械
9.2.1 孵化机
9.2.2 喂料机
9.2.3 送料机
9.2.4 清粪机
9.2.5 粪污固液分离机
9.3 畜产品采集加工机械设备
9.3.1 挤奶机
9.3.2 剪羊毛机
9.3.3 贮奶（冷藏）罐
10. 水产机械
10.1 水产养殖机械
10.1.1 增氧机
10.1.2 网箱养殖设备
11. 农业废弃物利用处理设备
11.1 废弃物处理设备
11.1.1 残膜回收机
11.1.2 沼液沼渣抽排设备
11.1.3 秸秆压块（粒、棒）机
11.1.4 病死畜禽无害化处理设备
11.1.5 有机废弃物好氧发酵翻堆机

11.1.6 有机废弃物干式厌氧发酵装置

12. 农田基本建设机械

12.1 平地机械

12.1.1 平地机

13. 设施农业设备

13.1 温室大棚设备

13.1.1 电动卷帘机

13.1.2 热风炉

14. 动力机械

14.1 拖拉机

14.1.1 轮式拖拉机

14.1.2 手扶拖拉机

14.1.3 履带式拖拉机

15. 其他机械

15.1 养蜂设备

15.1.1 养蜂平台

15.2 其他机械

15.2.1 简易保鲜储藏设备

15.2.2 农业用北斗终端（含渔船用）

15.2.3 水井钻机

15.2.4 沼气发电机组

15.2.5 天然橡胶初加工专用机械

15.2.6 驱动耙

15.2.7 旋耕播种机

15.2.8 籽棉清理机

15.2.9 甘蔗田间收集搬运机

15.2.10 水帘降温设备

15.2.11 热水加温系统

15.2.12 秸秆膨化机

15.2.13 畜禽粪便发酵处理机

15.2.14 有机肥加工设备

标　准

2018 年发布的农业机械国家标准

序号	标准号	标准名称	采标情况
1	GB/T 35838—2018	平移式喷灌机变量控制系统	
2	GB/T 36702.1—2018	灌溉设备　化学灌溉用安全装置　第 1 部分：化学灌溉用小型塑料阀	ISO 13693-1:2013，IDT
3	GB/T 37164—2018	自走式农业机械导航系统作业性能要求及评价方法	

2018 年发布的农业机械行业标准

序号	标准号	标准名称	代替标准
1	JB/T 5686—2018	中小型薯类淀粉加工成套设备	JB/T 5686—1991、JB/T 5687—1991
2	JB/T 6663—2018	轻小型单级离心泵	JB/T 6663—2007
3	JB/T 6665—2018	轻小型柴油机－泵直联机组	JB/T 6665—2007
4	JB/T 9777—2018	半喂入式稻麦脱粒机　技术条件	JB/T 9777—2008

（续）

序号	标准号	标准名称	代替标准
5	JB/T 9778—2018	全喂入式稻麦脱粒机　技术条件	JB/T 9778—2008、JB/T 9778.2—1999
6	JB/T 9822.1—2018	锤片式饲料粉碎机　第1部分：技术条件	JB/T 9822.1—2008
7	JB/T 9822.2—2018	锤片式饲料粉碎机　第2部分：锤片	JB/T 9822.2—2008
8	JB/T 10749—2018	玉米脱粒机	JB/T 10749—2007
9	JB/T 10812—2018	立式斜流泵	JB/T 10812—2007
10	JB/T 13376—2018	方草捆集捆机	
11	JB/T 13377—2018	方草捆抓捆机	
12	JB/T 13425—2018	脱粒机　可靠性评定试验方法	JB/T51018—1999
13	JB/T 13426—2018	玉米果穗种子干燥成套设备	
14	JB/T 13544—2018	微型全喂入联合收割机	

2018年发布的拖拉机行业标准

序号	标准号	标准名称	代替标准
1	JB/T 6701—2018	拖拉机　前照灯	JB/T 6701—2008
2	JB/T 13487—2018	农林拖拉机和机械用中央电器盒	
3	JB/T 13488—2018	拖拉机　LED前照灯	
4	JB/T 13489—2018	拖拉机　零部件编码规则	
5	JB/T 13490—2018	拖拉机用角度传感器	
6	JB/T 13491—2018	拖拉机用压力传感器	
7	JB/T 13594—2018	船式拖拉机　船体	
8	JB/T 13595—2018	手扶拖拉机尾座总成	
9	JB/T 13596—2018	拖拉机　冷却风扇	

2018年发布的低速汽车行业标准

序号	标准号	标准名称	代替标准
1	JB/T 10516—2018	低速汽车　液压制动主缸　技术条件	JB/T 10516—2005
2	JB/T 13512—2018	低速汽车　制动系	
3	JB/T 13513—2018	低速汽车用筒式减振器台架试验方法	
4	JB/T 13513—2018	自卸低速汽车液压缸　技术条件	

2018 年发布的农业机械化行业标准

序号	标准号	标准名称	代替标准
1	NY/T 3205—2018	农业机械化管理统计数据审核	
2	NY/T 3206—2018	温室工程　催芽室性能测试方法	
3	NY/T 1550—2018	风送式喷雾机　质量评价技术规范	NY/T 1550—2007
4	NY/T 3207—2018	农业轮式拖拉机技术水平评价方法	
5	NY/T 3208—2018	旋耕机　修理质量	
6	NY/T 3209—2018	铡草机　安全操作规程	
7	NY/T 990—2018	马铃薯种植机械　作业质量	NY/T 990—2006
8	NY/T 3210—2018	农业通风机　性能测试方法	
9	NY/T 3211—2018	农业通风机　节能选用规范	
10	NY/T 346—2018	拖拉机和联合收割机驾驶证	NY 346—2007、NY 1371—2007
11	NY/T 347—2018	拖拉机和联合收割机行驶证	NY 347.1 ～ 347.2—2005
12	NY/T 3212—2018	拖拉机和联合收割机登记证书	
13	NY/T 3213—2018	植保无人飞机　质量评价技术规范	
14	NY/T 1408.4—2018	农业机械化水平评价　第 4 部分：农产品初加工	
15	NY/T 3214—2018	统收式棉花收获机　作业质量	
16	NY/T 1412—2018	甜菜收获机械　作业质量	NY/T 1412—2007
17	NY/T 1451—2018	温室通风设计规范	NY/T 1451—2007
18	NY/T 1772—2018	拖拉机驾驶培训机构通用要求	NY/T 1772—2009
19	NY/T 3215—2018	拖拉机和联合收割机检验合格标志	
20	NY/T 3335—2018	棉花收获机　安全操作规程	
21	NY/T 3336—2018	饲料粉碎机　安全操作规程	
22	NY/T 1645—2018	谷物联合收割机适用性评价方法	NY/T 1645—2008

2018 年 ISO/TC23 发布的农林机械国际标准

序号	ISO/TC/SC 编号	国际标准编号	国际标准名称（中文）
1	ISO/TC23/SC2	ISO 789-1:2018	农业拖拉机　试验规程　第 1 部分：动力输出功率试验
2	ISO/TC23/SC2	ISO 789-2:2018	农业拖拉机　试验规程　第 2 部分：三点悬挂液压提升力的测定
3	ISO/TC23/SC2	ISO 789-9:2018	农业拖拉机　试验规程　第 9 部分：牵引功率试验
4	ISO/TC23/SC2	ISO 789-13:2018	农业拖拉机　试验规程　第 13 部分：词汇和试样检验报告
5	ISO/TC23/SC3	ISO 4254-5:2018	农业机械　安全　第 5 部分：驱动式耕作机械
6	ISO/TC23/SC3	ISO 4254-8:2018	农业机械　安全　第 8 部分：固体肥料撒施机
7	ISO/TC23/SC3	ISO 4254-9:2018	农业机械　安全　第 9 部分：播种机械

（续）

序号	ISO/TC/SC 编号	国际标准编号	国际标准名称（中文）
8	ISO/TC23/SC3	ISO 4254-16:2018	农业机械　安全　第 16 部分：便携式谷物螺旋输送器
9	ISO/TC23/SC3	ISO 18497:2018	农业拖拉机和机械　高度自动化农业机械安全　设计原则
10	ISO/TC23/SC4	ISO 8759-1:2018	农业拖拉机 前悬挂装置　第 1 部分：动力输出传动轴：PTO 周围的空间和安全要求
11	ISO/TC23/SC4	ISO 8759-3:2018	农业拖拉机　前悬挂装置　第 3 部分：动力输出传动轴：位置和一般要求
12	ISO/TC23/SC4	ISO 8759-4:2018	农业拖拉机　前悬挂装置　第 4 部分：三点悬挂
13	ISO/TC23/SC6	ISO 10625:2018	植物保护机械　喷雾机(器)喷头　标识用颜色编码
14	ISO/TC23/SC6	ISO 25358:2018	植物保护机械　雾化器雾滴粒径谱　测量和分级
15	ISO/TC23/SC7	ISO 5687:2018	收获机械　联合收割机　粮箱容量及卸粮机构性能的测定
16	ISO/TC23/SC17	ISO 7112:2018	林业机械　移动式灌木切割机和绿篱修剪机　词汇
17	ISO/TC23/SC17	ISO 9518:2018	林业机械　便携式油锯　反弹试验
18	ISO/TC23/SC17	ISO 13772:2018	林业机械　便携式油锯　被动式锯链制动器性能要求及测试方法
19	ISO/TC23/SC18	ISO 7714:2018	农业灌溉设备　定量阀　技术要求和试验方法
20	ISO/TC23/SC18	ISO 9644:2018	农业灌溉设备 灌溉阀的压力损失　试验方法
21	ISO/TC23/SC18	ISO 9912-4:2018	林业机械　便携式油锯　被动式锯链制动器性能要求及测试方法
22	ISO/TC23/SC18	ISO/TR 15155-1:2018	农业灌溉设备　农业灌溉设备试验装置　第 1 部分：总则
23	ISO/TC23/SC19	ISO 11783-3:2018	农林拖拉机和机械　串行控制和通信数据网络　第 3 部分：数据链路层
24	ISO/TC23/SC19	ISO 11783-6:2018	农林拖拉机和机械　串行控制和通信数据网络　第 6 部分：虚拟终端
25	ISO/TC23/SC19	ISO 14223-3:2018	动物射频识别　高级转发器　第 3 部分：应用
26	ISO/TC23/SC19	ISO 20112-1:2018	农林拖拉机和机械　拖拉机与机具之间的摄像头接口　第 1 部分：模拟摄像机接口
27	ISO/TC23/SC19	ISO 25119-1:2018	农林拖拉机和机械　控制系统相关安全零部件　第 1 部分：设计与研发通用原则
28	ISO/TC23/SC19	ISO 25119-2:2018	农林拖拉机和机械　控制系统相关安全零部件　第 2 部分：概念设计阶段
29	ISO/TC23/SC19	ISO 25119-3:2018	农林拖拉机和机械　控制系统相关安全零部件　第 3 部分：系列研发、硬件和软件
30	ISO/TC23/SC19	ISO 25119-4:2018	农林拖拉机和机械　控制系统相关安全零部件　第 4 部分：生产、操作、修改和支持程序

中国农业机械工业协会 2019 年发布的团体标准

1. 农机装备智能工厂制造运行管理系统平台　第 1 部分：体系结构

项目	内容
标准编号	T/CAAMM 41.1—2019
中文标题	农机装备智能工厂制造运行管理系统平台　第 1 部分：体系结构
英文标题	Specifications of manufacturing operation management platform in agricultural equipment smart factory Part 1：Architecture
国际标准分类号	35.240.50 信息技术在工业中的应用
国民经济分类	I653 信息系统集成和物联网技术服务
发布日期	2019 年 4 月 10 日
实施日期	2019 年 4 月 10 日
起草人	刘曙、王涛、高云鹏、刘继红、王金生、赵明壮、周江林、侯永柱、徐成慧、王玉敏、关俊涛、白彦杰、安琪、陈奇、张新生、高鸣、黄传成、马盈政、周浩

（续）

项目	内容
起草单位	国机智能科技有限公司、国机智能技术研究院有限公司、北京航空航天大学、机械工业仪器仪表综合技术经济研究所、机械工业第六设计研究院有限公司、中国一拖集团有限公司、河北中农博远农业装备有限公司、浙江海天机械有限公司
主要技术内容	本部分规定了农机装备智能工厂制造运行管理系统平台的系统架构与实现模型、业务功能平台、技术支撑平台的相关要求。本部分适用于农机装备智能工厂制造运行管理系统平台的设计与开发

2. 农机装备智能工厂制造运行管理系统平台　第 2 部分：系统功能构件

项目	内容
标准编号	T/CAAMM 41.2—2019
中文标题	农机装备智能工厂制造运行管理系统平台　第 2 部分：系统功能构件
英文标题	Specifications of manufacturing operation management platform in agricultural equipment smart factory Part 2：Functional components of system
国际标准分类号	35.240.50 信息技术在工业中的应用
国民经济分类	I653 信息系统集成和物联网技术服务
发布日期	2019 年 4 月 10 日
实施日期	2019 年 4 月 10 日
起草人	吕海洋、王涛、高云鹏、刘继红、赵明壮、王金生、周江林、侯永柱、徐成慧、王玉敏、关俊涛、白彦杰、安琪、陈奇、张新生、高鸣、黄传成、马盈政、周浩
起草单位	国机智能科技有限公司，国机智能技术研究院有限公司，北京航空航天大学、机械工业仪器仪表综合技术经济研究所、机械工业第六设计研究院有限公司、中国一拖集团有限公司、河北中农博远农业装备有限公司、浙江海天机械有限公司
主要技术内容	本部分规定了农机装备智能工厂平台化制造运行管理系统的基础功能构件和农机行业构件两类构件的主要活动及业务组成。适用于农机装备平台化制造运行管理系统功能构件的设计与开发

3. 农机装备智能工厂制造运行管理系统平台　第 3 部分：系统实施规范

项目	内容
标准编号	T/CAAMM 41.3—2019
中文标题	农机装备智能工厂制造运行管理系统平台 第 3 部分：系统实施规范
英文标题	Specifications of manufacturing operation management platform in agricultural equipment smart factory Part 3：System implementation specification
国际标准分类号	35.240.50 信息技术在工业中的应用
国民经济分类	I653 信息系统集成和物联网技术服务
发布日期	2019 年 4 月 10 日
实施日期	2019 年 4 月 10 日
起草人	孔祥君、王涛、高云鹏、刘继红、赵明壮、王金生、杨超、侯永柱、徐成慧、王玉敏、关俊涛、白彦杰、安琪、陈奇、张新生、高鸣、黄传成、马盈政、周浩
起草单位	国机智能科技有限公司，国机智能技术研究院有限公司，北京航空航天大学、机械工业仪器仪表综合技术经济研究所、机械工业第六设计研究院有限公司、中国一拖集团有限公司、河北中农博远农业装备有限公司、浙江海天机械有限公司
主要技术内容	本部分给出了农机装备智能工厂制造运行管理系统平台实施规范要求，用于指导农机行业智能工厂制造运行管理系统平台的实施工作

〔供稿单位：中国农业机械工业协会〕

中国农业机械化协会 2019 年发布的团体标准

1. 植保无人飞机　术语

项目	内容
标准编号	T/CAMA 2—2019
中文标题	植保无人飞机 术语
英文标题	Crop protection UAS — Terminology
国际标准分类号	65.060.40 植保设备
国民经济分类	C357 农、林、牧、渔专用机械制造
发布日期	2019 年 7 月 12 日
实施日期	2019 年 10 月 1 日
起草人	张建瓴、兰玉彬、顾伟、薛新宇、孙竹、张亚莉、邓继忠、欧阳帆、彭孝东、闫晓静、朱立成、刘越、李光旭、黄丹、毛越东、王轩、王志国
起草单位	华南农业大学、农业农村部南京农业机械化研究所、中国农业科学院植物保护研究所、中国农业机械化科学研究院、安阳全丰航空植保科技股份有限公司、北大荒通用航空有限公司、广州极飞科技有限公司、深圳高科新农技术有限公司、深圳市大疆创新科技有限公司
主要技术内容	标准界定了植保无人飞机的术语及定义。适用于植保无人飞机

2. 植保无人飞机　分类与型号编制规则

项目	内容
标准编号	T/CAMA 3—2019
中文标题	植保无人飞机 分类与型号编制规则
英文标题	Crop protection UAS — Classification and method of type designation
国际标准分类号	65.060.40 植保设备
国民经济分类	C357 农、林、牧、渔专用机械制造
发布日期	2019 年 7 月 12 日
实施日期	2019 年 10 月 1 日
起草人	顾伟、薛新宇、张建瓴、兰玉彬、孙竹、徐阳、闫晓静、朱立成、彭斌、王志国、邓琦蓉、毛越东、李光旭
起草单位	农业农村部南京农业机械化研究所、华南农业大学、中国农业科学院植物保护研究所、中国农业机械化科学研究院、广州极飞科技有限公司、安阳全丰航空植保科技有限公司、深圳市大疆创新科技有限公司、深圳高科新农技术有限公司、北大荒通用航空有限公司
主要技术内容	标准规定了旋翼植保无人飞机（以下简称植保无人飞机）分类的方法以及型号编制的原则。适用于植保无人飞机，其他农用无人飞机也可参照执行

3. 植保无人飞机　安全操作规程

项目	内容
标准编号	T/CAMA 4—2019
中文标题	植保无人飞机 安全操作规程
英文标题	Crop protection UAS — Code of safe operation
国际标准分类号	65.060.40 植保设备
国民经济分类	C357 农、林、牧、渔专用机械制造

（续）

项目	内容
发布日期	2019 年 7 月 12 日
实施日期	2019 年 10 月 1 日
起草人	郭庆才、孙竹、朱宪华、李光旭、薛新宇、兰玉彬、张伟巍、徐旭、赵超阳、闫晓静、朱立成、彭斌、王志国、毛越东、程忠义、孙向东、张建瓴
起草单位	北大荒通用航空有限公司、农业农村部南京农业机械化研究所、华南农业大学、中国农业科学院植物保护研究所、中国农业机械化科学研究院、广州极飞科技有限公司、安阳全丰航空植保科技股份有限公司、深圳高科新农技术有限公司、深圳市大疆创新科技有限公司、无锡汉和航空技术有限公司
主要技术内容	标准规定了植保无人飞机施药作业的基本条件、作业要求、操作规范，其他作业方式参照此标准执行。适用于植保无人飞机的操作

4. 植保无人飞机　农药使用规范

项目	内容
标准编号	T/CAMA 5—2019
中文标题	植保无人飞机　农药使用规范
英文标题	Crop protection UAS —— Specification for application of pesticide
国际标准分类号	65.060.40 植保设备
国民经济分类	C357 农、林、牧、渔专用机械制造
发布日期	2019 年 7 月 12 日
实施日期	2019 年 10 月 1 日
起草人	刘越、闫晓静、顾伟、王志国、徐雪松、周国强、兰玉彬、周洋洋、张朋飞、赵志超、李光旭、毛越东、彭斌、王轩、刘克勤
起草单位	安阳全丰生物科技有限公司、安阳全丰航空植保科技股份有限公司、中国农业科学院植物保护研究所、农业农村部南京农业机械化研究所、华南农业大学、北大荒通用航空有限公司、深圳高科新农技术有限公司、广州极飞科技有限公司、深圳市大疆创新科技有限公司、北京一键智农科技有限公司
主要技术内容	标准规定了植保无人飞机农药使用的农药选择、农药使用时间和环境要求，农药使用前、农药使用中、农药使用后的施药效果评估及紧急事故处理。适用于农业植保无人飞机农药使用规范，园林和卫生防疫可参照执行

5. 植保无人飞机　作业质量

项目	内容
标准编号	T/CAMA 6—2019
中文标题	植保无人飞机 作业质量
英文标题	Crop protection UAS — Spraying quality
国际标准分类号	65.060.40 植保设备
国民经济分类	C357 农、林、牧、渔专用机械制造
发布日期	2019 年 7 月 12 日
实施日期	2019 年 10 月 1 日
起草人	彭斌、顾伟、李志耿、黄丹、薛新宇、兰玉彬、闫晓静、李杰孙、甘江林、彭瑾、李光旭、王志国、程忠义、毛越东
起草单位	广州极飞科技有限公司、农业农村部南京农业机械化研究所、华南农业大学、中国农业科学院植物保护研究所、北大荒通用航空有限公司、安阳全丰航空植保科技股份有限公司、深圳市大疆创新科技有限公司、深圳高科新农技术有限公司
主要技术内容	标准规定了植保无人飞机及类似设备植保喷雾作业的质量要求、检测方法和检测规则。适用于植保无人飞机及类似设备植保喷雾作业的质量评定

6. 植保无人飞机　云系统接口数据规范

项目	内容
标准编号	T/CAMA 7—2019
中文标题	植保无人飞机 云系统接口数据规范
英文标题	Crop protection UAS — Interface specifications of cloud system
国际标准分类号	65.060.40 植保设备
国民经济分类	C357 农、林、牧、渔专用机械制造
发布日期	2019 年 7 月 12 日
实施日期	2019 年 10 月 1 日
起草人	孙竹、徐阳、薛新宇、兰玉彬、顾伟、彭斌、黄丹、贾佳、邓琦蓉、王志国、周国强、毛越东、夏雷、刘克勤
起草单位	农业农村部南京农业机械化研究所、华南农业大学、广州极飞科技有限公司、深圳市大疆创新科技有限公司、安阳全丰航空植保科技股份有限公司、深圳高科新农技术有限公司、北京一键智农科技有限公司
主要技术内容	标准规定了植保无人飞机与植保无人飞机云系统（也称为植保无人飞机云，简称植保机云）之间的接口数据方面的一般要求，以及植保无人飞机制造商提供的运营管理系统与植保机云之间的接口数据的一般要求，具体包括接口数据的内容、单位、精度类型、编码规则、长度、标识等。适用于植保无人飞机和植保机云的设计开发

7. 植保无人飞机　电磁兼容性试验方法

项目	内容
标准编号	T/CAMA 8—2019
中文标题	植保无人飞机 电磁兼容性试验方法
英文标题	Crop protection UAS — Test method of electromagnetic compatibility
国际标准分类号	65.060.40 植保设备
国民经济分类	C357 农、林、牧、渔专用机械制造
发布日期	2019 年 7 月 12 日
实施日期	2019 年 10 月 1 日
起草人	贾佳、吕弘、邓琦蓉、杨晨光、周伟、孙竹、顾伟、王轩、程忠义、周国强、黄丹、毛越东
起草单位	深圳市大疆创新科技有限公司、南京模拟技术研究所、农业农村部南京农业机械化研究所、安阳全丰航空植保科技股份有限公司、广州极飞科技有限公司、深圳高科新农技术有限公司
主要技术内容	标准规定了植保无人飞机（包括油动、电动植保无人飞机）电磁兼容性的辐射发射、抗扰度的试验条件、试验方法、试验限值。适用于植保无人飞机电磁兼容性的试验

8. 植保无人飞机 驾驶员培训要求

项目	内容
标准编号	T/CAMA 9—2019
中文标题	植保无人飞机 驾驶员培训要求
英文标题	Crop protection UAS —General rules for basic technology training of pilot
国际标准分类号	65.060.40 植保设备
国民经济分类	C357 农、林、牧、渔专用机械制造
发布日期	2019 年 7 月 12 日
实施日期	2019 年 10 月 1 日
起草人	朱立成、车宇、孙光辉、程忠义、孙向东、孙竹、彭斌、王志国、毛越东、周伟、甘江林、刘克勤

（续）

项目	内容
起草单位	中国农业机械化科学研究院、深圳市大疆创新科技有限公司、无锡汉和航空技术有限公司、农业农村部南京农业机械化研究所、广州极飞科技有限公司、安阳全丰航空植保科技股份有限公司、深圳高科新农技术有限公司、南京模拟技术研究所、北京一键智农科技有限公司
主要技术内容	标准规定了植保无人飞机驾驶员培训、考核内容及方式。适用于植保无人飞机驾驶员培训与考核，用无人飞机进行喷药、授粉、撒播作业的驾驶员培训与考核可作参考

9. 植保无人飞机　运营人要求

项目	内容
标准编号	T/CAMA 10—2019
中文标题	植保无人飞机　运营人要求
英文标题	Crop protection UAS — Operational requirements of organization
国际标准分类号	65.060.40 植保设备
国民经济分类	C357 农、林、牧、渔专用机械制造
发布日期	2019 年 7 月 12 日
实施日期	2019 年 10 月 1 日
起草人	毛越东、夏雷、孙利平、兰玉彬、薛新宇、李光旭、朱立成、闫晓静、王志国、彭斌、林秀军、王轩、孙向东、刘越
起草单位	深圳高科新农技术有限公司、华南农业大学、农业农村部南京农业机械化研究所、北大荒通用航空有限公司、中国农业机械化科学研究院、中国农业科学院植物保护研究所、安阳全丰航空植保科技股份有限公司、广州极飞科技有限公司、深圳市大疆创新科技有限公司、无锡汉和航空技术有限公司
主要技术内容	标准规定了与植保无人飞机运营人相关的术语和定义、要求，植保无人飞机运营负责人管理职责、人力资源管理、植保无人飞机管理要求、植保药剂管理要求、植保服务要求。适用于植保无人飞机运营人规范自身运营

10. 温室自动水肥一体机

项目	内容
标准编号	T/CAMA 11—2019
中文标题	温室自动水肥一体机
英文标题	Automatic fertigation machine for greenhouse
国际标准分类号	65.060.35 灌溉和排放设备
国民经济分类	C357 农、林、牧、渔专用机械制造
发布日期	2019 年 7 月 12 日
实施日期	2019 年 10 月 1 日
起草人	尹义蕾、李恺、丁小明、张月红、张学军、何芬、王莉、侯永、蔡峰、段静、战国隆、田小红、王进新、张中华、杨立国、刘旺、吴小李、李谟军、李明、韩非、孙玉坤、韩吉书
起草单位	农业农村部规划设计研究院、北京华农农业工程技术有限公司、大禹节水集团股份有限公司、华维节水科技集团股份有限公司、北京市农业机械试验鉴定推广站、北京金福腾科技有限公司、重庆星联云科科技发展有限公司、山东圣大节水科技有限公司、山东安信种苗股份有限公司
主要技术内容	标准规定了温室自动水肥一体机的术语和定义、型号、要求、试验方法、检验规则、标志、包装、运输和贮存。适用于温室生产中能够自动控制营养液浓度并进行自动灌溉施肥的水肥一体机

11. 无土栽培椰糠

项目	内容
标准编号	T/CAMA 12—2019
中文标题	无土栽培椰糠
英文标题	Coconut coir for soilless culture
国际标准分类号	65.020.20 植物栽培
国民经济分类	A051 农业专业
发布日期	2019 年 7 月 12 日
实施日期	2019 年 10 月 1 日
起草人	雷喜红、李新旭、李红岑、高丽红、李蔚、王艳芳、王平、王建闻、黄孟乔、孙立星、董瑞芳、牛曼丽
起草单位	北京市农业技术推广站、中国农业大学、华夏天农（北京）农业科技有限公司、北京三力创科技发展有限公司、青岛冉美商贸有限公司、北京易农农业科技有限公司
主要技术内容	标准规定了无土栽培椰糠的质量要求、试验方法、检验规则、包装、标识、贮存和运输。适用于以椰丝、椰块及其粉末为主要组分的商品化无土栽培椰糠

12. 温室电动升降车

项目	内容
标准编号	T/CAMA 13—2019
中文标题	温室电动升降车
英文标题	Electric lifting equipment for greenhouse
国际标准分类号	65.040.30 温室和其他装置
国民经济分类	C357 农、林、牧、渔专用机械制造
发布日期	2019 年 7 月 12 日
实施日期	2019 年 10 月 1 日
起草人	周增产、董微、张晓文、蔡峰、张国栋、姜飞、姚涛、王海、胡福生、赵亚聪、马铁、黄松波、邹岚、赵静、韩东奎
起草单位	北京京鹏环球科技股份有限公司、北京华农农业工程技术有限公司、北京市农业机械研究所有限公司、北京市植物工厂工程技术研究中心
主要技术内容	标准规定了温室电动升降车（以下简称升降车）的术语和定义、产品型号编制、技术要求、使用与维护、标志、包装、运输和贮存以及检验方法和检验报告。适用于温室内使用，由电动机驱动行走、液压系统驱动升降和侧移的轨道式或无轨式升降车

13. 农业机械作业载荷检测技术规范　第 1 部分：自走式玉米青贮收获机

项目	内容
标准编号	T/CAMA 14.1—2019
中文标题	农业机械作业载荷检测技术规范 第 1 部分：自走式玉米青贮收获机
英文标题	Technical specifications for load detection of agricultural machinery Part 1: Self-propelled corn silage harvester
国际标准分类号	65.060.50 收获设备
国民经济分类	C357 农、林、牧、渔专用机械制造
发布日期	2019 年 7 月 12 日
实施日期	2019 年 10 月 1 日
起草人	朱良、刘声春、金红伟、王明磊、管延华、宋继忠、郭雪峰、孙德超
起草单位	农业农村部农业机械试验鉴定总站、山东省农业机械试验鉴定站、黑龙江省农业机械试验鉴定站
主要技术内容	标准规定了自走式玉米青贮收获机作业载荷检测时的一般要求、被测参数准确度要求及仪器设备、检测条件及参数和评价参数。适用于自走式玉米青贮收获机作业载荷检测

14. 挤奶机安装质量评价技术规范

项目	内容
标准编号	T/CAMA 15—2019
中文标题	挤奶机安装质量评价技术规范
英文标题	Technical specifications for assessment of milking machine installation quality
国际标准分类号	65.040.10 家畜建筑物、装置和设备
国民经济分类	C357 农、林、牧、渔专用机械制造
发布日期	2019 年 7 月 12 日
实施日期	2019 年 10 月 1 日
起草人	汪麟飞、刘声春、金红伟、张健、肖建国、刘涛、关金森、朱建民、续偲、高继伟、杨柏岭、苟宇兵、富光俊、文金勇
起草单位	上海麦喀斯机械设备有限公司、农业农村部农业机械试验鉴定总站、安徽永牧机械集团有限公司、北京国科诚泰农牧设备有限公司、上海爱励农机械制造有限公司、世牧农业科技（上海）有限公司、北京京鹏环宇畜牧科技股份有限公司、天津和利惠牧科技有限公司、基伊埃（上海）牧业科技有限公司、利拉伐（天津）有限公司、阿菲金农业合作公司
主要技术内容	标准规定了挤奶机安装过程中所监控的控制点、级别、符合性要求和判定规则。适用于鱼骨式、并列式、转盘式挤奶机的安装质量评价

15. 奶牛行为监测设备　质量评价技术规范

项目	内容
标准编号	T/CAMA 16—2019
中文标题	奶牛行为监测设备 质量评价技术规范
英文标题	Technical specifications of quality evaluation for cow behaviors detecting equipment
国际标准分类号	65.040.10 家畜建筑物、装置和设备
国民经济分类	C357 农、林、牧、渔专用机械制造
发布日期	2019 年 7 月 12 日
实施日期	2019 年 10 月 1 日
起草人	刘涛、刘声春、金红伟、张健、苌浩、陈华、续偲、汪麟飞、杨旭升、文金勇、张纯峰
起草单位	安徽永牧机械集团有限公司、农业农村部农业机械试验鉴定总站、中国电信集团有限公司、银川奥特信息技术股份公司、世牧农业科技(上海)有限公司、上海麦喀斯机械设备有限公司、清科云生物科技(北京)有限责任公司、阿菲金农业合作公司、北京安乐福塑料制品有限公司
主要技术内容	标准规定了奶牛行为监测设备的术语和定义、基本要求、质量要求、检测方法和检验规则。适用于奶牛行为监测设备的质量评价

16. 撒肥机

项目	内容
标准编号	T/CAMA 17—2019
中文标题	撒肥机
英文标题	Fertilizer spreader
国际标准分类号	65.060.25 肥料储存、制备和播撒设备
国民经济分类	C357 农、林、牧、渔专用机械制造
发布日期	2019 年 7 月 12 日
实施日期	2019 年 10 月 1 日
起草人	栾涛、胡玉会、关金森、邱韶峰、李晓东、相姝楠、杜金、陈立丹、李仿舟

（续）

项目	内容
起草单位	福林格（青岛）农业机械有限公司、定州四方诚信畜牧科技有限公司、北京国科诚泰农牧设备有限公司、山东省农业机械试验鉴定站、黑龙江省农业机械试验鉴定站、农业农村部农业机械试验鉴定总站、安徽省农业机械试验鉴定站
主要技术内容	标准规定了固态肥抛撒机和液态肥撒施机的术语和定义、产品型号、技术要求、试验方法、检验规则、标牌、包装、运输与贮存。适用于固态肥抛撒机和液态肥撒施机

17. 畜禽粪便发酵处理机

项目	内容
标准编号	T/CAMA 18—2019
中文标题	畜禽粪便发酵处理机
英文标题	Livestock and poultry manure fermentation processor
国际标准分类号	65.060.25 肥料储存、制备和播撒设备
国民经济分类	C357 农、林、牧、渔专用机械制造
发布日期	2019 年 7 月 12 日
实施日期	2019 年 10 月 1 日
起草人	闫广播、胡海平、丁传祥、胡茂朝、邓秀汕、李开标、唐子贵、杨易、邱韶峰、杜金、陈立丹
起草单位	山东福航新能源环保股份有限公司、鹤壁东海生物科技有限公司、扬州宇家环保科技有限公司、南京贝特空调设备有限公司、广西力源宝科技有限公司、福建智辰智能农业装备有限公司、江苏中科纽克生态科技有限公司、广西壮族自治区农业机械鉴定站、山东省农业机械试验鉴定站、农业农村部农业机械试验鉴定总站
主要技术内容	标准规定了畜禽粪便发酵处理机的术语和定义、产品型号、技术要求、试验方法、检验规则、标牌、包装、运输与贮存。适用于对畜禽粪便进行发酵处理的层叠式、罐式畜禽粪便发酵处理机，其他结构型式的处理机可参照执行

18. 畜禽尸体处理机

项目	内容
标准编号	T/CAMA 19—2019
中文标题	畜禽尸体处理机
英文标题	Animal carcass processing equipment
国际标准分类号	65.060.99 其他农业机械和设备
国民经济分类	C357 农、林、牧、渔专用机械制造
发布日期	2019 年 7 月 12 日
实施日期	2019 年 10 月 1 日
起草人	李开标、管延聪、于光、周兵、陈立丹、杜金、王骏、李杰、林叙彬、戚锁红
起草单位	福建智辰智能农业装备有限公司、山东鑫正达机械制造有限公司、潍坊市奥工机械有限公司、山东翰德环保科技有限公司、农业农村部农业机械试验鉴定总站、安徽省农业机械试验鉴定站、广东省农业机械试验鉴定站、江苏省农业机械试验鉴定站
主要技术内容	标准规定了畜禽尸体处理机的术语和定义、产品型号编制规则、技术要求、试验方法、检验规则、标牌、包装、运输与贮存。适用于焚烧法、化制法、降解法处理畜禽尸体的焚烧炉、化制机、降解机（统称处理机）

19. 太阳能相变蓄热型日光温室设计规范

项目	内容
标准编号	T/CAMA 20—2019
中文标题	太阳能相变蓄热型日光温室设计规范
英文标题	Design code for solar energy phase change heat storage type solar greenhouse

（续）

项目	内容
国际标准分类号	65.040.30 温室和其他装置
国民经济分类	C357 农、林、牧、渔专用机械制造
发布日期	2019 年 8 月 31 日
实施日期	2019 年 9 月 16 日
起草人	马彩雯、陈超、邹志荣、马承伟、邹平、韩枫涛、于楠、雷喜红、李印、张彩虹、杨枫光、李亚茹、姜鲁艳、吴乐天、曹新伟、姜理星、马艳、于秀针、吐尔逊娜依·热依木江、张宇
起草单位	新疆农业科学院农业机械化研究所、北京工业大学、西北农林科技大学、中国农业大学、北京市农业技术推广站
主要技术内容	标准规定了太阳能相变蓄热型日光温室建筑、构造、热工性能、通风换热性能的设计方法，包括主要材料的选取方法。适用于新建太阳能相变蓄热型日光温室以及既有日光温室改扩建，为太阳能相变蓄热型日光温室的设计、建设提供方法

20. 全秸硬茬地洁区播种机

项目	内容
标准编号	T/CAMA 21—2019
中文标题	全秸硬茬地洁区播种机
英文标题	Clean area seeder under full amount of straw and root stubble cropland
国际标准分类号	65.060.30 播种和种植设备
国民经济分类	C357 农、林、牧、渔专用机械制造
发布日期	2019 年 8 月 31 日
实施日期	2019 年 9 月 16 日
起草人	吴岩、胡志超、王剑文、顾峰玮、王江涛、王鲲鹏、吴峰、秦心爱、陈有庆、葛思含、徐弘博、张延化
起草单位	河南省农业机械试验鉴定站、农业农村部南京农业机械化研究所、河南农有王农业装备科技股份有限公司
主要技术内容	标准规定了全秸硬茬地洁区播种机术语和定义、产品型号、技术要求、试验方法、检验规则、标志、包装和贮存。适用于全秸硬茬地洁区播种机，其他型式的能够实现全秸硬茬地洁区播种的可参照执行

21. 喷杆式植保机器人

项目	内容
标准编号	T/CAMA 22—2019
中文标题	喷杆式植保机器人
英文标题	Spray rod plant protection robot
国际标准分类号	65.060.40 植保设备
国民经济分类	C357 农、林、牧、渔专用机械制造
发布日期	2019 年 8 月 31 日
实施日期	2019 年 9 月 16 日
起草人	黄道跟、王永建、张晓霞、孙守民、郭刚
起草单位	山东鲁虹农业科技股份有限公司、山东省农业机械科学研究院、山东智物缘机器人有限公司、潍坊市农业机械研究所、山东鲁虹智慧农业研究院
主要技术内容	标准规定了喷杆式植保机器人的术语和定义、型号与功能标准、试验方法、检验规则、标志、包装、运输与贮存。适用于以直流电为动力，具备远程监控及操控系统，通过操控系统实现行走、转向、平移、喷雾等功能的智能型喷杆式植保机器

〔供稿单位：中国农业机械化协会〕

中国农业机械流通协会 2019 年发布的团体标准

1. 农业机械交易市场服务质量规范

项目	内容
标准编号	T/CAMDA 3—2019
中文标题	农业机械交易市场服务质量规范
英文标题	Agricultural machinery market service quality standard
国际标准分类号	03.100.20 贸易、商业活动、市场营销
国民经济分类	A 10 商业、贸易、合同
发布日期	2019 年 1 月 15 日
实施日期	2019 年 2 月 1 日
起草人	李贵元、赵丽蓉、如一、张文博、李晓红、叶二文
起草单位	中国农业机械流通协会、安徽青园集团
主要技术内容	本标准规定了农业机械交易市场服务保障、服务提供、服务质量监督、服务质量分析与改进的要求。本标准适用于中华人民共和国境内依法设立的农业机械交易市场

2. 农业机械营销企业基本条件市场行为规范及等级划分

项目	内容
标准编号	T/CAMDA 4—2019
中文标题	农业机械营销企业基本条件 市场行为规范及等级划分
英文标题	Basic conditions for agricultural machinery marketing enterprises Market conduct and classification
国际标准分类号	03.100.20 贸易、商业活动、市场营销
国民经济分类	A 10 商业、贸易、合同
发布日期	2019 年 1 月 15 日
实施日期	2019 年 2 月 1 日
起草人	李贵元、吴军旗、赵丽蓉、张华光、张文博、崔巍
起草单位	中国农业机械流通协会
主要技术内容	本标准规定了农业机械营销企业的基本条件、市场行为规范及等级划分。本标准适用于各种所有制形式的农业机械营销企业，也适用于兼营农业机械商品的其他企业

3. 新型职业农民农业机械技术培训规范

项目	内容
标准编号	T/CAMDA 5—2019
中文标题	新型职业农民农业机械技术培训规范
英文标题	Technical training regulation of agricultural machinery for new vocational farmers
国际标准分类号	03.080.20 公司（企业）的服务
国民经济分类	A 16 服务标准
发布日期	2019 年 1 月 15 日

（续）

项目	内容
实施日期	2019 年 2 月 1 日
起草人	韩旭、王俊、王红梅、滕兆斌、李贵元、梁勇、王少华、杨培刚、周聪聪、王跃生
起草单位	中联重机股份有限公司、湖南生物机电职业技术学院
主要技术内容	本标准规定了新型职业农民农业机械技术培训的培训对象和目的、资源配置、培训内容、组织管理等要求。本标准适用于农业机械企业（包括生产企业和流通企业）开展新型职业农民农业机械技术培训工作。其他组织开展新型职业农民农业机械技术培训工作可参考

4．粮食烘干中心验收技术规范

项目	内容
标准编号	T/CAMDA 6—2019
中文标题	粮食烘干中心验收技术规范
英文标题	Technical specifications for acceptance of grain drying center
国际标准分类号	65.060.01 农业机械和设备综合
国民经济分类	B 90 农、林机械与设备综合
发布日期	2019 年 1 月 15 日
实施日期	2019 年 2 月 1 日
起草人	王聪、李耿、潘久君、李贵元、张炜、吴晓伟、徐旭、孙红、周聪聪、如一
起草单位	中联重机股份有限公司、安徽中科智能感知大数据产业技术研究院、安徽省现代农业装备产业技术研究院有限公司、安徽云龙粮机有限公司
主要技术内容	本标准规定了粮食烘干中心验收技术规范的术语定义、技术要求、试验方法、验收规则和标志、包装、运输及贮存等。本标准适用于玉米、稻谷、小麦的连续式和循环式粮食烘干中心设备性能和质量检测验收

5．灌溉企业等级划分和评定

项目	内容
标准编号	T/CAMDA 7—2019
中文标题	灌溉企业等级划分和评定
英文标题	Grading specification for irrigation enterprises
国际标准分类号	03.100.01 公司（企业）的组织和管理综合
国民经济分类	A 10 商业、贸易、合同
发布日期	2019 年 4 月 9 日
实施日期	2019 年 4 月 9 日
起草人	许复初、兰才有、周荣、罗金耀、王留运、库国钢、张骥
起草单位	中国农业机械流通协会灌排分会
主要技术内容	标准规定了各个等级灌溉企业在资历和信誉、技术力量、技术水平、装备和制造水平、管理水平 5 个方面应具备的条件和要求，以及评定方式。本标准适用于各类灌溉企业的等级评定

〔供稿单位：中国农业机械流通协会〕

展会与交流

介绍2018年农业机械行业展会与交流工作情况

Introduction to the 2018 agricultural machinery industry exhibition and exchange

综述
大事记
行业概况
农业机械化概况
项目与产品
统计资料
政策法规与标准
展会与交流
附录

中国农业机械工业年鉴 2019

展会与交流

2018 全国农业机械及零部件展览会

China agricultural machinery and parts exhibition 2018

2018 新疆农业机械博览会

Xinjiang agricultural machinery expo 2018

2018 中国国际农业机械展览会

China international agricultural machinery exhibition 2018

2018 中国甘蔗机械化博览会

China sugarcane mechanization expo 2018

2018 年中国农业机械工业协会推进两岸产业合作和国际考察交流工作

Promote the cooperation with Taiwan and international exchange of CAAMM in 2018

2018 全国农业机械及零部件展览会

以展示成果、扩大交流、推动合作、促进发展为主题，展示农业机械行业新产品、新技术为宗旨的 2018 全国农业机械及零部件展览会（以下简称全国农机展）于 2018 年 3 月 29 日至 31 日在河南省郑州市郑州国际会展中心举行。全国农机展是由中国农业机械工业协会、中国农业机械化协会和中国农业机械流通协会（以下简称三大协会）共同主办的全国性农机行业大型综合展览会。

一、基本情况

2018 年全国农机展展览面积超 5 万 m^2，参展企业为 328 家，参观人数达 3 万多人次。为了突出当前行业热点，本届全国农机展设置了粮食烘干设备、粮油机械、植保机械、深松机械、秸秆综合利用设备、精准农业技术装备等专业展区，集中展示，便于参观。展会期间还设立了免费现场演示区，为新产品新技术的宣传推广起到了良好的促进作用。

本届全国农机展参展产品涵盖主要农作物生产全程机械化的产品。从参展企业来看，国内外知名整机企业及零部件企业基本都参加了本届展会。国内企业方面，中国一拖、中国农机院、福田雷沃重工、中联重科重机、常州东风、山东五征、山东时风、山东大启、江苏沃得、悦达智能、大族激光、玉柴机器、勇猛机械、河南豪丰、河北农哈哈、洛阳博途以及中农集团农机控股等几十家覆盖全行业的大型知名企业参展。外资或合资企业中，爱科、约翰迪尔、久保田、洋马、马斯奇奥、马恒达等也都积极参加了本届展会。

二、展会宣传和观众组织

在展会宣传上，充分利用三大协会的行业优势，通过微信平台、网站、手机短信以及合作媒体进行了广泛的宣传报道，扩大了行业的知名度。多次对企业、经销商、农机大市场、农机合作社进行走访，传播展会信息并听取其对展会的意见和建议。

在观众组织上，邀请了各省市农机管理部门、农机鉴定部门、农机推广部门、科研院所、大专院校、农机进出口商及农机制造商等单位的相关人员参观展会。展会还为多个受邀组团参观的农机大市场、农机合作社参观团提供了必要的交通和餐饮保障。

三、配套活动内容丰富

全国农机展除了产品展示，还有丰富多彩的配套活动。第 10 届“全国农机用户满意品牌”评选活动颁奖典礼、2018 中国农机行业年度大奖启动仪式、《2017 中国农业机械化发展白皮书》发布仪式、《中国农业机械工业年鉴》2017 年刊新书发布及赠书仪式、2018 国际精准农业技术装备发展峰会、2018 全国农作物秸秆综合利用技术与装备研讨会、2018 全国农机零部件技术升级与后市场发展论坛、农用航空安全应用技术研讨会、播种机械化技术发展研讨会、农机维修保障能力提升建设论坛、2018 中国农机工业协会标准工作会议 11 个大型主题活动贯穿于整个展会活动，得到了广大参观及参会者的认可和好评。

近年来，随着农机工业的高速发展，也带动了零部件行业的突飞猛进。全国农机零部件行业总产值连创新高，其增长速度甚至超过了农机行业的平均水平。自 2014 年以来，全国农机展正式更名为“全国农业机械及零部件展览会”，彰显了农机零部件在农机产业中的重要性。另外，后市场对于很多零部件企业，尤其是中小型零部件生产企业来说，是占据其很大市场比例的一部分，而全国农机展对于零部件企业在后市场、维修市场的宣传作用不容忽视。因此，本届展会零部件参展企业占到全部展商的近 4 成。

自 2011 年三大协会共同主办全国农机展以来，经过七年的培育和发展，全国农机展已成为行业最具影响力、最具特色和最具满意度的展览平台，被业界公认为是“年度风向标，春季更具影响力的农机展示、交易平台”。

〔供稿单位：中国农业机械工业协会〕

2018 新疆农业机械博览会

由中国农业机械流通协会、中国农业机械化协会、中国农业机械工业协会、新疆维吾尔自治区农牧业机械管理局和新疆生产建设兵团农业机械化管理局联合主办，新疆维吾尔自治区农机流通协会和新疆国展展览有限公司承办的 2018 新疆农业机械博览会（以下简称新疆农机展），于 2018 年 5 月 5—7 日在新疆国际会展中心成功举办。

本届展会以全面落实乡村振兴战略要求，推动实施主要农作物生产全程机械化，促进新疆农业生产向全程全面、高质高效方向转变为目标，以“特色创新 · 精准高效”为主题。目前，新疆农机展已成为立足西北、辐射带动中亚的规模大、影响力强、覆盖面广的农业机械类专业展会，也是向中亚地区展示、出口我国农业机械的重要窗口。

一、展会规模

本届展会展览面积总计 5 万 m^2，首日入场观众超过 9 000 人，展会总成交金额达 5.75 亿元，其中与“一带一路”沿线国家签订订单 20 多个，涉及金额超过 1 000 万美元。

展会吸引了国内外 300 余家企业亮相本届展会，包括德国、意大利、加拿大、俄罗斯、美国、法国等国家的多个国际品牌参展。其中，国际知名企业有约翰迪尔、凯斯纽荷兰、雷肯、爱科、福林格、马斯奇奥等；国内企业有中国一拖、雷沃阿波斯、常州东风、中联重科等，其中新疆内的龙头企业有新疆天农、新疆科神、新研股份、新疆崧渊等。

本届展会设置的新产品新成果展区及 8 000m^2 现场演示区，参展产品涵盖主要农作物生产全程机械化内容，涉及种植、畜牧水产、特色林果、农副产品加工机械等多个领域。首次进入市场的打瓜自走式联合收获机、大型青储饲料收获机、大型自走式喷杆喷雾机、大蒜收获机、蔬菜移栽机、驱动动力耙及许多优秀的零配件争先在展会上亮相。

二、展会宣传

本届展会在充分利用现有媒体的同时，继续深度挖掘行业内的其他专业媒体，如西部农机网、兴农网、新疆农机化杂志、新疆科技报等，及时发布展会信息，扩大展会的行业知名度。结合新疆本土特色，选择部分本地颇具影响力的媒体进行宣传推广，如通过新疆日报、949 交通广播、1074 维文广播、乌鲁木齐电视台、兵团电视台等能够覆盖新疆各地州的宣传媒体进行传播。

本届展会还启动了国外媒体进行宣传推广。通过国外 6 家协会的渠道、电商平台的官网主页、微信公众号进行宣传推广，在 3 月 15 日之前全面开展宣传。展会期间邀请俄罗斯《BCK 您的农业顾问》农业专业杂志的记者赴展会对现场情况、会议论坛和专场会见情况进行报道。

三、观众组织

本届新疆农机展发挥了平台作用，凸显了市场化、专业化、国际化的办展思路，提升了展会内容的质量和专业观众的组织水平。展会邀请了区内基层农机部门和合作社的人员及农牧民代表参观并为其提供食宿，同时邀请了加拿大、意大利、法国、哈萨克斯坦、俄罗斯、荷兰的农机专家和行业内人士参会。

四、配套活动内容丰富，精彩纷呈

在本届展会期间，除了现场展览展示、商务洽谈等展会常规项目外，还特别安排组织了 7 场会议论坛活动及 20 余场现场推荐会和交流会，特别邀请院士、行业专家、学者到现场进行演讲及技术指导，有效助力国内农机工业向国际化、全民化、创新化推进。会议论坛选题精准、契合国家对农村农业的发展战略，包括：加拿大西部保护性耕作与旱地耕作推介会，“一带一路”国际农机交流会，“一带一路”农机流通论坛，农业机械化、信息化两化融合论坛，新疆林果业和特色作物机械化技术交流讲座，新疆农机零部件市场座谈会，节水灌溉装备技术讲座等。

近年来，新疆农业机械化发展水平一直保持较快发展态势。未来，新疆农机展将持续依托新疆的区位优势，响应国家“一带一路”倡议，努力发展和服务西部农业，竭力将新疆农机展打造成国际化的经贸合作平台。

〔供稿单位：中国农业机械工业协会〕

2018 中国国际农业机械展览会

中国农业机械流通协会、中国农业机械化协会和中国农业机械工业协会于 2018 年 10 月 26—28 日在武汉国际博览中心共同主办了 2018 中国国际农业机械展览会。展会继续贯彻举办区域性国际农业机械展会的方针，加大力度引进欧美农业机械制造企业参展，加强我国农机企业与亚太、非洲农机经销商及相关农机组织的联系，加强专业观众组织工作。

一、展会概况

规模。本次展会展览总面积达 21 万 m^2，其中室内面积为 12 万 m^2，室外面积为 9 万 m^2。

展品。本次展会展品涵盖了适合我国不同区域农业生产全过程所需的装备，涉及我国农业机械全部 14 大类产品及其配附件，以及农用航空器、农村能源设备、设施农业装备、蔬菜类设备、加工维修设备及工具等。

展商。本次展会有 1 920 家企业参展，国外企业来自美国、德国、法国、意大利、俄罗斯、土耳其、丹麦、波兰、日本、韩国、印度等国家，国内知名农机企业悉数参展。参展企业中多数是零部件、农机具和农业附属产品生产企业，占全部参展企业的 60% 以上，主机参展企业占 15% 左右。主机参展企业中，国外企业占比超过 20%。

观众。本次展会观众约有 13.5 万人次，国内 31 个省（自治区、市）均有观众到会，来自亚洲、欧洲、非洲和美洲 52 个国家的农机行业组织、农机经销商和代理商到会参观。

会议活动。展会期间举办了内容丰富的国际会议、国内会议、论坛及相关活动，包括：

（1）中国农业机械流通协会第七次会员代表大会。

（2）中国农业机械流通协会灌排分会成立大会。

（3）CSAM 第六届亚太可持续农业机械化论坛。

（4）“推进丘陵山区农业机械化发展”专题报告会。

（5）第四届 ReCAMA 农机制造商、经销商培训闭幕式。

（6）2018 蔬菜生产机械化发展论坛。

（7）北方果园生产机械化发展论坛。

（8）精准农业论坛。

（9）部分国家现代农业产业技术体系农业机械岗位科学家报告会。

（10）保护性耕作国际研讨会。

（11）中国农业机械化协会大学生从业合作社工作委员会成立大会暨合作社经验模式研讨会。

（12）先进制造技术研讨会。

（13）中国农机“走出去”发展论坛。

（14）农村环境综合治理技术与装备发展论坛。

（15）根茎类作物机械化生产技术与装备论坛。

（16）特色经济作物生产机械化发展论坛。

（17）科技创新引领湖北农机高质量发展论坛。

（18）农机购置补贴政策规范实施暨专业文书写作培训班。

（19）2018 年农机行业经济运行与市场分析报告会。

（20）农业社会化服务政策、理论与实践发展论坛。

（21）德国、西班牙、意大利果蔬机械化国际论坛。

（22）中印农机合作论坛。

（23）2018 饲料生产技术、装备与动物营养科学研讨会。

（24）中国灌排行业发展论坛。

（25）农机具设计创新研讨会。

（26）农用无人飞机环境安全技术创新与规范应用研讨会。

（27）2019 新疆农业机械博览会、2018 中国甘蔗机械化博览会新闻发布会。

（28）高效植保机械与农药减量施药技术论坛暨第六届植保机械与施药技术国际研讨会。

（29）中药材生产机械化论坛。

（30）亚太农机媒体座谈会。

（31）中日友好交流会。

（32）2018 中国农机行业年度大奖颁奖盛典。

（33）蔬菜生产机械化现场演示活动。

（34）无人机演示活动。

（35）2018 中国农业机器人大赛。

（36）图书专区新书发布活动。

二、展会亮点

1. 展会国际化程度再上新台阶。本届展会配套的 30 余场会议活动中，国际会议达到了 10 余场，国际化论坛占比大幅提升。同时，外商参观人数较往年也有较大增长，展商普遍反映今年的国外观众数量比往届有大幅度提高。

2. 受行业下滑因素影响，本届展会规模有所减小，但观众人数却不降反升，展商普遍反映专业观众的质量很高。

3. 主办方根据行业发展特点，在本届展会上进一步扩大了智能农业装备展示、果蔬茶机械展示、中药材机械展示、农业农机技术图书展示等专业展区的面积，受到了中外与会者的好评。

4. 主办方与中国农业大学等单位合作，继续举办了“全国大学生农业机器人大赛”活动。本届农业机器人大赛还吸引了印度等几支参赛队伍的加入，为展会注入了新的活力。

5. 主办方 2016 年开发的微信版“万能搜”，通过不断的迭代，获得了迅猛传播，本届展会结束，“万能搜”关注及使用人数达到 7 万人；本次展会继续使用团组住宿接待登记系统，大大提高了采集信息和配置接待资源的效率。

6. 进一步升级完善了“展会管理系统”，包括网上订展、观众预登记、布（撤）展车辆管理、物流卸货、特装搭建等管理工作与国际接轨。

〔供稿单位：中国农业机械工业协会〕

2018 中国甘蔗机械化博览会

由中国农业机械化协会、中国农业机械工业协会、中国农业机械流通协会主办，广西壮族自治区农业农村厅、自治区糖业发展办公室、南宁市人民政府、自治区农业机械化服务中心、广西农业机械化协会等单位承办的 2018 中国甘蔗机械化博览会（以下简称“博览会”），于 2018 年 12 月 28—29 日在南宁市成功举办。

本届博览会共有 170 家国内外知名企业参展，展览展示农机具近千台（套），展览规模达 4 万 m^2，观众达 2.5 万余人次；人民日报、新华社等 28 家媒体、58 名记者参会报道，在行业范围内引起了高度关注，反响热烈，效果显著。

一、领导重视、观众踊跃

出席本届博览会的领导嘉宾有广西壮族自治区人大常委会副主任张秀隆、中国工程院院士陈学庚和赵春江、农业农村部农机化司副司长李安宁，柬埔寨驻南宁总领事馆总领事努西瓦塔、缅甸驻南宁总领事馆总领事梭岱南、菲律宾农业部助理部长戈尔戈尼奥·罗尔丹、泰国驻广州总领事馆农业处农业领事芭桐·娃蒂、越南驻南宁总领事馆商务领事赵翠娥、老挝驻南宁总领事馆副领事坎平·苏立亚翁、马来西亚农业机械设备协会会长罗威耶等 7 个东盟国家的官员和专家学者，国家发展和改革委产业协调司、农业农村部农机化司以及农机鉴定总站、农机化技术开发推广总站、农业贸易促进中心等部门的负责同志，国家和地方专业协会、科研院所、大中专院校的负责同志和专家学者，全国 24 个省 (市、区) 的农业农机部门负责同志和专家学者，全区各市县政府、自治区有关部门和企业的负责同志，国内外农业机械经销企业、糖业企业，广东、广西、海南等甘蔗主产区的农机合作社、种蔗大户代表等。展会累计观展人员达 2.5 万余人次。

二、展商踊跃、展品丰富

参展的国外企业近 10 家、国内企业 160 多家，既有来自美国、日本、意大利等国家的外资企业，如美国约翰迪尔、凯斯纽荷兰、爱科，日本久保田，意大利马斯奇奥等世界知名农机生产企业；也有广西柳工、洛阳辰汉、中国一拖、中联重科、雷沃重工、河北圣和、常州东风、湖北国拓、广西玉柴、江苏沃得、广州极飞、深圳大疆等国内知名企业。参展机具以甘蔗生产全程机械化设备为主，同时展览动力机械、丘陵山区机械、果蔬茶特色机械、农副产品加工机械、畜牧水产养殖机械、粪污处理机械、秸秆综合利用机械以及整机设备所对应的零部件等。此外，博览会还设立了四川、重庆、湖南双峰三个区域性展区，以及糖业精品、科研成果等多个专业展示区。

三、成功举办中国 - 东盟现代农业装备合作与发展论坛

同期举办的“中国－东盟现代农业装备合作与发展论坛”，邀请了泰国、马来西亚、菲律宾等多个东盟国家的外宾参加，同时中国工程院陈学庚、赵春江两位院士以及农业农村部相关司局、试验鉴定、技术推广、全国拖拉机标委会、高等院校、科研院所、行业协会、农机生产企业、糖业集团公司、各级农业农机管理与推广部门及种蔗大户和农机合作社等单位的 400 多名嘉宾出席了本次论坛。

四、“一站式”服务

现场让利促销上牌办补活动是博览会期间的一个新的亮点，也是国内农业机械类展览会的一项创举。活动主要内容是向企业倡议让利促销、向购机者办理牌证补贴、向观众提供政策咨询，重在为现场销售机具提供上牌入户和办理补贴的“一站式”服务。活动期间，共有 21 家企业的 88 个产品参与让利促销，累计直接销售甘蔗收获机、大马力拖拉机、粉垄机、无人植保机等机具 36 台，总价为 1 932 万元，让利近 150 万元。现场接受观众咨询上万人次，发放宣传资料 1 万多份，众多购机者纷纷现场学习使用广西农机购置补贴 APP。

当前，中国甘蔗机械化博览会已成为国内规格最高、规模最大的甘蔗机械化专业展会，且与广西相关部门举办的 2018 中国－东盟农业机械展同期举行，进一步加强了中国与东盟 10 国及海上丝绸之路经济带沿线国家的农机贸易往来和产品技术交流，促进了中国与东盟国家的农机化深度合作与发展。

〔供稿单位：中国农业机械工业协会〕

2018年中国农业机械工业协会推进两岸产业合作和国际考察交流工作

2018年中国农业机械工业协会（简称中国农机工业协会）共组织4次考察交流活动，分别是赴中国台湾、土耳其和伊朗、日本及欧洲进行农机工业专业考察，继续保持并拓展与各国农机工业协会及企业的交流与合作。

一、推进两岸产业合作

中国农机工业协会代表团于2018年10月17—22日赴我国台湾进行考察交流。在台湾考察交流期间，赴两岸企业家峰会、中兴大学、中华农业机械学会、台湾农机工业同业公会、台湾三久股份有限公司、云林县油车合作农场、花生加工工厂进行了技术交流。

此次考察交流扩大了两岸农机界的人文交流，夯实了两岸农机界合作的基础。两岸农机界通过考察交流活动广交朋友、增进感情、增进互信，推进了两岸农机产业的合作。考察交流活动对增进两岸同胞的民间交流和产业交流具有重要意义。

二、国际考察交流工作

1. 土耳其和伊朗考察

应国际农业与生物系统工程学会（CIGR）和伊朗国际农业机械展览会主办方的邀请，中国农机工业协会代表团于4月22—29日，对土耳其和伊朗进行了农机工业的技术交流和考察访问。

本届国际农业与生物系统工程学会（CIGR）的年会在土耳其召开。大会吸引了来自世界各地70多个国家和地区的农业工程领域专家学者300余人参加了会议。土耳其国家食品、农业和畜禽部副部长Mr. Hasan，土耳其国家议会会员Mr. Orhan，北塞浦路斯农业与自然能源部门负责人Mr. Erkut，欧洲农业工程师学会主席Claus教授，土耳其农业工程师协会主席Mr. Ozden先后发表了重要讲话。中国农机工业协会代表团共计38人，分别来自国内各大学、研究机构和农机生产企业。

4月25日，中国农机工业协会陈志会长正式接任国际农业与生物系统工程学会（CIGR）主席的职务。CIGR是国际农业与生物系统工程领域最有影响力的学术组织，成立于1930年，拥有88年的历史。

4月26日，中国农机工业协会代表团到达伊朗设拉子，参观了伊朗国际农业机械展览会，并考察了当地的农机生产、使用及市场情况。

此次访问活动是中国农机工业协会首次组织企业探访“一带一路”沿线国家，考察了土耳其和伊朗两国农业发展的基本情况和农机工业的现状以及市场情况，为我国农机企业挖潜中东农机市场获取信息支撑。组织国内农机企业参加伊朗国际农业机械展览会，扩大了国内的自主品牌农机的出口，提升我国农机装备自主品牌的海外形象和国际影响力。

2. 日本北海道考察

中国农机工业协会赴日本考察团一行54人，于2018年7月10—16日赴日本北海道地区进行农机工业的专业考察。考察内容主要包括：参观北海道带广国际农业机械展览会，考察访问东洋农机株式会社、日农机制工株式会社、IHI公司、久保田北海道公司、山本制作所、粮食烘干仓储中心及烘干加工中心。

3. 欧洲考察

中国农机工业协会代表团一行近40人，于2018年11月赴欧洲进行农机工业考察。代表团参观了意大利博洛尼亚国际农业机械及园林机械展览会（简称EIMA展），访问了意大利马特马克（MaterMacc）公司、意大利TONUTTI WOLAGRI HIGHLIGHT S.R.L.公司、意大利菲亚特发动机FPT工厂和法国库恩KUHN公司，并前往德国汉诺威参观畜牧机械展览会。

为了满足我国南北方不同地区对农机的不同考察需求，中国农机工业协会2018年组织的出访活动从我国台湾辐射到欧美、日韩、中东等国家和地区，使参加出访的企业全面了解了不同地区的产品特点和市场特点，全方位领略了全球农机的发展变化。中国农机工业协会衷心期望各家企业都能在每次出访中有所收获，并在企业自身发展过程中取长补短，不断取得进步！

〔撰稿人：中国农业机械工业协会林明〕

附录

对农业机械管理机构及有关单位进行简单介绍

Making brief introduction to administrative organizations and relevant units of agricultural machinery

政府部门管理农业机械的司局及相关单位

Departments and bureaus in government departments that manage agricultural machinery and related units

政府部门管理农业机械的司局及相关单位

农业农村部农业机械化管理司

一、机构职责

起草农业机械化发展政策和规划、农机作业规范和技术标准。指导农业机械化技术推广应用，组织农机安全监理。组织对在用的特定种类农业机械产品进行调查。指导农机作业安全。

二、处室设置

农业机械化管理司下设 4 个部门：综合处、政策规划处、科技推广处、监督管理处。

工业和信息化部装备工业司

一、机构职责

承担装备制造业行业管理工作；提出重大技术装备发展和自主创新规划、政策建议并组织实施；依托国家重点工程建设协调有关重大专项的实施，推进重大技术装备国产化；指导引进重大技术装备的消化创新。

二、处室设置

装备工业司下设 7 个部门：综合处、机械处、汽车处、航空处、发动机处、船舶处、重大技术装备处。

工业和信息化部产业政策司

一、机构职责

组织拟订工业、通信业产业政策并监督执行，提出推进产业结构调整、工业与相关产业融合发展及管理创新的政策建议；拟订和修订产业结构调整目录的相关内容，参与投资项目审核；制订相关行业准入条件并组织实施。

二、处室设置

产业政策司下设 6 个部门：综合处、产业发展处、产业结构处、产业组织处、产业布局处、产业协调处。

中国农业机械工业协会

中国农业机械工业协会（英文缩写 CAAMM，以下简称协会）成立于 1990 年 4 月。

协会是由从事农业机械制造、研发以及相关的企事业单位和社会团体自愿结成的全国性、行业性社会团体，是非营利性社会组织，具有社团法人资格。

协会最高权力机构是会员代表大会。协会实行理事会制，理事会由会员代表大会民主选举产生，每届任期五年，现为第六届理事会，会长陈志；协会会员为单位会员，现有 1700 余家会员单位。

协会的组织规程和办事规则依据《中国农业机械工业协会章程》。协会常设机构为秘书处，在会长领导下开展工作，秘书处设在北京，内设办公室、行业工作部、科技发展部、信息与会员部 4 个部门。

协会下设拖拉机、收获及场上作业机械等 18 个产品型分会和产品宣传、企业管理和标准化工作 3 个专业委员会。

协会依照《中国共产党章程》有关规定建立党的组织，开展党的活动，为党组织的活动提供必要条件，承担保证政治方向、团结凝聚群众、推动事业发展、建设先进文化、服务人才成长、加强自身建设等职责。

协会的登记管理机关是中华人民共和国民政部，党建领导机关是国务院国资委党委。协会接受登记管理机关、党建领导机关、有关行业管理部门的业务指导和监督管理。

为适应我国农机工业发展需要，协会坚持以反映行业愿望与诉求，为政府和行业提供双向服务为宗旨，以贯彻执行国家方针政策、维护行业整体利益，促进农机行业技术进步和健康快速发展为已任，以促进行业自律、行业交流、政策研究、咨询服务和会展服务等为主要职能，以多种形式的行业活动为载体，充分发挥政府和行业之间的“桥梁”和“纽带”作用。

协会与德国、意大利、美国、法国、俄罗斯、日本、韩国等 10 多个国家的农机社团组织有着密切往来并开展交流合作。

中国农业机械化协会

中国农业机械化协会（英文缩写 CAMA，以下简称协会）为全国性、行业性的社会组织，涵盖农业机械化行业的各个领域。

协会成立以来，服务范围从鉴定检测专业扩大到农业机械化行业，协会会员由从事农机化教育、科研、鉴定、认证、推广、监理、维修、社会化服务等方面企事业单位、社会团体及个人等自愿组成。

协会主要业务是协助政府部门开展有关行业服务工作，经授权开展农机产品质量、维修质量、作业质量、服务质量的评价工作；组织开展行业内外调研，宣传政府部门有关方针政策和新技术成果；组织行业技术培训、专业技能教育；经授权或依据市场和行业需要，举办技术展览展示活动，组织农机现场演示活动；参与本行业标准的制（修）订工作；开展国际技术交流与合作等。

目前，协会已发展和组建了农机科技、农机专业服务组织、农机鉴定检测、农用航空、设施农业、信息化和畜牧等分支机构，满足了不同领域和不同专业的会员需求。

中国农业机械化协会始终坚持以邓小平理论和“三个代表”重要思想为指导，深入贯彻落实科学发展观，坚持党的基本路线和纲领，遵守国家宪法、法律、法规和社会道德风尚，贯彻执行国家发展农机化的方针政策，加强行业自律，维护行业和会员的合法权益，反映会员的意见、愿望和要求。通过为政府、为会员提供双向服务，成为联系政府与农机化行业和农机使用者的“桥梁”和“纽带”，协助政府部门开展有关行业服务工作，为农机化事业又好又快发展，为建设社会主义新农村和促进现代农业发展做出贡献。

中国农业机械流通协会

中国农业机械流通协会（英文缩写 CAMDA，以下简称协会）于 1991 年 5 月 13 日经国家民政部批准成立。协会主管单位是国务院国有资产监督管理委员会，由中国物流与采购联合会代管，业务上受国家商务部、农业农村部、工信部和国家发展改革委等国务院职能部门指导。

协会是以农机流通企业为主体，以农机制造企业为基础，由农机流通企业、制造企业、大市场、科研院校以及有关社会团体、地区农机流通协会等自愿组成的全国性行业组织，成员单位不受隶属关系和所有制的限制，是不以营利为目的的社会团体法人。其服务职能包括：制订农机流通行业规划、行业标准制订、现代农机流通体系构建、现代农机流通方式研究、开展全行业优质服务活动以及举办全国性农机展览、新产品新技术推广、农机交易市场规划建设、信息咨询与数据统计、农机市场景气指数发布、行业信用体系建设、流通人才培训、国际交流与合作等。目前拥有 1 100 余家直接会员单位，2 600 多家间接会员单位及 20 000 多个销售网点，在我国农机行业中具有广泛的社会影响力和较高的权威性。由协会牵头主办的“中国国际农业机械展览会”是亚洲最大、世界知名的农机展会，具有深厚的行业、社会基础和广泛的国际影响力。

协会的宗旨：遵守中华人民共和国宪法、法律、法规和国家有关政策，代表和维护全行业的共同利益及协会成员的合法权益，向政府有关部门反映行业及会员的愿望和要求；协助政府做好行业管理工作，组织会员开展各种活动，在政府和企业之间发挥“桥梁”和“纽带”作用；为会员、企业、行业提供全方位服务，为推进行业升级、农业机械化和农业现代化发展做出贡献。

中国农业机械学会

中国农业机械学会（以下简称学会）成立于1963年3月，是中国科学技术协会所属全国学会，是我国农业机械和工程领域科技工作者及相关单位自愿组成的全国性、非营利性社会团体，挂靠在中国农业机械化科学研究院。学会常设办事机构包括秘书处、办公室、国际部、会员部和《农业机械学报》编辑部。目前，拥有个人会员12 510人，团体会员175个。现为第十一届理事会，有理事148人、常务理事49人。在我国各省、自治区、直辖市均设有农业机械学会，我会与之保持密切的工作联系。

中国农业机械学会下属分支机构有27个，包括农业机械化、拖拉机、排灌机械、畜牧机械、耕作机械、收获加工机械、材料与制造技术、基础技术、农机维修、农机市场、地面机器系统、农垦农机化、标准化、能源动力、农机监理、农副产品加工机械、机械化养猪工程、现代物理农业工程、农业航空、人工智能、检验检测技术、设施园艺与果蔬机械、丘陵山区农林机械等专业分会，以及教育、青年、编辑、普及等工作委员会。

中国战略性新兴产业研究与发展系列

中国战略性新兴产业发展蓝皮书

中国战略性新兴产业研究与发展系列图书是国家出版基金资助的重点图书。该系列图书涵盖了中国战略性新兴产业中的新能源、新材料、新一代信息技术产业、生物、节能环保产业、新能源汽车、高端装备制造产业和相关服务业中的若干个分领域。图书为16开本，图文混排，面向国内外公开发行。

由国家发展与改革委员会、工业和信息化部、科技部、国有资产监督管理委员会、中国机械工业联合会、各主要行业协会和相关行业的大型企业（集团）、各研究院所知名研究人员、行业专家及出版专家组成图书编委会，相关产业领域的专家顾问、产业研究人员、行业管理部门专家执笔精心编纂。

图书定位：

为政府、行业、企业领导制定政策、规划及决策等提供指导，为工程技术人员提供参考。

内容特点：

图书阐述了国外相关产业的最新发展动态，结合我国的具体现状，从战略高度为我国新兴产业发展提供具有现实和可操作性的指导建议。在内容上，保持了科学性和普及性的有机统一，既具有一定的思想理论深度，又具有易懂实用的特点。

读者定位：

各级政府和行业决策规划管理人员，企业决策者、技术、管理及市场人员，投资、证券及咨询机构人员，科研院所研究人员。